Uwe Hartmann / Claus von Rosen (Hrsg.)

Jahrbuch Innere Führung 2013

Wissenschaften und ihre Relevanz für die Bundeswehr als
Armee im Einsatz

Jahrbuch
Innere Führung 2013

Wissenschaften und ihre Relevanz für die
Bundeswehr als Armee im Einsatz

Uwe Hartmann / Claus von Rosen (Hrsg.)

2013

Carola Hartmann Miles-Verlag

CIP-Kurztitelaufnahme der Deutschen Nationalbibliothek

Uwe Hartmann, Claus von Rosen (Hrsg.):
Jahrbuch Innere Führung 2013 – Wissenschaften und ihre Relevanz für die Bundeswehr als Armee im Einsatz

Carola Hartmann Miles-Verlag, 2013
ISBN 978-3-937885-67-4

Titelbild: Carola Hartmann
Herstellung: Books on Demand, Norderstedt

© Carola Hartmann Miles-Verlag,
George-Caylay-Str. 38, 14089 Berlin
(email: miles-verlag@t-online.de; www.miles-verlag.jimdo.com)

Printed in Germany

ISBN 978-3-937885-67-4

Inhaltsverzeichnis

5

III Kritisch-konstruktive Einwürfe und Hilfestellungen von Fachwissenschaften

IV Zur Diskussion gestellt

V Rezension

In memoriam Prof. Dr. Dietrich Ungerer

Plötzlich und unerwartet ist Dietrich Ungerer im Alter von 80 Jahren von uns gegangen. Mit ihm haben die Soldaten und Soldatinnen der Bundeswehr einen Freund verloren, der als verlässlicher Ratgeber treu an ihrer Seite stand.

Als anerkannter Gefahrenwissenschafter wusste Dietrich Ungerer, in welch gefährliche Situationen die Angehörigen der Bundeswehr im Einsatz geraten können. Früh mahnte er, dass die deutschen Streitkräfte sich auf Einsätze vorbereiten müssten, welche die Soldaten und Soldatinnen mit bisher nicht gekannten Gefahren und Risiken konfrontieren würden.

Mit seinen Veröffentlichungen und Vorträgen auf Kongressen und Workshops trug Dietrich Ungerer entscheidend dazu bei, die militärische Ausbildung in der Bundeswehr und vor allem die Menschenführung unter Belastungen zu verbessern. Dietrich Ungerer anerkannte und würdigte die Angehörigen der Bundeswehr, indem er ihnen seine unermüdliche Arbeitskraft, seine breite Expertise und seinen stets hilfreichen Rat zur Verfügung stellte.

Die im Miles-Verlag veröffentlichten Bücher „Der militärische Einsatz" sowie „Menschenführung im Gefecht" unterstreichen, dass Dietrich Ungerer sich mit Themen beschäftigte, welche die Soldaten und Soldatinnen in der Einsatzvorbereitung am meisten bewegen: Was kommt im Einsatz auf mich zu, wie muss ich mich persönlich darauf vorbereiten, wie kann ich mit dem Erlebten umgehen? Früh hat er auf die posttraumatischen Belastungsstörungen hingewiesen und aufgezeigt, wie sich Soldaten und Soldatinnen davor schützen könnten und welche Fürsorgemaßnahmen vom Dienstherrn erwartet würden. Den Vorgesetzten schrieb er deutlich ins Lastenheft, wo ihre Verantwortung in Führung und Ausbildung liegt. Dietrich Ungerer gehörte zu den Wissenschaftlern, die sich auf das Soldatische eingelassen und den Menschen in Uniform ernstgenommen haben.

Ich habe Dietrich Ungerer Anfang der 90er Jahre am Zentrum Innere Führung in Koblenz kennengelernt. In einem Workshop traf ich auf einen dynamischen, jung gebliebenen Professor, der uns nicht nur mit seinen Thesen zur Menschenführung unter Belastungen überraschte, sondern auch mit seiner Gesprächsführung. Er konnte zuhören und mahnte die Älteren, die Jüngeren zu Wort kommen zu lassen und ihre Vorschläge nicht durch schnelle Kritik im Keim zu ersticken. Das, was er über 20 Jahre hinweg den Soldaten und Soldatinnen mit auf dem Weg gab, war sehr überzeugend; denn er konnte die von ihm aufgezeigten Anforderungen vor allem an die militärischen Führer durch wissenschaftliche Erkenntnisse über Polizei, Feuerwehr sowie Großunternehmen und Behörden, aber auch durch seine persönlichen Erfahrungen aus zahlreichen Übungen mit US-amerikanischen sowie französischen Streitkräften untermauern.

Ich war immer wieder erstaunt, wie häufig Prof. Dr. Ungerer noch viele Jahre nach seiner Emeritierung auf Kongressen und Konferenzen auftrat und dort seine Erkenntnisse zur Diskussion stellte. Die Soldaten und Soldatinnen, die ihm zuhörten, waren begeistert. Endlich einer, der Klartext sprach, der das, was Clausewitz als „Handeln im erschwerenden Mittel" bezeichnete, in die Alltagssprache der Soldaten und Soldatinnen übersetzte und ihnen praxisnahe Hinweise gab, wie sie mit den besonderen Herausforderungen ihres Berufs umgehen konnten.

Bei allem Klartext in seiner Darstellung der Anforderungen von Einsatzorientierung hat Prof. Ungerer immer auch die Grundsätze der Inneren Führung betont. Für ihn war der Soldat zunächst immer Mensch und Staatsbürger – und nicht bloßes Instrument von Sicherheitspolitik.

Die Angehörigen der Bundeswehr verlieren mit Prof. Dr. Dietrich Ungerer einen Freund, Ratgeber, Ermutiger. Wir werden das Gespräch mit ihm vermissen.

Uwe Hartmann

I Einleitung

Wissenschaften und ihre Relevanz für die Bundeswehr als Armee im Einsatz

Uwe Hartmann / Claus von Rosen

„Ich habe genug dumme Offiziere erlebt", antwortete der damalige Verteidigungsminister Helmut Schmidt, als er nach der Notwendigkeit der Neugründung der beiden Hochschulen der Bundeswehr in Hamburg und München gefragt wurde. Offiziere der Bundeswehr sollten anders sein als Wehrmachtsoffiziere, die für ein verbrecherisches Regime einen Eroberungs- und Vernichtungskrieg geführt hatten. Ein ziviles Studium sollte den endgültigen Bruch mit der Wehrmacht, deren Geist immer noch in so manchen Köpfen herumzuspuken schien, herbeiführen.

Zugleich wurde immer wieder betont, wie wichtig das Angebot eines vollakademischen Studienabschlusses für die Nachwuchslage in der Bundeswehr sei. Welcher Abiturient könne denn noch bei klarem Verstand den Entschluss fassen, Offizier in der Bundeswehr zu werden, ohne eine zivilberuflich verwertbare Ausbildung mitzunehmen? Heute scheint dies die wichtigste Legitimation für die Existenz der beiden Universitäten der Bundeswehr zu sein: Sie tragen ganz wesentlich dazu bei, dass die Bundeswehr ihren Führungsnachwuchs trotz eines immer schärfer werdenden Wettbewerbs um die klugen Köpfe gewinnt.

Der Blick in das damalige „Grünbuch", das die Bildungsreform der Bundeswehr zu Beginn der 70er Jahre auf den Weg brachte, nannte aber noch ganz andere Gründe, weshalb ein Hochschulstudium für Offiziere unverzichtbar sei.[1] Im Vordergrund stand die Überzeugung, dass die komplexen Aufgaben eines Offiziers eine entsprechende akademische Ausbildung erforderten. Es waren die in der Bildungskommission unter der Leitung von Prof. Dr. Ellwein tätigen Wissenschaftler (und nicht so sehr die Generalität bzw. Admiralität der Bundeswehr), die diesen Zusammenhang zwischen Einsatzbereitschaft und Wissenschaft unterstrichen.

Diese Erkenntnis ist heute wichtiger denn je. Wissenschaft ist nicht nur die Grundlage für die Bildung des Offizierskorps der Bundeswehr als

---

[1] BMVg (Hrsg.), Neuordnung der Ausbildung und Bildung in der Bundeswehr, Bonn 1971 (Gutachten der Bildungskommission an den Bundesminister der Verteidigung), S. 50ff.

11

verlässliche Staatsbürger in Uniform oder als künftige Führungskräfte auf dem zivilen Arbeitsmarkt, sondern auch für ihre Aufgaben als militärische Führer im Einsatz. Nie war Bildung so wertvoll wie heute, könnte man angesichts von zahlreichen zeitgleichen Einsätzen der Bundeswehr in Europa, Asien und Afrika feststellen.

Wie aber steht es um den Beitrag von Wissenschaft und akademischer Bildung für die Bundeswehr und ihre Einsatzorientierung? Dass die Zivilklausel mancher Universitäten ein Hindernis für eine wissenschaftliche Forschung für die Einsatzbelange der Bundeswehr ist, soll in diesem Jahrbuch Innere Führung genauso wenig thematisiert werden wie der wohl berechtigte Vorwurf des Bundesministers der Verteidigung, dass die Wissenschaft bisher kaum zur Intensivierung der sicherheitspolitischen Debatte beigetragen habe. Es geht hier vor allem um die Frage, wie das, was Wissenschaft bieten kann und könnte, für die Bundeswehr, für die akademische Bildung ihres Personals sowie für die möglichst erfolgreiche Durchführung ihrer Einsätze genutzt wird.

In dem ersten Kapitel geht es um die grundlegende Frage nach dem Warum. Warum sollen sich Offiziere mit Wissenschaften beschäftigen? Warum spielen Wissenschaften im Einsatz, im „Handeln als einem erschwerenden Mittel", wie Clausewitz den Krieg beschrieb, eine Rolle? Im Hinblick auf die Natur- und Ingenieurswissenschaften stellt sich diese kritische Frage kaum; zu offensichtlich ist die hohe Technologisierung moderner Streitkräfte. Ganz anders sieht es aber bei den Geistes- und Sozialwissenschaften aus. Was bringen deren Disziplinen einer Führungskraft, die dazu befähigt sein muss, Menschen in widrigsten, durch Gefahr, Anstrengung und Ungewissheit charakterisierten Lagen zu führen? Ist akademisches Wissen nicht ein unnötiger Ballast, ja, lenkt es nicht sogar Offiziere von ihren eigentlichen Aufgaben ab?

Mit seinem Beitrag „Wissen schafft Deutungsmacht" öffnet *Jörn Thießen* das Tor in das weite Feld der Bedeutung der Wissenschaften für die Bundeswehr. Er arbeitet das heraus, was viele Offiziere der Bundeswehr auch noch Jahrzehnte später als den eigentlichen Wert ihres akademischen Studiums herausstellen: das Vertrauen in erworbenes Methodenwissen, das ihnen hilft, mit uneindeutigen Lagen und immer wieder neuen Frage- und Problemstellungen umzugehen. Wissenschaft und akademische Bildung werden so für militärische Führungskräfte ein Schlüssel zum Verständnis der vielgestaltigen, höchst dynamischen Herausforderungen gerade auch in den zahlreichen Einsätzen. Ein an Vorschriftenwissen orientierter Geist käme mit seinen Lösungsangeboten dafür immer zu spät.

Dass dieser positive Zusammenhang zwischen Wissenschaft und Einsatzbereitschaft des Offiziers von hochrangigen Militärs nicht nur in Zweifel gezogen, sondern geradezu in eine negative Korrelation verkehrt werden kann, zeigt die aktuelle Debatte über den Fortbestand der Naval Postgraduate School in Monterey/Kalifornien. *Donald Abenheim* und *Carolyn Halladay* verteidigen in ihrem Beitrag „Scholarship and the Soldier in an Age of Austerity: Experiences from the U.S. Forces" die postgraduierte Bildung von Offizieren und fordern die weitere Bereitstellung der dafür erforderlichen Ressourcen. In ihrer Philippika für die akademische Bildung von Offizieren heben sie das Einüben in den forschenden Zugang zu Frage- und Problemstellungen als unverzichtbar für die Bewährung im Einsatz hervor. In Deutschland ist diese Debatte etwas anders gelagert, aber nicht grundsätzlich verschieden. Es geht auch hier um die Frage, ob weiterhin so viele Ressourcen (dabei vor allem Ausbildungszeit für den Führungsnachwuchs) in die wissenschaftliche Ausbildung investiert werden sollten. Mit der Zielsetzung des „Mehr-Zeit-für-die-militärische-Ausbildung-zur-Verfügung-stellen" finden Überlegungen statt, das bisherige vierjährige Masterstudium an den Universitäten der Bundeswehr auf ein deutlich kürzeres Bachelorstudium zu reduzieren. Wer den Argumenten von Abenheim und Halladay folgt, dass der Offizier einen forschenden Zugang zu den Herausforderungen seines Berufs benötigt, müsste sich für die Beibehaltung eines Masterstudiengangs als Regelstudium für militärische Führungskräfte einsetzen.

Angelika Dörfler-Dierken geht in ihrem Beitrag „Innere Führung und Wissenschaft" auf deren enges Verhältnis zueinander ein. Dabei zeigt sie auf, wie die Wissenschaften dafür genutzt werden können, die Innere Führung weiterzuentwickeln, damit diese den Angehörigen der Bundeswehr auch in Zukunft Orientierung in Führungskultur und Selbstverständnis geben kann. Die Wissenschaften verfügten über vielfältige Angebote, um Herausforderungen in Gestaltungsfeldern wie beispielsweise der Vereinbarkeit von Familie und Beruf sowie in der vor allem durch die Führungsstile beeinflussten Berufszufriedenheit zu meistern. Ergebnisse der empirischen Sozialforschung seien zudem hilfreich für die politische Leitung und die militärische Führung, um Verbesserungen zu begründen und gegenüber der „Lehmschicht" innerhalb der Bundeswehr, die Veränderungen abweisend gegenübersteht und Fortschritte lähmt, durchzusetzen. Wie schon Thießen und

Abenheim/Halladay zuvor, hebt Dörfler-Dierken die offene Haltung der Inneren Führung gegenüber neuen Fragestellungen und damit wissenschaftlicher Forschung hervor. Innere Führung sei daher nicht nur ein Anwalt für die Relevanz der Erkenntnisse von Geistes- und Sozialwissenschaften in der Bundeswehr, sondern auch für die akademische Ausbildung ihrer Führungskräfte.

Claus von Rosen rekonstruiert die Bedeutung, die Baudissin und seine Mitarbeiter zu Beginn der 50er Jahre des letzten Jahrhunderts den Wissenschaften innerhalb der Konzeption der Inneren Führung zugewiesen hatten. In ihr war von Anfang an die Überzeugung angelegt, dass wissenschaftliche Bildung zum Verstehen des Kriegsbildes beiträgt und damit wesentliche Grundlage für Ausbildung, Erziehung und Ausrüstung, für die strategische Kommunikation mit der Außenwelt sowie die Überlegenheit über einen Gegner ist. Letztgültige Antworten auf Fragen nach dem Kriegsbild seien allerdings nicht möglich; es ginge vielmehr um ein neues, immer anderes Verstehen. Wissenschaftliches Denken sei sodann auch ein wichtiger Katalysator für den mehr partnerschaftlichen Umgang auch innerhalb der militärischen Hierarchie. Denn im Durchdenken von Kriegsbild und militärischen Lagen oder der Einsätze heute seien Soldaten eher gleichgestellte Partner als Vorgesetzte und Untergebene.

Dirk Freudenberg geht noch weiter in die Geschichte zurück. Die preußischen Heeresreformen zu Beginn des 19. Jahrhunderts waren der entscheidende Impuls für die akademische Bildung der Offiziere und für die Anbindung an die Wissenschaften. Diesen Impuls haben die Väter der Inneren Führung beim Aufbau der Bundeswehr wieder aufgenommen. In seinem Beitrag „Kunst oder Wissenschaft – Anmerkungen zu Carl von Clausewitz's Verhältnis zur (Militär-) Wissenschaft" analysiert Freudenberg die wichtigsten kriegstheoretischen Begriffe bei dem preußischen General und Kriegsphilosophen, dessen gesamtes schriftstellerisches Werk darauf ausgerichtet war, Theorie und Praxis miteinander zu versöhnen und füreinander fruchtbar zu machen. Wie Thießen hebt Freudenberg das Handeln in die Ungewissheit hinein als Wesensmerkmal militärischen Führens hervor, um daraus zu folgern, dass das eigenständige Nachdenken und das methodisch geleitete geistige Durchdringen komplexer Sachverhalte erst dazu befähige, verantwortlich in Krieg und Frieden zu handeln.

Im zweiten Kapitel stellen Autoren Aufgabenbereiche dar, in denen Wissenschaften bereits einen wichtigen Beitrag für die Auftragserfüllung der Bundeswehr geleistet haben oder künftig leisten könnten.

Kai-Uwe Hellmanns Beitrag „Innere Führung im Einsatz? Oder wie es um die Behauptung der Bewährtheit der Inneren Führung steht" ist ein Beispiel dafür, wie ein Wissenschaftlicher gewissermaßen von außen auf die Innere Führung schaut und mit unbefangener Deutlichkeit Schwachstellen herausarbeitet, die schnellstens behoben werden sollten, wenn die Innere Führung ihren Anspruch untermauern will, *die* Führungsphilosophie für die Bundeswehr als Armee im Einsatz zu sein. Er konfrontiert die Innere Führung und ihren Anspruch auf Allgegenwärtigkeit und uneingeschränkte Bewährung mit der Extremsituation des Gefechts. Aus soziologischer und psychologischer Perspektive sei es ganz normal, dass Soldaten und Soldatinnen in Extremsituationen sich auf den Nahbereich der Kleinen Kampfgemeinschaft beschränkten. Andere Aspekte, wie die formalen Anforderungen der Organisation oder auch die Vorgaben der Inneren Führung, gerieten dann schnell in den Hintergrund, weil sie kaum Relevanz für das Handeln im Einsatz hätten. Da die Innere Führung in ihrer heutigen Auslegung für diese Situationen nicht viel zu bieten habe, sei es nicht verwunderlich, dass sie von Soldaten und Soldatinnen kaum beachtet und geschätzt werde. Hellmann weist damit auf einen Aspekt hin, den so mancher Angehörige der Bundeswehr sich nicht zu sagen traut: Dass die seit Jahrzehnten praktisch existierende „Feigenblattfunktion" der Inneren Führung, die vor allem der Kommunikation mit Staat und Gesellschaft diente, dringend ergänzt werden müsse durch eine nach innen gerichtete Kommunikation, die den Soldaten und Soldatinnen Orientierungswissen über das Sich-Selbst-Führen im Einsatz ermöglicht.

Joachim Hoppe und *Michael A. Tegtmeier* werten in ihrem Beitrag „Studien zur persönlichen, dienstlichen und gesundheitlichen Situation von Bundeswehrangehörigen – Ein Spannungsfeld im Lichte der Inneren Führung?" neuere Studien aus, die Themenfelder der Inneren Führung wie beispielsweise die Dienstzufriedenheit, Posttraumatische Belastungsstörungen oder die Neuausrichtung der Bundeswehr behandeln. Die Autoren bestätigen damit das Argument von Angelika Doerfler-Dierken, dass empirische Untersuchungen wichtige Erkenntnisse für Entscheidungsprozesse sowie für die Weiterentwicklung der Inneren Führung liefern können. Die kritisch-konstruktive Beteiligung von Angehörigen der Bundeswehr an den Befragungen zeigt nicht nur auf, wo diese Handlungsbedarf sehen; es verdeutlicht auch deren Bereitschaft, aktiv an der Behebung von Schwachstellen mitzuwirken. Dies, so Hoppe und Tegtmeier, sei eine wichtige Voraussetzung für ein neues Verständnis von Fürsorge, die bisher vor allem als Pflicht von Vorgesetzten verstanden worden sei. Fürsorge müsse künftig als eine allumfassende Verantwortung gesehen werden, die in alle Richtungen gilt und damit auch von Untergebenen in Richtung ihrer Vorgesetzten praktiziert wird.

Hans-Joachim Reeb rekonstruiert in seinem Beitrag „Eine ,Pädagogik zur Sicherheit' als theoretisches Modell" die hohe Bedeutung des Begriffs der Sicherheit in Politik und Gesellschaft. Er erläutert dabei den Begriff der Sicherheitskultur, die in erster Linie eine Kommunikation über Sicherheit und Unsicherheit darstelle, an der unter demokratietheoretischen Gesichtspunkten möglichst viele Bürger und Bürgerinnen teilnehmen sollten. Dabei bemängelt er, dass in der Pädagogik kaum über die bildungspolitischen Voraussetzungen und Aktivitäten, die eine Sicherheitskultur erfordere, debattiert werde. Die Bürger und Bürgerinnen benötigten eine pädagogische Unterstützung, damit sie an der Sicherheitskultur aktiv teilnehmen und für den Umgang mit Sicherheit handlungsfähig gemacht werden könnten. Auch hier müsse es darum gehen, dass der Einzelne sein eigenes Urteil über Gefahren und Risiken und die erforderliche staatliche Sicherheitsvorsorge treffen könne. Reeb selbst erarbeitet schließlich erste Skizzen für Forschungen sowie für didaktische Konzepte in der politischen Bildung. Damit leistet er aus wissenschaftlicher Perspektive einen wichtigen Beitrag für die Beantwortung der Frage, wie die sicherheitspolitische Debatte in Deutschland intensiviert werden könnte.

Die innerhalb der Bundeswehr betriebene Militärgeschichte ist ein Beispiel dafür, wie sich eine Anbindung an die Wissenschaften, hier die Geschichtswissenschaften, positiv auf ihre Erkenntnisse und ihre Vermittlung auswirkt. *Christian Hauck* stellt in seinem Beitrag „Historische Bildung – Politische Bildung. Zwei neue Wege der Bildung für die Bundeswehr" dar, wie sich dieses neue Verständnis von Militärgeschichte als einer Spezialdisziplin der Geschichtswissenschaften beim Aufbau neuer deutscher Streitkräfte nach dem Zweiten Weltkrieg durchsetzte. Hauck zeigt aber auch auf, wo die Probleme in der praktischen politischen und historischen Bildungsarbeit liegen. Trotz anerkannt hoher Qualität der Veröffentlichungen kämen diese bei den Soldaten und Soldatinnen kaum an. Neben mehreren Vorschlägen

16

für die Verbesserung der Bildungsarbeit weist Hauck auf die besondere Rolle der militärischen Führer und deren Beurteilung der Relevanz von Wissenschaften für den Soldatenberuf hin.

Uwe Ulrich unterstreicht in seinem Beitrag „Interkulturelle Kompetenz in der Bundeswehr – Entwurf einer funktionalen Analyse", wie die Geistes- und Sozialwissenschaften dabei helfen, die Notwendigkeit und die Anforderungen von interkultureller Kompetenz zu verstehen und in militärische Konzepte umzusetzen. Pädagogisch geht es dabei um das Verständnis von interkultureller Kompetenz als einer Schlüsselqualifikation, die angesichts der multinationalen Zusammenarbeit innerhalb von NATO und EU vor allem im Einsatz unverzichtbar ist.

Stefan Siegel und *Jörn Ungerer* zeigen in ihrem Beitrag „Wissenschaftliche Konzepte einsatzbedingter psychischer Störungen und deren Rezeption durch die militärische Führung – ein historischer Überblick" auf, wie die Reaktionen der militärischen Führungen auf die Belastungen von Soldaten im Krieg durch die wissenschaftlich-medizinischen Forschungen der jeweiligen Zeit mit beeinflusst wurden. Die Folgen von Belastungen durch Gefechts- und Kriegseindrücke wurden seit Mitte des 19. Jahrhunderts nicht nur beobachtet, sondern auch mit wissenschaftlichen Mitteln analysiert. Siegels und Ungerers historischer Überblick stellt die unterschiedlichen medizinischen Erklärungsversuche sowie die militärischen Konzepte zur Bewältigung psychischer Belastungen dar.

Uwe Hartmann schildert in seinem Beitrag „Wissenschaft im und für den Einsatz" seine persönlichen Erfahrungen mit wissenschaften Erkenntnissen und Forschungen in der Einsatzvorbereitung sowie während seines Einsatzes in Afghanistan. Er sieht hier vielfältige Möglichkeiten, ja Notwendigkeiten für die Einbindung von Wissenschaften. Daraus leitet er konkrete Forderungen für die Ressortforschung innerhalb der Bundeswehr sowie für die Beziehungen zwischen Wissenschaften und Bundeswehr ab. Diese reichen von der Selbstbildung des Einzelnen über Studiengänge und wissenschaftliche Weiterbildung bis zur Etablierung eines einsatzbezogenen Wissenschaftsmoduls.

In die Rubrik „Zur Diskussion gestellt" haben die Herausgeber in diesem Jahrbuch gleich mehrere Beiträge eingeordnet. Dies unterstreicht die Dringlichkeit von Debatten und Streitgesprächen angesichts grundlegender Herausforderungen in der Sicherheitspolitik, in der Umsetzung der Neuausrichtung der Bundeswehr sowie der Weiterentwicklung der Inneren Führung.

Jens Warburg fragt in seinem Beitrag „Quo vadis – Überlegungen zu Militärinterventionen der Bundeswehr?" zunächst nach künftig möglichen Einsätzen der Bundeswehr. Da der Gestaltungswille der Politik, d.h. die Bereitschaft, sich in entfernten Territorien langfristig für den Aufbau funktionierender Staaten und demokratischer Gesellschaften zu engagieren, deutlich zurückgegangen sei, würden künftig vier Maximen die Sicherheitspolitik mitbestimmen: Möglichst keine Bodentruppen einsetzen, mehr mit Spezialkräften operieren, Bündnispartner vor Ort suchen und regionale Militärmächte ausrüsten, damit diese gestalterisch tätig werden. Eine Sicherheitspolitik, die das Militär vor allem als ein Instrument betrachtet, werde das Konfliktpotential für das grundsätzlich schwierige Verhältnis zwischen Politikern und Soldaten weiter belasten. Aufgrund der unmittelbaren Gefahren für Leib und Leben in den Einsätzen erwarteten die Soldaten eine überzeugende Legitimation sowie eine Konsistenz der politischen Entscheidungen – was Politiker aber kaum zu leisten vermögen. Warburg sieht Entwicklungen, welche die auch von Hellmann angesprochene Irrelevanz zentraler Grundsätze der Inneren Führung unterstreichen: die Entwicklung eines professionellen, von der Gesellschaft entkoppelten Selbstverständnisses mit der Bildung von heroischen Gemeinschaften innerhalb der Streitkräfte, die eigene Werte und Normen entwickelten.

Klaus Naumann beschäftigt sich mit der gegenwärtigen Neuausrichtung der Bundeswehr und beurteilt sie aus der Perspektive der Inneren Führung. In seinem Beitrag „'Where is the common sense?' Zur Inneren Führung der ‚Neuausrichtung' der Bundeswehr" macht er zahlreiche Schwachstellen der neuesten Reform der Bundeswehr aus. Er sieht eine Neuausrichtung am Werk, die nicht in eine gesellschaftliche Debatte über die Bundeswehr und die Sicherheitspolitik eingebunden ist und über deren Umsetzung militärische Führungskräfte unzufrieden seien, obwohl diese den Reformbedarf der Bundeswehr grundsätzlich anerkennten. Die Durchführung der Neuausrichtung sei jedoch alles andere als hilfreich für die Innere Führung, die eigentlich andere Verfahren verlangte, wenn man sie denn ernst nehme. Gleichzeitig übersähe die überwiegende Mehrheit der Führungskräfte der Bundeswehr diese „Irrelevanz" der Inneren Führung, da sie kaum Handlungsbedarf bei ihrer Weiterentwicklung anmahnten. Neben der bereits von Hellmann attestierten geringen Bedeutung der Inneren Führung für das soldatische Tun im Einsatz kommt, so Naumann, also noch ihre Randstellung in der Organisationsentwicklung hinzu. Defizite sieht Naumann auch im Hinblick auf die vernetzte Sicherheitspolitik, da die Neuausrichtung der Bundeswehr nicht mit Reformen anderer Ressorts abgestimmt sei. Es fehle auch eine Debatte über die Verpflichtungen des Staatsbürgers für globale Sicherheit sowie eine Anpassung des Begriffs des Staatsbürgers in Uniform an die Realitäten in einer Freiwilligenarmee. Überhaupt, so schlussfolgert Naumann, unterschätzten politische Leitung und militärische Führung die Staatsbürgerlichkeit, was die „…Klammer zwischen Regierung, Streitkräften und Gesellschaft…" eher öffnen würde.

Marcel Bohnert hat aus seinem Einsatz als Kompaniechef in Afghanistan die Frage mitgenommen, wie Einsatz- und vor allem Gefechtserfahrungen das Verhältnis der Soldaten untereinander sowie zu Politik und Gesellschaft verändern. Sein Beitrag „Extremerfahrungen als Zerreißprobe. Zum Wandel der Streitkräftekultur durch den Einsatz in Afghanistan" ist ein gutes Stück akademischer Selbstreflexion. Bohnert erkennt deutliche Spannungen im inneren Gefüge der Bundeswehr, die durch ungleich verteilte Einsatzbelastungen, unterschiedliche Selbstbilder zwischen älteren und jüngeren Soldaten sowie mangelnde Würdigung soldatischer Leistungen durch Politik und Gesellschaft verursacht sind. Neben einer finanziellen Anerkennung der besonderen Einsatzbelastungen derjenigen, die außerhalb geschützter Feldlager ihren Dienst verrichten, fordert er eine dienstgradübergreifende partnerschaftliche Gesprächsführung, damit Soldaten und Soldatinnen unterschiedlichen Alters und unterschiedlicher Erfahrungen voneinander lernten. So könne der sich abzeichnende Generationenkonflikt verhindert und eine „Versöhnung im Geiste" der Soldaten und Soldatinnen mit unterschiedlichen Aufgabenbereichen und Erfahrungswelten ermöglicht werden. Insgesamt plädiert Bohnert für eine Revitalisierung der Inneren Führung sowie für die Beibehaltung des akademischen Studiums für Offiziere. Wie Thießen kommt er zu dem Ergebnis: „Analytisch-wissenschaftliche Herangehensweisen erleichtern das ganzheitliche Denken, fördern die kritische Reflexionsfähigkeit und sind gute Voraussetzungen für das Erfassen und Durchdringen des hochkomplexen und dynamischen Einsatzumfeldes."

Heiko Biehl beschäftigt sich in seinem Beitrag „Wofür kämpfen Soldaten? Eine militärsoziologische Einordnung neuerer Studien zur Motivation von Wehrmachtssoldaten" mit der Frage, ob und inwieweit die Innere Führung künftig noch in der Lage sein wird, dem Soldaten Orientierung in der grundlegenden Frage nach dem Sinn seines Tuns zu geben. Dazu greift er auf zwei neuere historische Studien über die Wehrmacht und ihre Soldaten zurück, die infolge der Nutzung unterschiedlicher soziologischer Erklärungsansätze auch zu unterschiedlichen Antworten auf die „Gretchenfrage" kommen, ob Wehrmachtssoldaten „Überzeugungstäter" waren oder „…sich Gewaltanwendung und Gewaltexzesse aus den situativen Notwendigkeiten des Krieges ergeben haben." Biehl kommt zu dem Ergebnis, dass auch im Krieg individuelle Dispositionen und Intentionen eine wichtige Rolle spielten und sich für Soldaten Handlungsfreiräume böten, in denen ihre Entscheidungen gefordert seien. Daher sei die Innere Führung, die das Sich-Selbst-Führen des Soldaten und seine Verantwortung aus (innerer) Freiheit in einem politischen Kontext betont, auch für die neuen Einsätze der Bundeswehr die angemessene Führungsphilosophie.

Peter Buchner setzt sich in seinem Beitrag „Wunderwaffe der Inneren Führung: Politische Bildung" mit Angelika Dörfler-Dierkens Aufsatz „Bildung in der Bundeswehr: politisch, historisch, ethisch", der im Jahrbuch Innere Führung 2012 erschienen ist, auseinander. Angesichts der komplizierten, für die Praxis der pädagogischen Arbeit wenig hilfreichen Ausdifferenzierung des Bildungsbegriffs entwickelt er eine „soldatenfreundliche, vermittelnde Position, die … an bestehende militärische Strukturen anschließt". Er plädiert dafür, anstelle des Bildungsbegriffs einfach von politischer Bildung zu sprechen.

Die Beiträge der Autoren des Jahrbuches Innere Führung 2013 verdeutlichen, dass es – nun endlich – an das Eingemachte der Inneren Führung gehen muss. Aus Sicht vieler Soldaten und Soldatinnen bieten Führungskultur und Selbstverständnis, wie sie in der ZDv 10/1 vorgegeben sind, kaum Hilfestellungen. Das größte Defizit ist ihr Versagen, Orientierungswissen für die Bewährung in den Extremsituationen moderner Einsätze zu geben. Die Mängelliste reicht aber noch viel weiter. An der Neuausrichtung der Bundeswehr kritisieren vor allem Führungskräfte, dass sie nicht beteiligt wurden – obwohl doch gerade die Innere Führung fordert, die Betroffenen zu Beteiligten zu machen. Im Hinblick auf die gesellschaftliche Debatte über Sicherheitspolitik und Bundeswehr gibt es zwar durch den persönlichen Einsatz des Verteidigungsministers Thomas de Maiziére initiierte Fortschritte (wie beispielsweise die kürzlich vereinbarte Zusammenarbeit mit dem DGB sowie die öffentliche Diskussion über künftige Rüstungsprojekte wie die Kampfdrohnen bereits vor der politischen Entscheidung über ihre Beschaffung); bei den Soldaten und Soldatinnen besteht jedoch weithin der Eindruck, dass die Bürger und Bürgerinnen sich einfach nicht für ihr Tun interessieren. Hinzu kommt noch eine sich bereits abzeichnende Spannung zwischen den Soldatengenerationen: der „Generation Einsatz", hier insbesondere den gefechtserfahrenen Soldaten und Soldatinnen auf der einen Seite, und der „Generation der Kalten Krieger" auf der anderen Seite. Unterschiedliche Sichtweisen über die Innere Führung als der eigentlich *gemeinsamen* Führungskultur und dem eigentlich *gemeinsamen* Selbstverständnis stellen die Akzeptanz der Inneren Führung in Frage und setzen auch das bisher nicht hinterfragte Prinzip des Führens mit Auftrag unter Druck.

Die Autoren des Jahrbuchs Innere Führung 2013 bieten viele Aspekte für die notwendige Weiterentwicklung der Inneren Führung an. Im Mittelpunkt steht dabei die Rolle der Wissenschaft. Was die bisherige Debatte über die Innere Führung betrifft, so zeichnet sich ein Paradigmenwechsel ab, der alte Gewohnheiten und Denkmuster beiseite schieben könnte. Initiiert wird dieser Paradigmenwechsel nicht von „ewig gestrigen Militärs", sondern von Wissenschaftlern wie Kai-Uwe Hellmann oder Klaus Naumann, die außerhalb der Bundeswehr stehen, und von jüngeren, einsatzerfahrenen Offizieren, die über die Auseinandersetzungen zwischen Reformern und Traditionalisten höchstens im Unterrichtsfach 'Militärgeschichte' etwas gehört haben dürften.

Die neue Innere Führung ist auf diese Impulse angewiesen – wie ihre Väter ja auch bei der Erarbeitung der Inneren Führung aktiv um die Unterstützung durch Geistes- und Sozialwissenschaftler warben und diese auch bekamen. Innere Führung sollte stärker ein wissenschaftliches Thema werden. Wie damals sollten die Repräsentanten der Inneren Führung stärker auf die Wissenschaften zugehen und den Dialog suchen – mit dem Ziel, die neuen Kriege und Einsatzszenarien besser zu verstehen und aus diesem Verständnis heraus Hilfen für die Soldaten und Soldatinnen abzuleiten, die sich in diesen Einsätzen bewähren müssen. Dieser Zweck sollte an erster Stelle stehen.

Die Innere Führung müsste auch weitaus stärker als bisher die jüngere Soldatengeneration in die Debatte einbinden – als Partner auf Augenhöhe, nicht als „Lehrgangsteilnehmer" oder „Erziehungsobjekte". Es ist für die Akzeptanz der Inneren Führung entscheidend, dass die bei den Soldaten und Soldatinnen weit verbreitete Forderung nach mehr partnerschaftlichen

Gesprächen in den Diskussionen über das Kriegsbild, über die militärische Führungskultur und das soldatische Selbstverständnis idealtypisch umgesetzt wird.

Wichtig ist auch der forschende Zugang zur Weiterentwicklung der Inneren Führung. Ihre Grundsätze und Maximen dürfen nicht durch Beharren auf Tradition, politische Erwünschtheit oder apodiktische Behauptung ihrer allumfassenden Bewährung immunisiert werden. Der Umgang mit Innerer Führung muss vor allem durch Neugierde und kreatives Weiterdenken bestimmt sein, weniger durch die Vermittlung abprüfbaren Wissens. Fraglich bleibt auch, ob die Lehre über Innere Führung Lehrstabsoffizieren überlassen werden darf, die diese Funktion für einige Jahre wahrnehmen. Innere Führung ist hochkomplex, wenn sie der Einsatzrealität gerecht werden soll. Vorschriftenwissen kommt für den Umgang mit dieser Komplexität immer zu spät. Eine Reduktion von Innerer Führung auf Vorschriften wäre tragisch – für die Innere Führung als Konzeption, für die Bewährung der Soldaten und Soldatinnen im Einsatz sowie für die verantwortliche Wahrnehmung ihrer Rolle in Staat und Gesellschaft.

Die Innere Führung kann und soll weiter als innerer Kompass für die Angehörigen der Bundeswehr dienen, damit diese sich in ihren beruflichen Rollen sowie in ihrem politischen und gesellschaftlichen Handeln selbst verorten und dabei die richtige Richtung einschlagen können. Wissenschaften können dabei helfen, überkommenes Denken zu durchbrechen und den Weg frei zu machen für eine Innere Führung, die ihre Schwerpunkte richtig setzt, tradierte Tabus bricht und den partnerschaftlichen Diskurs auch und vielleicht vor allem innerhalb der Bundeswehr ermöglicht.

Herausgeber und Autoren hoffen, mit dem Jahrbuch Innere Führung 2013 erneut einen hilfreichen Denk- und Diskussionsanstoß gegeben zu haben. Gespräche sind das, was Politik, Gesellschaft und Bundeswehr aneinander bindet, was die Streitkräfte zusammen hält und was die Innere Führung zu einer lebendigen Führungsphilosophie macht, in der Freiheit, Verantwortung und Bildung der Soldaten und Soldatinnen im Mittelpunkt stehen.

Hamburg und Carlisle/PA, im Juli 2013

II Grundsätzliches zu Relevanz von Wissenschaften für die Bundeswehr als Armee im Einsatz

Wissen schafft Deutungsmacht

Jörn Thießen

Wer sich mit aktuellen Aspekten der umfassenden Sicherheitspolitik befasst, dem stellen sich unausweichliche Fragen. Sie zu stellen ist die eine Sache, von Berufs wegen und öffentlicher Verantwortung Antworten finden zu müssen, eröffnet eine andere Dimension.

Was schlagen Stabsarbeiter vor, wenn sie Stellung nehmen müssen?: Wie geht es nach dem geplanten Abzug in Afghanistan weiter? Was wird aus dem Süd-Sudan, von dem viele vorher nur sehr wenig gewusst haben? Was müssen Soldaten über die Scharia in Mali wirklich wissen? Soll das Beurteilungssystem durch Assessment-Center ersetzt werden? Sind Kampfdrohnen ein sinnvolles Instrument in deutschen Einsatzszenarien? Wie sieht die Bundesrepublik Deutschland die Zukunft des Korps-Nordost? Und: Welche Rolle spielen wissenschaftliche Methoden bei der täglichen Stabsarbeit?

Das lateinische Wort „scientia" leitet sich aus dem indogermanischen Begriff „skeit" ab, welches Scheidung, Unterscheidung, Trennung bedeutet. Wissenschaft in diesem Sinne ist die Kunst der Unterscheidung, der Trennung von wahr, halbwahr und falsch und aller Zwischenformen. Auf dem Weg der „scientia" kommt es zur Schaffung neuer Fakten, indem bestehendes Wissen mit neuem angereichert, im besten Falle modifiziert wird oder gar neue Wahrheiten geschaffen werden.

In seiner „Kulturgeschichte der Neuzeit" schreibt Egon Friedell: „'Problem' und 'Tatsache' heißen die beiden großen Pole, zwischen denen sich alle menschliche Geistestätigkeit bewegt. Was wir noch nicht als Tatsache empfinden, nennen wir ein Problem; was wir nicht mehr als ein Problem empfinden, nennen wir eine Tatsache. Aber wie jedes Problem danach strebt, zur Tatsache zu gerinnen, so lebt in jeder Tatsache die geheime Tendenz, sich wieder zum Problem zu verflüchtigen. In dieser unendlichen, aber steigenden Reihe von Kristallisation und Sublimation, Verdichtung und Auflösung besteht die wahre und innere Geschichte des Menschengeschlechts."[1]

---

[1] Friedell, Kulturgeschichte der Neuzeit, München 1982, 4. Auflage, S. 173

Zwischen Problemen und Tatsachen oszillieren viele Angelegenheiten des menschlichen Alltags. Viele Professionen haben im Laufe ihrer Entwicklungen spezifische Strategien entwickelt, damit umzugehen und alltagstaugliche Lösungen für den Augenblick oder die absehbare Zukunft zu generieren.

Institutionen und Regeln

Die Bildung von Groß-Institutionen hat unter anderem den Sinn, angesammeltes Wissen zu systematisieren, in Regelwerke und Formen zu bringen und somit den Versuch zu machen, auf verlässlicher Grundlage sich neu stellende Aufgaben anzugehen und angemessen zu lösen. Institutionen sind kollektive Gedächtnisse. Um die Angemessenheit der Reaktionen auf neue Lagen herstellen zu können, benötigen sie konkrete Handlungsanweisungen und Aufgaben, denen sie sich in eigener Zuständigkeit zu stellen haben, oder die ihnen zugeordnet werden.

Hohe Regelwerke, wie das GG oder z.B. Verträge zur EU und daraus deduzierte Dokumente in tausenderlei Gestalt sind ein Versuch, der Entropie Herr zu werden, immer wieder neu Ordnung zu schaffen, Grenzen aufzuzeigen, sie mit Sanktionen zu schützen und Interessenausgleiche im Sinne derjenigen Werte herzustellen, zu denen sich Gesellschaften oder deren herrschende Schichten entschieden haben.

Leider aber ist es mit der Regelmäßigkeit so eine Sache. Die in der Genesis nach dem Tohuwabohu so wohlgestalte Ordnung wird nach dem Sündenfall mit dem freien Willen des Menschen konfrontiert und gerät gelegentlich wieder in den chaotischen Zustand zurück. Ein Blick in viele Kinderzimmer beweist täglich, dass die Tendenz von früher Jugend an in Richtung Unordnung weist, die sich dann selbst auf den Schreibtischen höchster Würdenträger wiederfinden kann.

Friedell schreibt: „Unregelmäßigkeit ist das Wesen der Natur, des Lebens, des Menschen. 'Regelmäßigkeit' ist ein künstliches Destillat oder ein seltsamer Zufall. (...) Wir betrachten klassische Schöpfungen mit Staunen und Verehrung wie Gletscher; aber wir möchten nicht dort wohnen und könnten es auch gar nicht. Wir schlagen unsere Niederlassungen im Dickicht auf, im Mittelgebirge, auf der unregelmäßigen Ebene, am ewig bewegten Wasser." [2]

Die Rolle des Politischen

Den Werten folgend sind die darauf basierenden Normen und Regeln der notwendige Kitt der Gesellschaft, wenn sie sich aus deren übergeordneten Zielen relativ einsichtig ableiten lassen oder zumindest den Entscheidungen der Mehrheit entsprechen. Es entstehen in aufgeklärten Gemeinschaften Einsichten in Notwendigkeiten, im anderen Fall legt die Mehrheit der Stimmberechtigten Regeln fest, auch wenn nicht alle damit einverstanden sind.

Der stetige Prozess des Austarierens nennt sich Politik und umfasst das Setzen, Bewahren, Schöpfen und Auslegen neuer wie alter Regeln bis in die Inhaltsstoffe derjenigen Artefakte hinein, über die wir im Kinderzimmer zu stolpern pflegen.

Im Berufsalltag schlägt auch der Angehörige der Bundeswehr seine Zelte im Friedell'schen Dickicht auf – und das nicht nur im übertragenen Sinne. Gesetze, Vorschriften, Erlasse, Befehle und was sich alles sonst noch niederlegen lässt, haben ihm seinen Platz dort zugewiesen. Wer einen Vorgesetzten selbst niederer Hierarchiestufe sine ira et studio befragt, nach welchem Regelwerk er sich in seinen alltäglichen Taten zu richten hätte, bekommt eine große Varianz von Antworten geliefert, die sich von der Mühe des Überblicks bis zur Überforderung erstreckt. Sicherheit wird häufiger behauptet als empfunden.

Die Absicht der höheren Führung

Als Büroleiter eines Bundesministers der Verteidigung und Mitglied des Verteidigungsausschusses des Bundestages sind dem Autor viele Soldaten und Beamte begegnet, die vor der eigenzuständigen Regelinterpretation zunächst nach dem fragen, was als „Absicht der übergeordneten Führung" bezeichnet wird. Also der Frage nach dem Ungewissen, den nicht ausgesprochenen Implikationen, einer „hidden agenda". Im Zentrum dieser Überlegungen steht die Erkundung von Motiven und Wünschen derjenigen, denen zuzuar-

---

[2] a.a.O.,S 222f.

26

beiten ist, die Exploration ihrer Netzwerke und Intentionen, die Ermittlung transutilitärer Begründungszusammenhänge – oftmals ausgesprochen als die Frage nach den „politischen" Implikationen des erteilten Auftrages. Wobei hier parteibezogene und Institutionen-bezogene Politiken beiderseits im Fokus stehen. Je näher das eigene Handeln oder Unterlassen, je näher eine Handlungsempfehlung an eine mögliche „politische" Ebene stößt, desto mehr Energie wird in die Aufklärung dieses Ungewissen investiert.

Klare und eindeutige Gesetze, Befehle und Anweisungen sind sicherlich erwünscht und von den Autoren auch intendiert – im Alltag erscheinen viele jedoch der Interpretation bedürftig.

Erschwerend kommt in diesem Kontext zur Komplexität der zu lösenden Probleme die gegenseitige Unkenntnis der Akteure voneinander hinzu. Oder genauer: Die Reduzierung der im Prozess agierenden Kräfte auf schematische und interferierende Rollenzuweisungen. Der Autor hat insgesamt neun Monate an der Bundesakademie für Sicherheitspolitik mit großem Gewinn verbringen dürfen, die sich dem Netzwerk aller Beteiligten in der umfassenden Sicherheitspolitik widmet und darin veritable Fortschritte national wie international geleistet hat.[3] Dennoch stimmte die dort – und lange nicht nur dort – regelmäßig stattfindende Zuweisung der Entwicklung von Lösungsmodellen an die „politische" Ebene oft nachdenklich. Womit in diesem Falle eben nicht die oben angeführte Institutionen-politische Ebene gemeint war, sondern die den Parteien und Fraktionen zugeschriebene. Eine bemerkenswert hohe Anzahl von Debatten im „Sicherheitspolitischen Seminar" und auch im Verteidigungsausschuss hatte ausgesprochen oder versteckt den angeblichen Konflikt zwischen militärischer Expertise („klar und wahr") und ziviler Kontrolle („unklar und unverständlich") zur Grundlage.

Akteure in der Bundeswehr handeln nach Dokumenten, Maßgaben und innerhalb der Konzeption der Inneren Führung. Neben den Gesetzen gelten Mandate des Bundestages, das Weißbuch, die VPR[4], die KdB[5], die

---

[3] Insbesondere die hervorragende Alumni-Arbeit kann nicht hoch genug gewürdigt werden. Sie steht innerhalb vieler Institutionen einzigartig da. Weil aber nur sehr wenige Politiker dazu gehören, findet der nötige Austausch der Akteure untereinander im Netzwerk meist ohne diese statt. Dies stellt nicht in Abrede, dass die BAKS ein besonders bedeutsamer Ort der Debatte zwischen Politik und anderen Akteuren aus Verwaltung und Wirtschaft ist.

[4] Verteidigungspolitische Richtlinien

[5] Konzeption der Bundeswehr

Konzeptionen der Teilstreitkräfte, Doktrinen, Befehle und Erlasse, nicht zu vergessen die Zentralen Dienstvorschriften und viele andere Textsammlungen mehr. Es ist nicht zu erkennen, dass es sich auf dem Gebiet der Normierung um einen quantitativ defizitären Bereich handeln würde.

Eine weit verbreitete These lautet, dass sich aus der Vielfalt der Texte „höherer Ordnung" nur mit Mühe eine Strategie herauslesen lässt, die es leichter machen würde, morgen notwendige Entscheidungen vorzubereiten bzw. die Wege dahin näherungsweise zu beschreiben. Zu diesem Thema werden unterschiedliche Auffassungen vertreten, vor allem solche, die sich strikt gegen eine „Verstrategisierung" aller Politikfelder richten. Dennoch wäre das Einschlagen eines Mittelweges schon ein Fortschritt.

Betrachtet man die darunter angesiedelten Vorschriften des Alltags, so stellt sich mit deren Vielfalt und Regelungstiefe die Frage: Wächst damit auch die Handlungssicherheit des Einzelnen? In vielen Fällen ist diese Frage mit Ja zu beantworten. Differenzierte Vorschriften erlauben es, differenzierte Lösungen zu praktizieren. Es ist gerade Ausweis von institutioneller Klugheit, detaillierte Regelungen zu verfassen, um konkreten Fällen angemessen begegnen zu können. Dass es dennoch im Laufe der Jahre zu kaum überschaubaren Konstrukten bis hin zu Absurditäten geführt hat, ist ein Bürokratiephänomen, mit dem die Bundeswehr nicht allein dasteht. Was die Lage nicht besser macht. Wer mag sich wohl ersonnen haben, dass jeder Nutzer des Fuhrparks einen tagelangen Kursus in Ladungssicherung zu absolvieren hat?

Vertrauen und Komplexität

Die notwendige Reduzierung von Komplexität geschieht durch Vertrauen. Jedoch spielt Vertrauen in Institutionen über persönliche Beziehungen hinaus keine Rolle. Im Gegenteil: Die Ablösung von Vertrauen durch Kontrolle und einem damit einhergehenden grundsätzlichen Misstrauen in die Absichten und Handlungen des Gegenübers ist Ingredienz politischer Karrieren. Das gilt für die (höheren) Ebenen der Verwaltung ebenso. Zu den Mechanismen der Bildung von Peer-Gruppen und anderen Allianzen gehört es, die

Kreise des Vertrauens immer enger zu ziehen und durch Lagerbildung, taktische Absprachen und „Deals" zu ergänzen, wenn nicht zu ersetzen. [6]

Konkrete Beispiele erreichen gelegentlich das Licht der Öffentlichkeit, wenn miteinander in keiner Weise inhaltlich verbundene Vorgänge gegeneinander verhandelt werden. So soll es nicht nur im Deutschen Bundestag schon zu Zustimmungen bei umstrittenen Vorhaben gekommen sein, wenn auf gänzlich anderem Gebiet Kompensationen in Aussicht gestellt wurden.[7]

Wer an den vielen Schnittstellen zwischen „reiner" Stabsarbeit und politischem Handeln eingesetzt wird, sieht sich in die Aufgabe gestellt, sich schnell in fremde Psychen zu versetzen. Das gehört zur Komplexität des Handelns, die, wie oben angesprochen, nach Absichten forscht, Großwetterlagen analysiert, persönliche Netzwerke erkundet und die damit gelegentlich auch verbundenen persönlichen (Karriere-) Absichten derjenigen, die einen Auftrag erteilen und die Tendenz einer beauftragten Analyse durchaus vorgeben können.

Vertrauen ist möglich

Groß-Institutionen stellen per se keine Einheiten besonderen gegenseitigen Vertrauens dar. Gerade aber die Streitkräfte im Einsatz sind auf ein volles Spektrum von Vertrauen angewiesen: Untereinander in allen Szenarien, das der Führung in die Umsetzung ihrer Aufträge, das der Parlamentarier und dem folgend dem Vertrauen der Bevölkerung in sein potenziell härtestes Instrument.

Diese nötige Verlässlichkeit ist eine abgeleitete: Sie hängt daran, mit welcher Tiefe der Begründungen Vorhaben umgesetzt oder unterlassen werden, wie die Ressourcenallokation vorgenommen wird, welche Einsätze unterstützt und welche abgelehnt werden, wie klug mit den Menschen umgegangen wird, die das höchste Gut staatlichen Handelns darstellen.

---

[6] Dass dieser Beitrag im Urlaub mit Blick auf die Anden verfasst wurde, mag ein Hinweis sein.

[7] Man erinnere sich an den Slogan: „Tanken für die Rente, Rauchen für den Frieden", mit dem Steuererhöhungen begleitet wurden, deren Verwendung als direkt zweckgebunden dargestellt werden sollten.

Wer dieses Vertrauen der Mehrheit der Gesellschaft erringen, wer es erhalten will, der muss selbst vertrauen können: In seine Führung und deren Absichten und in sich selbst und die eigenen, reflektierten und angewandten Begabungen und Fähigkeiten. Sowohl charakterliche, wie fachliche. Zunächst bedarf es der Grundhaltung, auf die eigenen Stärken setzen und mit Ungewissem umgehen zu können. Das ist oftmals leichter gesagt, als getan. Ambiguitätstoleranz an sich zu entwickeln und auch noch unter Druck aufrecht zu halten, ist eine weniger verbreitete Eigenschaft, die dennoch gelernt und ausgebaut werden kann. „Grace under pressure" kann erworben werden, wie auch der geübte Rückgriff auf bekannte Methoden und durch sorgsam gepflegte Netzwerke gestützte Mechanismen der Informationsbeschaffung und -verifizierung.

Hierbei spielen Erfahrungen aus konkreten Beispielen der Vergangenheit oder anderer Kontexte eine wichtige, aber oft untergeordnete Rolle. Wichtiger ist die selbst entwickelte Haltung des Umgangs in und mit uneindeutigen Lagen auf der einen Seite und das Vertrauen in erworbenes Methodenwissen, das einen solchen Umgang leichter macht oder erst ermöglicht auf der anderen Seite.

„Ansprechen, Bewerten, Folgern" – diesen Dreischritt lernt und beherzigt jeder Soldat. Es ist jedoch zu beobachten, dass notwendige Schritte außerhalb dieses Schemas oder zur Vorbereitung seiner Abwicklung zu irritierten Reaktionen führen, wenn nicht ein profundes Wissen um Breite und Tiefe von Methoden zur Verfügung steht, um die Kontingenz einzuhegen.

Human- und Sozialwissenschaften in der Bundeswehr

Die Lehre der Human- und Sozialwissenschaften[8] auch in der Bundeswehr eröffnet in Kooperation mit anderen Akteuren die Möglichkeit, wissenschaftliche Grundsätze, Normen und Methoden kennen zu lernen, anzuwenden und das Vertrauen in eigene Fähigkeiten zu stärken. Dazu gehört auch eine nötige kritische Reflektion langjährig eingeübter Praxis, so sie diesen Zielen im Wege zu stehen droht oder sie einseitig verkürzt.

---

[8] Die Bandbreite zwischen Politologie, Soziologie, Geschichtswissenschaften, Ökonomie, Ethnologie und Ethik/Theologie wird in unterschiedlichen Formen und Tiefen der Kooperation an den Universitäten der Bw und an der Führungsakademie der Bw abgebildet.

Ein Problem muss zunächst als solches gesehen, erkannt und verstanden werden, bevor es angesprochen werden kann. Der Sinn und die Bedeutung einer Situation müssen erfasst sein, um die eigene Rolle darin definierbar zu machen und eigenen wie dritten Handlungsbedarf zu erkennen. Etwas ist nur problematisch im Hinblick auf bestimmte Normen, Werte und Zielvorstellungen, diese sind aber allein hermeneutisch zugänglich. Ohne ein bestimmtes Erkenntnis- und Veränderungsinteresse ist auch die Anwendung der ausgefeiltesten analytischen Methoden sinnbefreit. Bei der empirischen Überprüfung von Sachverhalten spielt die Hermeneutik als Lehre von Verstehens- und Interpretationsprozessen eine wesentliche Rolle bei der Operationalisierung, indem qualitative Aussagen quantifizierbar gemacht werden und empirische Resultate gedeutet werden.

Militär als Funktion des Zivilen

Human- und Sozialwissenschaften, wie sie an der FüAkBw abgebildet sind, lehren Problemlösungskompetenz, die Einbeziehung von Methoden der Entscheidungstheorie, wie auch das Mitbedenken übergeordneter Bedeutungszusammenhänge, und betrachten die den Denotaten mitschwingenden Kontexte. Hierbei spielen insbesondere Elemente von Reflektionsfähigkeit, Problem-Differenzierung und Selbstreflexion eine Rolle. Es geht um Methoden der Stabsarbeit, die Modellbildungen einsichtig und anwendbar machen, verschiedene Akteure und deren Rekurse einzuordnen wissen und somit Zusammenhänge zu erkennen helfen.

Das Wissen um diese Handhabungen bedeutet Deutungsmacht. Diejenige Macht nämlich, eigene Urteile im Kontext anderer zu fällen, sie zuvor an Wissen und Methoden zu spiegeln, nachhaltig zu vertreten und damit zu einem wesentlichen Faktor im Diskurs zu werden.

Hermeneutische Analyseverfahren, systematisches Vorgehen, strukturierte Ertragsfeststellung, differenzierte Problemanalyse und das Einnehmen unterschiedlicher Perspektiven sind handwerkliche Voraussetzungen dafür, bekannte Pfade verlassen zu können, zu innovativen Lösungsvorschlägen zu kommen und beweisbar zu machen, dass die Erprobung konstruktiver Verunsicherung eine inhaltsgesteuerte Methode erfolgreicher, entscheidungsorientierter Stabsarbeit sein kann.

Probleme, Texte, Quellen und Verfahren werden auf ihre Einbettung in größere Zusammenhänge untersucht, hierbei spielen Methoden der Diskursanalyse, wie auch der Sozialtheorie eine Rolle, in der Wesensmerkmale einer Gesellschaft und ihrer Trennungslinien zwischen unterschiedlichen Akteuren und Interessenkonfigurationen betrachtet werden. Statistische und ökonometrische Techniken erhellen Ursache-Wirkungs-Beziehungen verschiedener gesellschaftlicher Akteure, bzw. der von ihnen gesteuerten Institutionen, Instrumente und Verfahren.

Nicht zu vergessen sind in diesem Zusammenhang die Friedens- und Konfliktforschung, die historische Lehre und selbstverständlich die moralische Urteilsbildung. Bei vielen Entscheidungen vor allem mit Einsatzcharakter im Ausland spielen diese Bereiche eine herausragende Rolle zunächst auf der politischen Ebene, wenn es um den öffentlichen Diskurs geht, der sich dann zu realen Fakten wandelt, in denen auch die Bundeswehr eine Funktion in vorderster Linie zu vertreten hat.

Die angeführten Methoden sind keine „reine" Wissenschaft. Es sind wissenschaftlich fundierte Verfahrensweisen für die konkrete, tägliche Arbeit in Stäben (und nicht nur in der Bundeswehr), die sich in hermeneutischen Zirkeln erfolgreich selbst reflektieren, erproben, der Kritik aussetzen und fortentwickeln. Ein an diesen Größen orientiertes Vorgehen ersetzt nichts. Es begründet jedoch viel. Oft das Entscheidende: Die eigene, gewisse Reaktion. Das selbst errungene und fundierte Urteil.

Ein Urteil, über dessen Tauglichkeit in komplexen Systemen oft andere, vorgesetzte Personen oder Einrichtungen zu befinden haben. Eines aber, für dessen Erarbeitung, Begründung und Folgerung der einzelne guten Gewissens fachlich und persönlich einstehen kann. Insofern kann es keine prinzipielle Unterscheidung militärischer oder sozialwissenschaftlich ausgerichteter Bildung und Ausbildung von Angehörigen der Bundeswehr geben.[9]

Verschiedene Schwerpunkte bedingen einander, hängen in ihren Wertsystemen und Richtgrößen voneinander ab. Das Militärische ist in der Demokratie eine Funktion des Zivilen. Das Zivile hat Verantwortung für die legitimierten Instrumente und ihre Bedingungen, Einsatzformen und -gebiete.

---

[9] Verschiedentliche Anregungen für eine neue „Bildungskommission" in der Bundeswehr, die sich der Gesamtschau der Bildungs- und Ausbildungscurricula widmen könnte, sowie einer Analyse der jeweiligen Abholpunkte im Sinne eines aufeinander sinnvoll aufgebauten lebenslangen Lernprozesses harren in ihrer Breite noch der Umsetzung.

Nach Friedell[10] haben Tatsachen die Tendenz, sich wieder in Probleme zu wandeln. Auf diesen Zirkel haben alle verantwortlichen Akteure zu reagieren und wichtige Fragen zu beantworten, wie oben angesprochen: Was ist nach dem Einsatz der EUFOR DRKONGO dort wirklich besser geworden oder gar gelöst? Brechen Konflikte im Kosovo und in BiH[11] wieder auf und bedürfen einer militärischen Flankierung? Wo liegen neue Einsatzgebiete und wie soll die Bundeswehr der Zukunft aufgestellt, europäisch orientiert, in der NATO verankert und finanziert werden? Welche Rüstungsgüter stärken die gemeinsame Politik?

Umfassende Sicherheitspolitik integriert eine Fülle hoch differenzierter Partner mit ebenso unterschiedlichen Ausrichtungen und Schwerpunkten. Es ist dem Gesamtprozess sicherlich nur zuträglich, wenn die einzelnen Akteure darin zu Entscheidungen kommen, die so gut begründet wie möglich sind. Und im guten Falle aus Erfolgen, Erfahrungen und Fehlern die richtigen Konsequenzen ziehen.

Auf einem „klaren Gletscher" [12]wollen und können wir nicht wohnen, aber das Dickicht kann durch kluge Stabsarbeit als Beratung auf Grundlage wissenschaftlicher Methoden und reflektierter Erfahrungen durchaus gelichtet werden.

---

[10] Siehe oben

[11] Bosnien und Herzegowina

[12] Siehe oben

Scholarship and the Soldier in an Age of Austerity: Experiences From the U.S. Forces

Donald Abenheim and Carolyn Halladay[1]

In the early days of 2013, a retired rear admiral of the U.S. Navy blogged with vitriol that combat-related research conducted at an American defense university robbed the future officer of his or her prospects and trampled on naval honor—the core of the officer's credo.[2] In this allegation—and in the venom with which it was pronounced—the blogger echoed the Navy Inspector General's October 2012 report on the Naval Postgraduate School,[3] which similarly cast categorical aspersions on the whole idea of advanced study and research in and by the American armed forces. Both critiques imply further that in the heyday of the Global War on Terror, when the coffers of the Department of Defense brimmed with money, Uncle Sam was sold a bad idea that, in turn, was badly executed—this higher education thing, which will bring nothing but ill-discipline and waste to an officer corps already overburdened with the postwar draw-down and bracing for the pending budgetary collapse.

---

[1] The opinions expressed herein are the authors' solely and represent the position of neither the U.S. government nor the U.S. Navy and should not be construed as such.

[2] RADM Andy Singer's remarks appear in the comments section appended to the online version of an article by Admiral (ret.) Henry Mauz in a publication of the U.S. Naval Institute, in which Mauz, the former Commander in Chief of the U.S. Atlantic Fleet and a graduate of the Naval Postgraduate School's electrical engineering program, gently disputed the broadest allegations in the report of Navy Inspector General Vice Admiral James P. Wisecup, which are also at issue in this chapter. See Henry H. Mauz, Jr., "Clearing the Smoke," in Proceedings Magazine, Vol. 139/2/1,320 (February 2013), available at: http://www.usni.org/magazines/proceedings/2013-02/clearing-smoke .

[3] Available at the Naval Inspector General's website:
http://www.ig.navy.mil/Documents/ReadingRoom/NAVINSGEN%20NPS%20Comman d%20Inspection%2022%20Oct%202012.pdf . The authors of this chapter, both proudly serve—and, obviously, engage in academic research—at the Naval Postgraduate School. We recognize and applaud the ideal of accountability that informs the Inspector General's task but take exception to the aspects of the October 2012 report that would strike at the very heart of the NPS mission to the detriment and discredit of our diligent students in their number.

To an extent, the present war of words about officers and universities represents another manifestation of a long-standing issue. Since the 19th century— when, under pressure in the age of imperialism, the dawn of total war, the example of continental European war academies and the rise of industrial, managerial elites compelled the creation of war colleges and higher technical education first in the U.S. Navy and later the U.S. Army— advanced education, scholarship, and research in the U.S. armed forces have periodically undergone episodes of controversy and reform in the face of crisis, including quite a few postwar budget cuts.[4] Such turning points give rise to the civil-military impetus for institutional reorganization that has advanced and deepened the education of officers to good effect for both the student in uniform and the U.S. national defense—though both sets of benefits may not materialize instantaneously.

The last, most fundamental reform of advanced and professional education at arms unfolded in the late 1980s and the early 1990s with the Goldwater-Nichols Defense Act and the Skelton Commission, the work of noted parliamentarians who have long since disappeared from public life.[5] These efforts sought to lessen service parochialism through a reform of officer development, especially with changes to education and training in the preparation for joint command and operations at the higher levels of war.

---

[4] Among a large literature, see: Ira Reeves, *Military Education in the United States* (Burlington, VT: Free Press, 1914); John Masland, et al., *Soldiers and Scholars: Military Education and National Policy* (Princeton, N.J.: Princeton University Press, 1957); Gene M. Lyons and Louis Morton, *Schools for Strategy: Education and Research in National Security Affairs* (New York, Washington: Praeger, 1965); John Hattendorf, et al., *Sailors and Scholars: The Centennial History of the U.S. Naval War College* (Newport, RI Naval War College Press, 1984); Carol Reardon, *Soldiers and Scholars: The U.S., Army and the Use of Military History*, 1865–1920 (Lawrence, Kansas UP, 1990); Martin van Creveld, *The Training of Officers: From Military Professionalism to Irrelevance* (New York: Free Press, 1990); Daniel Hughes, "Professors in the Colonels' World," in Douglas Higbee, ed., *Military Culture and Education* (Burlington, VT: Ashgate, 2010); Howard Wiarda, *Military Brass versus Civilian Academics at the National War College: Clash of Cultures* (Lanham, MD: Lexington Books, 2011).

[5] Thomas Bruneau, "Reforms in Professional Military Education: the United States," in .,Bruneau, et al eds., *The Routledge Handbook of Civil-Military Relations* (Milon Hall: New York, 2013), pp. 193–203; United States House of Representatives, Subcommittee of the Committee on Armed Services, "Another Crossroads? Professional Military Education Twenty Years After the Goldwater-Nichols Act and the Skelton Panel," House Armed Services Committee publication No. 111-67, May 20, 2009.

The legislation also reflected the post-Vietnam attempt to improve the strategic education of officers as part of the general reform of the forces that had begun with the abolition of conscription and a refocus on Cold-War deterrence on the operational level through improved fighting power.

The present essay speculates on the fate of advanced study and military professionalism in the year 2012–2013 with the assumption that soldiers and educators stand before another such a parting of the ways on the themes of advanced learning and professional development in uniform. The path away from the university's gates is easier, at least at first, as it goes downhill; ultimately, however, it leads to mediocrity, the diminished horizons of the officer's future, and a degradation of fighting power.

The present stands witness to a winding down of prolonged warfare amid a period of financial stringency, in turn, piled atop the civil-military need to separate fact from fiction in the record of recent combat, security building or counter-terror campaigns that is, to distinguish legend from myth in the record of contemporary warfare and organized violence in the first years of the 21st century. All of this begs the question of how such conflicted forces will affect the professional path of men and women at arms in the decade to come, especially with the pressures of advancement in the face of fewer opportunities for service in careers organized for the perfection of the officer's general as well specialized qualifications for command. In particular, how will austerity in defense budgets, shrinkage in the battle line, and the humdrum return to peacetime garrison normalcy (if such is possible in the year 2013) shape the preparation for service of soldiers and sailors? How will advanced study in uniform strengthen the powers of the soldierly mind in conflict weigh no less heavily than the imperatives of character at the foundation of the soldierly calling?

This article suggests that the accomplishments of the past in higher education and advanced research in the armed forces are at risk from a combination of civil and military perils that endanger the professional essentials of what until now has been the excellence in service and combat effectiveness, even if the strategic effectiveness of military operations since 11 September 2001 is far from a subject of consensus. Thus, the present essay poses these questions in an approach with two dimensions: a.) a summary of recent U.S. literature on military professionalism and higher military education set against the background of turbulence in American higher education beset by globalization as well as financial austerity; and b.) a case study in some depth of how these forces are at work in the authors' own institution, which has become a kind of national battlefield of these issues to the detriment of education, military professionalism, and the creation of knowledge as applied to the needs of security and defense in the present.

From the modest beginnings of the U.S. system of advanced education arms in the epoch from 1890 until 1910, this system grew and flourished amid downturns (Vietnam, for instance) so that by the 1990s, U.S. higher military education and scholarship had achieved a polish of a remarkable degree in the wake of the Cold War and the victory in the Persian Gulf in 1990–1991. These U.S. defense and military educational institutions became a vital force in the enlargement of NATO and then in the defense institution building undertaken after the 11 September 2001 terror assaults in such places as Iraq and Afghanistan.

The latter engagements, however, unfolded more as tactical unit training improvised after the earlier setbacks of the Iraqi and Afghan campaigns that were blind to problems of state building generally. These mixed fortunes of U.S. arms until the late years of the first decade of the new century contrasted to earlier success. Especially the shortcomings of the coalition campaigns in the epoch 2001–2006 drew outside attention to the customs and practices of military command, obedience, morale, and defense governance and management in the U.S. forces as central aspects of how armies organize and fight. There has been plenty to think and to write about in the fields of education and training as a measure of command and the fighting power of armies.

In the years 2011–2013, as the Iraq campaign has ended and the Afghan operation may or may not be in its final stages, this taking of stock has now pushed beyond the barracks square or the staff school to the wider public. Outstanding in this aspect has been a war correspondent long associated with the *Washington Post*, Tom Ricks,[6] who has specialized in defense affairs. Ricks also has written some acclaimed popular accounts of campaigns and soldiering since 11 September 2001, noteworthy for their critical tone amid what often is otherwise a slavish recycling of DoD press releases by journalist-authors who likely had no military experience before finding

---

[6] Thomas E. Ricks is a senior fellow at the politically liberal Center for a New American Security (CNAS) in Washington, D.C., and was a defense correspondent for the *Wall Street Journal* and the *Washington Post*. See his curriculum vitae at: http://www.cnas.org/ricks

themselves "embedded."[7] In particular, Ricks' critique of strategic and operational blundering in the first episodes of the Iraqi campaign has made him into a muckraker of the vitals of officership, including professional military education. The health of the inner structure of the armed forces and the future of officers turn on these very issues.

In a work titled *Generals,*[8] published in 2012, Ricks suggests that such present-day U.S. Army leaders as General Tommy Franks and others in their number embrace mediocrity because of a system that celebrates averageness at the highest ranks and punishes initiative in subordinates with a zero-defect mentality enshrined in the structure of promotion and advancement. In fact, according to Ricks, well-prepared and intelligent subordinates found tactical and operational means to surmount the varied security-building and combat challenges since 11 September,[9] whereas senior levels of command misconceived operations in their addiction to Blitzkrieg or did next to nothing in the face of frictions after the initial operation—frictions that were caused in no small part by strategic and operational decisions of their own kind.

Ricks reminds his readers that the customs and practices of high command that grew out of the Korean War and the Vietnam War allowed for no termination of officers for incompetence in command under fire. This clubby system of no public humiliation for commanders and of generous excuses made by one general for another's incompetence stands counterpoised to the reforms instituted by George Marshall as Chief of Staff in the Army in 1941.[10] One all too easily forgets the bitter experience of the U.S. Army in the mobilization of 1917, which found it so ill prepared for battle. The phenomenon eventuated again in 1940, when Marshall embarked on a relentless drive somehow to fashion tactical and operational excellence

---

[7] See Ricks' works on the last decade of warfare, including: *Fiasco: the American Military Adventure in Iraq, 2003–2005* (New York: Penguin, 2007); *The Gamble: General David Petraeus and the American Military Adventure in Iraq, 2006–2008* (New York: Penguin, 2009).

[8] Thomas Ricks, *The Generals: American Military Command from World War II until Today* (New York: Penguin, 2012).

[9] James Russell, *Innovation, Transformation, and War Counterinsurgency Operations in Anbar and Ninewa Provinces, Iraq, 2005–2007* (Stanford, CA: Stanford University Press, 2011).

[10] Forrest C. Pogue, *George C. Marshall,* 4 vols., (New York: Viking, 1963–1987.); Mark Stoler, *George C. Marshall: Soldier-Statesman of the American Century* (New York: Harper Collins, 1989).

in the ranks of the U.S. Army in the face of overwhelming Axis combat superiority. In the period of mobilization following the French defeat in June 1940 and the outbreak of war in December 1941, Marshall purged the old army of the interwar years, beset with spit-and-polish conservatism and the stuffy, brown-shoed spirit that had reigned for decades before since 1917.

Seized of the "greatest generation" military nostalgia that operates in American political culture and thereby obscures the reality of mid-20th century America and its soldiers, Ricks idolizes select laudable aspects of the officer development and education of the interwar army. Here he somehow neglects the reactionary and blinkered aspects of the same figures, time, and place and thereby deifies Marshall in a manner that is ahistorical. Still, this cultic rendering nonetheless serves Ricks' didactic purpose in the 21st century to highlight chronic deficiencies of command that have their roots in poor preparation for the higher aspects of war and peace and the perennial problem of training dressed up in robes as education. Ricks pillories the bogus cult of elite managerial dicta and the mania of zero defects that he sees as a phenomenon of the 1950s (but which actually arose earlier) that took on pathological dimensions in the Vietnam conflict in the 1960s.

These deformities of command plagued the Iraqi and Afghan campaigns that form the center of Ricks' experience. As a result, the author advocates the rediscovery of past excellence in professional military education, just at the moment when peacetime reductions in the forces have led to alarming and destructive attempts to debase such institutions for reasons of garrison normalcy, austerity, and a barely concealed anti-intellectual agenda.

Ricks wants the professional and academic standards increased,[11] with a regime of research and writing as found in research universities as opposed to the year off, country-club mentality that he finds in the service war colleges, but especially at the Air War College at Maxwell Field, Alabama. The emphasis of such advanced military education, as Ricks writes, should be on rigorous learning in the best sense as a free, creative activity, versus routine training camouflaged as education in a manner that celebrates mediocrity and offers nothing more than a jobs mill to former officers under

---

[11] See the 21 February 2013 response by Ricks on his *Best Defense* blog to a U.S. Military Academy briefing on the problem of the officer career system and the reappearance of garrison routine, available at: http://ricks.foreignpolicy.com/blog/2187?page=3 .

the motto of "any colonel can... ." He further argues that such advanced professional education should promote critical thinking to master the varied challenges of policy and strategy, and also to grapple with the unknowns of conflict that, in this age as well as in the earlier epochs of warfare, have caused so much confusion.

Ricks also rightly condemns the formalism and rigidity in the education for and experience of command, in which Clausewitz's genius is poorly rewarded in practice, and the gifts of character and intellect that yield flexibility and adaptation in combat tick no boxes on the forms that matter in the metrics of success in command. Ricks embraces the German principle that, in the face of the reality of battle as well as the preparation for conflict, one should act despite the risk of failure, rather than reward ditherers who hold back and do nothing. The author damns the toleration of incompetence enshrined in bureaucratic structures and wants to drive it out through a renewed excellence in education imbued of the fighting spirit of a generation of young soldiers.

Ricks' manifesto of reform actually originated with insiders and students of defense education, among whom Dr. Joan Johnson-Freece,[12] a former dean at the U.S. Naval War College in Newport, Rhode Island, stands above the rest in the current melee. While her writing has been confined to a much smaller circle of readers, she recently has offered the most trenchant and thoughtful criticism for the need to uphold excellence in advanced defense education and sustain the momentum of reforms embarked on the late 1980s and early 1990s in an era of strategic reorientation, shrinking forces, and austerity.[13]

Johnson-Freece has analyzed the elements of excellence in civilian research universities versus those in advanced professional military educa-

---

[12] Joan Johnson-Freese is a professor and former Chair of National Security Affairs at the Naval War College, Newport, Rhode Island.
http://www.usnwc.edu/Academics/Faculty/JoanJohnson-Freese.aspx See, among several articles: http://defense.aol.com/2011/07/23/teach-tough-think-tough-three-ways-to-fix-the-war-colleges/ Her most recent work is *Educating America's Military* (Milon Hall/New York: Routledge, 2012).

[13] Joan Johnson-Freece, "The Reform of Military Education: Twenty-Five Years Later" in *Orbis,* Winter 2012, pp. 135–153.

tion in the services, in answer to the normal catcall from skeptics of service education that the higher aspects of such an undertaking should be civilianized totally. Her reforms, which again are hardly new but which face a wall of resistance wrought by civil-military factors and Colonel Blimp-like stodginess, suggest that the service colleges can emulate key aspects of such excellent universities as Princeton through a series of internal reforms of administration, faculty, curriculum, and student body. These recommendations have profound civil-military implications in a time of reductions in force and austerity.

In the first instance, such advanced education should enable middle and senior officers to be as well educated as their civilian counterparts in the halls of government and beyond—that is, to be as well prepared to serve and work in the higher reaches of strategy and policy, and nowadays, in such varied operations as post-conflict reconstruction. Active-duty officers should instruct in matters of their contemporary expertise and experience in contrast to the echelons of antediluvian former officers, removed from the present by dint of age and time.

The hiring of military retirees into civilian faculty positions, of which the service colleges and other advanced research and education institutions are more richly staffed than, say, in Germany or any other leading power, should become the exception rather than the rule, and these positions should be held solely for a person of great professional promise. The introduction of peer review, a tenure and promotion process, and other customs at civilian universities will work against the accumulation of unproductive faculty. Johnson-Freece also demands that the bloated administrations of defense colleges, filled as they are with former officers, also be radically reduced in force as part of austerity.

The formation and care of the curriculum should rest in the hands of those who teach it, rather than being dictated by an external committee, which often has little or no comprehension of the requirements of advanced study and research. Johnson-Freece also seeks to extirpate the "Gentleman's 'C'" of yesteryear, which often afflicts the attitude and work habits of a student body caught amid the rapid pace of military curricula, the need to feather professional progress reports with accolades and high marks, and the persistence of the view of school as a break from an officer's real work. In this connection, educators must retain sovereignty over intellectual life at their institutions. (At the same time, such curricula should remain relevant and not drift into scholastic isolation at the expense of the needs of the forces and the security of the nation.) Students should not be mollycoddled with an education conceived to reinforce self-esteem rather than to augment fighting power and to apply the means of the mind to national defense.

In many regards, Johnson-Freece's desiderata read like "carry on" to students, faculty, and leaders of the top universities of the U.S. armed forces, which manage this process, typically to the highest standards, on a daily basis—at least for the time being. In other words, making the most of Johnson-Freece's wish list is a matter of refining a well-established system that has taken shape by careful design since the end of World War II, which makes all the more dire the clarion call to dismantle these institutions and the decades of work that has gone into them—and come out of them.

According to Dr. Johnson-Freece, the fundamental principle of faculty and student life must remain academic freedom so as to ensure that all concerned engage the most bracing ideas and most rigorous search for knowledge without the dead hand of doctrine and dogma. Clearly, she looks out of her office window at a very different Naval War College than did the institution's former president, Vice Admiral James P. Wisecup. Wisecup is now the U.S. Navy's Inspector General (IG) who led the 2012 investigation of the Naval Postgraduate School in Monterey, California, and as his report makes clear, the IG has no use for academic freedom or its purveyors on the campus of a military educational institution.

Wisecup's report on NPS runs 127 pages with annexes and attachments, the conventions of its dense, legal-bureaucratic prose barely able to contain the IG team's vituperation through to the end. The words "academic freedom" come up explicitly in the IG report—as a problematic factor—in the context of intelligence oversight and identifying potential hazards in research procedures.[14] As it happens, intelligence and security, according to the IG's own overview, were "not specifically tasked as a review area for this inspection."[15] But both areas do offer especially noisome incur-

---

[14] Navy Inspector General, Command Inspection of the Naval Postgraduate School (report), 5040, Ser. N00/1015, 22 October 2012 (hereinafter "IG Report,") pp. 16, 19–21, available at:
http://www.ig.navy.mil/Documents/ReadingRoom/NAVINSGEN%20NPS%20Command%20Inspection%2022%20Oct%202012.pdf .

[15] IG Report, p. 3.

sions of academic freedom into the black-and-white world of by-the-book procedure and the good order and discipline found in ships of the fleet.

Tellingly, the IG does not go on to explain how, say, security regulations and academic freedom might *not* necessarily be at odds. There is no effort at squaring any circles here. Rather, the findings and recommendations both seem to assume that the two *must* conflict. The resolution that emerges in every point is the systematic diminution of academic freedom in favor of blanket rules and mechanical practices of command and obedience as found in tactical and operational military and naval organizations focused on preparation for combat or support in the tactical sense. If, as the Observations section of this report posits, "the concept of academic freedom was often cited by NPS leadership and faculty as a reason for the lack of structure in processes and command programs,"[16] then clearly the fig leaf has been stretched far too thinly over far too much of the school's daily business. And if "the NPS leadership and faculty extended valid concerns about academic freedom to the extent that they were justifying lack of compliance with [Navy] processes, procedures and policies"[17]—by which allegation the IG means to call into question the whole mission and organization of the school—then the obvious next step would be to curtail all this promiscuous academic freedom once and for all.

It's an odd opinion to emerge from the office tasked with upholding the letter and the spirit of the rules in the U.S. Navy. In the United States, academic freedom—which includes the right to teach and the right to learn without undue interference or penalty—represents a special category of Constitutional protections that the U.S. Supreme Court has recognized and upheld with vigor and consistency for decades. As the court wrote more than a half century ago:

> The essentiality of freedom in the community of American universities is almost self-evident. No one should underestimate the vital role in a democracy that is played by those who guide and train our youth. To impose any strait jacket upon the intellectual leaders in our colleges and universities would imperil the future of our Nation. No field of education is so thoroughly comprehended by man that new discoveries can-

---

[16] IG Report, p. 4.
[17] IG Report, p. 4.

not yet be made. Particularly is that true in the social sciences, where few, if any, principles are accepted as absolutes. Scholarship cannot flourish in an atmosphere of suspicion and distrust. Teachers and students must always remain free to inquire, to study and to evaluate, to gain new maturity and understanding; otherwise, our civilization will stagnate and die.[18]

As such, academic freedom forms part of those freedoms of expression and association that, for their inherent importance to democracy, are enshrined in the very first item in the U.S. Bill of Rights.

Most specifically, a 1967 case, *Keyishian et al. v. Board of Regents of the University of the State of New York et al.,* stands for the proposition that academic freedom represents "a special concern of the First Amendment, which does not tolerate laws that cast a pall of orthodoxy over the classroom."[19] "Orthodoxy" in the *Keyishian* decision refers to a loyalty oath—anti-Communist, of course—that was at the center of this case. But academic freedom means rather more, particularly in the contemporary NPS context. As with all First Amendment protections, the concern on campuses is with unnecessarily restrictive policies, unduly "norming" centralization, duplicative reviews, and other tactics that effect an unreflexive orthodoxy or otherwise have a "chilling effect" on the lively and free exchange of ideas.

On the other hand, academic freedom is not absolute. The same sensitivity of the academic mission that makes the ready exchange of ideas indispensable to the university and democratic society also imparts clear responsibilities to practitioners. This aspect of academic responsibility echoes in the *Keyishian* dissent.[20] It also appears explicitly in the American Association of University Professors "1940 Statement of Principles on Academic Freedom and Tenure": Academic freedom is essential ... and applies to both teaching and research. Freedom in research is fundamental to the advancement of truth. Academic freedom in its teaching aspect is fundamental for

---

[18] *Sweezy v. New Hampshire,* 354 U.S. 234 (1957) at 250.

[19] 385 U.S. 589 (1967) at 603.

[20] 385 U.S. 589, 695. The majority opinion is binding, but in a 5-4 decision, the other views still carry a certain weight.

the protection of the rights of the teacher in teaching and of the student to freedom in learning. *It carries with it duties correlative with rights.*[21]

Thus, the first of the statement's three principles on academic freedom begins with: "Teachers are entitled to full freedom in research and in the publication of the results, ..." a statement qualified only insofar as the research activity may entail commercial gain. Then, the third point reads in its entirety:

> College and university teachers are citizens, members of a learned profession, and officers of an educational institution. When they speak or write as citizens, they should be free from institutional censorship or discipline, but their special position in the community imposes special obligations. As scholars and educational officers, they should remember that the public may judge their profession and their institution by their utterances. Hence they should at all times be accurate, should exercise appropriate restraint, should show respect for the opinions of others, and should make every effort to indicate that they are not speaking for the institution.

If anything, the later "interpretive comments" to the AAUP's statement of principles make even more of academic responsibility, with prominent mention of ethics codes and other self-policing mechanisms. The onus, thus, rests in the first instance with the faculty. And other than its overwhelmingly civilian character, the faculty at NPS gave the IG no particular cause for concern, according to the report.

Importantly, if the law—or official policy—seeks to intervene in this balance of freedom and responsibility, as the *Keyishian* case make clear, the government requires a legitimate interest and a narrowly focused regulation.[22] The protection of classified information represents one such legitimate interest—though even then, the exact limitations require careful explication. Again, the conversation is constant and assumes a good-faith exchange—which is rather the opposite of a mechanical, on-high pronouncement of How All Research Will Proceed Forever.

---

[21] The entire 1940 Statement of Principles is available at: http://www.aaup.org/AAUP/pubsres/policydocs/contents/1940statement.htm ; emphasis added.

[22] 385 U.S. 589, 602, quoting *Shelton v. Tucker*, 364 U.S. 479 (1960), at 488.

Various DoD guidance includes paragraphs dedicated by name to academic freedom. The NPS instruction on News Media Release Procedures similarly makes specific mention of academic freedom. In other words, "academic freedom" is not just the alibi of a gaggle of shiftless civilians, sucking up Navy dollars on the left coast; it enjoys pride of place in the Defense Department's ideal for the advanced education of military officers. The Navy itself has embraced this idea since at least 1975; the universally respected independent peer-review institutions that accredit the school as a legitimate university (as they also do for such universities as Stanford and the University of California, Berkeley) put academic freedom at the top of their list of requirements. Assuming, of course, that there is any role for university education in the professional and intellectual development of a military officer, academic freedom is central to the entire project.

A couple of points specific to NPS merit special emphasis here. First, the NPS leadership has often called on faculty and students to make the university competitive with the top-of-the-line civilian schools. Among other things, this agenda, as well as the requirements for advancement for tenure-track professors, oblige faculty to publish like their counterparts in the elite schools—widely and in a diversity of forms and fora. By the same token, faculty of this competitive caliber have high expectations of their intellectual autonomy and academic freedom. From the student side, the thesis requirement of the student officers at NPS states that meaningful original research at the graduate level demands the most open inquiry possible.

But this whole idea rests on the assumption that basic research in such diverse fields as computer science, defense economics, and policy and strategy matters—which proposition the Inspector General wants to refute on behalf of the U.S. Navy. In so many words, the IG's report tells the story of NPS as a couple of senior civilians (no mention of Vice Admiral [ret.] Daniel Oliver's distinguished Navy service before he became President of the university) with malicious intent seizing command of the school and displacing its properly military leadership. These pinstriped pirates steered it away from its planned course of career education for naval officers and headed for the foul waters of corruption on the way to Research, a fabled dark locale that lures an already soft non-uniformed faculty out of the classroom and into perdition with promises of reimbursable funds and professional advancement.

Nothing good comes of this arrangement, of course. Research flouts rules. Research disadvantages student-officers. Research promotes an un-martial ethos of individual advantage-seeking and possibly even profit, but brings nothing to NPS, the Navy, or the national defense. Whatever allegations of fraud, waste, or abuse might have led the IG to campus in 2012, the most egregious transgression, according to the report, was the central role of research in the school. This same charge fuels the blogosphere chorus from disappointed retired midgrade officers who would pile on invective in the name of a research-free NPS.

A little bit of context goes a long way in this case, however—and a rather different plot emerges from a brief examination of the record of how NPS arrived in its current state. This record unfolds in a series of studies by Navy boards or civilian commissions on the school's role in graduate education for the naval officers, starting at least in 1947, with an American Council of Education report on NPS—the so-called Heald Commission.[23] This effort coincided with the Navy's broader restructuring of its educational function following World War II and in response specifically to the Pye Board of 1944, which addressed this topic. This period at NPS saw a shift away from narrow, technical training imparted largely by uniformed instructors and back to the model of university-style education of officers that had prevailed before the war. The result—a mainly civilian faculty conducting graduate-level courses in curricula specific to BuPers projections and requirements—were also more in line with President Truman's Education for Democracy ideals.[24]

Similarly, in 1973—with the end of the Vietnam War in sight and the dawn of the all-volunteer force breaking over military planning and policy—NPS undertook another comprehensive evaluation of its programs and their suitability for the changing times. The "Report of the Graduate Education Committee" of 20 July 1973 concerns itself most with the needs of unre-stricted line officers in the new U.S. Navy and outlines an Operational Systems curriculum, which, indeed, commenced its work on campus as the Operational Research department. Tellingly, the response of the committee was

---

[23] The chronology appears in the "Report of the Graduation Education Study Committee," 25 October 1972, pp. 5-6, available at: http://hdl.handle.net/10945/13860 .

[24] See Vol. 1 and excerpts of Vol. 2 of the Truman document at:
http://courses.education.illinois.edu/eol474/sp98/truman.html

to make even more of the approach that NPS had honed since 1947. The report concludes: "The successful manager ashore who is able to win political and budget battles gains the expertise and knowledge to do this from graduate educational development coupled with broad experience across many disciplines."[25]

Then in April 1975, Secretary of the Navy J. William Middendorf appointed his own committee to "advise the Chief of Naval Education and Training concerning those curricula of the Navy graduate education program."[26] The committee was headed by George Maslach, then the Provost of the University of California, Berkeley, and a member of the NPS Academic Advisory Board. The so-called Maslach report prompted several changes at the school that significantly inform the way NPS works even today.

Perhaps the most urgent message in the Maslach report concerned the intrinsic necessity of research to graduate education, especially in the military connection: "Research activities that are relevant to the mission of the institution are an absolute necessity for graduate level programs at any location."[27] The report goes on to commend NPS for its "high-quality research program"[28] and urges the continued development of research at the school, following the particular approach that had eventuated by then: "The research programs at NPS have developed to a relatively high level of productivity as a result of the relationships that exist between program sponsors, between ex-graduates in operational assignments and the NPS institution and a host of other internal naval communication linkages."[29]

"Big George" Maslach was himself an aeronautical engineer, who began his career at Berkeley as a research professor. In his own way, much as Thomas Ricks sets up George Marshall as an ideal of the past, one can say that Maslach, an architect of the rise of the University of California in its glory years of the 1950s and 1960s, embodies the same lost spirit in Ameri-

---

[25] Report of the Graduate Education Committee, p. iv.

[26] The charter appears in an appendix of the Report of the Navy Graduate Education Program Select Committee for the Secretary, U.S. Navy, 9 September 1975, Vol. 1 and Appendices A and D of Vol. 2 (hereinafter the "Maslach Report"), p. A-1.

[27] Maslach Report, p. 27.

[28] Maslach Report, p. 16.

[29] Maslach Report, pp. 14–15.

can public life and the customs of leading institutions. He can be depicted as the measure of the conflicted civil-military relations of the present, which the NPS IG report manifests. His example casts into relief the differing degrees of engagement of the energies of civil society to the needs of an educated officer corps that now are but a faint memory and stuff of twisted legend in the present.

The eight-man panel under Maslach also included representatives from other university engineering departments and industry, as well as the technical director of the Naval Weapons Center at China Lake. As a group, these men all had extensive experience with research in graduate education and its connections with both the private sector and the Defense Department. (Brigadier General [USAF, ret.] Robert A. Duffy joined the committee in his role as president of Draper Laboratory, a not-for-profit R&D undertaking.) They benefitted from all aspects of this relationship, but they also believed that it represented an integral aspect of graduate-level scholarship.

As it happened, Maslach came to the NPS study as a veteran of an earlier battle about research and universities' missions—a chestnut of the U.S. student "revolutions" of the 1960s, at least as regards undergraduate education. From the lofty heights of the University of California at the very moment that uproar about the Vietnam War and social upheaval in the United States began, Maslach weighed in in an interview with Look Magazine that appeared in February 1965, with a cover story on student protests at Berkeley. "Research and teaching are synonymous words," Maslach said by way of refuting the protestors' claim that research and teaching are somehow in opposition. "If you don't do research, you're going to be a trade school."[30]

He and his colleagues brought this same vision to their study of NPS a decade later. "It is important to note that the NPS has a primary orientation to teaching but that research is essential for the vitality of the institution and the educational requirements of the students," the report notes. "The NPS is commended for its development of a viable high quality research program and is urged to continue this development."[31]

---

[30] "The California Uprising: Behind the Campus Revolt," Look Magazine, Vol. 29, No. 4 (23 February 1965), pp. 30–42; the Maslach quote appears on p. 38.

[31] Maslach Report, p. 16.

The varied and multifaceted influence of research within advanced study shows up in many of the other strong points that the Maslach committee remarked in its study. For example, the report vigorously defended the basic structure of coursework and thesis writing as the hallmark of NPS's educational mission—as opposed to training:

> Education can be described as the acquisition of fundamental knowledge and the ability necessary to apply that knowledge to the solution of problems over a wide range of conditions and circumstances. Training, on the other hand, can best be described as the conditioning of thought processes and physical and mental responses to react in a specific way to a specific set of stimuli. Education and training are both important but they should not be confused in the learning process.[32]

Research is not merely of theoretical value in the grand scheme of education, the Maslach report continues. "In some instances the outcome of research findings from student and faculty activities has had an impact on facilities and operations of the Navy. Many examples of this interchange can be cited from the data that was reviewed."[33] The report describes two examples—one engineering/technical and one on costing methods—from the time that had immediate effects on real-world Navy issues.

In the intervening decades, research has blossomed at NPS with meaningful results for the Navy and the U.S. national security to say nothing of the international dimension of the university among dozens of nations that send their student officers to Monterey. NPS faculty and their graduate students embraced and explored little understood aspects of commando operations and other facets of irregular and low-intensity warfare long before U.S. forces required them. Similarly, researchers at NPS spent much of the 1990s developing and refining UAVs—at a time when institutional inertia precluded any such efforts elsewhere in the military. And research at NPS on the institutional change of armed forces, government, and the international system in the 1990s further provided technical expertise to a new generation of soldier-experts in multilateral defense affairs that has been of particular need in the combined, joint operations as well as defense institution

---

[32] Maslach Report, p. 11.

[33] Maslach Report, p. 15.

building of the past ten years. Clearly, such research in service of practice as well as in benefit of knowledge in its most pure form—much of incremental work that built on years of accumulated learning at NPS—continues to the advantage of naval officers at the school and beyond, to say nothing of the national defense.

To be sure, the enduring successes of research owe something to the civil-military interface at NPS. The Maslach report pointed out as much:

> The Committee was observant of the fact that there is a strong influence prevalent at the NPS under which the mature naval officers bring their experiences into the classroom. They often challenge the professors and each other to relate fundamentals to actual operational experience. The professors on the other hand challenge the students to relate operational happenings to fundamental knowledge. This is a very desirable educational advantage, which could only happen in an institution like NPS, which has a critical mass of officer trainees and a Navy-oriented faculty. In civilian universities there is also cross-fertilization but on a much different level since students are younger, less experienced and almost totally oriented to the industrialized private sector. The Committee recommends that this value be preserved at NPS.[34]

To Maslach & Co., a Navy-oriented faculty was not a matter of corralling a bunch of egg-headed civilians with chapter and verse from the *Bluejacket's Manual*. It was a purposeful comingling of worlds and expertise:

> It is important to note that achievement of the overall goals of specialty and subspecialty education at NPS is highly dependent upon the "Navy-ization" of the civilian faculty. Only by having a dedicated faculty that is knowledgeable of Navy problems and procedures together with effective school leadership can this be accomplished. This has happened and is continuing to happen at NPS. As a comparison the faculty at civilian universities are "industry-ized" and have an orientation toward the broader scope of industrial and business applications in the private sector.

---

[34] Maslach Report, p. 14.

The 1975 Navy Graduate Education Select Study Commission was full of defense-minded civilians. One of their number—Donald Rice, then president of the RAND Corporation—later became Secretary of the Air Force after a long career in OSD, while another, Sanders, served as an Under Secretary of the Navy after nearly 20 years on the staff of the House Appropriations Committee. Yet a third, William J. Perry, went on to become Secretary of Defense and continues to write and research as a distinguished fellow at the Hoover Institution at Stanford University. Surely their views of how graduate education at NPS should unfold has some relevance even today—beyond the historical curiosity of a bunch of old documents.

The old documents matter here, as well, because they tell a rather different story than the 2012 IG's report on NPS. They show that when Vice Admiral (Ret.) Oliver presided over an expansion of the school's research activity starting in 2008, he was continuing on a course that the school and the Navy had set decades earlier. They show that the education of naval officers is not diminished or disadvantaged by research but, in fact, that research is central to the whole undertaking. They show that the incentive of reimbursable funding, which is at the heart of such research, is neither automatically corrupt nor a zero-sum loss for the students, the school, or the Navy. And they show that the Navy and research—specifically research at NPS—get along just fine.

More importantly, in more than 35 years, the Navy has not refuted, rejected, or even seriously questioned the Maslach report or its predecessors. In other words, the findings and the Navy's embrace of them have remained in full effect. The research arrangements on campus have been reviewed several times since by both the civilian university accreditation agencies that certify NPS's academic value, would-be legislative base closers, and successive Navy IGs—the last one in 2009.

Meanwhile, in the face of such threats as cyber warfare, proliferating nuclear weapons, the generalized change in the face of conflict, and the perils of climate change for security and defense, the Navy still requires an educated officer corps at least as urgently now as it did at the dawn of the atomic age in 1946. And the Navy still requires the fruits of far-ranging research, including the projects that only NPS can develop. By the numbers given in the 2012 report, both the Navy and NPS graduates remain overwhelmingly favorable in their estimation of the education—and research opportunities—that NPS provides.

NPS has proven itself amenable to change, and should any of the factors that inform its approach to research and education demand a new approach, the university will rise to the tasks, as it has done for the better part of a century. But so far, the only thing that has changed is the view of a new IG, who seems to have emerged from his own experience with higher education in the military—he headed the Naval War College immediately before assuming his current post—with a desire to norm NPS into a more rigidly Navy-like operation.

The old documents—and the current views on campus and in Washington that they inform—show that such a project would undo decades of careful development. It would deny NPS of the very thing that makes it work for the Navy, and it would deny the students of NPS.

More noteworthy, however, than this spleen-venting about research and arms by frustrated former officers with an axe to grind about higher education and the challenges of research, a leading admiral of the U.S. Navy in the realm of special operations, Admiral William McCraven, was himself once an NPS graduate student. This man eventually made his way through ever more successful commands to service in the highest reaches of government and then, finally, to command of joint specified U.S. Special Operations Command, which has in the past decade played a pivotal role in the present conflict. His master's thesis of historical case studies of commando raids and clandestine operations (written in the 1990s when he was a U.S. Navy commander as special forces were just emerging from obscurity), later published as a well received book, in fact, can be said to have been the blue print for the spring 2011 special operations seizure and assassination of Osama bin Laden in his Pakistani redoubt. In this case, research and scholarship carried out at a defense university apparently influenced policy and military operations in beneficial manner. This rather famous case represents one of many in their variety that have failed to make headlines but which have surely played a role in saving lives and in the strengthening of combat power in the counter-terror conflict since 11 September 2001.

This same irregular conflict accelerated the ongoing restructuring of the German armed forces under the motto of *Vom Einsatz her denken*, that is, the requirements of security building operations and outright fighting should guide the present reform and restructuring of the German armed forces amid budgetary strictures, which in this case have been too draconian since the end of the cold war. The primacy of operations jammed into a narrow horizon, that is to say, the tactical level of war and garrison routine stand in conflict with the tradition of the educated officer and the civil-military institutions of the excellence of military professionalism in Germany. This perennial conflict in its contemporary form poses questions about the efficacy of research and education in the armed forces in Germany and elsewhere in the leading democracies and their armies.

A German readership guided by the theory and practice of *Innere Führung* surely can profit from this personal and willful examination of aspects of scholarship and soldiers in the United States in the year 2012–2013, even if the political culture and military institutions of Germany and the United States differ in their character and evolution. In a fundamental sense, German and American institutions of advanced learning in uniform are joined by a community of fate that makes this analysis relevant and germane for a readership in continental Europe. The forces of disintegration and the challenges to the educated officer elucidated here hardly are confined to the authors' place of birth and have become generalized in a period of unprecedented crisis in society, culture and economy.

Both the United States and Germany in the course of the latter decades of the 20th century more or less in identical spirit and in close coordination brought their institutions of higher learning associated with armies to a high state of excellence, which today is threatened not only by a collapsing budget, but also by less tangible but no less pernicious phenomena within the services as well as within society and economy generally. The destructive energy in the services is well encapsulated in the outlandish and wrongheaded assertion in the U.S. Navy IG report damning research in defense as a threat to naval training. Ricks and Johnson-Freece have called rightly for the reinforcement of standards in education, in which Clausewitz's freedom in obedience finds its own particular expression in the officer student's need for excellence in education as a means to achieve the higher aspects of his or her career at arms. Thus is the officer, his or her service, and the national defense strengthened and improved. Hacking at the marrow of the university in the armed forces begets entirely the opposite results.

Innere Führung und Wissenschaft

Angelika Dörfler-Dierken

Einleitung

Welche Wissenschaft? – so möchte man fragen, wenn man an die Innere Führung denkt. Denn Innere Führung steht für „Selbstverständnis und Führungskultur der Bundeswehr" – und damit sind bekanntlich viele Wissenschaften, ja ganze Wissenschaftslandschaften, betroffen, aus deren je eigener fachwissenschaftlicher Perspektive für das Verständnis und die Weiterentwicklung der Inneren Führung relevantes Fachwissen und methodische Kompetenz bereit steht: Betriebswirtschaft, Organisationssoziologie, Verwaltungswissenschaft, Organisations-, Entwicklungs-, Motivationspsychologie, Pädagogik, Informationstechnologie und Technik, Soziologie und Politologie, Recht und speziell Arbeitsrecht, Philosophie und Ethik, Theologie und Medizin. Wahrscheinlich könnte man noch einige weitere Fachgebiete anführen.

Zudem denkt man, wenn von Innerer Führung die Rede ist, sofort an Neuere und Neueste Zeitgeschichte, deren Aufgabe die Klärung der Entstehungs- und Durchsetzungsbedingungen des Konzepts ist. In historischer Perspektive wäre auch zu berücksichtigen, wie die Militärpädagogik der Nachkriegszeit sich zu der nationalsozialistischen Wehrpädagogik verhält, welche Konzepte von Erlebnispädagogik Wolf Graf von Baudissin, der ‚Vater' der Inneren Führung, für sein neues soldatisches Leitbild berücksichtigte, und an welche Erfahrungen mit innovativen Betriebs- und Arbeitskonzepten er anknüpfte.[1]

Offenbar war Innere Führung schon von Anfang an und vom Ansatz her interdisziplinär angelegt. Auch die aktuell geltende Fassung der „Zentralen Dienstvorschrift (ZDv) 10/1 Innere Führung" (im Folgenden

---

[1] Die reiche Literatur zu Baudissin und der Entstehung der Inneren Führung ist verzeichnet in dem von Schlaffer/Schmidt 2007 herausgegebenen Sammelband, bei Nägler 2010; Dörfler-Dierken 2005 und Diskussion zu Weniger belegt bei Dörfler-Dierken 2010, bes. Anm. 9. Viele Fragen zum geistigen Umfeld Baudissins und zum Hintergrund der von ihm angeregten Innovationen sind noch nicht angemessen ausgeleuchtet.

zitiert als ZDv 10/1: 2008) spiegelt in ihren „zehn Gestaltungsfeldern"[2] die Vielfalt der Themen und damit auch der Wissenschaftskulturen, die für das Verständnis der Inneren Führung und deren Weiterentwicklung von Bedeutung sind. Das wusste man auch im Bundesministerium der Verteidigung, als die letzte Überarbeitung der einschlägigen Vorschrift zur Inneren Führung erarbeitet wurde. Deshalb hat man in interdisziplinär zusammengesetzten Expertenkreisen darüber beraten, was in der neuen Leitvorschrift in welcher Weise festgeschrieben werden sollte.

Wissenschaftliche Evaluation der Inneren Führung

Das BMVg hat am 17. Juli 2001 dem Sozialwissenschaftlichen Institut der Bundeswehr (SOWI) die folgende Rahmenweisung erteilt: Die „die zeitgebundenen Auslegungen und tagespolitischen Präferenzen ‚überdauernden' ethischen Normen, Wertkonzepte und Begründungszusammenhänge der Konzeption [Innere Führung, ADD] sollen aufgezeigt werden." Sie sollen „fundiert und abgeleitet sein aus den Leitgedanken der Gründerväter der Inneren Führung und des Grundgesetzes" und die Funktion erfüllen, die spätere Entwicklung auf „Brüche und Paradigmenwechsel" hin zu bewerten. In vielen Studien und Berichten, Gutachten und Publikationen haben die Wissenschaftlerinnen und Wissenschaftler des Sozialwissenschaftlichen Instituts diese Aufgabe angenommen und erfüllt. Sie wird sicherlich auch für die Zukunft im Zentrum für Militärgeschichte und Sozialwissenschaften (ZMSBw), in dem das SOWI seit dem 1. Januar 2013 aufgegangen ist, Bestand haben.

Im Februar 2011 wurde neben vielen anderen Einrichtungen der Bundeswehr auch das SOWI durch das Bundesministerium der Verteidigung beauftragt, Erkenntnisse aus laufenden oder abgeschlossenen Studien zum Führungsverhalten von militärischen Vorgesetzten zusammen zu stellen, um so den Generalinspekteur der Bundeswehr zu informieren über Desiderate im Verständnis der Inneren Führung und Verstöße gegen deren Grundsätze. Innere Führung wird in diesem Auftrag verstanden als ‚Menschenführung',

---

[2] Gestaltungsfelder der Inneren Führung: Menschenführung, Politische Bildung, Recht und soldatische Ordnung, Dienstgestaltung und Ausbildung, Informationsarbeit, Organisation und Personalführung, Fürsorge und Betreuung, Vereinbarkeit von Familie und Dienst, Seelsorge und Religionsausübung, Sanitätsdienstliche Versorgung.

wie sie etwa auch den Wehrbeauftragten des Deutschen Bundestages alljährlich beschäftigt.

Die militärische Führung des für die Bundeswehr zuständigen Ministeriums ging in der Rahmenweisung ebenso wie in der späteren speziellen Beauftragung davon aus, sozialwissenschaftliche Forschung könne Erkenntnisse zur Führungswirklichkeit in der Bundeswehr, speziell zur Menschenführung, zu Tage fördern. Damit wird der militärische Führungsprozess als ein mit wissenschaftlicher Methodik fassbares Geschehen verstanden. Wie Menschen mit Menschen umgehen, wie Vorgesetzte ihre Untergebenen ‚führen‘, wie Untergebene sich von ihren Vorgesetzten ‚führen lassen‘, wie die eine Gruppe die andere beurteilt, wie viel Vertrauen sie zu der je anderen hat, wie es um Kameradschaft und Kohäsion bestellt ist, welche Dienstauffassung eine jede Gruppe hat, welche spezifischen Probleme mit dem Dienst des Soldaten bzw. der Soldatin verbunden sind, was Familie und Freunde zum Soldatenberuf sagen, und was die jeweilige Partnerin bzw. der jeweilige Partner dazu sagt – das alles ist nicht Ausdruck eines speziellen ‚Charismas‘ der jeweiligen Führer- und Untergebenenpersönlichkeit, sondern auf vielfältige Weise messbar und beschreibbar. Was aber – etwa für eine empirische Analyse – in eine Itembatterie[3] verwandelt und damit messbar gemacht wir, was sogar in eine mathematische Formel[4] gepresst werden kann, kann auch ‚gesteuert‘ werden. Das jedenfalls ist die Hoffnung von Sozialingenieuren und Marketingexperten. Dann kann die Innere Führung zur ‚Marke‘ werden, deren Wert durch die richtigen Werbemaßnahmen gesteigert werden kann. An dieser Stelle soll nicht untersucht werden, ob die Innere Führung mit sozialwissenschaftlichem Instrumentarium adäquat und umfassend analysiert werden kann. Meine Überlegungen beschränken sich vielmehr auf einen Bereich der Inneren Führung.

---

[3] Beispiel für eine entsprechende Itembatterie bei Fiebig 2009: 89 Frage Nr. 3: „Sind Sie gern Soldatin bzw. Soldat der Bundeswehr? Würden Sie lieber einen anderen Beruf ergreifen? Ist der Soldatenberuf für Sie ein besonderer Beruf, der mit anderen Berufen nicht zu vergleichen ist? Identifizieren Sie sich mit den Zielen der Bundeswehr? Würden Sie die Bundeswehr als Ihre ‚berufliche Heimat‘ bezeichnen? Wollen Sie Ihre Dienstzeit bis zum derzeit festgesetzten Ende ableisten? Würden Sie Ihre Entscheidung, Soldat zu werden, noch einmal treffen?" Fünf Antwortmöglichkeiten waren vorgegeben: „ja sicher/eher ja/teils-teils/eher nein/sicher nicht". Der Wissenschaftler wertet die Antworten auf diese Fragen aus in seiner Studie auf S. 30f.

[4] Attraktivitätsindex von Bulmahn: 2012.

Im Folgenden wird vor allem mit Material gearbeitet, das von Wissenschaftlern des Sozialwissenschaftlichen Instituts der Bundeswehr (jetzt ZMSBw) erarbeitet wurde und einen engen Bezug zur ‚Menschenführung' hat. Das ist sachlich gerechtfertigt, denn Menschenführung ist das wichtigste „Gestaltungsfeld" der Inneren Führung.[5] Wer Menschen führt, macht sich verantwortlich nicht nur für deren Leistung und Auftragserfüllung, sondern auch für deren Lebens- und Arbeitszufriedenheit. Das gilt in besonderer Weise in der „totalen Institution" Militär (Erving Goffman), die durch weitgehende ‚Verfügung' von Vorgesetzten über Untergebene und mangelnde Trennung von Privatleben und Dienst (vor allem während der Einsätze im Ausland) gekennzeichnet ist. Deshalb werde ich mich speziell dem Themenfeld ‚Familie und Dienst' und dem Themenfeld ‚Führungsstil' militärischer Vorgesetzter zuwenden. Doch zuvor sollen typische Instrumente der Wissenschaft zur Erforschung der Inneren Führung vorgestellt werden.

Übertragung ziviler Analyseinstrumentarien in militärische Kontexte

Was in der Bundeswehr seit vielen Jahren untersucht wird, unterscheidet sich in nichts von dem, was in zivilen Organisationen und Institutionen, in Firmen und Bildungseinrichtungen, in Fabriken und Verbänden untersucht wird: Arbeitszufriedenheit, Berufszufriedenheit, Dienstzufriedenheit, Attraktivität des Arbeitgebers, 180- oder 360-Grad-Evaluation von Vorgesetzten durch Untergebene, Häufigkeit des Abbruchs von Studium oder Ausbildung und die Gründe dafür, Dauer des Verbleibs von Arbeitnehmern bei Arbeitgebern, Vertrauen zwischen Vorgesetzten und Untergebenen, Kohäsion der Belegschaft, Employer Branding – und welchen Fokus auch immer alle diese Studien haben. Ebenso wie zahlreiche Ergebnisse für zivile Firmen und Organisationen vorliegen, gibt es militärsoziologische Forschungen zu diesen Themen, die speziell den Arbeitgeber Bundeswehr in den Blick genommen haben. Selbstverständlich gibt es auch solche, welche die Bundeswehr mit anderen Streitkräften vergleichen.[6]

---

[5] Der Terminus „Gestaltungsfeld" ist erstmals 2008 mit der ZDv 10/1 Innere Führung eingeführt worden. Er bezeichnet diejenigen Felder des militärischen Dienstes, für die militärische Vorgesetzte besondere Verantwortung tragen, diejenigen Felder, die sie als Vorgesetzte im täglichen Umgang mit ihren Untergebenen ‚gestalten' müssen.

[6] Gareis 2004; Leonhard/Gareis 2008; Biehl et al. 2011.

Interessant ist, dass es vergleichbare Studien wie für das Militär auch für die Polizei gibt. Diese Studien können von besonderem Interesse sein, denn die Angehörigen beider Organisationen üben das staatliche Gewaltmonopol aus und sie teilen bestimmte Probleme, die aus dem Umgang mit letztlich letalen Gewaltmitteln in unübersichtlichen Situationen resultieren. Deshalb würde es nahe liegen, in gemischten Fokusgruppendiskussionen beispielsweise die folgende Frage erörtern zu lassen: „Wie ist es Ihnen ergangen, nachdem sie Gewaltmittel gegen andere Menschen eingesetzt haben?" Tatsächlich ist das (noch) nicht passiert.

Viele Erfahrungen in Auslandseinsätzen teilen mit Polizisten und Soldaten auch Entwicklungshelfer und Beschäftigte ziviler Unternehmen. Auch hier wäre intensiver Austausch wünschenswert, hinsichtlich der Ausbildung von interkultureller Kompetenz und dem individuellen Umgang mit irritierenden Erfahrungen beispielsweise. Wünschenswert wäre auch der Austausch über Strategien der Bewältigung monatelanger Trennung von daheim. Ich würde mir auch wünschen, dass die gut erprobte Ambiguitätstoleranzskala[7] auf diese vier Gruppen Anwendung fände. Sie misst die Fähigkeit, unübersichtliche Situationen auszuhalten.

Möglichkeiten und Grenzen qualitativer und empirischer Sozialforschung

Grundsätzlich wird man unterscheiden zwischen zwei Zugangsweisen zum Phänomenkomplex Innere Führung: quantitativen und qualitativen. Während im ersten Fall die Meinungen einer großen Gruppe von Soldatinnen und Soldaten aller Dienstgrade und Statusgruppen mittels standardisierter Fragebögen erhoben wird, wird im anderen Fall mit Leitfaden gestützten Interviews gearbeitet.

Ein grundlegendes methodisches Problem empirischer Erhebungen besteht darin, dass besonderes diejenigen Fragebögen ausfüllen, die der Meinung sind, etwas sagen zu ‚müssen'. Wer rundum zufrieden ist, hat seltener Lust, einen Fragebogen auszufüllen. Und wer die eigene Antwort als nutzlos für einen Erkenntnis- oder Verbesserungsprozess einschätzt, wird sich auch dem Ausfüllen von Fragebögen verweigern. Auf ein weiteres methodisches

---

[7] Vgl. zur Methode Dörfler-Dierken 2013. Eine erprobte Skala findet sich unter Radant/Dalbert 2003.

Problem sei hingewiesen: Die empirische Methode erlaubt nicht die Identifizierung derjenigen, die als ‚Meinungsmacher' ihr Umfeld beeinflussen. Beispielsweise gelten die Unteroffiziere als „Rückgrat der Armee",[8] weil sie stärker als die Offiziere die Mannschaften prägen, haben sie doch die meiste Zeit des Tages mit ihnen zu tun. Es steht also zu erwarten, dass deren Untergebene sich an die Meinungen und Haltungen ihrer unmittelbaren Vorgesetzten ein Stück weit anpassen.[9] Häufig arbeiten empirische Forschungen mit schon andernorts erprobten Skalen. Neuerdings setzt das ZMSBw darauf, dass dieselben Themen bei unterschiedlichen Gruppen abgefragt werden.

Ein Beispiel: „Sind Sie zurzeit Wochenendpendler, d.h. fahren Sie in der Regel nur am Wochenende nach Hause und wohnen Sie unter der Woche am Dienstort?" Diese Frage kann Zivilbeschäftigten der Bundeswehr, Soldatinnen und Soldaten sowie Berufstätigen aus anderen Berufs- und Dienstzusammenhängen gestellt werden. Die Antwort erlaubt dann Rückschlüsse auf das tatsächliche Maß der Belastung, das mit dem militärischen Dienst in der Bundeswehr einhergeht, im Vergleich zu den anderen Bevölkerungsgruppen auferlegten Belastungen. Schließlich pendeln nicht nur Militärs zu ihren Dienststellen, sondern zunehmend auch Verkäuferinnen, Maurer auf Montage oder Professorinnen und Wissenschaftler.[10] Für Soldatinnen und Soldaten der Bundeswehr sind die Ergebnisse schon bekannt: Mannschaften pendeln am Wochenende zu 38 Prozent, Unteroffiziere o.P. zu 43 Prozent und Offiziere des Truppendienstes zu 45 Prozent.[11] Die Mobilitätsanforderungen an die Soldaten und Soldatinnen einerseits und das zivile Bundeswehrpersonal andererseits unterscheiden sich deutlich: „Einer von vier Bundeswehrangehörigen ist Wochenendpendler, d. h. er oder sie sucht ihren privaten Lebensmittelpunkt in der Regel nur am Wochenende auf und wohnt unter der Woche am Dienstort in einer Bundeswehrunterkunft oder einer privaten Unterkunft. (…) Über 40 Prozent der Soldaten und Soldatin-

---

[8] Vgl. den Buchtitel von Klein (Hrsg.) 1986.

[9] Vgl. die Zusammenfassung der Ergebnisse einschlägiger (älterer) Studien von Klein 2004.

[10] Demnächst wird das ZMSBw eine breit angelegte Studie zur Vereinbarkeit von Familie und Dienst in Bundeswehr und Gesellschaft (Ergebnisse gewonnen aus Streitkräftebefragung und Bevölkerungsbefragung) vorlegen, welche die durch beruflich bedingtes Pendeln bedingten Belastungen bei Soldatinnen und Soldaten der Bundeswehr sowie bei anderen Berufs- und Bevölkerungsgruppen erfasst.

[11] Richter 2012: 30.

nen am Beginn ihrer Unteroffiziers- bzw. Offizierslaufbahn pendeln am Wochenende. Der typische Pendler ist also ein jüngerer Soldat/eine jüngere Soldatin in der Familiengründungsphase, am Beginn der beruflichen Karriere in der Bundeswehr und vor der Entscheidung für eine Bewerbung als Berufssoldat/-soldatin."[12] Dagegen sind die Angehörigen der Wehrverwaltung mehrheitlich Tagespendler oder wohnen direkt an ihrem Dienstort. Nur 6 Prozent der Arbeitnehmerinnen und Arbeitnehmer sowie 10 Prozent der Beamtinnen und Beamten der Wehrverwaltung sind Wochenendpendler. Die Belastungen unterscheiden sich also bei Zivilpersonal der Bundeswehr einerseits und Soldatinnen bzw. Soldaten andererseits gravierend. Das sich in diesen Zahlen verbergende Problem für die Bundeswehr als Arbeitgeber wird noch offensichtlicher, wenn man die Entfernung zwischen Dienstort und Lebensmittelpunkt abfragt: „Wie weit ist Ihr jetziger Arbeitsplatz von Ihrem Wohnsitz, d.h. dem Ort, den Sie als Ihren Lebensmittelpunkt bezeichnen würden, entfernt?" Die durchschnittliche einfache Entfernung zwischen dem Dienstort und dem als Lebensmittelpunkt bezeichneten Ort beträgt für alle Bundeswehrangehörigen 249 km.[13]

Deutlich macht die Statistik also, dass die Belastung von Ehen, Familien und Partnerschaften durch Wochenendpendeln zum Lebensmittelpunkt sehr unterschiedlich auf die verschiedenen Laufbahnen und Dienstgradgruppen verteilt ist, und dass Soldatinnen oder Soldaten insgesamt mehr pendeln als Zivilbeschäftigte der Bundeswehr.[14]

Qualitative Befragungen setzen im Unterschied zu empirischen Befragungen auf Leitfaden gestützte Einzelinterviews oder auf Fokusgruppendiskussionen. Typischerweise werden auf diese Weise nicht Fakten erfragt, sondern Umgangsweisen mit Problemen, Deutungen von Verhältnissen, individuelle Konstrukte von Wirklichkeit also. So könnte man beispielsweise fragen: „Wie kommen Sie mit dem Wochenendpendeln zurecht?" oder: „Welchen Einfluss hat es auf Ihre Beziehung, wenn Sie sich nur am Wo-

---

[12] Richter 2012: 29.

[13] Richter 2013.

[14] Würde man einen anderen Indikator als die Entfernung von Lebensmittelpunkt und Dienstort bzw. Wochenendpendeln verwenden, dann ergäben sich keine belastbareren Daten: Die Erhebung der Zahl der Trennungsgeldempfänger würde nur eine Teilmenge der Wochenendpendler erfassen, denn Trennungsgeld wird nur denjenigen Soldaten ausgezahlt, die älter als 25 Jahre sind, denen keine angemessene truppendienstliche Unterkunft zur Verfügung gestellt werden kann und die keine Umzugskostenzusage erhalten haben.

chenende sehen?" oder: „Welche individuellen Lösungen hat Ihr Vorgesetzter Ihnen bei akuten Beziehungsproblemen ermöglicht?" Das ist noch nicht geschehen, könnte aber das Gespräch darüber, wie Vorgesetzte eine familien- und partnerschaftsförderliche Dienstkultur fördern können, anregen und intensivieren.[15] Bei Fokusgruppendiskussionen wird es immer darauf ankommen, die Gruppe mit der in ihr lebendigen Gruppendynamik genau im Blick zu behalten. Häufig bietet es sich an, nicht nur ein Sprachaufnahmegerät in Gang zu halten, sondern eine Videoaufnahme der Gruppendiskussion zu machen, da auf diese Weise auch körpersprachliche Signale aufgezeichnet und ausgewertet werden können.[16] Zudem kann dann sicherer der Beitrag des jeweiligen Sprechers oder der jeweiligen Sprecherin für den Diskussionsgegenstand und das Ziel des Gesprächs beurteilt werden. Offenbar würde auf diese Weise auch, ob Zustimmung zu ‚Jammeräußerungen' sich dysfunktional zu negativen Zirkeln verfestigt, oder ob lösungsorientiert miteinander diskutiert wird.

Beide Methoden, quantitative und qualitative, ergänzen sich und werden gegebenenfalls zur Erforschung derselben Fragestellung nebeneinander eingesetzt. Medial besser zu inszenieren sind häufig die Ergebnisse der empirischen Forschung.

Politische Steuerung durch Zahlen

Aktuell ist das Interesse an empirischer Sozialforschung besonders groß, denn sie eröffnet zahlreiche Möglichkeiten, die als Zahlen geronnenen Ergebnisse zu diskutieren, zu skandalisieren – und in jeder anderen gewünschten Weise damit umzugehen. Erinnert sei an das Ergebnis der „Bundeswehrstudie", die der Deutsche BundeswehrVerband auf den Weg gebracht hatte: Gerd Strohmeiers Forschungen wurden unter dem Slogan „Politik muss sich der Großbaustelle Bundeswehr zuwenden" vom Bundesvorsitzenden des

---

[15] Die Themen und Fragestellungen eines solchen Gesprächs können durch einen Leitfaden enger oder weiter gefasst vorgegeben sein. Die Auswertung der Interviews erfolgt nach ihrer Transkription gegebenenfalls mit inhaltsanalytischer Software. Die Frage, wie vieler Interviews es bedarf, um zu aussagekräftigen Ergebnissen zu kommen, wird unterschiedlich beantwortet.

[16] Beispiele aus der Bundeswehr bieten Tomforde 2006; Leonhard 2007; Beispiele für historisches Material aus der Wehrmacht: Neitzel/Welzer 2011; Römer 2012.

Verbandes, Oberst Bernhard Gertz ‚vermarktet‘.[17] Tatsächlich erschienen in der Presse in den nächsten Tagen zahlreiche Artikel, die dem Tenor der Klage über den Dienstherrn folgten, dagegen nur wenige Problematisierungen von Methodik und Instrumentarium.

Zahlen und Daten zur Inneren Führung in der Bundeswehr angemessen zu interpretieren ist also nicht ganz einfach. Nicht einfach ist auch die Analyse von Interviews oder Gruppendiskussionen – aber hier ist das Skandalisierungspotential für die Ergebnisse nicht vergleichbar hoch. Dazu kommt, dass die Beurteilung von Führungserfahrungen durch die von den diversen Führungsmaßnahmen Betroffenen immer subjektiv ist und eine ‚gefühlte‘ Erfahrung abbildet. Aber auch derjenige, der eine ‚Stimmung‘ mit wissenschaftlichen oder ‚wissenschaftsbasierten‘ Methoden erhebt und beurteilt, muss sich fragen lassen, inwiefern er dafür überhaupt kompetent ist: „Wie könnte jemand ein verläßliches Urteil abgeben, der selbst betroffen, d. h. von der fraglichen ‚Stimmung‘ ergriffen ist? Aber auch: Wie steht es eigentlich um die Kompetenz Außenstehender, die Stimmung in der Truppe zu schildern?“ (Lippert 1995: 229)

Trotz dieser methodischen und sachlichen Probleme benötigen militärische Führung und politische Leitung der Bundeswehr auf Zahlen basierende Stimmungsbilder aus der Truppe, wollen sie nicht auf eklektische Äußerungen von Soldatinnen und Soldaten in den Medien und den Eindruck persönlicher Gespräche mit Uniformträgern angewiesen bleiben. Und sie bedürfen der Zahlen auch zur Flankierung politischer Maßnahmen. Allerdings ist offensichtlich: Zahlen bilden Wirklichkeit nur auf eine solche Weise ab, die mit Zahlen zu erfassen ist. Es handelt sich also um eine spezifische Konstruktion innerhalb eines breiteren Phänomenfeldes.

Empirische Sozialforschung schafft also „formal objektiviertes Wissen“, das im politischen ebenso wie im militärischen Steuerungsprozess eingesetzt wird, um „zahlenbasierte Handlungsorientierung“ zu gewinnen. Tatsächlich handelt es sich dabei aber, wie Andreas Voßkuhle, der Präsident des Bundesverfassungsgerichts, ausgeführt hat, „um eine äußerst problematische Konstruktion, die auch historisch gesehen Tür und Tor öffnet für Manipulationen und symbolische Politik.“ (Voßkuhle 2012: 6) Da man trotzdem diese

---

[17] Gerd Strohmeier ist der einzige Wissenschaftler, der beide Organisationen unter dem Gesichtspunkt der Berufszufriedenheit untersucht hat: 2011(Bundespolizei) und 2007 und 2012 (Bundeswehr).

Näherung an sachangemessene Problemerfassung und -lösung benötige, sei – so Voßkuhle – eine „Kultur der reflektierten Zahl zu entwickeln, die numerische Grundlagen zum Ausgangspunkt politischer Argumentation nimmt, die Zahlen aber gleichzeitig hinterfragt und die einschlägigen Indikatoren einem stetigen Lernprozess aussetzt." (Ebd.: 6f.)

Der gute Sinn von Zahlen liegt darin, dass sie die Augen öffnen können für eine Wirklichkeit, die man nicht gerne in den Blick nehmen möchte. Auch dafür ein Beispiel: 38,5 Grad auf dem Thermometer bedeutet Fieber, egal ob der Patient sich für gesund hält oder nicht. Zahlen zwingen also dazu, sich in ein Verhältnis zu Problemen zu setzen, die man ebenso wie den Balken im eigenen Auge am liebsten übersieht, und gegebenenfalls Steuerungsmaßnahmen zu ergreifen. Das gilt auch für die Innere Führung, die bekanntlich in Zahlen nur schwer zu erfassen ist.

Innere Führung aus der Perspektive empirischer Sozialforschung

Beispiel 1: Familie und Dienst

Ein Themenfeld macht so offensichtlich wie kein anderes, dass die Innere Führung seit ihrer ‚Erfindung' durch Wolf Graf von Baudissin und ihrer ‚Implementierung' in die neuen Streitkräfte der jungen Bundesrepublik Deutschland weiter entwickelt und den Herausforderungen der Zeit angepasst wurde: die Einführung eines neuen „Gestaltungsfeldes" der Inneren Führung, das besondere Herausforderungen für militärische Führungskräfte beinhaltet: „Vereinbarkeit von Familie und Dienst". Seit dem Erscheinen der letzten Fassung der Zentralen Dienstvorschrift 10/1 Innere Führung (2008) ist den militärischen Vorgesetzten aufgetragen, dafür Sorge zu tragen, dass ihre Untergebenen ein Privatleben haben können. (ZDv 10/1: 664.–669.) Der Dienst soll „planbare Freiräume für das Leben mit der Familie oder in der Partnerschaft" (664.) lassen, weil das zu Berufszufriedenheit, Motivation, Einsatzfähigkeit bei den Soldatinnen und Soldaten führe und die Attraktivität des Militärs erhöhe. Damit „Rücksichtnahme auf familiäre und partnerschaftliche Belange" (ebd.: 665.) erfolgen kann, erhalten Vorgesetzte „Handlungs- und Ermessensspielräume" und werden ermuntert zu „[e]infallsreiche[n] und fürsorgliche[n] Lösungen" (ebd.: 666.). Teilzeitbeschäftigung, Telearbeit, Betreuungsurlaub, Elternzeit und diverse Unterstützungsmöglichkeiten bestehen für Soldatinnen und Soldaten (wie sonst im öffentlichen Dienst auch). Erinnert werden die militärischen Vorgesetzten auch daran, dass sie eine „Fürsorgepflicht" (ebd.: 668.) für ihre Untergebenen haben – insbesondere angesichts der Auslandseinsätze.

Beachtlich, dass in dieser militärischen Dienstvorschrift der Soldat bzw. die Soldatin als ein außerhalb der Kameradengruppe sozial gebundenes Wesen wahrgenommen wird, dessen erste Pflicht und dessen erstes Recht als Mensch und Bürger darin bestehen, sich gegenüber seiner Familie verantwortlich zu erweisen. Tatsächlich sind die Gründung einer Familie und der Vollzug des familiären Lebens ein Menschen- und Grundrecht. (Art. 6 GG) Wenn also in der einschlägigen Dienstvorschrift diese Verpflichtung breit ausgeführt wird, entspricht der Dienstherr seiner Pflicht, den Soldaten bzw. die Soldatin als „Staatsbürger in Uniform" zu behandeln.

Dass das neue Gestaltungsfeld in die Vorschrift aufgenommen wurde, verdankt sich, so könnte man argumentieren, dem Geist der Zeit, der von der romantischen Sehnsucht nach Nähe und Intimität mit dem einen Partner für's Leben ebenso geprägt ist wie von der Vielzahl von Scheidungen und der Inszenierung des Partnerwechsels. Gerade junge Menschen – diejenige Altersgruppe, die für den Dienst in den Streitkräften gewonnen werden muss – wollen sich familiär binden und akzeptieren keine Arbeitgeber, die ihnen die Erfüllung ihres Lebenswunsches erschweren oder zu verunmöglichen scheinen. Eine Familie zu haben und in einer Familie zu leben ist insbesondere für junge Frauen ein wichtiges Lebensziel. Je geringer die Bildung der Frauen ist, desto seltener können sie sich vorstellen, ihren Wunsch mit einer Berufstätigkeit in der Bundeswehr zu verbinden. Auf die Frage: „Einmal angenommen, sie wären in der Bundeswehr berufstätig. Nach allem, was sie über die Bundeswehr wissen, für wie wahrscheinlich halten sie es, dass sie… Familie und Dienst vereinbaren können"? Der Attraktivitätsindex sieht hier eine deutliche „Schwäche" der Attraktivität der Bundeswehr, weil die Erwartung der jungen Leute gering sei, die Relevanz dieses Bereichs für die Berufsentscheidung aber hoch ist. (Bulmahn 2012: 13) Die Unterschiede zwischen Männern und Frauen in der Negativerwartung sind umso größer, je geringer der Bildungsgrad der Frauen ist. (Ebd.: 15f.) Auch die Jugendstudien des Sozialwissenschaftlichen Instituts der Bundeswehr haben entsprechende Ergebnisse erbracht. (Bulmahn 2010: 137; 139)

Empirische Sozialforschung konnte den Autoren der ZDv 10/1 Innere Führung also zahlreiche Argumente liefern, das Thema „Vereinbarkeit von Familie und Dienst" den militärischen Vorgesetzten als „Gestaltungs-feld" ans Herz zu legen. Argumentiert wurde in diesem Zusammenhang aber nicht von den Grundsätzen der Inneren Führung her, die dem Soldaten bzw. der Soldatin das Menschenrecht Eheschließung und Kindererziehung nicht abspricht, sondern von der Attraktivität des Arbeitgebers Bundeswehr her. Wettbewerbsnachteile im Vergleich zu anderen Arbeitgebern bestünden, wenn soziale Ungebundenheit als Charakteristikum des Soldatenberufs wahrgenommen würde. Deshalb galt es herauszustellen, dass das Leitbild der familiär gebundene Soldat, die familiär gebundene Soldatin, der Vater bzw. die Mutter ist, kurz: der Mensch, der Verantwortung für Andere in seinem persönlichen Lebensumfeld übernimmt. Eine ‚gute' Familie gilt übrigens zugleich als ein ‚Protektor', also als Schutzfaktor, der die Wahrscheinlichkeit des Entstehens eines Posttraumatischen Belastungssyndroms verringert. (Biesold 2010: 105)

Die Erfordernisse der Steuerung einer großen Organisation wie der Bundeswehr, für die ständig eine erkleckliche Zahl von jungen Menschen gewonnen werden muss, fordert auch, dass diese dem Dienstherrn über einen vereinbarten Zeitraum hinweg erhalten bleiben. Dafür müssen sie mit ihrem Dienst zufrieden sein. Weil Dienstzufriedenheit gerade dann erreicht werden kann, wenn Familie und Dienst als vereinbar erlebt werden, muss der Dienstherr Regelungen schaffen, die seinen Mitarbeitern die Lust an der Familie ermöglichen. Das hat die ZDv 10/1 Innere Führung (2008) getan.

Der zweite Schritt bei der Implementierung einer neuen Dienstkultur ist dann die Überprüfung der Umsetzung des neu eingeführten Gestaltungs-feldes der Inneren Führung: Vereinbarkeit von Familie und Dienst. Das kann durch die Auflistung von Eingaben beim Wehrbeauftragten erfolgen oder wieder durch empirische Sozialforschung. Tatsächlich offenbaren sich grundlegende Desiderate: Nach einem Jahr Ausbildung an der Marineschule Mürwik (Crew VII/2008) ist die Erwartung, Familie und Beruf vereinbaren zu können, besonders deutlich zurückgegangen. (Pietsch 2010: 110–112) Ähnlich war das Ergebnis beim nachfolgenden Jahrgang (Crew VII/2009): So geben zwar 77 Prozent der Offiziersanwärter an, dass die Vereinbarkeit von Familie und Beruf für sie „sehr wichtig" (47 Prozent) oder „wichtig" (30 Prozent) ist – aber nur 28 Prozent glauben, dass diese Vereinbarkeit bei ihren zukünftigen Verwendungen gegeben sein wird. (Pietsch 2010: 49) Auch die Marine-Studierenden an den Bundeswehruniversitäten schätzten die Möglichkeit der Vereinbarkeit von Familie und Beruf (neben geregelten

Dienstzeiten) am schlechtesten ein unter allen Möglichkeiten, die der Arbeitgeber Bundeswehr ihnen zukünftig bieten kann. (Pietsch 2010: 137) In Bezug auf ihre künftigen Arbeitsbedingungen bei der Bundeswehr entwickelt sich während des Studiums die Aussicht auf eine Vereinbarkeit von Familie und Beruf besonders negativ. (Pietsch 2010: 136–139) „So verneinen im Studium 29 Prozentpunkte bzw. 16 Prozentpunkte mehr als zuvor die Vereinbarkeit von Familie und Beruf." (Pietsch 2010: 138) Carsten Pietsch diskutiert diese Veränderungen in Hinblick auf das sich in ihnen spiegelnde höhere Maß an erfahrungsgesättigtem Realismus, der helfen könnte, Enttäuschungen zu vermeiden. Er hält aber auch fest, dass der Anteil derjenigen Offiziersanwärter bei der Marine, die Berufssoldat werden wollen, aufgrund „subjektiv negative[r] Erfahrungen oder alternative[r] berufliche[r] Orientierungen" mit der Zeit sinkt. (Pietsch 2010: 109) Schon am Ende der Ausbildungszeit an der Marineschule Mürwik strebt nur noch ein Drittel eine Laufbahn als Berufssoldat an, ein Drittel ist unentschieden und der Rest spricht sich schon zu diesem Zeitpunkt dagegen aus. (Pietsch 2010: 109)

Mit den hier nur kurz vorgestellten Forschungsergebnissen erhält die Bundeswehrführung wichtige Hinweise darauf, in welchen Bereichen der Inneren Führung Nachsteuerungen notwendig sind. Diese Hinweise stützen sich nicht auf persönliche Eindrücke aus Gesprächen, auf allgemeine Lebenserfahrung oder dienstliche Beschwerden (wie bei Äußerungen des Wehrbeauftragten oder Stellungnahmen des Beirats Innere Führung) sondern auf ‚belastbares' Material – auf Zahlen eben. Wenn der Wehrbeauftragte Hellmut Königshaus das Thema „Dienst und Familie" in das Zentrum seines Jahresberichts stellt, dann hat er weitere entsprechende wissenschaftliche Studien für die Streitkräfte angeregt und legitimiert.

Zugleich wird durch Zahlen ein ‚Kampfplatz' abgesteckt, der es erlaubt, eventuelle Fortschritte einfach zu ‚beziffern'. Bis allerdings, am Ende der jetzt initiierten Entwicklung, die Meldung käme: „80 Prozent der Soldatinnen und Soldaten mit der Vereinbarkeit von Familie und Dienst zufrieden", wird noch viel Mentalitätswandel geschehen müssen, werden noch viele Vorschläge erörtert und Vorschriften ausgearbeitet werden müssen. Weil die Vorschriftenlage – zusammenfassend beurteilt – besser ist als die im Dienstalltag erfahrene Lage, kommt den militärischen Vorgesetzen eine wichtige Rolle bei der Einführung von Verbesserungen zu. Möglicherweise gelingt es in absehbarer Zeit, die „Kann-Regelungen" der ZDv 10/1 Innere Führung (2008) in „Soll-Regelungen" zu überführen.

Sozialwissenschaftlerinnen und Sozialwissenschaftler, die weniger an der Zahl interessiert sind, würden darüber nachdenken, ob sich in den Zahlen „kollektive Narrationen" niederschlagen, die für den Einzelnen eine exkulpirende oder entlastende Funktion haben können. Sie würden fragen nach der Funktion, welche die Inszenierung des zwischen Dienst und Familie zerrissenen Soldaten bzw. seiner Kameradin etwa für den Geschiedenen oder den Bindungsunwilligen hat. Natürlich birgt eine Trennungszeit unter der Woche oder über Monate Risiken für jede freundschaftliche Beziehung – aber sie kann auch Chancen bergen. Darüber wird öffentlich jedoch kaum gesprochen. Und nicht gesprochen wird auch über die besonderen Erleichterungen, die Soldatinnen und Soldaten genießen: So gibt es zahlreiche Regelungen, sowohl gesetzlich vorgeschriebene als auch solche, die von einsichtigen Dienststellenleitern eingeführt wurden, um die Spannungen zwischen Familie und Dienst abzufedern.[18]

Beispiel 2: Erfahrener und erwünschter Führungsstil

In einer Militärorganisation ist das Thema ‚Führen' bzw. ‚Führung' ein Dauerbrenner, denn von der Historie her entspricht der Soldatenberuf einem Berufstypus, in dem es nicht auf Eigenverantwortung und Selbstverwirklichung, sondern auf Ein- und Unterordnung ankommt. Wenn aber eine Organisation den Menschen Verantwortung – zumindest auf den ersten Blick[19] – abnimmt, dann wachsen die Reibungsflächen zwischen Führern und Geführten, zumal dann, wenn das zeittypische individuelle Selbstbild nicht von der Ein- und Unterordnungsbereitschaft, sondern von der Übernahme von Verantwortung und Eigentätigkeit bestimmt ist. In die Ende des Jahres 2003 durchgeführte Streitkräftebefragung (Sozialwissenschaftliches Institut der Bundeswehr 2004) wurden deshalb zwei Fragen eingestellt, die sich mit dem erfahrenen und dem erwünschten Führungsstil in der Bundeswehr beschäftigten. Ziel war es, ein Bild davon zu bekommen, ob der von den Soldatin-

---

[18] Am Montag beginnt der Dienst in vielen Dienststellen erst mittags, am Freitag endet er mittags; sechs Tage pro Jahr sind für die Erledigung familiärer oder anderer Angelegenheiten am Heimatort reserviert; Trennungsgeld und Reisekostenzuschuss mildern die finanziellen Herausforderungen ab, die mit doppelter Haushaltsführung verbunden sind, Pendlerunterkünfte werden in steigender Zahl bereit gestellt.

[19] Dieses Bild vom Soldatenberuf entspricht natürlich nicht der aktuell geltenden Rechtslage und auch nicht dem Selbstbild heutiger Soldatinnen und Soldaten, ist aber in der Bevölkerung und bei Eintritt in die Bundeswehr noch weit verbreitet.

nen und Soldaten als vorherrschend erfahrene Führungsstil dem erwünschten Führungsstil entspricht, oder ob er sich von diesem unterscheidet.

Bei dieser Befragung wurden die traditionell militärischen Begriffe Befehl und Gehorsam vermieden. Stattdessen wurde mit Begriffen wie Koordination, Information, Entscheidung, Überzeugung etc. gearbeitet. Das angewandte Verfahren und das Instrumentarium basierten auf einer Befragung, die von Jörg Keller an der Führungsakademie der Bundeswehr in Hamburg im Jahre 2003 durchgeführt wurde. 177 Offiziere des Dienstgrads Hauptmann bzw. Kapitänleutnant wurden durch die Abteilung Controlling der Führungsakademie zu ihrem Führungsverhalten befragt. Die Items hatte Keller dem Management-Handbuch von Staehle (1999) entnommen. Staehles Formulierungen sind nicht militärisch besetzt, sie entsprechen ziviler Führungskultur.

„Ich entscheide und ordne an.

Ich entscheide, bin aber bestrebt, meine Untergebenen zu überzeugen.

Ich entscheide, gestatte jedoch Fragen, um durch Antworten Akzeptierung zu erreichen.

Ich informiere über meine beabsichtigte Entscheidung, die Untergebenen können sich vor der Entscheidung äußern.

Die Gruppe entwickelt Lösungsvorschläge und priorisiert diese. Ich entscheide mich für die von mir favorisierte Lösung.

Ich zeige das Problem auf und lege den Entscheidungsraum fest, die Gruppe erarbeitet Lösungen und entscheidet.

Die Gruppe entscheidet, ich fungiere als Koordinator nach innen und nach außen."

(Zitiert nach Keller 2006: 153)

Keller unterscheidet die Typen im Führungsverhalten folgendermaßen: „Die ersten vier Typen lassen außer Kommentaren keine Teilhabe der Untergebenen zu und entsprechen eher dem Typus der Befehlstaktik. Der fünfte Typus umschreibt ziemlich genau das Verfahren der Stabsarbeit der Bundeswehr, bei welchem der Vorgesetzte das Problem vorgibt, der Stab Lösungsvorschläge erarbeitet und priorisiert, der Vorgesetzte dann aber entscheidet. Mit dem sechsten Typus wird ein Bild beschrieben, in welchem der

Vorgesetzte einen Verantwortungsraum für den nachgeordneten Bereich konstruiert, in welchem die Untergebenen dann Handlungsfreiheit haben. Die Formulierung des Items ‚Ich zeige das Problem auf und lege den Entscheidungsraum fest, die Gruppe erarbeitet Lösungen und entscheidet' entspricht demnach dem Kern dessen, was Führen mit Aufträgen ausmacht." (Keller 2006: 152) Das Ergebnis seiner Befragung fasste Keller folgendermaßen zusammen:

„Drei Viertel der befragten Offiziere bleiben in der Selbstbeschreibung ihres Führungsverhaltens noch hinter dem Beteiligungsverfahren der Stabsarbeit zurück und nur 10 Prozent definieren für sich ein Verfahren, das eher der Auftragstaktik entspricht. Es kann nun der Einwand kommen, wenn hier bei den Items die bundeswehrtypischen Formulierungen gebraucht worden wären, hätten sich viel mehr Soldaten für die Auftragstaktik entschieden. Dem ist wohl so, diese Items beschreiben allerdings das tatsächliche Verhalten und rufen keine Reaktion auf ein wertgeladenes Schlagwort hervor. Wer Auftragstaktik verstanden hat und anwendet, kann unmöglich die Verhaltensweisen der ersten Items für sich in Anspruch nehmen." (Ebd.: 154)

Es stellt sich die Frage, ob die Ausweitung des Kreises der Befragten und damit auch der Dienstränge Folgen hätte für das Ergebnis. Deshalb wurde eine entsprechende Frage in die Streitkräftebefragung des Jahres 2003 aufgenommen. Diese Streitkräftebefragung war methodisch eine standardisierte schriftliche Befragung einer repräsentativen Auswahl von 1510 Soldatinnen und Soldaten aller Dienstgradstufen in einer Auswahl von Verbänden, bei der alle Teilstreitkräfte bzw. militärischen Organisationsbereiche in entsprechender Quotierung berücksichtigt waren. Es handelte sich also um eine Querschnittsbefragung ohne Berücksichtigung der Wehrverwaltung, des BMVg, der Ämter, Stäbe und höheren Kommandobehörden.

Abbildung 1: Erfahrener und erwünschter Führungsstil im militärischen Alltag

Datenbasis: SOWI-Streitkräftebefragung, Datenerhebung Herbst 2003.

Streitkräftebefragung 2004

Führungsstil im militärischen Alltag ...?

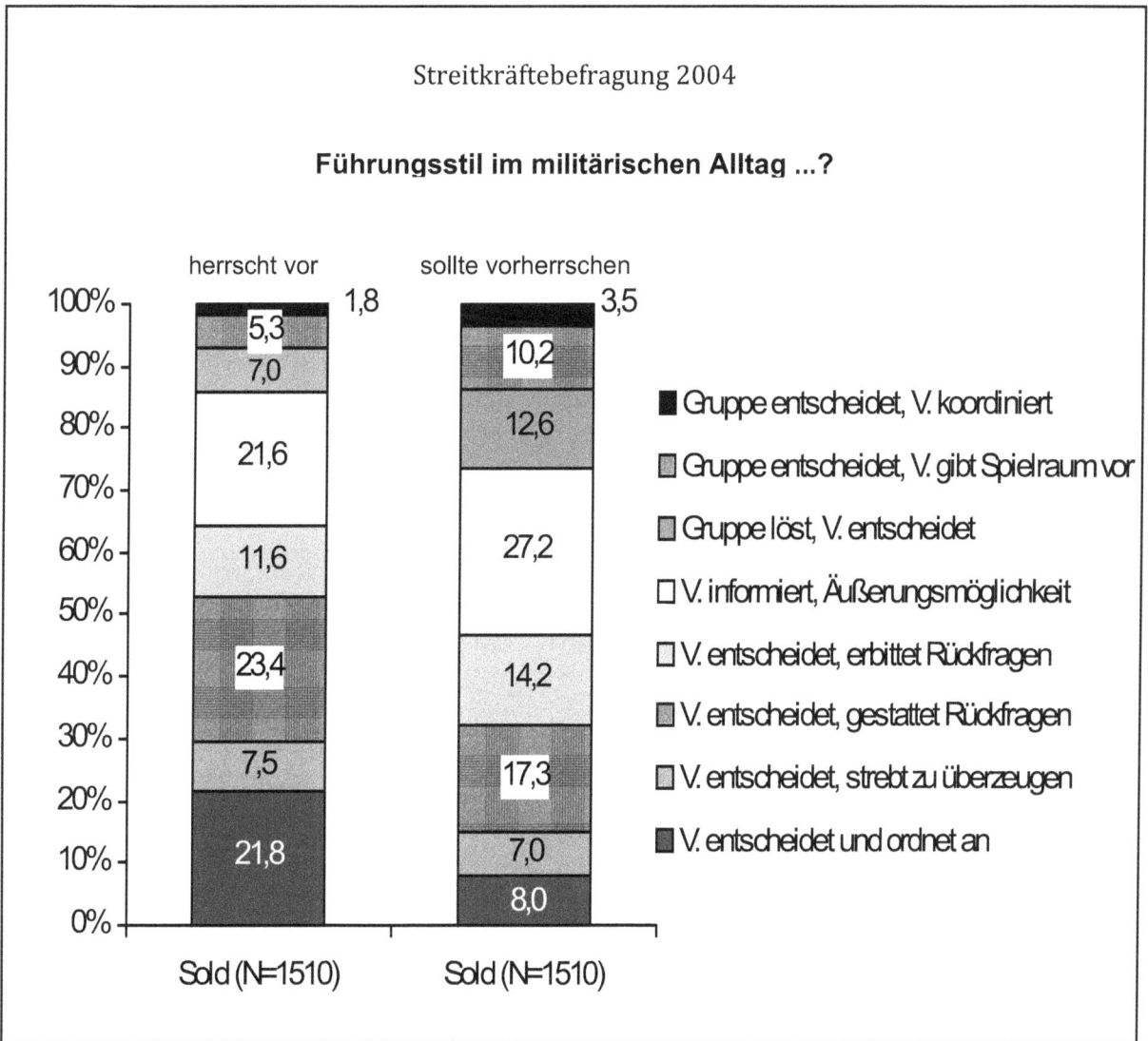

herrscht vor — sollte vorherrschen

	herrscht vor	sollte vorherrschen
	1,8	3,5
■ Gruppe entscheidet, V. koordiniert	5,3	10,2
▨ Gruppe entscheidet, V. gibt Spielraum vor	7,0	12,6
▨ Gruppe löst, V. entscheidet	21,6	27,2
☐ V. informiert, Äußerungsmöglichkeit	11,6	14,2
☐ V. entscheidet, erbittet Rückfragen	23,4	17,3
▨ V. entscheidet, gestattet Rückfragen	7,5	7,0
☐ V. entscheidet, strebt zu überzeugen	21,8	8,0
■ V. entscheidet und ordnet an		

Sold (N=1510)   Sold (N=1510)

Die Ergebnisse lassen erkennen, dass der in der Bundeswehr als vorherrschend erfahrene Führungsstil zum Befragungszeitpunkt recht autoritativ geprägt war: Mehr als ein Fünftel der Befragten stimmte im Blick auf seine Berufswirklichkeit dem folgenden Satz zu: „Der Vorgesetzte entscheidet und ordnet an." Als eher autoritativ sind auch die mit folgenden

Formulierungen skizzierten Führungsstile zu kennzeichnen: „Der Vorgesetzte entscheidet, strebt aber auch zu überzeugen" und „Der Vorgesetzte entscheidet und gestattet Rückfragen" und „Der Vorgesetzte entscheidet und erbittet Rückfragen". Die Alltagswirklichkeit von 64,3 Prozent der Soldatinnen und Soldaten war deren eigener Einschätzung nach von diesen drei, als autoritativ zu charakterisierenden Führungsstilen geprägt. Dass der Vorgesetzte überhaupt informiert und den Untergebenen Äußerungsmöglichkeit einräumt, erfuhren lediglich 21,6 Prozent, dass die Untergebenen als Gruppe entscheiden und der Vorgesetzte eine koordinierende Rolle spielte, kam im Arbeitsalltag nur bei 1,8 Prozent der Untergebenen vor.

Es verwundert nicht, dass die Soldatinnen und Soldaten sich zu einem großen Teil einen stärker partizipativen und kooperativeren Führungsstil wünschten: Nur 8 Prozent meinten, dass ein straff autoritativer Führungsstil herrschen sollte und sprachen sich für „Der Vorgesetzte entscheidet und ordnet an" aus. Allerdings hielten 46 Prozent, also fast die Hälfte der Befragten, einen eher autoritativen Führungsstil für angemessen. Die berufliche Prägung dürfte erklären, dass Soldaten auch daheim, im Kreise der Familie, einen „autoritativen Erziehungsstil" gegenüber den Kindern bevorzugen. (Näser-Lather 2011: 459)

Bei etwa der Hälfte der Befragten steht nach diesem Ergebnis zu erwarten, dass sie einen starken Wunsch verspüren, sich mit ihren Fähigkeiten und Fertigkeiten stärker einbringen zu dürfen in den Dienstalltag. Wenn ihnen das dauerhaft erschwert oder verweigert wird, dann besteht, vor allem bei den von ausschließlich autoritativen Führungsstilen Betroffenen – davon ist die betriebspsychologische Forschung überzeugt – die Gefahr ‚innerer Kündigung'.[20] Noch stärker dürfte allerdings der Zusammenhang von innerer Kündigung und Laufbahnerwartung sein.

Gregor Richter hat in seinen Studien zu öffentlichen Verwaltungen darauf hingewiesen, dass innere Kündigung vor allem bei Nichterfüllung der „subjektiven individuellen Laufbahnprojektion" erfolgt. (Richter 1999: 133) Das Thema Laufbahn ist bei Soldatinnen und Soldaten hoch aktuell. Statistisch ist die Beziehung zwischen innerer Kündigung und Laufbahnzufrie-

---

[20] Vgl. zu Möglichkeiten produktiven Umgangs mit innerer Kündigung Richter 1999. Dass eine solche Haltung angesichts des für Streitkräfte typischen Umgangs mit Gewaltmitteln gefährliche Konsequenzen für Bundeswehr, Soldaten und Zivilisten haben kann, steht außer Frage.

denheit erwiesen. Nach Überzeugung von Richter kommt es zur inneren Kündigung, wenn der „innere Vertrag" zwischen Arbeitnehmer und Arbeitgeber nach Meinung des Arbeitnehmers gebrochen wurde. Innere Kündigung ist diesem Forschungsansatz nach eine „Ausweichstrategie", wenn die äußere Kündigung (bei Soldatinnen und Soldaten aufgrund der Unauflösbarkeit des Vertrages aufgrund der gewählten Verpflichtungszeit) nicht erfolgen kann, und wenn dem verbalen Protest keine großen Chancen auf Gehör zugesprochen werden. „Innere Kündigung kann eine ‚attraktive' Reaktionsform sein, wenn die Opportunitätskosten der Alternativen ‚exit' und ‚voice' sehr hoch sind." (Richter 1999: 121) Richter verweist aber auch darauf hin, dass der insgesamt eher kleinen Gruppe solcher, die innerlich gekündigt hatten – 16,6 Prozent der von ihm Befragten hatten „aktuell innerlich gekündigt", dagegen hatten 62,5 Prozent „noch nie innerlich gekündigt" –, die große Gruppe derjenigen gegenüberstand, die ihre zeitweilige innere Kündigung schon wieder überwunden hatten, meist durch Selbsttätigkeit. „Innere Kündigung ist kein nicht-reversibler Prozess." (Richter 1999: 135) Innerer Kündigung kann am besten gegengesteuert werden, wenn die Karriereinteressen und die subjektiven Laufbahnprojektionen der Mitarbeiter von der Personalführung und den Vorgesetzten berücksichtigt werden. Für die Bundeswehr ist bisher keine vergleichbare Untersuchung durchgeführt worden – und vielleicht möchte man das auch gar nicht wissen, wie viele Soldatinnen oder Soldaten ‚nur äußerlich' Dienst tun. In befehlsgeprägten Kontexten mag manche Führungskraft vielleicht gerne übersehen, dass die Auftragserfüllung der Untergebenen und damit auch ihre Berufszufriedenheit gefördert werden könnte.

Untersuchungen im Zusammenhang mit der ökonomischen Modernisierung der Bundeswehr lassen erkennen, dass die Soldatinnen und Soldaten sehr interessiert daran sind, ihre Kenntnisse und Fähigkeiten stärker in die Bundeswehr einzubringen. Sie stimmen – je höher der Dienstgrad und die Verantwortung desto mehr – in überwältigender Zahl der Aussage zu: „Wissen und Erfahrung der Soldatinnen und Soldaten werden im alltäglichen Dienstbetrieb nicht optimal genutzt." 71 Prozent der Offiziere, 66 Prozent der Unteroffiziere und 55 Prozent der Mannschaften stimmen diesem Satz zu. (Großeholz 2006: 5, 19) Festgestellt werden konnte bei dieser Untersuchung auch, dass die Bereitschaft der Soldatinnen und Soldaten zum „Mitdenken" wie zur „Mitwirkung bei Führungs- und Entscheidungsprozessen" und zur „Zusammenarbeit im Team" groß ist. (Großeholz 2006: 33)

Dafür sprechen auch Ergebnisse der Streitkräftebefragung 2006. Auf die Frage: „In welchen Bereichen Ihrer Dienststelle sehen Sie erhöhten Bedarf für Optimierungen und Verbesserungen?" nannten „Arbeitszufriedenheit" 60 Prozent der Befragten. Gleich viele nannten die „Dienst- und Arbeitsabläufe" und die „Organisation". (Großeholz 2006: 18) Arbeitszufriedenheit wurde bemerkenswerterweise deutlich seltener von den Mannschaften als Optimierungsfeld genannt als von den Stabsoffizieren und Offizieren.

Ergänzt werden die durch die Befragung von Soldatinnen und Soldaten gewonnenen Ergebnisse durch die Befragung von Zivilisten, insbesondere von Jugendlichen und jungen Erwachsenen zwischen 16 und 25 Jahren, im Rahmen der SOWI-Bevölkerungsbefragung, einer repräsentativen Befragung von deutschsprachigen, mindestens 16 Jahre alten Einwohnern der Bundesrepublik zur Bundeswehr und zu außen- und sicherheitspolitischen Themen. Im 2004 vorgestellten Ergebnisbericht zu der Bevölkerungsbefragung, die im Herbst 2003 durchgeführt worden war, wird festgehalten, dass ein wichtiger Grund für junge Menschen, nicht zur Bundeswehr zu gehen, in der Furcht besteht, dass man bei diesem Arbeitgeber „nur wenig selbst entscheiden" (68 Prozent) und „seine beruflichen Ziele nicht verwirklichen" (66 Prozent) kann, oder einem „das soldatische Leben mit Disziplin und Gehorsam" nicht liegt (60 Prozent). (Bulmahn 2004: 58)

Es ist unübersehbar: Viele junge Männer – junge Frauen wurden mit diesen Fragen nicht konfrontiert – ziehen es nicht in Erwägung, zur Bundeswehr zu gehen, weil sie zu geringe Selbstentfaltungs- und Wachstumspotentiale für sich sehen und wegen der Einordnung in einen von Befehl und Gehorsam geprägten Lebens- und Arbeitsvollzug Einschränkungen für sich erwarten, die sie nicht hinzunehmen bereit sind.

Auch im Blick auf diese Ergebnisse wäre wieder zu fragen, ob es sich um „kollektive Narrationen" handelt, um traditionalistische Bilder, die sich in den Köpfen verfestigt haben und die Selbstwahrnehmung formieren. Manche Politiker und Militärs sind aber dankbar für diese Zahlen, denn sie eignen sich gut für politische Zwecke und Steuerungsmaßnahmen.

Von Nutzen und Grenzen der Sozialwissenschaften für die Innere Führung

Die Hinweise auf die Weiterentwicklung der Inneren Führung durch Ergebnisse empirischer Sozialforschung haben deutlich gemacht, dass diese Wissenschaft hilfreich war zur Legitimierung der Einführung verschiedener Innovationen, indem sie flankierende Argumente für die militärische Führung wie die politische Leitung lieferte und Binnenwiderstand in der Organisation Bundeswehr zurückdrängte. Empirische Sozialforschung unterstützte auch die Durchsetzung der neuen Vorschrift bzw. die Überprüfung der Durchsetzung.

Sozialwissenschaftler wollen jedoch nicht nur einen binnenorganisatorischen Ist-Zustand in Zahlen erfassen und ein Wunschkonzert der Betroffenen abbilden, sondern das Verhältnis von Bundeswehr und Gesellschaft vor dem Hintergrund von Krisen und Konflikten analysieren und daraus dann die dienstlichen Anforderungen an Uniformträger ableiten. Solche Analyse ist weniger durch empirische Sozialforschung zu erlangen als durch qualitative Forschung, die sich weder der Anstrengung des Begriffs verweigert noch die Höhen der Theorie scheut. Solche Forschung wird etwa Typen soldatischen Selbst- und Berufsverständnisses analysieren und in Beziehung setzen zu dem von Polizisten, Richtern und Entwicklungshelfern. Angesichts der veränderten sicherheitspolitischen und gesellschaftlichen Rahmenbedingungen – die Bundeswehr ist faktisch eine weltweit einzusetzende Armee von Freiwilligen – wird eine entsprechende Selbst- und Leitbilddebatte seit einigen Jahren immer wieder angemahnt (Wiesendahl (Hrsg.) 2007: 15f.; Dörfler-Dierken/Kümmel (Hrsg.): 2010) Wer im Sinne qualitativer Sozialforschung denken und dekonstruieren sowie rekonstruieren, kollektive Narrationen enttarnen und Spannungen aushalten kann, muss den Soldatenberuf nicht einlinig vom Töten und Getötet werden her bestimmen. Denn damit verbunden wäre ein ‚negatives‘ Leitbild, das den Soldaten einerseits als Herrn über Leben und Tod Anderer und andererseits als Opferlamm für das eigene Gemeinwesen zeichnen würde. Ein solches Leitbild würde dem soldatischen Umgang mit Gewalt keine Grenze setzen und überdies die Bedeutung technischer Entwicklungen für die Konflikte der Gegenwart vernachlässigen. Das können Sozialwissenschaftler aufweisen und sie können es vom Grundgesetz bzw. von der Inneren Führung her kritisieren. Dann müssen sie sich auf einen weiteren Diskurs einlassen: den normativen.

Innere Führung setzt Normen fest, an denen Soldatinnen und Soldaten sich orientieren sollen. Diese Normen müssen vermittelt werden, sie fordern Einsicht und vorbildliches Handeln, Selbstreflexion und breite Bildung. Innere Führung gibt den Soldaten ein Bild ihrer Selbst, auf das hin sie wachsen und sich entwickeln können. Durch empirische Sozialforschung kann vielleicht die Zustimmung zu Dimensionen dieses Leitbildes erhoben werden,[21] aber selbst, wenn kein Soldat bzw. keine Soldatin das Leitbild für aktuell tragfähig hielte, würde es doch nicht ‚falsch‘ aufgrund mangelnder Zustimmung. Im Gegenteil: In diesem Falle wäre es die Aufgabe politischer Leitung und militärischer Führung, den Sinn und Nutzen dieses Leitbildes für Soldatinnen und Soldaten zu vermitteln.

Soldatinnen und Soldaten werden gebraucht als Spezialisten für Krisen und Konflikte. Soldatisches Handeln sollte von seinem Ziel her gedacht werden: Frieden und Sicherheit für Deutschland und Europa zu schützen. Während deutsche Soldatinnen und Soldaten sich in Einsätze zur Friedenserzwingung mit robustem Mandat bis an den Hindukusch entsenden ließen, beurteilt die deutsche Bevölkerung diesen Auslandseinsatz eher skeptisch. Und der in ihren Augen ausbleibende Erfolg der Mission in Afghanistan gibt ihr erst einmal Recht. (Brzoska 2007; Biehl 2007; Bredow 2007) Die ‚Konsenslücke‘ zwischen Politik, Streitkräften und Gesellschaft zu schließen, dürfte eine vordringliche politische Aufgabe für die nächsten Jahre sein. Dabei hilft allerdings nicht nur die Wissenschaft, sondern auch derjenige Staatsbürger in Uniform, der sich im Sinne der Inneren Führung an den öffentlichen Diskussionen über Zweck und Ziel des professionellen Einsatzes von Gewaltmitteln beteiligt. Vielleicht müssen die Deutschen anerkennen, dass gegen Selbstmordattentate kein militärisches Kraut gewachsen ist, und dass Frieden nur zwischen Konfliktparteien möglich ist, die sich befrieden (lassen) wollen. Vielleicht überschätzt die Gesellschaft das Potential friedlicher Konfliktbeilegung – und manche Politiker wie Soldaten unterschätzen es. Das sind Fragen, die auch zur Inneren Führung gehören, aber bisher noch keine überzeugende gemeinsam von Bundeswehr und Gesellschaft verantwortete Antwort gefunden haben. Die Fragen laden ein zur Diskussion – und zu weiterer wissenschaftlicher Forschung.

---

[21] Gegenwärtig wird eine entsprechende Befragung im Rahmen der Streitkräftebefragung 2013 durchgeführt. Erste Ergebnisse sollen bei einem Workshop im November 2013 am ZMSBw in Potsdam vorgestellt werden.

Literatur

Biehl, Heiko: Zustimmung unter Vorbehalt. Die deutsche Gesellschaft und ihre Streitkräfte. In: Wiesendahl (Hrsg.) 2007: 103–116.

Biehl, Heiko et al.: Strategische Kulturen in Europa. Die Bürger Europas und ihre Streitkräfte. Ergebnisse der Bevölkerungsbefragungen in acht europäischen Ländern 2010 des Sozialwissenschaftlichen Instituts der Bundeswehr. (Forschungsbericht des Sozialwissenschaftlichen Instituts der Bundeswehr 96) Strausberg 2011.

Biesold, Karl-Heinz: In: Dörfler-Dierken/Kümmel (Hrsg.) 2010: 101-120.

Bredow, Wilfried von: Erweitertes Einsatzspektrum der Bundeswehr – Konsequenzen für die Innere Führung. In: Wiesendahl (Hrsg.) 2007: 129–138.

Brzoska, Michael: Konflikte und Kriege der Zukunft. In: Wiesendahl (Hrsg.) 2007: 43–52.

Bulmahn, Thomas: Bevölkerungsbefragung zum sicherheits- und verteidigungspolitischen Meinungsbild in Deutschland. (Ergebnisbericht) Strausberg 2004.

Bulmahn, Thomas et al.: Ergebnisse der Jugendstudie 2008 des Sozialwissenschaftlichen Instituts der Bundeswehr. (Forschungsberichte des Sozialwissenschaftlichen Instituts der Bundeswehr 93) Strausberg 2010.

Bulmahn, Thomas: Attraktivitätsindex Bundeswehr. Ein Instrument zur zielgruppenspezifischen Messung der Attraktivität des Arbeitgebers Bundeswehr. Strausberg 2012. (Online unter: http://www.politik-fuer-alle-generationen.de/SharedDocs/Downloads/DE/Konzepte/Bund/Attraktivitaetsindex_Bundeswehr.pdf?_blob=publicationFile&v=7)

Dörfler-Dierken, Angelika: Ethische Fundamente der Inneren Führung. Baudissins Leitgedanken: Gewissensgeleitetes Individuum – Verantwortlicher Gehorsam – Konflikt- und friedensfähige Mitmenschlichkeit. (Berichte des Sozialwissenschaftlichen Instituts der Bundeswehr 77) Strausberg 2005.

Dörfler-Dierken, Angelika: Harte Soldaten. Replik auf Uwe Hartmanns Forderung: Die Bundeswehr braucht Erziehung zu Disziplin, Härte und Gehorsam. In: Hammerich, Helmut R./Hartmann, Uwe/Rosen, Claus von (Hrsg.): Jahrbuch Innere Führung 2010: Die Grenzen des Militärischen 2010: 240-269.

Dörfler-Dierken, Angelika: Tolerance of Ambiguity. In: Kümmel 2013.

Dörfler-Dierken, Angelika/Kümmel, Gerhard (Hrsg.): Identität, Selbstverständnis, Berufsbild. Implikationen der neuen Einsatzrealität für die Bundeswehr. Wiesbaden 2010.

Fiebig, Rüdiger: Streitkräftebefragung 2009. Ergebnisse zu den Themenfeldern Dienstzufriedenheit, Attraktivität und Transformation. (Gutachten des Sozialwissenschaftlichen Instituts der Bundeswehr 02/2011) Strausberg 2010. (Online unter: http://bendler-blog.de/_oneclick_uploads/2011/05/streitkraeftebefragung-2009_23-02-2011.pdf)

Gareis, Sven Bernhard: Das Multinationale Korps Nordost in Stettin. In: ders./Klein (Hrsg.) 2004: 356-365.

Gareis, Sven Bernhard/Klein, Paul (Hrsg.): Handbuch Militär und Sozialwissenschaft. Wiesbaden 2004.

Gareis, Sven Bernhard/Leonhard, Nina (Hrsg.): Vereint marschieren/Marcher uni. Die deutsch-französische Streitkräftekooperation als Paradigma europäischer Streitkräfte. Wiesbaden 2008.

Großeholz, Carsten: Die ökonomische Modernisierung der Bundeswehr im Meinungsbild der Soldatinnen und Soldaten. Ergebnisse der Streitkräftebefragung 2005. Strausberg 2006. (Unveröffentl. Ms.)

Hagen, Ulrich vom (Hrsg.): Armee in der Demokratie. Zum Verhältnis von zivilen und militärischen Prinzipien. (Schriftenreihe des Sozialwissenschaftlichen Instituts der Bundeswehr 3) Wiesbaden 2006.

Keller, Jörg: Mythos Auftragstaktik. In: Hagen (Hrsg.) 2006: 141–163.

Klein, Paul (Hrsg.): Das strapazierte Rückgrat? Unteroffiziere der Bundeswehr. Baden-Baden 1986.

Klein, Paul: Unteroffiziere als Führer, Ausbilder und Erzieher sowie als Fachleute in Technik und Verwaltung. In: Gareis/Klein (Hrsg.) 2004: 432–439.

Kümmel, Gerhard (Hrsg.): Postinterventionismus ? SOWI-summit 2013 (im Druck).

Leonhard, Nina: Berufliche Identität von Soldaten. Eine qualitative Untersuchung von jungen männlichen Soldaten der Bundeswehr aus den neuen und alten Bundesländern. (Gutachten des Sozialwissenschaftlichen Instituts der Bundeswehr 03/2007) Strausberg 2007 (HSU: MIL 080:YC 0009)

Nägler, Frank: Der gewollte Soldat und sein Wandel. Personelle Rüstung und Innere Führung in der Aufbaugeneration der Bundeswehr 1956 bis 1970. Paderborn 2010.

Näser-Lather, Marion: Bundeswehrfamilien. Die Perzeption von Elternschaft und die Vereinbarkeit von Familie und Soldatenberuf. (Nomos Universitätsschriften, Soziologie, Bd. 14) Baden-Baden 2011.

Neitzel, Sönke/Welzer, Harald: Soldaten. Protokolle vom Kämpfen, Töten und Sterben. 2. Aufl. Frankfurt a. M. 2011.

Radant, Matthias/Dalbert, Claudis: Zur Dimensionalität der Ambiguitätstoleranz. (Online unter http://www.erzwiss.unihalle.de/gliederung/paed/ppsych/radant/DPPD_2003_Radant.pdf)

Richter, Gregor: Innere Kündigung. Modellentwicklung und empirische Befunde aus einer Untersuchung im Bereich der öffentlichen Verwaltung. In: Zeitschrift für Personalforschung 13, 1999: 2, 113–138.

Richter, Gregor: Veränderungsmanagement zur Neuausrichtung der Bundeswehr. Sozialwissenschaftliche Begleituntersuchung. Ergebnisse der Befragungen 2012. Kurzbericht. Strausberg 2012.

Richter, Gregor: „Armee der Pendler" – Mythos und Wirklichkeit. In: Behördenspiegel 29. Jg. 10. Woche, März 2013: 69.

Römer, Felix: Kameraden. Die Wehrmacht von innen. München 2012.

Schlaffer, Rudolf J./Schmidt, Wolfgang (Hrsg.) 2007: Wolf Graf von Baudissin 1907-1993. Modernisierer zwischen totalitärer Herrschaft und freiheitlicher Ordnung. München 2007.

Strohmeier, Gerd: Studie zur Berufszufriedenheit in der Bundespolizei (Strohmeier-Studie). 2011. (Online unter:

http://www.gdp.de/id/p110402/§file/StrohmeierStudie .pdf)

Strohmeier, Gerd: Bericht zur Mitgliederbefragung des Deutschen Bundes-wehrVerbandes (Strohmeier-Studie). 2007. (Online unter: https://www.dbwv.de/C125747/A001FF94B/vwContentByKey/W 27KDFRX757DBWNDE/§FILE/DBWV_Gesamt.pdf)

Strohmeier, Gerd: Militärische Führungskräfte bewerten die Neuausrichtung der Bundeswehr. Zielgruppenbefragung der TU Chemnitz im Auf-trag des Deutschen BundeswehrVerbandes. 2012. (Online unter: http://www.dbwv.de/webdbwv/extranet_cb.nsf/vwContentByKey /W27LYDAF311DBWNDE)

Tomforde, Maren: Einsatzbedingte Trennung. Erfahrungen und Bewälti-gungsstrategien. (Forschungsbericht des Sozialwissenschaftlichen In-stituts der Bundeswehr 78) Strausberg 2006.

Wiesendahl, Elmar (Hrsg.): Innere Führung für das 21. Jahrhundert. Die Bundeswehr und das Erbe Baudissins. Paderborn 2007.

Wehrbeauftragte (Der) des Deutschen Bundestages: Unterrichtung durch den Wehrbeauftragten. Jahresbericht 2011. (53. Bericht) Deutscher Bundestag, 17. Wahlperiode, Drucksache 17/8400.

Wehrbeauftragte (Der) des Deutschen Bundestages: Unterrichtung durch den Wehrbeauftragten. Jahresbericht 2012. (54. Bericht) Deutscher Bundestag, 17. Wahlperiode, Drucksache 17/12050.

Wissenschaft und militärische Führung in Baudissins Konzeption Innere Führung

Claus von Rosen

Am Rande der Sicherheitskonferenz von 2012 in München äußerte Verteidigungsminister de Maizière den Wunsch nach mehr wissenschaftlicher Expertise in der sicherheitspolitischen Debatte. Er „erkenne ... keinen großen intellektuellen Beitrag der deutschen Universitäten zur Frage von Krieg und Frieden. Obwohl ja eigentlich Hochschulen eine Art Initialzünder für gesellschaftliche Debatten sein könnten."[1] Die durch diese Äußerung ausgelöste öffentliche Debatte erinnert an entsprechende Auseinandersetzungen im Amt Blank – dem Vorläufer für das Verteidigungsministerium – vor knapp 60 Jahren. Damals ging es um die Einrichtung einer Verteidigungshochschule, der späteren Schule und dem heutigen Zentrum Innere Führung, als wissenschaftliche Forschungs- und Lehrstätte. Die Initiative dazu ging von der Gruppe Baudissin aus. Vom späteren Generalinspekteur Heusinger wurde die Schule als „Zentralgehirn der Inneren Führung" bezeichnet. Ihre Einrichtung wurde begründet: „Die wissenschaftlichen Grundlagen [für das Innere Gefüge] lassen sich nicht ohne eine systematisch angelegte Forschung erarbeiten und auf dem laufenden Stand halten. Die westdeutschen Universitäten bieten wenig Voraussetzungen dafür, ihnen diese Grundlagenforschung in Fragen der Inneren Führung zu überlassen ... wir besitzen an hiesigen Universitäten keine entsprechenden Forschungsinstitute."[2] Und: „Darüber hinaus dient solche Forschung und Lehre der Erkenntnis unserer gegenwärtigen politisch-geistigen Lage überhaupt und sie bliebe von Wert

---

Zur Zitierweise von Baudissins Schriften aus dem Baudissin Dokumentation Zentrum (BDZ): Die Schriften werden nach Ihrem Erscheinungsdatum geordnet beziffert z.B. 51,5 als die 5. Schrift im Jahr 1951, wie dies in der Bibliografie in ders.: Nie wieder Sieg! München 1982 S 272 ff geordnet ist. Soweit diese Schriften in einem der beiden Sammelbände (ders.: Soldat für den Frieden, 1969 oder ders.: Nie Wieder Sieg!, München 1982) zusätzlich veröffentlicht worden sind, wird dies durch vergl./s.a. ders. 1969/ bzw. 1982 mit Seitenzahl vermerkt. In ders. 1982 nicht erfasste Schriften werden nach ihrer Veröffentlichung zitiert.

1 S. Silke Bigalke: Ungeliebte Kriegsforschung, in: Süddeutsche Zeitung S. 6, v. 27.2.2012.

2 S. Claus von Rosen: Bildungsreform und Innere Führung. Reformansätze für schulische Stabsoffizierausbildung, dargestellt am Beispiel der Stabsakademie der Bundeswehr (1966 – 1973). Weinheim und Basel 1981, S. 164ff, Zitat S 412 Anm. 317.

selbst im Falle, dass deutsche Streitkräfte nicht aufgestellt werden sollten."[3] Der Sturm damals gegen derartige Forschungen kam aus dem Amt selber und hatte sehr schnell zur Folge, dass das Thema Forschung in Institutionen des Militärs von vornherein klein und kleiner geschrieben wurde.[4]

Es wäre vor dem Hintergrund dieser von Maizière erneut angestoßenen Debatte sicher nicht nur historisch interessant, die Entwicklungsgeschichte der Bundeswehr unter dem Aspekt der Bedeutung von Wissenschaft in den Streitkräften auszubreiten. Dies kann hier nicht geleistet werden. Anhand von einigen Linien aus den Anfangstagen der Bundeswehr kann jedoch aufgezeigt werden, was die Schöpfer der Inneren Führung um Wolf Graf v. Baudissin diesbezüglich der Bundeswehr mit in die Wiege gelegt hatten. Der Ansatz der Gruppe Inneres Gefüge war grundlegend von pädagogisch-psychologischen, politologischen und sozialwissenschaftlichen sowie von betriebs- und organisationswissenschaftlichen Aspekten bestimmt gewesen – und zwar gleichermaßen für die eigene ministerielle Arbeitsweise, für die Führungsphilosophie Innere Führung für die Bundeswehr, für die Konzeption Innere Führung und deren Lehre sowie für die sich daraus ergebende Praxis der Führung im Militär. „Wissenschaft" spiegelt sich daher – dem praxisorientierten Ansatz der Gruppe Baudissin entsprechend – in Form von akademischem Denken und Handeln in den Streitkräften wider.

Die ministeriell-praktische Arbeit der Gruppe Inneres Gefüge

Baudissin hatte, bevor er Offizier und Generalstabsoffizier in der Reichswehr und Wehrmacht geworden war, zunächst ein einjähriges studium generale der Geschichte, der Jurisprudenz und der Nationalökonomie sowie eine dreijährige Ausbildung mit abschließendem betriebs- und organisationswissenschaftlichem Studium zum Landwirt ing. agr. absolviert.[5] Begriffe wie

---

3 Dass. S. 167.

4 Wesentliche Gegnerschaft kam dabei aus dem Bereich der Wehrgeschichte. Die Reste des speziell für die Forschung eingerichteten Wissenschaftlichen Forschungs- und Lehrstabs an der Schule für Innerer Führung – zuletzt: Sozialwissenschaftliches Institut der Bundeswehr in Strausberg – sind nun nach knapp 60 Jahren in das Wehrhistorische Institut der Bundeswehr Potsdam integriert worden – dies ist ein Treppenwitz der Geschichte der Bundeswehr!

5 Dieses Staatsexamen ist nach dem 2. Weltkrieg offiziell in „Diplomlandwirt" umbenannt worden. – Auf Baudissins späteres Werk und Wirken als Friedensforscher, Lehrbeauftragter

Arbeitsteilung, Funktion, Hierarchie, Gewerkschaft, Industriegesellschaft, Institution, Kontrolle, Logistik, Management, Organisation, Planung, Spezialist, System, Wirtschaft oder Zielhierarchie tauchen daher ebenso selbstverständlich in seinen Schriften auf wie die Begriffe Betriebsklima, Führungsstil, human relations, Kommunikation, Mitbestimmung, Motivation, Partizipation, Team u.a..[6]

Mitinitiator des Projektes Verteidigungshochschule war Dr. Günter Will gewesen. Er hatte Pädagogik und Geschichte studiert. Seine Leistungen für die neuen Streitkräfte liegen besonders bei der Entwicklung der pädagogischen Ausprägung der Konzeption Innere Führung.[7]

Auch andere Mitarbeiter der Gruppe waren Akademiker oder bekamen wie z.B. der spätere General Dr. Kießling während der Dienstzeit die Möglichkeit zum Studium. Akademisches Denken und Handeln war daher in der Gruppe Inneres Gefüge/Baudissin selbstverständlich.[8]

Daher kann es auch nicht verwundern, dass die Gruppe sich für die Ausarbeitung der Konzeption, besonders bei der Entwicklung der Grund-

---

an der Universität Hamburg sowie der Bundeswehruniversität Hamburg als auch als Gründungsdirektor des Instituts für Friedensforschung und Sicherheitspolitik Hamburg (IFSH) 1971 -1984 und seine Ernennung zum Professor durch den Hamburger Senat sei hier nur ergänzend hingewiesen.

6 Zu dieser Seite in Baudissins Werk s. Claus von Rosen: Organisatorische Grundlagen der Inneren Führung nach Graf von Baudissin, in: Elmar Wiesendahl (Hrsg.): Neue Bundeswehr – neue Innere Führung? Perspektiven und Rahmenbedingungen für die Weiterentwicklung eines Leitbildes. Baden-Baden 2005, S. 35 – 78.

7 Günter Will: Freiheit und Verantwortung. Die Grundsätze der Konzeption Innere Führung. Egg 2002; s.a. Detlef Bald: Günter Will, in: Detlef Bald, Uwe Hartmann, Claus von Rosen (Hrsg.): Klassiker der Pädagogik im deutschen Militär. Baden-Baden 1999, S.227 – 239; ders.: Wolf Graf v. Baudissin und Günter Will, in: Detlef Bald, Andreas Prüfert (Hrsg.): Vom Kriege zur Militärreform. Zur Debatte um Leitbilder in Bundeswehr und Nationaler Volksarmee. Baden-Baden 1997, S. 57 – 74; ebenso Claus von Rosen: Bildungsreform und Innere Führung. Weinheim und Basel 1981; ders.: Frieden als Motiv. Günter Will – Schöpfer der Information für die Truppe, in: Information für die Truppe Nr. 8/91, S. 67 – 70.

8 Die derzeit älteste bekannte schriftliche Arbeit von Baudissin stammt von 1946/47. Über sie ist nachzulesen bei: Claus von Rosen: Ost oder West – Gedanken zur Deutscheuropäischen Schicksalsfrage, in: Hilmar Linnenkamp, Dieter Lutz: Innere Führung. Zum Gedenken an Wolf Graf von Baudissin. Baden-Baden 1995, S. 109 – 119; ders.: Grundlagen für das Thema Frieden in Baudissins Werk, in: S+F Nr. 4/2005, S. 197 – 208.

sätze für die Erziehung[9] sowie bei der Entwicklung eines didaktischen Konzeptes für den ersten Lehrgang für höhere Stabs- und Generalstabsoffiziere[10], von einem wissenschaftlichen Gutachtergremium[11] beraten ließ. Die Zusammenarbeit mit einem Gremium aus Wissenschaftlern war im Amt Blank neu und stieß daher nicht nur auf Interesse und Zustimmung. Auch wenn es vordergründig häufig „nur" um das Geld für derartige Tagungen ging, wog doch schwerer, dass selbst in den höchsten Etagen des Amtes anfänglich generelle „Zweifel an der Arbeitsweise von Graf Baudissin" diesbezüglich bestanden hatten. Es herrschte im Amt ein Geist des Misstrauens gegenüber Praktikabilität und Notwendigkeit von akademischen Leistungen und Beiträgen für die Entwicklung der Konzeption bei der Aufstellung und (Neu)-Ausrichtung der Streitkräfte.[12] Die konsequente Ernsthaftigkeit aber, mit der Baudissin an der neuen Konzeption für die künftige Bundeswehr arbeitete, wird deutlich an seinen beiden Briefen von 1954[13] an Heusinger und 1955[14] an Blank, in denen er seine Demission anbot. Sein Verbleiben in

---

9 Hierbei entstand die ZDv 11/1 – Leitsätze für die Erziehung der Soldaten, die erstmals in: Bundesministerium für Verteidigung, Führungsstab der Bundeswehr I 6 (Hersg.): Handbuch für Innere Führung. Hilfen zur Klärung der Begriffe, [Bonn] 1957 veröffentlicht worden war. Dazu s.a. Dietrich Genschel: Wehrreform und Reaktion. Die Vorbereitung der Inneren Führung 1951 – 1956; Hamburg 1972, hierzu besonders: S. 154ff.

10 Dies ist der später so genannte Sonthofener Lehrgang, dazu s. Claus von Rosen: Die Ausbildungsmodelle der Gruppe Inneres Gefüge im Amt Blank – Reformplanungen für die Bundeswehr, in: Detlef Bald (Hrsg.): Militärische Verantwortung in Staat und Gesellschaft. 175 Jahre Generalstabsausbildung in Deutschland. Kolben 1986, S.125 – 147, hier besonders: S. 131ff.

11 Dieses Gremium von etwa 30 Wissenschaftlern wurde ab Frühjahr 1953 bis 1955 in veränderter Zusammensetzung mehrmals zu Sitzungen nach Siegburg zu den sogenannten Siegburger Tagungen zusammengerufen, s. Genschel S. 112 und S. 196 – 199. In Nachfolge dieses Gremiums entstand später der Beirat für Innere Führung. Dem ersten Beirat gehörten mehrere aus dem „Siegburger Professorenkreis" an. – In diesem Zusammenhang ist auch Baudissins späteres Wirken als Direktor des IFSH durch praktische Politikberatung zu nennen. Besonders sind hier seine Beiträge zur Vorbereitung der Bundesregierung auf die sogenannten KSZE-Konferenz/Helsinki zu nennen: Im forschenden Lehr- und Lernprozess wurden in dem Institut Grundgedanken und praktische Maßnahmen vor allem für den sogenannte Korb IV (Vertrauensbildende Maßnahmen) entwickelt.

12 Tagebuch der Gruppe Inneres Gefüge, in: BAMA N 717/1; Aktenvermerk Karst vom 28.8.1953.

13 Ders. 1982, S. 51 – 53.

14 Graf von Baudissin: Als Mensch hinter Waffen (Hrsg.) Angelika Dörfler-Dierken. Göttingen 2006, S. 65 – 71; dieser Brief ist nicht an den Minister abgesandt worden.

der Dienststelle sei „nicht nur unnötig, sondern für viele Menschen irreführend geworden", da der Minister „sich außerstande sehe[n], den Entwurf des Inneren Gefüges gegen das zunehmende Schwergewicht des Apparates und die wachsenden Restaurationsbestrebungen zu verteidigen und durchzusetzen." So sind es also genau die mangelhaften Arbeitsbedingungen und dabei „die vielen systematischen Behinderungen von Gutachteraufträgen", die die Entwicklung der Konzeption Innere Führung erschwert hatten.[15] In seiner Abschiedsrede vor der Unterabteilung Innere Führung nach 7 Jahren engster Zusammenarbeit zeichnet Baudissin jedoch in einem „kurze[m] subjektive[m] Wort *zu uns* selbst" ein positiveres Bild der gemeinsam geleisteten Arbeit: „Wir haben sicher manchen Erfolg zu verzeichnen; es ist manch bedeutsamer Einbruch in wesentliche Bezirke einer für uns unheilvollen Tradition gelungen. Die *entscheidende Etappe* liegt wohl noch vor uns. Die Anforderungen an die Fähigkeit zur Umstellung, zur gedanklichen Bewältigung unserer Vergangenheit und Gegenwart, an die fachliche und staatsbürgerliche Vorstellungskraft, sind eben außerordentlich. Das Leben in einer freiheitlichen Ordnung ist kompliziert. Erziehung und Selbsterziehung verlangen hier eine innere Stärke und Unvoreingenommenheit, die erst gewonnen werden müssen. Überdies sind wir Soldaten nur ein Ausschnitt unseres Volkes und werden die Grundfragen unserer Zeit weder alleine noch vorweg lösen können. Wir dürften aber brauchbare und nützliche Modellfälle liefern, wenn wir in der Vorhut derer bleiben, die um neue Wege ringen. Wir finden *rechten Ort*, wenn wir die Herausforderungen des veränderten Kriegsbildes, insbesondere die der geistigpsychologischen Auseinandersetzung annehmen. Von hier aus laufen Linien zum Wesentlichen für Beruf und Staatsbürgertum."[16] Dies ist kein übliches Trostpflaster zum Abschied für die Zurückbleibenden, sondern ein gemeinsamer ‚Mutmacher'. Mut dazu kann ihnen ihre hier von Baudissin für den intimen Kenner behutsam beschriebene Arbeit(sweise) machen, mit der sie „modell"-haft schon „manch bedeutsamen Einbruch" geschafft hatten.

Für einen kleinen Einblick in die konzeptionellen Arbeiten zum Aufbau der Bundeswehr sollen hier drei Beispiele aus Baudissins Feder dienen. Dabei werden einzelne Begriffe herausgehoben, um das Augenmerk auf das „Akademische" in diesen Texten zu lenken.

---

15 Zu den Schwierigkeiten im Einzelnen s. auch Genschel a.a.O..
16 Baudissin 58,6; Hervorhebung im Original.

Zunächst die „Gedanken zum Kriegsbild".[17] In konzentrierter Fassung hat Baudissin sie erst 1962 und 1964 schriftlich niedergelegt. Sie finden sich aber bereits ebenso klar in verschiedenen Artikeln zum Inneren Gefüge aus der ersten Hälfte der 50er Jahre. Baudissin beginnt den Beitrag von 1964[18]:

„Mir scheint es nicht abwegig, einige Linien auf dem Hintergrund auszuziehen und zu verfolgen, vor dem die verschiedenen Fragen aktueller Militärpolitik entschieden werden müssen. So lassen Sie uns nach *Wesen und Zweck* eines möglichen Krieges fragen, nach seiner *Intensität und Ausdehnung*, nach seinen *Motiven* und nach seinen *Mitteln*. Wer diese Frage stellt, muss sich allerdings von vornherein im klaren darüber sein, dass es hierauf *keine endgültigen Antworten* gibt; dass sie vielmehr *immer wieder aufs neue gestellt* werden muss, will man nicht hinter der Entwicklung herhinken und politisch wie militärisch ins Hintertreffen geraten. So war es denn auch von jeher die Sorge verantwortlicher Staatsmänner, Politiker und Soldaten, durch ein wirklichkeitsnahes Kriegsbild einen möglicherweise entscheidenden Vorsprung vor den potentiellen Gegnern zu gewinnen. Ein solcher Vorsprung ist – wie ich meine – für den umso wichtiger, der den Krieg zu verhindern wünscht.
...

Wie wichtig es aber ist, *auf der Basis realistischer Vorstellungen* die *notwendigen* Konsequenzen für die Innere und äußere Verfassung des Staates, für Organisation, Führung, Bewaffnung, Ausbildung, Erziehung und Tradition von Streitkräften zu ziehen, beziehungsweise wie folgenschwer jedes Versäumnis in dieser Hinsicht ist, möchte ich mit dem Hinweis auf den ersten Weltkrieg nur andeuten. ... Das geltende Kriegsbild von 1914 ignorierte vor

---

17 Baudissin, Wolf Graf v.: Das Kriegsbild, in: Derselbe: Soldat für den Frieden. Entwürfe für eine zeitgemäße Bundeswehr, hersg. von Peter von Schubert; München 1969 S. 56 – 71 sowie ebenda ders.: Gedanken zum Kriegsbild, S. 71 – 75. Zur Bewertung dieser für die Konzeption und den Aufbau der Bundeswehr grundlegenden geistigen Leistung zum Kriegsbild s. Axel F. Gablik: Strategische Planungen in der Bundesrepublik Deutschland 1955 – 1967: Politische Kontrolle oder militärische Notwendigkeit? Baden-Baden 1996, hier besonders S. 299ff. s.a. ders. „... von da an herrscht Kirchhofsruhe." Zum Realitätsgehalt Baudissinscher Kriegsbildvorstellungen, in: Martin Kutz (Hrsg.): Gesellschaft, Militär, Krieg und Frieden im Denken von Wolf Graf von Baudissin. Baden-Baden 2004, S. 45 – 60.
18 Die Quelle in: Baudissin 1969 a.a.O. ist nur in Ausschnitten veröffentlicht worden; hier wird aus der Erstveröffentlichung zitiert in: Neue Rundschau, 75. Jg. 1964, Heft 3 S. 452 - 471, hier: S. 452f.

allem die technische wie gesellschaftliche Entwicklung – ein Versäumnis, das mit außerordentlich hohen Anfangsverlusten bezahlt wurde und von vornherein eine schwere Belastung der Mittelmächte darstellte. Demgegenüber ist es heute, in einer Zeit des *rasanten Wandels* aller Lebensbedingungen – eine amerikanische Universität hat festgestellt, dass sich in fünfzehn Jahren die technischen Kenntnisse der Menschheit jeweils verdoppeln –, tatsächlich außerordentlichen schwer zu ermessen, *welche Maßstäbe noch*, welche *nicht mehr*, und welche neuerdings beziehungsweise *in Zukunft* bedeutungsvoll sind. Fast hat man das Gefühl, es sei fruchtlos, sie hier überhaupt zu bemühen. Indessen dürfte das *Wesen des Krieges* selbst den Schlüssel zu einem Bilde liefern. Der Krieg, einmal ausgebrochen, trägt zwar – wir alle erlebten es – den Zug zur Radikalisierung in sich: die Gegensätze zwischen den Kriegführenden wachsen, die Kriegsziele werden hemmungsloser, die Anwendungen der Gewalt immer unbekümmerter; der Krieg droht, sich absolut zu setzen. Dieses Phänomen darf jedoch nicht darüber hinwegtäuschen, dass jeder Krieg die *Wesenszüge seiner Zeit* widerspiegelt, dass er geprägt wird durch die *politischen* und *gesellschaftlichen* Ordnungen der Kriegführenden und nur von dorther zu begreifen und annäherungsweise vorauszubestimmen ist. ... Die großen Wandlungen des Kriegsbildes in der Geschichte sind nichts anderes als Begleiterscheinungen und Konsequenzen der geistigen, gesellschaftlichen und politischen Umbrüche."

Als nächstes Beispiel für Baudissins gedankliche inhaltliche Arbeit an der Konzeption Innere Führung soll seine Ausarbeitung zum Thema „Der Beitrag des Soldaten zum Dienst am Frieden" dienen.[19] Zunächst umreißt er den Rahmen für sein Thema: „Unser Thema stellt nun die *radikale Frage* nach dem Selbstverständnis des Soldaten. Das zwingt zu *kritischer Bestandsaufnahme*; denn den Beitrag zum Frieden *als tragendes Motiv* des soldatischen Dienstes zu setzen, heißt nicht nur *Abschied* von manchen Selbstverständlichkeiten. Es bedeutet so etwas wie *geistige* Revolution."

Damit nimmt er Abschied von wohlfeilen Blicken „zurück" und stellt die wertende, *auf die zukünftige Praxis hin orientierte Leitfrage*: „Sollten Sol-

---

19 S. Baudissin 1969, S. 27 – 51, hier S. 28. Einführend sagte Baudissin: „In der Konzeption der Inneren Führung finden sich – zumindest im Ansatz – viele der nachfolgenden Gedanken. Das ist kein Zufall, war diese doch von Anbeginn auf Friedenserhaltung angelegt. Als Grundvoraussetzungen für einen nicht-gewalttätigen Austrag zwischenmenschlicher Spannungen wurden Freiheit und Recht zu Maßstäben der Menschenführung gesetzt."

daten nicht auch den Mut haben, sich heute für die Sache des Friedens zu engagieren und sollten sie nicht eine lohnende Aufgabe darin finden, im Frieden den Frieden zu bewahren und im Krieg den Rückweg in den Frieden offenzuhalten – solange Friede nur ein bewaffneter Friede sein kann und Abschreckung die geltende Strategie bleibt?"

Schließlich gibt er *drei Fragen* vor, anhand derer er Antworten auf die *Leitfrage* suchen wird:

„1.   Weshalb fällt es uns eigentlich schwer, den Frieden ernst zu nehmen – zumindest ebenso ernst wie den Krieg?

2.   Weshalb müssen wir heute den Frieden ernst nehmen?

3.   Was bedeutet es für den Soldaten, wenn er den Frieden ernst nimmt, und wie hat sein Beitrag auszusehen?"

Als drittes soll ein Abschnitt aus Baudissins zusammenfassendem Beitrag „Innere Führung" im Handbuch Innere Führung dienen[20]. Dabei geht es konzentriert um die Anforderungen im Sinne der Inneren Führung an den Vorgesetzten:

„Innere Führung ist weder ‚Gesinnungsschulung' noch ‚weltanschauliche Ausrichtung'. Sie ist eine *nüchterne, praktische* Aufgabe, die sich überall in der Truppe *täglich neu* stellt. Sie verlangt *sachliche Kenntnisse* und *folgerichtiges Denken, Aufgeschlossenheit* und *Verantwortungsbereitschaft*.

Aus ihrer Verantwortung heraus *muss* sie überall dort, wo äußere Schwierigkeiten das Leben des Soldaten belasten, berechtigte Anliegen vertreten, mahnen und fordern. Vor allem aber muss sie dem Einzelnen raten und helfen, das Seine zur Überwindung der Schwierigkeiten beizutragen. Sie muss dem Soldaten die Kraft geben und finden lassen, innerlich mit den äußeren Schwierigkeiten fertig zu werden.

Hierin zeigt sich, dass Innere Führung weder mit allgemeiner Wohlfahrt noch mit Verweichlichung gleichzusetzen ist. Sie will *mit zeitgemäßen Mitteln* und unter neuen Formen den Soldaten zur *inneren Härte und Selbstdisziplin* erziehen, die die wichtigste Voraussetzung für sein Bestehen als Einzelkämpfer bilden."[21]

---

20 Bundesministerium für Verteidigung (Hrsg.): Handbuch, hier: S. 173.
21 Handbuch S. 17 et passim.

Bildung als Ausdruck für das Akademische im Sinn von Innerer Führung

Zunächst fragt sich bei diesen Beispielen: Was hat dies alles mit Philosophie, Konzeption und Praxis von Innerer Führung in der täglichen Aufgabe des Soldaten speziell in Einsatz, Krieg, Gefecht bzw. Kampf zu tun?

Das führt – und das soll hier zunächst nur erwähnt werden – dem Empfinden nach an eine harte Grenze, einen Widerspruch, wenn nicht gar an einen unüberbrückbaren ideologischen Graben. Denn das landläufige Bild von Baudissins Konzeption Innere Führung wurde bereits in der Gründungszeit der Bundeswehr von der Auseinandersetzung um „Russlanderfahrungen" oder Drill und Härte einerseits und „Weicher Welle", „Inneres Gewürge" oder den vielzitierten „Samthandschuhen" andererseits geprägt, mit denen die Soldaten – so der Vorwurf an Baudissins Konzeption Innere Führung – künftig anzufassen seien. Heute finden sich an diesem „Graben" Aussagen vom „Archaischen Kämpfer", von den getrennten Welten der Drinnies und Draußies bei Einsätzen, von Veteranen und Daheim-Gebliebenen, oder dass für Auslandseinsätze die Innere Führung nicht zu brauchen und deswegen abzuschaffen sei.[22] Diese Diskrepanzen schlagen sich auch im offiziellen Bundeswehrschrifttum bis heute nieder. So hieß es z.B. im so zu bezeichnenden Gründungserlass der Inneren Führung vom Januar 1953:

„Ziel der Inneren Führung ist es, den Typ des modernen Soldaten zu schaffen und fortzubilden, der freier Mensch, guter Staatsbürger und vollwertiger Soldat zugleich ist."[23] – Mit „vollwertiger Soldat" wird hier besonders der Bereich der Kampftüchtigkeit angesprochen, ohne dass dabei die beiden anderen Aspekte aus den Augen zu verlieren sind, wie das „zugleich" auffordert.

Diese Begriffs-Troika hat fast wortgleich auch in die Vorschrift für Innere Führung ZDv 10/1 von 2008 Eingang gefunden; der Unterschied ist

---

22 Zum Thema Kriegstüchtigkeit und Härte bei Baudissin s. Claus von Rosen: Die Bedeutung des kriegstüchtigen Soldaten in Baudissins Überlegungen, in: Michael Staack (Hrsg.): Zur Aktualität des Denkens von Wolf Graf von Baudissin. Innere Führung. Baudissin Memorial Lecture. Opladen, Berlin, Farmington Hills/ MI, 2011, S. 9 – 26. Vergleiche dazu auch Baudissins Gedanken zum Kriegsbild s.o. und bei Gablik a.a.O..

23 [Amt Blank] II – 58/53 geh. Bonn, den 8. Januar 1953, Anlage S. 2.

aber dennoch markant, wenn es dort zum Leitbild vom Staatsbürger in Uniform heißt:

„In diesem Leitbild werden idealtypisch die Forderungen an den Soldaten der Bundeswehr verdeutlicht:

- eine freie Persönlichkeit zu sein,

- als verantwortungsbewusster Staatsbürger zu handeln <sowie>

- sich für den Auftrag einsatzbereit zu halten.“[24]

Der Unterschied zur Formulierung von 1952/53 liegt zum einen in dem „idealtypisch", das als wissenschaftliches Konstrukt auf eine theoretische methodische Betrachtungsweise verweist: Der ‚Soldat der Bundeswehr' als wissenschaftliches Konstrukt. Zum anderen werden die Komponenten durch die Strichaufzählung nicht nur nebeneinander dargestellt, sondern eröffnen damit auch eine voneinander getrennte Betrachtungs- und Behandlungsmöglichkeit, was die einseitige Heraushebung des „einsatzbereiten Kämpfers" unter Vernachlässigung der beiden anderen Komponenten im derzeitigen Diskurs in den Streitkräften befördert.[25]

Der entscheidende Unterschied dieser beiden Denkrichtungen liegt darin, dass die Verfechter des „archaischen Kämpfers" als Leitbild – und das soll hier nur als Beispiel genommen werden – all die im weiteren anzusprechenden Fähigkeiten, Fertigkeiten und Verhaltensweisen nicht oder zumindest nur sehr begrenzt als funktional für den Soldaten im Einsatz anerkennen können. Im Sinne der Vertreter der Inneren Führung mit dem Leitbild vom Staatsbürger in Uniform sind dies aber notwendige Komponente im Fähigkeiten-Set für den modernen Soldaten gerade auch im Einsatz

---

24 Der Bundesminister der Verteidigung (Hrsg.): Innere Führung. ZDv 10/1; Bonn 2008, Kapitel 4 Nr. 402.

25 Dabei sind besondere Vorfälle, wie sie in den Berichten des Wehrbeauftragten behandelt werden, nur die Spitze des Eisberges. Auch die Neugliederungen der Führungsspitzen der Teilstreitkräfte geben Anlass zum Nachdenken, wenn z.B. weder in den Gliederungen der Abteilungen noch in deren Kernaufgaben ein Gestaltungsfeld Innere Führung im Fähigkeitsspektrum für das neue Kommando Heer zu finden ist, das für „die Ausarbeitung von Befehlen und Weisungen und die Beratung der unterstellten Einheiten, die Beobachtung, Auswertung und Berichterstattung über das Innere Gefüge der Truppe" zuständig ist (s. Handbuch S. 171).

Es wird nun vielleicht nicht auf den ersten Blick einsichtig sein, inwiefern die in den Beispielen markierten Begriffe und die damit angesprochenen Fähigkeiten, Fertigkeiten und Verhaltensweisen als etwas speziell Akademisches (oder Wissenschaftliches) zu verstehen sind. – In der Gruppe Inneres Gefüge wurden all diese Komponenten unter dem Begriff ‚Bildung‘ gefasst. Es gehe als generelles Ziel nicht um ‚Allgemeinbildung‘, sondern um Bildung für den Beruf, die Aufgabe und die Funktion. Bildung sei die Fähigkeit, das Leben verantwortlich zu führen. Baudissin beschrieb daher bereits 1953 den neuen Soldaten, den Staatsbürger in Uniform: „Wir müssen von ihm [dem militärischen Führer] Bildung, vor allem aber geistige Aufgeschlossenheit verlangen; der Wille, denken zu wollen muss vorhanden sein. Bei aller allgemeinen Verbreiterung des Wissensniveaus, bei der Technisierung und dem daraus erwachsenen Zwang zur wissenschaftlichen Methodik und durch den geistigen Charakter der Auseinandersetzung sind seine Vorbedingungen von der Sache her notwendig. Derjenige, welcher weder in die geistige Welt seiner Untergebenen noch in die der Gegner folgen kann, ist ungeeignet als Führer.“[26] Und Will konkretisiert dies hinsichtlich einer ‚wissenschaftlichen Methodenkompetenz‘: „Die allgemein-wissenschaftliche Ausbildung soll neben der Vertiefung des Wissens vor allem aber die Kraft des Urteilens entwickeln. Das ist nur möglich auf dem Wege einer Ausbildung in der ‚Methodik‘. Sie ist das fruchtbare, weil disziplinierende Element im Bereich des Wissens, ungebändigte Vielwisserei ist verderblich.“[27]

Mit Bildung als Grundhaltung und Verhalten des Soldaten deutet sich ein ganzes Bündel von Fähigkeiten, Fertigkeiten und Verhaltensweisen an – sie sind damit als Ziel von Bildungsarbeit in den Streitkräften zu verstehen –, die zu den Markenzeichen des Leitbildes vom Staatsbürger in Uniform gehören. Sie sind häufig daran zu erkennen, dass Baudissin und seine Mitarbeiter traditionelle militärische Begriffe neu bzw. umdefiniert oder wo ungewohnt neue Begriffe in das überkommene militärische Sujet und den militärischen Sprachgebrauch Eingang eingebracht haben, weil überkommene Begriffe ihre Bedeutung und Legitimation durch Wandel oder gar durch Missbrauch in der Geschichte verloren hatten.[28]

---

26 Baudissin 1969 S. 202.
27 Tagebuch Nr. 2, Eintrag Will vom 17.3.1954.
28 Dazu s. a. Claus von Rosen, Organisation, S. 74f.

Sprachlich verändert wurden im Leitbild für den künftigen deutschen Soldaten vor allem folgende Begriffe: Autorität als innere Autorität, Gehorsam als mitdenkender, aktiver Gehorsam mit der Bereitschaft zur eigenen Verantwortung oder auch als gewissenhafter, d.h. kritischer Gehorsam sowie im Sinne einer Arbeitsmethode auch als partnerschaftlicher Kooperation, Hierarchie als freiheitliche Hierarchie, Tradition als freiheitliche Tradition, Vorgesetztenverhältnis als partnerschaftliches Vorgesetztenverhältnis. Und neu eingeführt wurden besonders folgende Begriffe: Anstelle von Befehlen sprach Baudissin von Koordinieren, anstelle von Gehorchen von Kooperieren, anstelle von Gruppe von Team, anstelle von Kameradschaft von Mitmenschlichkeit oder Partnerschaft, anstelle von Vorgesetztenverhältnis von Partnerschaft.

Damit hat Baudissin die bisherigen Begriffe bewusst versachlicht, relativiert und entmythologisiert. Dass dies weiter erhebliche inhaltliche Konsequenzen für die Konzeption Innere Führung hatte, wusste er. In seinem Referat „Der Soldat, die Wirtschaft und wir" vor der Arbeitsgemeinschaft Junger Unternehmer 1956 sagte er:

„Mir scheint, wir haben uns daran gewöhnt zu unterstellen, jene Formen des Gehorsams, der Verantwortung, der Disziplin und Autorität aus patriarchalischen Zeiten seien Gehorsam, Verantwortung, Disziplin und Autorität schlechthin. Ich bin indessen davon überzeugt, dass all diese Begriffe zumindest einen neuen Aspekt und Platz, wenn nicht Sinn und Inhalt erhalten haben – einen anderen als im Kommando- und Befehlszeitalter. Sie alle sind differenzierter geworden.

Die Verantwortung tritt an die erste Stelle; sie erstreckt sich in erster Linie und im Normalfall auf das Fachliche, d.h. die sachgemäße Ausführung des Auftrages; ihr rechtlicher und sittlicher Bezug gewinnt jedoch mehr und mehr an Bedeutung. Der Gehorsam wird erst tragfähig, falls er von Verantwortung erfüllt und geleitet wird. ... Es scheint mir kein Zufall zu sein, dass wir mit dem Ende des obrigkeitsstaatlichen Zeitalters auch den Soldaten auf seine Verantwortung gegenüber Kameraden, Vorgesetzten, Staat und Grundwerten weisen. Die Disziplin ist erst belastbar, wenn sie zur Selbstdisziplin wird und jenseits von Kontrolle, ohne Kommando und Angst vor Strafe vom Einzelnen geübt wird. ... Die Autorität ist nicht mehr vorgegeben wie in der ständischen oder Klassengesellschaft. Sie sich zu erringen, ist die stets aufs neue gestellte Aufgabe. ... Sie wachsen jedoch nur mit steigender

Freiheit, d.h. unter Vorgesetzten, die das Wagnis eingehen, Freiheit zu geben, und in Untergebenen, die frei sein wollen zur Verantwortung."[29]

Als „Erziehungsziel", besser gesagt: Bildungsziel, für den Soldaten fasste er daher auch seine Gedanken beim Abschied aus der Unterabteilung zusammen: „Wir brauchen und wollen den *Mündigen*, der die Lage erkennt, beurteilt und sich ihr stellt. Er kann dies, wenn er zur Verantwortung befähigt ist, d.h. systematisch in wachsende Verantwortung gestellt wurde. Zur Förderung des Verantwortungsbewusstseins gehört allerdings Freiheit und Risiko – zunächst im wesentlichen für den Führenden. Die Erziehung zum *Freiseinwollen* und *Freiseinkönnen* verlangt viel von Vorgesetzten und Untergebenen. Doch von den Freien allein hängt es ab, ob wir die Lage bewältigen und ob wir die Ordnung schaffen werden, die unter den veränderten Bedingungen ein Höchstmaß an Freiheit, Recht und Menschenwürde bietet. Das wäre der entscheidende Beitrag zum Frieden der Welt."[30]

Wesentliche Bedeutung haben in diesem Zusammenhang Begriffe, die Baudissin unter Bindung[31] für das Denken und Handeln fasst. Es geht um persönliche „innere" Bindung – sowie deren Gegenteil, die Bindungslosigkeit – gegenüber dem nächsten, der Gesellschaft, dem Staat sowie einer höheren Macht oder an eine bestimmte Lebensordnung, besonders im moralischen und ethischen – oder wie Baudissin sagte: im „sittlichen"[32] – Zusammenhang. Bindung entsteht vor allem aus Verantwortung und Gehorsam und damit eng verbunden aus Disziplin, Kameradschaft, Verantwortungsgefühl sowie Vertrauen[33] wie auch durch Autorität, Kooperation, Pflicht und Selbstdisziplin: „Entscheidend ist die Erkenntnis, dass ohne eine innere Bindung – und nichts anderes bedeutet Verantwortung – der Soldat [dabei betont Baudissin: „selbst für den einfachen Soldat"] weder den Kompass, der ihm zeigt, wofür er sich einzusetzen hat, noch die Standhaftigkeit in der Dschungelsituation des kalten und heißen Gefechtes hat. Aus der Verantwortung ergibt sich der Gehorsam von allein."[34]

---

29 Baudissin 56,4.

30 Baudissin 56,8; Hervorhebungen im Original.

31 Hierzu siehe auch Claus von Rosen: Organisation S. 59ff.

32 Vergl. Baudissin in: Die BUNDESWEHR Nr. 1/57; ders. 65,2 s.a. ders. 1969 S. 126.

33 Baudissin 54,22.

34 Baudissin 54,9.

Dass diese Bindung nicht eindimensional-schlicht ist, wird daran deutlich, wie Baudissin Verantwortung und Gehorsam in „polarer Zusammengehörigkeit" sieht: „Wer unter allen Umständen gehorcht, untergräbt die unwägbaren Grundlagen des Vertrauens; wer sich leichtfertig dem Befehl entzieht, löst die militärische Ordnung auf. In diesem Grenzbereich kann sinnvoll und vertrauend nur gehorcht werden, wenn hinter dem Befehl sittliche Bindungen spürbar sind, die nur das fordern lassen, was der Lage entsprechend nach bestem Wissen und Gewissen zumutbar erscheint. Voraussetzung für dieses ‚nach bestem Wissen und Gewissen' sind aber Vorgesetzte, die nur befehlen, was ausführbar ist. Sie allein geben ihren Untergebenen die Möglichkeit, sich mit den erhaltenen Befehlen zu identifizieren und wahrhaftig zu melden."[35] Damit stellt sich natürlich die Frage, wie diese Art Bindung „der einfache Soldat" überhaupt verstehen, lernen und erwerben kann.

Im Handbuch Innere Führung wird dazu z.B. das Thema ‚Verantwortung', besser gesagt: Selbstverantwortung, „als Kriterium der Bildung" eingehend behandelt:[36] „Das Entscheidende hat hier der Mensch, der Soldat selbst zu vollbringen. Niemand kann ihm ein Gewissen machen. Der Erzieher aber kann es stärken, indem er dem Soldaten Verantwortungen auferlegt und indem er selbst Verantwortung übt ... Deshalb steht das Verantwortungsbewusstsein im Mittelpunkt der soldatischen Erziehung."[37] So erfahren all die Begriffe und damit die entsprechenden Fähigkeiten, Fertigkeiten und Verhaltensweisen des Staatsbürgers in Uniform, wie sie für den Soldaten der Bundeswehr heute selbstverständlich sind, als Bildungsgehalt über die kognitiven Inhalte hinaus eine zusätzliche Gewichtung, pädagogisch gesagt: Bildungsgehalt.

Damit zusammen hängen auch die Werte und Normen zur Sinnstiftung, zur Legitimation und zur Legalität von allem, was mit Militär zusammenhängt. Für das Leitbild Staatsbürger in Uniform und die gesamte Konzeption Innere Führung geht es besonders um das Menschenbild von der

---

35 Baudissin 56,1 MS (in ders. 1969 ausgespart) s.a. ders. in: Handbuch, S 70. "Melden" ist an dieser Stelle bezogen darauf, dass der Soldat einen Befehl ggf. nicht befolgen "darf", dieses Nichtbefolgen aber seinem Vorgesetzten zu ‚melden' hat.

36 Handbuch. S. 97 – 123, hier besonders S. 111.

37 Handbuch S. 110. ‚Soldatische Erziehung' gilt für Baudissin in den 50er Jahren weitgehend synonym für ‚Inneres Führung'.

freien und ethisch gebundenen Persönlichkeit, dem Individuum, mit unveräußerlicher Würde, Gewissensfreiheit und Menschenrechten.

Dies wird z.B. plastisch in Baudissins Worten, mit denen er sich zur Vereidigung unmittelbar an die Angehörigen seiner Unterabteilung wandte[38]. Schon die Anrede spricht das Individuum direkt und voll Zuwendung persönlich und in der Gemeinschaft an: „Wir werden jetzt zusammen den Diensteid .... leisten." – „Ehe ich Sie bitte, mit mir gemeinsam den Eid zu sprechen ..." Und schließlich: „Ich lasse uns gemeinsam den Eid leisten, damit das Bekenntnis, das in ihm liegt und das wir voreinander aussprechen, uns noch fester verbinden möge ..." Dabei öffnete Baudissin sich zusätzlich in einer Ich-Botschaft mit seinem Bekenntnis zum Widerstand als sein Vorbild und damit, dass er sich gegen die Vereidigung, nicht aber gegen den Eid für die Soldaten ausgesprochen hatte, um die Soldaten „vor einem Unernst der Vereidigung zu bewahren. Ich wollte verhindern helfen, dass aus dieser intimsten und persönlichen Handlung wieder eine pompöse und anonyme Kollektiv-Schaustellung wird ..."

Zum anderen wurde Baudissin – wie bereits oben angedeutet – nicht müde, Friede[39] als das politische Ziel sowie Freiheit und Recht als die Grundlagen der Gesellschaft herauszustellen. Damit ging es ihm um den verantwortungsbewussten und motivierten Staatsbürger in der Demokratie, um die demokratische Gesellschaft mit Pluralismus und Interessendivergenzen sowie um Wertewandel und Veränderlichkeit mit dem Blick in eine prinzipiell offene Zukunft als wesentliche Werte und Normen für Orientierung und Sinnstiftung für den künftigen deutschen Soldaten.

All diese Werte und Normen haben für Baudissin keine nur speziell militärisch-isolierte Bedeutung. Vielmehr sind Militär und dessen (überkommene) Werte mehrdimensional, generell relativiert, wenn nicht gar fragwürdig.

Damit wendet Baudissin sich gegen archetypische oder nur-militärische Werte und Normen sowie gegen ein isoliertes Alleinstellungsmerkmal, ein sui-generis für Militär und Soldat wie Macht, Gewalt oder gegen den professionellen Nur-Soldat, den archaischen Kämpfer. All dies wi-

---

38 Baudissin 56.16: Vereidigung der Unterabteilung Innere Führung am 24. September 1956, in ders.: 1969 S. 305 – 307.
39 Baudissin 52,5 in ders. 1969 S. 10, und 68,8 in dass. 1969 S. 38, 40, 51.

derspricht der Wirklichkeit heutiger Kriege. Ebenso wendet er sich gegen ein axiomatisches Wirkungsprinzip im Bereich des Militärischen. Es gibt keine Eindeutigkeiten, Einheitlichkeiten, Eindimensionalitäten oder unhinterfragbaren (Zu-)Ordnungen bzw. Strukturen, an denen sich militärisches Handeln orientieren kann bzw. muss bzw. Erwarten und Verhalten im Militär vorherbestimmbar seien. Und selbst die Orientierung an voraussetzungslosen Bedingungen für Militärisches wie totale oder worst case Szenarien – für den angenommenen Fall der Fälle eines total-atomaren Krieges – bietet keine reale militärische Handlungsoption (mehr) für die Politik; denn danach, so Baudissin, gibt es nur noch „Kirchhofsruhe". Dieser ‚Option' könne man aus der „radikalen Option für die Freiheit" nur mit dem Bild vom „Gleichgewicht des Schreckens" begegnen: „Diese Rettung wird uns nicht geschenkt; sie bedarf einer geistig-sittlichen Gesinnung und gemeinsamer Anstrengungen auf allen Lebensgebieten. Nur so bietet die freie Welt eine überzeugende Alternative"[40], lautet daher Baudissins Fazit.

In engem Zusammenhang damit steht, dass bis dahin übliche Vorstellungen von eindeutigen „Führungsmethoden" im Militär sich für Baudissin aufgrund der inzwischen differenzierteren, spezialisierten und mehrdimensionalen Organisation und Tätigkeitsfelder überholt haben.[41] Das heißt, dass die Rationalität von Führung menschlich gebrochen ist – und damit ist gemeint: pädagogisch, soziologisch und psychologisch: „Steht der Mensch nicht im Mittel- und Zielpunkt unserer Bemühungen, so treten naturgegebene Spannungen und Leistungsminderungen ein." Dass dies nicht selbstverständlich sei, machte Baudissin von Anfang an sehr deutlich: „Wir sind so sehr geneigt ..., jetzt zu sagen, die Anforderungen sind alle zu hoch. Die Menschen werden das gar nicht schaffen. Also, ich glaube, dass der echte Vorwurf gegen all das, was wir Kommis nennen, der war, dass wir den Menschen eben niedriger ansprachen als er eigentlich ist, ... und dass wir doch schon das Vertrauen haben müssen zu unseren Mitmenschen und dass dieses Vertrauen den anderen ermutigt und ihn zu höheren Leistungen wahrscheinlich befähigt, weil es ihn hebt."[42]

---

40 Baudissin, Kriegsbild in: ders. 1969, S. 68 – 71.
41 Baudissin 71,18 s.a. ders. 1982, S. 150.
42 Baudissin 52,12. Vergl. ders. 56,8 s.a. Handbuch S. 33f.

Innere Führung bedeutet daher für Baudissin, die bindenden Kräfte zu stärken bzw. zu entwickeln.[43] Das heißt, die Spannung, innerhalb derer Führung stattfindet, in den Führungsprozess aufzunehmen und sie nicht auszublenden. Dies macht das wesentlich Neue in Baudissins Denkansatz aus. Spannung in den Führungsprozess aufzunehmen bedeutet für ihn: „Aber genau an der rationalen Fähigkeit, auch über gelegentlichen Fehlschlägen stets die Funktionale Notwendigkeit der Delegierung im Blick zu behalten, dem analytischen Vermögen, die jeweiligen Fehlerquellen zu erkennen und zu reduzieren, sowie an der menschlichen Kraft, das Risiko des Vertrauenschenkens immer wieder neu einzugehen, entscheidet sich letztlich die Eignung zur Menschenführung. Misstrauen setzt einen unheilvollen circulus vitiosus in Gang, der jede Kooperation sabotiert: Alle Beteiligten fühlen sich missverstanden und reagieren bösartig; von ‚oben‘ müssen die Kontrollen intensiviert und der Dienstbetrieb bürokratisiert werden, was wiederum von ‚unten‘ Passivität, Reizbarkeit und Desinteresse zur Folge hat. Lässt der Druck nach, fällt die Leistung automatisch noch weiter ab. Vertrauen dagegen verpflichtet, schafft ein Klima gegenseitigen Verständnisses und gemeinsamen Verstehens; es ist die Voraussetzung für erträgliche menschliche Beziehungen und funktionale Effizienz.“[44] In der Stein-Preis-Rede von 1965 brachte er es auf den Punkt: „Den Willen zur Mitarbeit, zur Mitverantwortung und tätigem Gehorsam innerhalb der Bundeswehr zu wecken und zu fördern, ist – auf die kürzeste Formel gebracht – die eigentliche Aufgabe der Inneren Führung.“[45] Aus seiner Führungspraxis als Brigadekommandeur gibt es dazu das aus mancherlei Sicht hochinteressante Beispiel, wie er mit den Offizieren das heikle Thema „Kirchgang“ besprach.[46] Dabei müssen nämlich die Klippen zwischen Dienstlichem und Privatem überwunden werden und zwischen dem, wo Befehl und Gehorsam zu fordern sind, und dem was unter dem Schutz der Gewissensfreiheit nach Artikel 4 des Grundgesetzes steht: „Verstehen Sie mich richtig, ich missbrauche hier nicht etwa mein Vorgesetztenverhältnis zu einem Übergriff in die missionarischen Auf-

---

43 Baudissin 52,12. Stark beachtet waren Baudissins diesbezügliche Ausführungen vor der Studiengesellschaft für praktische Psychologie zu: Probleme praktischer Menschenführung in zukünftigen Streitkräften, ders. 54,17 s.a. ders. 1969 S. 241 - 255; vergl. ders. 71,18 s.a. ders. 1982 S. 146f und 158ff.

44 Baudissin 71,18 s.a. ders. 1982, S. 158f.

45 Baudissin 65,2 s.a. ders. 1969 S. 118.

46 Baudissin 59,11 s.a. ders. 1982 S. 80 – 82.

gaben der Militärseelsorge oder Eingriff in Ihre private Sphäre. Nichts liegt mir ferner. Doch wäre ich dankbar, wenn Sie sich gelegentlich im stillen Kämmerlein über ihre Haltung zu diesen Dingen Rechenschaft ablegen würden. Zwielichtigkeit in diesem Lebensbereich schädigt die Fundamente unserer Existenz." Die Form der offenen Aufforderung zur Selbstbesinnung oder gar -prüfung mit dem Hinweis zur Orientierung auf einen höheren, wenn auch nur schwer fassbaren moralischen Wert ist beispielhaft.

Damit rückt generell ein Konflikt-theoreticum ins Zentrum für das Verständnis von Handeln und Verhalten von militärischer Führung. Auch Baudissin war sich voll bewusst, dass z.B. Demokratisches (Freiheits-Verständnis) mit dem Grundrecht individueller Selbstverwirklichung und Militärisches (Ordnungs-Denken) mit Befehl- und Gehorsams-Forderungen je ihre eigene Bedeutung haben und daher zumindest vor der Hand ein unüberbrückbar erscheinendes Paradoxon darstellen. Baudissin sagte dazu bereits 1952: "Sicher sind ‚demokratische Streitkräfte' eine Utopie, aber trotzdem müssen vom Menschen und von der Sache her Streitkräfte eines demokratischen Staates andere Lebensformen finden als die totalitären Staaten – vor allem, wenn sie gegen letztere bestehen wollen."[47] Seine praktische Antwort für das Verhalten im Truppenalltag war: „Der einzig gangbare Weg läuft zwischen beiden Extremen und führt zu einer vermenschlichten Organisation – einer Organisation, die dem Menschen dient, seinen Vorrang anerkennt und ihm Entfaltungsmöglichkeiten einräumt. Es entsteht dann eine fruchtbare Spannung zwischen Freiheit und Ordnung, welche in gleicher Weise den Aufgaben des militärischen Apparates wie den Belangen des einzelnen gerecht wird. ... So ergeben sich die grundsätzlichen Forderungen, neben all den Bereichen des militärischen Lebens, in welchen nun einmal das Gesetz von Befehl und Gehorsam – nicht zuletzt im Interesse des Gehorchenden – herrschen muss, Bezirke einzuräumen und zur Gestaltung freizugeben, in denen der Mensch zum mitverantwortlichen Subjekt und damit zur Persönlichkeit wird. Diese Persönlichkeit ist die Voraussetzung für den Einzelkämpfer, der sich aus Einsicht ein- und unterordnet, der zum Meister seiner Waffe wird und der vor allem weiß, wofür er Soldat geworden ist und was er notfalls verteidigen soll. Diese Persönlichkeit ist der ‚Staatsbürger in Uniform', der alle Härten, Entbehrungen und notwendigen Einschränkun-

---

47 Baudssin 52,5; s.a. ders. 1969 S. 134. – Dieser Teil aus dem a.a.O. Artikel ist in der angegebenen Quelle weggelassen worden.

gen seiner persönlichen Freiheit auf sich nimmt für die Erhaltung der freiheitlichen Lebensordnung."[48]

Und 1991 antwortete Baudissin Richard Brehm in einem Interview hinsichtlich der Behandlung weltpolitischer Konflikte entsprechend:[49] „Konflikte gehören für mich zur menschlichen Existenz, ja sind notwendig als Motoren für eine Weiterentwicklung. Unser Problem ist nur, ob wir lernen, konfliktfähig zu werden, das heißt, diese Konflikte in nicht-kriegerischer Form auszugleichen.[50] Krieg kann bei der Empfindlichkeit unserer in hohem Maß interdependenten Gesellschaften und der Ungeheuerlichkeit moderner Waffen kein Mittel der Politik mehr sein. Der Golfkrieg hat gezeigt, dass sich politische Probleme selbst mit dem vortrefflichsten militärischen Material nicht mehr lösen, ja nicht einmal mehr regeln lassen. ... Wir werden uns daher der bitteren Erkenntnis fügen müssen, dass Konflikte nicht von heute auf morgen gelöst, sondern nur schrittweise und vielleicht auch nur vorübergehend in eine für beide Seiten erträgliche Form gebracht werden können. – Konfliktfähigkeit ist eine sehr hohe Stufe menschlichen Denkens und Verhaltens, die nur sehr bedingt angeboren ist. Hier stehen wir vor einer ungeheuren, fast weltpädagogischen Aufgabe, die schon in der Kinderstube beginnen muss."

Die führungspraktische Konsequenz daraus ist für Baudissin eine Art dialektisches Überbrücken, ein „gesunder Ausgleich" und damit ein Sinnvoll- und Fruchtbarmachen von Dualem, Wechselverhältnissen, Interdependenzen, Gegensätzen, Antinomien, Paradoxien, Spannungen und Konflikten jeder Art. Das bedeutete für Baudissin, man muss immer „als

---

48 Dass.; Hervorhebung im Original; der zweite Teil dieses Zitates wurde in der angegebenen Quelle nicht mit abgedruckt.

49 Richard Brem im Gespräch mit Wolf Graf von Baudissin: Unbildung als Hauptursache des Unfriedens, in: Der Standard, Wien (o.D.) 1991, S. 4; s.a. Baudissin 72,27; s.a. ders. 1982 S. 189: „All das fordert Selbstüberwindung, Engagement, Zivilcourage und einen erheblichen Schuss Optimismus – um nicht zu sagen: Liebe."

50 Entsprechend sagt Baudissin schon in 76,28 über das „Aufeinander-Angewiesen-Sein" der Antagonisten, die zugleich Partner seien: „Beide Seiten sind dazu verurteilt, sich mit der Dynamik und der Belastung des dialektischen Prozesses abzufinden, der zwischen den Leitplanken Annäherung und Abgrenzung verläuft. Die Annäherung dient der Stabilisierung der Systeme durch erhöhte Kooperation, die Abgrenzung durch verschärfte Kontrolle der Gesellschaft und Wiederbelebung des Feindbildes."

erstes beim anderen das Gemeinsame sehen"[51], anders ausgedrückt: „Es gibt hierfür den einfachen Weg, der über gegenseitige Anerkennung vom gleich-berechtigten Nebeneinander zum Miteinander führt. Es geht hier um das Bündnis der Sehenden und Verantwortlichen aller Lager, von dessen Inten-sität das Schicksal der Gemeinschaft abhängt."[52] Als unmittelbarer militäri-scher Vorgesetzter gab Baudissin einem Untergebenen anlässlich einer Aus-einandersetzung im Ministerium daher auch den Rat: „Innere Führung be-deute [sic!] leider in vielen Augenblicken eine dialektische Stellung des Füh-renden, d.h. in Augenblicken allgemeiner Verbrüderung die Betonung der gegebenen Verschiedenheiten und in Zeiten geschlossener Feindschaft den Brückenschlag."[53]

Zusammenfassung

Die These lautete, dass der Ansatz der Gruppe Inneres Gefüge grundlegend von pädagogisch-psychologischen, politologischen und sozialwissenschaftli-chen sowie von betriebs- und organisationswissenschaftlichen Aspekten bestimmt sei. Die – wenn auch nur verkürzte – Rekonstruktion der ministe-riellen Arbeitsweise sowie der Führungsphilosophie als auch der Konzeption Innere Führung für die Bundeswehr und deren Lehre sowie für die sich dar-aus ergebende Praxis der Führung im Militär hat übereinstimmend in allen diesen Bereichen wesenhaft akademische – oder wie Baudissin es genannt hatte – bildungs-mäßige Gründe für das militärische Führen aufgedeckt. Diese lassen sich aus wissenschaftlich-theoretischer Sicht unter drei Aspek-ten bündeln:

Alle Überlegungen gehen von der empirischen Realität aus, konkret von dem modernen Gesellschafts-, Menschen-, Politik- und Kriegsbild. Dies steht konträr zu axiomatischen Denk- und Handlungsweisen oder wie auch immer gearteten Theorien, Modellen bzw. Konstanten Krieg oder Militär in militaristisch archaischer, atavistischer oder sozialdarwinistischer Form mit Ausschließlichkeits-Anspruch gegenüber allen (anderen) Denkmöglichkeiten. In dieser komplexen empirischen Realität verbiete es sich, als Ausgangs-punkte für alle weiteren Überlegungen, alles einer angeblichen Klarheit, Überschaubarkeit und Zweckmäßigkeit wegen z.B. nur von der Materie, der

---

51 Baudissin 1947 Kap 6.4; vergl. ders. 53,8 MS sowie ders. 1969 S. 150.

52 Baudissin 53,21 s.a. ders. 1969 S. 202.

53 Tagebuch Nr. 5 , v. 5.9.1955.

Technik oder der Organisation oder gar von einem worst case her bestimmen zu wollen.[54]

Die Betrachtung ist ganzheitlich und stets in Bezug zu ähnlichen Feldern und wissenschaftlichen Disziplinen. Sie betont dabei die gedankliche und reale Vergleichbarkeit, Überlappungen, Zusammenfassung, Kohärenz und Konsistenz all derartiger Felder. Daraus entwickeln sich aus soziologischem Grundverständnis generell Vorstellungen und Überlegungen zum Denken, Begreifen und Verständnis der Gegebenheiten sowie zum Handeln in der Realität. Baudissin dachte in den 80er Jahren in offenen Systemen mit Grenzen und autonomen selbstreferenziellen Subsystemen unterschiedlicher Qualität für Organisation und Interaktion und damit für Kommunikation und Sensibilität in den Systemen. 1978 schrieb er: „Das Konzept der Inneren Führung geht davon aus, ... dass Streitkräfte, wie andere Organisationen, zum maßgeblichen Teil ein Sozialsystem sind und Staat und Gesellschaft sowie die militärische Funktionstüchtigkeit die Anerkennung des Menschen als eigenständige Größe im System verlangen."[55]

Zum anderen sind seine Denkansätze und damit seine Modelle und Theorien handlungs- und interaktionstheoretisch[56], prozessorientiert und (eigen)-dynamisch[57]. Das Denken und Handeln ist in der Analyse wie in der Reflexion generell kritisch und sachlich rational sowie funktional. Denken und Handeln ist zugleich konflikt-orientiert oder -fähig und auf das Spannungsfeld der Lebensordnungen, Interessendivergenzen, Ambiguitäten, Ambivalenzen, Gegensätze oder gar Paradoxien gerichtet, um diese zumindest fruchtbar zu machen oder gar zu überwinden.

Denken und Handeln steht unter einem praxiologischen Muss und ist letztlich ein Entscheiden ohne Eindeutigkeiten und ohne festen Boden; dies beinhaltet immer ein Maß von Schuld und dass man mit seiner Ent-

---

54 Vergl. Baudissin 78,16; ders. 78,26.

55 Baudissin 78,4. Vergl. ders. 56,4. Dieser Gleichklang wird heute auch von wirtschaftlicher Seite gesehen. So bemüht man sich z.B. in der US-Wirtschaft um „Corporate Citizenship" s. Anja Dilk: Vom Wert des guten Rufs. Reputations-Manager sorgen intern und in der Öffentlichkeit für die Systematische Pflege des Firmen-Images. In: Süddeutsche Zeitung Nr. 176 v. 2./3.8.2003, S. V1/15. Dort heißt es andererseits: „Wirtschaft wird in Deutschland meist rein ökonomisch betrachtet."

56 Baudissin 54,22 und ders. 78,16 s.a. ders. 1982 S. 206. Vergl. ders. 71,18 s.a. ders. 1982 S. 161.

57 Baudissin 58,6; ders. 71,18 s.a. ders. 1982 S. 159.

scheidung moralisch und letztlich auch ethisch weiter leben muss. Von großer Bedeutung für das Denken und Handeln auf allen Handlungsebenen bis zur Gruppe und Bedienung herab ist daher das ‚Selbst' in Form von Selbst-Verantwortlichkeit, Selbst-Reflexion oder auch Selbst-Erziehung bzw. Selbst-Disziplin. Dies geschieht in einer „vermenschlichten Organisation" und in Form von Delegation von Auftrag und Verantwortung mit der dabei notwendigen Selbst-Verantwortung.

Als drittes steht damit für Baudissin fest, dass die Konzeption Innere Führung mit dem Leitbild Staatsbürger in Uniform einen Bildungsauftrag beinhaltet. Dieser hat nicht nur für die Offiziere in hochschul-wissenschaftlicher Form zu erfolgen – wie es einst an der Schule für Innere Führung oder im sogenannten Dreistufenplan angedacht und z.T. in Realität umgesetzt war sowie jetzt an den Universitäten der Bundeswehr praktiziert wird –, oder auch für gehobene Unteroffiziere und künftige Fachoffiziere, wie dies in den 70er und 80er Jahren an den Fachschulen der TSK[58] vorübergehend praktiziert wurde. Nach Baudissins Vorstellungen ist dies eine Forderung an alle Bereiche und an alle Ebenen der Streitkräfte bis einschließlich für den Mannschaftsbereich und ist besonders eine Aufgabe für den all-täglichen Dienst und zwar „an allen Fronten". ‚Innere Führung' als derartige Bildung lässt sich nicht auf einzelne Aspekte verkürzen. Sie ist auch kein spezielles Ausbildungsgebiet in den Streitkräften. Vielmehr wurde Innere Führung von Baudissin unter methodischem Aspekt im wesentlichen als indirekte „Erziehung" verstanden[59] – heute vielleicht besser zu verstehen als eine Art von Sozialisation durch den täglichen Dienst: „Überall, wo Menschen in Gemeinschaft zusammenleben, werden sie von ihr geformt. In jeder menschlichen Gemeinschaft also geschieht Erziehung. Die erzieherischen Wirkkräfte mancher Gemeinschaften mag man sich selbst überlassen. In einer soldatischen Gemeinschaft jedoch geht es um Schlagkraft der Truppe, die nicht von Ausbildung und Ausrüstung allein abhängt, sondern we-

---

58 Zu den speziellen Bildungsvorstellungen der Gruppe Inneres Gefüge s. Rosen: Bildungsreform a.a.O. sowie ders.: Ausbildungsmodell a.a.O..

59 Vergl. hierzu besonders Hartmann u.a. 1999. Der Erziehungsbegriff ist bei Baudissin eher unsystematisch, vielleicht sogar unpädagogisch, weil wesentlich weiter als normal üblich. S.a. Handbuch S. 17, wo er Erziehung mit Menschenführung und Innerer Führung weitgehend gleichsetzt. – Die Frage der Erziehung in den künftigen Streitkräften wurde in der Planungsphase erheblich kontrovers diskutiert, vergl. Genschel 1972, besonders S. 154ff. - Auch in den späteren Jahren ebbte die Kontroverse in den Streitkräften nicht ab.

sentlich mitbestimmt wird von der bewusst gestalteten Erziehung, von der Menschenführung, der ‚Inneren Führung'."[60] Dieses bewusste Gestalten bestehe darin, systematisch Aufgaben an einzelne oder Gruppen zu stellen mit entsprechendem Spielraum zu Initiative und Verantwortung einerseits und mit Vorgaben zum disziplinierten Einordnen in das Ganze andererseits. Dadurch werde das Zusammenspiel von Erleben und Deutung möglich.[61] Es geht für Baudissin also im wesentlichen darum, Mittel und Wege zu finden, um Selbstdisziplin, Selbstverantwortung und Selbstreflexion auch zur Selbsterziehung zu entwickeln und Bereitschaft zur Zusammenarbeit zu fördern.

Schluss

Was heißt das nun konkret für die Bundeswehr heute, wenn sie die geistigen Ansätze aus der ursprünglichen Konzeption Innere Führung ernsthaft mit Blick auf die Weiterentwicklung der Bundeswehr im Friedens- und Einsatzdienst betrachtet und aufnimmt?

Akademisches oder gar wissenschaftsfeindliches Denken und Handeln für Streitkräfte in unserer Zeit ist weder dys-funktional noch a-rational. Strömungen in diese Richtungen, wie sie in vergangenen Jahrhunderten möglich und auch hilfreich waren, gibt es auch heute noch immer wieder mal; sie waren aber bereits vor 60 Jahren unzeitgemäß und sind heute erst recht nicht mehr funktional und daher auch nicht mehr nachvollziehbar.

Daher ist es vermutlich nicht unsinnig, sich tiefer mit der Inneren Führung auseinanderzusetzen. Baudissin hatte darüber der Bundeswehr 1957 ins Handbuch geschrieben: „Sie ist eine nüchterne, praktische Aufgabe, die sich überall in der Truppe täglich neu stellt. Sie verlangt sachliche Kenntnisse und folgerichtiges Denken, Aufgeschlossenheit und Verantwortungsbereitschaft.

---

60 Baudissin 56,8 s.a. Handbuch 1957a S. 17.

61 Vergl. Baudissin 53,8; ders. 78,4 fordert daher auch für den politischen Unterricht einen „befehlsfreien Raum" und einen „gemeinsamen Lernprozess" von Lernenden und Lehrendem als „eine der entscheidenden Voraussetzungen für ein adäquates Selbstverständnis als Soldat". Vergl. Baudissin 55,13 s.a. ders. 1969 S. 167; vergl. ders. 54,21 s.a. ders. 1969 S. 209f.

Aus ihrer Verantwortung heraus muss sie überall dort, wo äußere Schwierigkeiten das Leben des Soldaten belasten, berechtigte Anliegen vertreten, mahnen und fordern. Vor allem aber muss sie dem Einzelnen raten und helfen, das Seine zur Überwindung der Schwierigkeiten beizutragen. Sie muss dem Soldaten die Kraft geben und finden lassen, innerlich mit den äußeren Schwierigkeiten fertig zu werden."[62]

Wenn nun der Minister mit seiner Bemerkung Recht hat, dass die Hochschullandschaft in Deutschland sich hinsichtlich einer Haltung gegenüber dem Militärischen wie vor 60 Jahren immer noch zurückhaltend zeigt, kann er doch den Faden von 1953 aus der Gruppe Inneres Gefüge wieder aufnehmen und eine Bundeswehr-eigene wissenschaftliche Forschung und Lehre ausbauen. Auch wenn die in den ersten 20 Jahren Bundeswehrgeschichte dafür aufgebauten Kapazitäten zwar immer nur geringen Umfang gehabt haben – und sie sind inzwischen eher heruntergefahren und an dementsprechenden Entwicklungen /Forschungen gehindert worden –, man kann derartige Institutionen und Kapazitäten sicher ohne große Verrenkungen wieder hochfahren. Den Anfang könnte man wieder beim heutigen Zentrum Innere Führung und bei der Führungsakademie der Bundeswehr machen, indem sie einen Auftrag zum forschenden Lehren bekämen, verbunden mit der Berechtigung zur Verleihung von wissenschaftlichen Graden im post-studium-Gang. Und in der Unteroffizier-Ausbildung könnten wie in den 70er und 80er Jahren in der sogenannten Fortbildungsstufe B wieder Staatlich anerkannte Ausbildungsgänge obligatorisch werden.

Dabei geht es aber nicht bloß darum, dass die Vorgesetzten selber „akademische" Fähigkeiten, Fertigkeiten und Verhaltensweisen in ihrem Führungsprozess gewinnbringend einsetzen und aushalten können. Es geht vielmehr und nicht zuletzt darum, dass viele Multiplikatoren für bildungsorientiere Führung im Truppen-All-Tag, ganz besonders auf den unteren Führungsebenen, in der „Schlammzone", die Untergebenen und Mitarbeiter zu entsprechendem „akademischem" selbst-kritischem, selbst-reflexivem, selbst-verantwortlichem und selbst-diziplinärem Verhalten ermuntern, anhalten und anleiten können.

---

[62] Handbuch S. 173.

Kunst oder Wissenschaft – Anmerkungen zu Carl von Clausewitz' Verhältnis zur (Militär-)Wissenschaft

Dirk Freudenberg

Vorbemerkung

Die Frage des Verhältnisses von Kunst und Wissenschaft im Zusammenhang mit dem Kriegswesen hat bereits Aristoteles beschäftigt.[1] Böhme verortet die früheste Bemerkung darüber, dass der Krieg ein Gegenstand der Wissenschaft ist, zuerst bei Platon.[2] Dieser Gegensatz oder auch der Versuch, militärisches Handeln bzw. das Gebiet des Krieges, insbesondere die eigentliche Führungstätigkeit, dem einen oder anderen Feld zuzuordnen, ist in Geschichte und Gegenwart häufig diskutiert worden.[3] Auch Clausewitz hat sich in diesem Zusammenhang ausführlich mit dieser Problematik im Spannungsfeld der beiden Pole Kunst und Wissenschaft[4] – vor allem in seinem Werk „Vom Kriege" beschäftigt: „Man hatte früher unter dem Namen von Kriegskunst oder Kriegswissenschaften immer nur die Gesamtheit derjenigen Kenntnisse und Fertigkeiten verstanden, welche sich mit den materiellen Dingen beschäftigen. … Von dem Gebrauch im Augenblick der Gefahr und unter beständiger Wechselwirkung, von den eigentlichen Bewegungen des Geistes und Mutes in der ihnen angelegten Richtung war noch nicht die Rede."[5]

---

[1] vgl. Aristoteles, Politik, Stuttgart 1993, S. 88

[2] Hartmut Böhme, Krieg und Zufall. Die Transformation der Kriegskunst bei Carl von Clausewitz, in: Marco Formisano, Hartmut Böhme, War in Worlds. Transformations of War from Antiquity to Clausewitz, Berlin, New York 2011, S. 391 ff.; 391

[3] vgl. Dirk Freudenberg, Militärische Führungsphilosophien ausgewählter NATO- und WEU-Staaten im Vergleich, Baden-Baden 2004, S. 83 f.

[4] vgl. Carl von Clausewitz, Ueber den Zustand der Theorie der Kriegskunst, in: Werner Hahlweg (Hrsg.), Carl von Clausewitz. Schriften Aufsätze, Studien, Briefe, Bd. 2, 1. Teilbd., Göttingen 1990, S. 23 ff.; vgl. Carl von Clausewitz, Kriegskunst oder Kriegs-Wissenschaft, in: Werner Hahlweg (Hrsg.), Carl von Clausewitz. Schriften Aufsätze, Studien, Briefe, Bd. 2, 2. Teilbd., Göttingen 1990, S. 668 ff.

[5] Carl von Clausewitz, Vom Kriege, in: Werner Hahlweg (Hrsg.), Hinterlassenes Werk des Generals von Clausewitz, 16. Aufl., Bonn 1952, S. 71 ff.; 177

Dementsprechend hat Clausewitz versucht, das Verhältnis der beiden Pole zu klären: „Alles Denken ist ja Kunst. Wo der Logiker den Strich zieht, wo die Vordersätze aufhören, die ein Resultat der Erkenntnis sind, wo das Urteil anfängt: da fängt die Kunst an. Aber nicht genug: selbst das Erkennen des Geistes ist ja schon wieder Urteil und folglich Kunst, und am Ende auch wohl das Erkennen durch die Sinne. Mit einem Wort: wenn sich ein menschliches Wesen mit bloßem Erkenntnisvermögen ohne Urteil ebensowenig als umgekehrt denken läßt, so können auch Kunst und Wissen nie ganz rein voneinander geschieden werden. Je mehr sich diese feinen Lichtelemente an den Außengestalten der Welt verkörpern, um so getrennter wird ihr Reich; und nun noch einmal: wo Schaffen und Hervorbringen der Zweck ist, da ist das Gebiet der Kunst; die Wissenschaft herrscht, wo Erforschen und Wissen das Ziel ist. - Nach allem dem ergibt sich von selbst, daß es passender sei, Kriegskunst als Kriegswissenschaft zu sagen. Soviel hiervon, weil man diese Begriffe nicht entbehren kann. Nun aber treten wir mit der Behauptung auf, daß der Krieg weder eine Kunst noch eine Wissenschaft sei in der eigentlichen Bedeutung, und daß gerade dieser Anfangspunkt der Vorstellungen, von welchem man ausgegangen ist, in eine falsche Richtung geführt, eine unwillkürliche Gleichstellung des Krieges mit anderen Künsten oder Wissenschaften und eine Menge unrichtiger Analogien veranlaßt hat."[6]

Clausewitz' wissenschaftlicher Ansatz darf nicht isoliert vom Gegenstand seiner Betrachtung gesehen werden. Doch dieser ist umfassender als der Krieg und die kriegerischen Tätigkeiten und Erscheinungen als solche. Carl von Clausewitz hat das Allumfassende des Krieges gesehen: „Bei der absoluten Gestalt des Krieges, wo alles aus notwendigen Gründen geschieht, alles rasch ineinander greift, kein, wenn ich so sagen darf, wesenloser neutraler Zwischenraum entsteht, gibt es wegen der vielfältigen Wechselwirkungen, die der Krieg in sich schließt, wegen des Zusammenhanges, in welchem, strenge genommen, die ganze Reihe der aufeinander folgenden Gefechte steht, wegen des Kulminationspunktes, den jeder Sieg hat, über welchen hinaus das Gebiet der Verluste und Niederlagen angeht, wegen aller dieser natürlichen Verhältnisse des Krieges, sage ich, gibt es nur einen Erfolg, nämlich den Enderfolg. Bis dahin ist nichts entschieden, nichts gewonnen, nichts verloren. Hier ist es, wo man unaufhörlich sagen muss: das Ende

---

[6] Carl von Clausewitz, Vom Kriege, in: Werner Hahlweg (Hrsg.), Hinterlassenes Werk des Generals von Clausewitz, 16. Aufl., Bonn 1952, S. 71 ff.; 200

krönt das Werk. In dieser Vorstellung ist also der Krieg ein unteilbares Ganze[s], dessen Glieder (die einzelnen Erfolge) nur Wert haben in Beziehung auf dies Ganze."[7] Insofern wird Clausewitz häufig verkannt: Carl von Clausewitz' klassische Definition des Krieges steht heute ganz sinnwidrig für Militarismus.[8] Clausewitz ist in seinen Schriften – insbesondere in „Vom Kriege" – bestrebt, „… das Wesen der kriegerischen Erscheinungen zu erforschen, ihre Verbindung mit der Natur der Dinge, aus denen sie zusammengesetzt sind, zu zeigen."[9] Daher dürfen diese Gedanken Clausewitz' auch nicht isoliert von seinem Postulat gesehen werden, dass der Krieg ein Mittel der Politik ist, „… eine Fortsetzung des politischen Verkehrs mit anderen Mitteln…".[10] Clausewitz Ansatz ist somit auf einen Gegenstand gerichtet, der sich nicht allein durch militärische Gewaltaktionen definiert, sondern in den der Krieg als ein Element eingebunden ist. Mithin könnte sein wissenschaftlicher Ansatz auch heute nützlich sein.

Theorie und Methodenbegriff des Carl von Clausewitz

Für Peter Paret war Carl von Clausewitz der erste, der die Politik in eine analytische Definition des Gesamtphänomens des Krieges einbezog, und ein Konzept und eine Methode entwickelte, welche die systematische Analyse der politischen Komponente in ihrer Beziehung zu den anderen grundlegenden Faktoren des Krieges ermöglichte.[11] Politik und Krieg stehen für sich niemals allein. Clausewitz betrachtet immer die Interdependenzen beider Felder. In der Politik gibt es kein Vakuum. Und auch der Krieg wird nicht in

---

[7] Carl von Clausewitz, Vom Kriege. Hinterlassenes Werk des Generals von Clausewitz, 16. Aufl., Bonn 1952, S. 854

[8] Paul-Ludwig Weinacht, Krieg denken. Eine typologische Orientierung aus der jüngeren politischen Ideengeschichte, in: Revista Chilena de Historia del Derecho, Estudios en Honor de Bernardino Bravo Lira, Premio Nacional de Historia 2010, Numero 22, Tomos I y II, o.OA., S. 687 ff.; 697

[9] Carl von Clausewitz, Vom Kriege. Hinterlassenes Werk des Generals von Clausewitz, 16. Aufl., Bonn 1952, S. 82

[10] Carl von Clausewitz, Vom Kriege. Hinterlassenes Werk des Generals von Clausewitz, 16. Aufl., Bonn 1952, S. 108

[11] Peter Paret, Die politischen Ansichten von Clausewitz, in: Clausewitz-Gesellschaft (Hrsg.), Freiheit ohne Krieg?, Beiträge zur Strategie-Diskussion der Gegenwart im Spiegel der Theorie von Carl von Clausewitz, Bonn 1980, S. 333 ff.; 333

einem militärischen Vakuum geführt.[12] Politik ist nicht nur ein zentrales Element der clausewitzschen Theorie, sondern auch ein zentrales Element in der Entstehung und Entwicklung dieser Theorie.[13]

Theorie

Das Theorieverständnis des Carl von Clausewitz ist sehr komplex.[14] Die Analyse des Krieges bedeutete für Clausewitz keine moralische Wertung oder gar die Propagierung des Krieges als wünschenswertes Mittel der Politik; sein Bestreben galt vielmehr der Durchdringung der Wechselwirkung zwischen Krieg und Politik sowie der Herausarbeitung der politischen Natur des Krieges.[15] Clausewitz identifizierte den Ausdruck des politischen Willens eines Staates als grundlegendes Charakteristikum des Krieges.[16] Theorie muss für Clausewitz umfassend sein, was bedeutet, dass sie in der Lage sein muss, alle Aspekte des Untersuchungsgegenstandes zu erfassen, ob in der Gegenwart oder zu anderen Zeiten.[17] Zugleich muss die Theorie auf den Konstanten oder Absolutheiten des Gegenstandes basieren und nicht auf Phänomenen, welche temporär sind, auch wenn diese gegenwärtig den Krieg zu dominieren scheinen.[18] Carl von Clausewitz, der in der Literatur als der

[12] Peter Paret, Die politischen Ansichten von Clausewitz, in: Clausewitz-Gesellschaft (Hrsg.), Freiheit ohne Krieg?, Beiträge zur Strategie-Diskussion der Gegenwart im Spiegel der Theorie von Carl von Clausewitz, Bonn 1980, S. 333 ff.; 335

[13] Peter Paret, Die politischen Ansichten von Clausewitz, in: Clausewitz-Gesellschaft (Hrsg.), Freiheit ohne Krieg?, Beiträge zur Strategie-Diskussion der Gegenwart im Spiegel der Theorie von Carl von Clausewitz, Bonn 1980, S. 333 ff.; 336

[14] Ernst Vollrath, „Neue Wege der Klugheit". Zum methodischen Prinzip der Theorie des Handelns bei Clausewitz, in: ZfP Heft 1, 1984, S. 53 ff.; 61

[15] Peter Trummer, Die Bedeutung der Clausewitschen Theorie in unserer Zeit unter besonderer Berücksichtigung des kleinen Krieges, in: DSS (Hrsg.), Clausewitz- und Engels-Forschung mit Blick auf eine europäische Strategie- und Militärwissenschaft für die neunziger Jahre. (Werkstattgespräche), Heft 4, 1990, S. 61 ff.; 62

[16] Peter Paret, Die politischen Ansichten von Clausewitz, in: Clausewitz-Gesellschaft (Hrsg.), Freiheit ohne Krieg?, Beiträge zur Strategie-Diskussion der Gegenwart im Spiegel der Theorie von Carl von Clausewitz, Bonn 1980, S. 333 ff.; 333

[17] Peter Paret, Clausewitz, in: Peter Paret (Hrsg.), Makers of Modern Strategy from Machiavelli to the Nuclear Age, Princeton, New Jersey 1986, S. 186 ff.; 192

[18] Peter Paret, Clausewitz, in: Peter Paret (Hrsg.), Makers of Modern Strategy from Machiavelli to the Nuclear Age, Princeton, New Jersey 1986, S. 186 ff.; 193

„reine Ausdruck der philosophischen Methode" benannt wird,[19] welche sich auf verschiedene Weise auf das Nachdenken über Bezüge zwischen Ursache und Wirkungen stützt,[20] wird als Theoretiker jener produktiven Epoche der deutschen Geistesgeschichte zugeordnet, welche als die „klassische" bezeichnet wird.[21] Nach Werner Hahlweg begriff Clausewitz die Philosophie als Denkmodell oder auch als Denkmechanik; für ihn war Clausewitz auch einer der ersten Militärtheoretiker, der die Notwendigkeit erkannte, philosophisches Denken im Bereich der Militärphilosophie wirksam werden zu lassen; jedenfalls in dem Augenblick, wo es darum ging, Vorstellung und Wirklichkeit miteinander zu vereinigen, das heißt, eine realistische Theorie zu schaffen.[22] Clausewitz, der weitestgehend frei im Denken zu sein und wenig an die allgemeinen Theorien gebunden zu sein scheint,[23] wie auch die Allgemeingültigkeit seiner Denkweise über spezifische Ideologien hinaus weist,[24] gibt selbst zu erkennen, mit einem Begriff der Theorie für seinen Untersuchungsgegenstand seine Schwierigkeiten zu haben: „Jede Theorie wird von dem Augenblick an unendlich viel schwieriger, wie sie das Gebiet geistiger Größen berührt ... über mechanische und optische Konstruktionen ist kein Streit. Sowie aber die geistigen Wirkungen ihrer Schöpfungen anfangen, sowie geistige Eindrücke oder Gefühle hervorgebracht werden sollen, verschwimmt die ganze Gesetzgebung in unbestimmte Ideen."[25] Diese Schwierigkeit Clausewitz' mit dem Theoriebegriff ist aus politikwissenschaftlicher Sicht durchaus nachvollziehbar; gibt es hier doch keine einheitliche bzw. als

---

[19] Hervé Coutau-Bégarie, Brevier der Strategie, Wien 2004, S. 29

[20] Hervé Coutau-Bégarie, Brevier der Strategie, Wien 2004, S. 31

[21] Karlheinz Messelken, Denkweisen und Denkfiguren des achtzehnten, neunzehnten und zwanzigsten Jahrhunderts in Clausewitz' Gesellschaftstheorie, in: Gerhard Vowinkel (Hrsg.), Clausewitz-Kolloquium. Theorie des Krieges als Sozialwissenschaft, Berlin 1993, S. 21 ff.; 21

[22] Werner Hahlweg, Militärwesen und Philosophie. Zur Genesis der methodischen Grundlagen des Werkes „Vom Kriege" des Generals von Clausewitz, in: ÖMZ 1976, S. 395 ff.; 395

[23] Kai Lütsch, Jeder Krieg ist anders. Jeder Krieg ist gleich, Potsdam 2009, S. 76

[24] Peter Paret, Die politischen Ansichten von Clausewitz, in: Clausewitz-Gesellschaft (Hrsg.), Freiheit ohne Krieg?, Beiträge zur Strategie-Diskussion der Gegenwart im Spiegel der Theorie von Carl von Clausewitz, Bonn 1980, S. 333 ff.; 337

[25] Carl von Clausewitz, Vom Kriege, in: Werner Hahlweg (Hrsg.), Hinterlassenes Werk des Generals von Clausewitz, 16. Aufl., Bonn 1952, S. 71 ff.; 182

allgemein verbindlich erachtete Definition von „Theorie";[26] der Begriff hat einen diffusen Charakter.[27] Zunächst einmal ist denn hier auch danach zu fragen, welchem Theoriebegriff Clausewitz folgt; was er unter „Theorie" versteht. Theorie bedeutet von seinem ursprünglichen griechischen Bezeichnung theōreîn oder theōría zunächst einmal anschauen oder betrachten, Überlegung oder Erkenntnis.[28] Theōrós steht von seiner Entstehung aus dem Griechischen daher für den „Zuschauer".[29] Heute wird das Wort „Theorie" zur Bezeichnung von Versuchen benutzt, Phänomene zu „erklären".[30] Der Theoriebegriff setzt somit nicht zwingend ein in sich abgeschlossenes Lehrgebäude voraus. Jede Theorie will den Gegenstand ihrer Untersuchung erkennen. Allerdings fokussieren Theorien häufig auf einen bestimmten Ausschnitt eines Untersuchungsgegenstands oder betrachten die Materie aus einem bestimmten Blickwinkel. Somit fehlt es vielen Theorien häufig auch an einem umfassenden Anspruch. Carl von Clausewitz hat einen umfassenden Anspruch. Zunächst einmal hat Clausewitz den Theoriebegriff in seinen frühen Aufzeichnungen versucht darzulegen: „Wir verstehen darunter dasjenige Ueberlegen, was die Wahrheit aus der einfachen Vergleichung von Zweck und Mittel findet, ohne sich eines wissenschaftlichen Apparates, zusammengesetzten Methoden und Constructionen zu bedienen."[31] Insofern lehnt sich Clausewitz hier stark an den Ursprung des Wortes an. Später hat er dann in seinem Hauptwerk seinen Theoriebegriff modifiziert. Clausewitz definiert nun denn auch den Begriff der Theorie folgendermaßen (wenn

---

[26] Ludger Helms, Einleitung: Politikwissenschaftliche Institutionenforschung an Schnittpunkten von Politscher Theorie und Regierungslehre, in: Ludger Helms, Uwe Jun (Hrsg.), Politische Theorie und Regierungslehre. Eine Einführung in die politikwissenschaftliche Institutionenforschung, Frankfurt am Main 2004, S. 13 ff.; 18

[27] Gary Schaal, Felix Heidenreich, Einführung in die politischen Theorien der Moderne, Opladen, Farmington Hills, 2.Aufl., 2009, S. 22

[28] Dieter Nohlen, Rainer-Olaf Schulze, Theorie, in: Dieter Nohlen (Hrsg.), Lexikon der Politik, Bd.7, Politische Begriffe, München 1998, S. 646 f.; 646; vgl. Friedrich Kluge, Etymologisches Wörterbuch der deutschen Sprache, 23. Aufl., Berlin, New York 1999, S. 823

[29] Friedrich Kluge, Etymologisches Wörterbuch der deutschen Sprache, 23. Aufl., Berlin, New York 1999, S. 823

[30] Arnold Brecht, Politische Theorie. Die Grundlagen politischen Denkens im 20. Jahrhundert, 2. Aufl., Tübingen 1976, S. 15

[31] Carl von Clausewitz, Über die Theorie des Krieges, in: Werner Hahlweg (Hrsg.), Carl von Clausewitz, Schriften, Aufsätze, Studien, Briefe, Bd. 2, Teilbd. 2, Göttingen 1990, S. 648 ff.; 648

auch zunächst in negativer Weise): „… daß [die Theorie] nicht notwendig eine positive Lehre, d. i. eine Anweisung zum Handeln sein braucht. Überall, wo eine Tätigkeit es größtenteils immer wieder mit denselben Dingen zu tun hat, mit den selben Zwecken und Mitteln, wenn auch mit kleinen Veränderungen und einer noch so großen Mannigfaltigkeit der Kombinationen, müssen diese Dinge ein Gegenstand vernünftiger Betrachtung sein. Eine solche Betrachtung aber ist eben der wesentlichste Teil jeder Theorie und hat auf diesen Namen ganz eigentlich Anspruch. Sie ist eine analytische Untersuchung des Gegenstandes, führt zu einer genauen Bekanntschaft, und wenn sie auf die Erfahrung … angewendet wird, zur Vertrautheit mit demselben.“[32] Rein mechanistische Interpretationen gesellschaftlicher Phänomene werden somit für Clausewitz obsolet.[33] Für Clausewitz darf die Theorie, den Gesetzen logischen Denkens gehorchend, wohl Gesetze und Regeln aufstellen; diese haben aber keine bindende Kraft, sondern die Theorie soll gestützt auf Geschichte und Erfahrungen gewisse grundlegende Gegebenheiten aufweisen, aber auch diese dienen nur dazu, den Geist zu bereichern.[34] Clausewitz will nicht auf das Erlebte hinaus, sondern auf die Erkenntnis.[35] In diesem Sinne kommt dieser Ansatz zunächst auch dem Positivismus als Annahme eines Gegebenen, das jedermann in seiner bewährten Gesichertheit und Verfügbarkeit anerkennt[36] nahe, dessen Bedeutungskern ein erfahrungswissenschaftlicher Bezug auf beobachtbare, positive Fakten

---

[32] Carl von Clausewitz, Vom Kriege, in: Werner Hahlweg (Hrsg.), Hinterlassenes Werk des Generals von Clausewitz, 16. Aufl., Bonn 1952, S. 71 ff.; 188 f.

[33] vgl. Petra Ahrweiler, Clausewitz als Repräsentant des wissenschaftlichen Weltverhältnisses der beginnenden Moderne, in: Gerhard Vowinkel (Hrsg.), Clausewitz-Kolloquium. Theorie des Krieges als Sozialwissenschaft, Berlin 1993, S. 97 ff.; 102 f.

[34] Walther Malmsten Schering, (Hrsg.), Carl von Clausewitz, Geist und Tat. Das Vermächtnis des Soldaten und Denkers, Stuttgart 1941; S. 326; Auch Arnold Brecht führt aus, dass die „Theorie" niemals „Gesetz" sei; sie sich allerdings auf Gesetze berufe und behaupten könne, dass es weitere Gesetze gebe und die Theorie auch versuchen könne, ein Gesetz zu „erklären"; sie müsse sich dann aber auf ein allgemeineres Gesetz berufen können. (Arnold Brecht, Politische Theorie. Die Grundlagen politischen Denkens im 20. Jahrhundert, 2. Aufl., Tübingen 1976, S. 15)

[35] Walther Malmsten Schering, Einleitung, in: Walther Malmsten Schering, (Hrsg.), Carl von Clausewitz, Geist und Tat. Das Vermächtnis des Soldaten und Denkers, Stuttgart 1941; S. XIII ff., XXVI

[36] Walter Schweider, Positivismus, in: Görres-Gesellschaft (Hrsg.), Staatslexikon. Recht. Wirtschaft. Gesellschaft, 4. Bd., 7. Aufl., Freiburg im Breisgau 1995, Spalte 510 ff.; 510 f.

ist.[37] Der clausewitzsche Theoriebegriff entspricht insofern aber nur bedingt diesem Verständnis: Für Clausewitz soll die Theorie eine Betrachtung und keine Lehre sein. Er versteht sich als Betrachter, Beobachter und in gewisser Weise auch als fachkundiger Zuschauer. Clausewitz wollte damit in seinem Werk auch keine Lehren vermitteln, auf die der militärische Führer im Operationsgebiet gleichsam zurückgreifen kann.[38] Clausewitz vermittelt eine echte Theorie und kein abstrakt generalisierendes Systemdenken, wie es vor ihm im 18. Jahrhundert üblich war, aber auch keine „positive Lehre" oder Formelsammlung für ein technisch-handwerkliches Handeln in einem selbstherrlichen Fachgebiet, wie es der Gedankenrichtung vor und nach 1914 entsprach, sondern seine Theorie bildet den Geist durch ein Zusammenspiel von Erfahrung und Meditation, Auswertung der Geschichte und Anwendung der Philosophie zum selbstständigen Erkennen des Krieges.[39] Clausewitz zeigt fundamentale Leitlinien seines Untersuchungsgegenstandes auf und gestaltet somit eine Orientierungshilfe. Mithin schafft Clausewitz eine multidimensionale theoretische Synthese[40] durch die Vereinigung der Irrationalität des Geschehens militärischer Konflikte und die daraus resultierenden Anforderungen an das Verhalten unter Risiko und Ungewissheit mit der Rationalität des Krieges als Mittel für einen politischen Zweck.[41] Folglich will er seine Lehre auch nicht in „eine algebraische Formel"[42] gießen.[43] Ihm geht es also darum, Vorstellung und Theorie miteinander zu vereinigen, das

---

[37] vgl. Ulrich Weiß, Positivismus, in: Dieter Nohlen (Hrsg.), Lexikon der Politik, Bd.7, Politische Begriffe, München 1998, S. 515 f.; 515

[38] Walter Bußmann, Geleitwort, in: Werner Hahlweg (Hrsg.), Carl von Clausewitz, Schriften, Aufsätze, Studien, Briefe, Bd. 2, Teilbd. 1, Göttingen 1990, S. 11 f.; 12

[39] Werner Hahlweg, Carl von Clausewitz, in: Hermann Heimpel, Theodor Heuss, Benno Reifenberg (Hrsg.), Die großen Deutschen. Deutsche Biographie, 2. Bd., Berlin 1956, S. 491 ff.; 497

[40] Panajotis Kondylis, Theorie des Krieges. Clausewitz – Marx – Engels – Lenin, Stuttgart 1988, S. 64

[41] Hans Wilhelm Hetzler, „Bewegungserschwerende Mittel". Handlungstheoretische Elemente bei Carl von Clausewitz, in: Gerhard Vowinkel (Hrsg.), Clausewitz-Kolloquium. Theorie des Krieges als Sozialwissenschaft, Berlin 1993, S. 45 ff.; 49

[42] Carl von Clausewitz, Vom Kriege, in: Werner Hahlweg (Hrsg.), Hinterlassenes Werk des Generals von Clausewitz, 16. Aufl., Bonn 1952, S. 71 ff.; 189

[43] Edm. Glaise von Horstenau, Clausewitz, in: Görres-Gesellschaft (Hrsg.), Staatslexikon. Recht. Wirtschaft. Gesellschaft, Bd. 1, 5. Aufl., Freiburg im Breisgau, 1926, Spalte 1273 f.; 1273

heißt, eine realistische Theorie zu schaffen, welche der Praxis vollauf Rechnung tragen soll.[44]

Methode

Theorie und Methode sind aufeinander bezogen, aber nicht identisch.[45] Die Bestimmung der clausewitzschen Methode bereitet zunächst einmal einige Schwierigkeiten. Clausewitz selbst versucht den Gegenstand seiner Untersuchung vor allem in seinem Hauptwerk methodisch abzugrenzen und einzuordnen. Für ihn ist „Methode" zunächst eine „stetige, immer wiederkehrende Verfahrensart, … [welche] … im Kriege wie im übrigen Leben unentbehrlich [ist], theils weil man die Bestimmungen, welche aus dem individuellen Fall hervorgehen, nicht immer untersuchen kann oder will, theils um durch die Wiederkehr und Unveränderlichkeit des Verfahrens eine gewisse Fertigkeit zu erfahren."[46] Gleichzeitig grenzte Clausewitz die „Methode" von der „Regel" ab: „Von der Regel unterscheidet sich die Methode darin, daß jene klare und bestimmbare Prämissen fordert, während diese auf die Durchschnitts Wahrscheinlichkeit der sich einander übertragenden Fälle gegründet ist und darauf hinausläuft eine Durchschnitts Wahrheit aufzustellen, deren beständige gleichförmige Anwendung bald etwas von der Natur einer mechanischen Fertigkeit bekommt, die zuletzt das Rechte fast ohne Bewusstsein thut."[47] Zugleich unterscheidet Clausewitz auch unter „Methode" und „Methodismus" und grenzt beide Begriffe voneinander ab: Für Clausewitz bedeutet „… Methode, Verfahrungsart, ein unter mehreren möglichen ausgewähltes, immer wiederkehrendes Verfahren und Methodismus, wenn statt allgemeiner Grundsätze oder individueller Vorschriften das Handeln durch Methoden bestimmt wird. Hierbei müssen notwendigerweise die unter einer solchen Methode gestellten Fälle in ihren wesentlichen Stücken

---

[44] Werner Hahlweg, Militärwesen und Philosophie. Zur Genesis der methodischen Grundlagen des Werkes „Vom Kriege" des Generals von Clausewitz, in: ÖMZ 1976, S. 395 ff.; 395

[45] Klaus von Beyme, Theorie und Methode, in: Dieter Nohlen (Hrsg.), Lexikon der Politik, Bd. 2, Politikwissenschaftliche Methoden, München 1994, S. 477 ff.; 477

[46] Carl von Clausewitz, Methodismus, in: Werner Hahlweg (Hrsg.), Carl von Clausewitz, Schriften, Aufsätze, Studien, Briefe, Bd. 2, Teilbd. 2, Göttingen 1990, S. 659 ff.; 659

[47] Carl von Clausewitz, Methodismus, in: Werner Hahlweg (Hrsg.), Carl von Clausewitz, Schriften, Aufsätze, Studien, Briefe, Bd. 2, Teilbd. 2, Göttingen 1990, S. 659 ff.; 659

als gleich vorausgesetzt werden; da sie dies nicht sein können, so kommt es darauf an, daß es wenigstens so viele als möglich sind; mit anderen Worten: daß die Methode auf die wahrscheinlichsten Fälle berechnet sei. Der Methodismus ist also nicht auf bestimmte einzelne Prämissen, sondern auf die Durchschnittswahrscheinlichkeit der sich einander übertragenden gegründet und läuft darauf hinaus, eine Durchschnittswahrheit aufzustellen, deren beständige gleichförmige Anwendung bald etwas von der Natur einer mechanischen Fähigkeit bekommt, die zuletzt das Rechte fast ohne Bewusstsein tut."[48] Clausewitz' Ansatz muss daher in erster Linie Methodenlehre sein, welche allerdings den Tatbestand der „Unbestimmtheit" des Objektbereichs ohne Mühe integriert.[49] Dementsprechend lehnt Clausewitz einen jeden Methodismus, der im Gegensatz zur Geistesfreiheit steht[50], als unbewusst, also unbedacht, ab, anerkennt aber gleichwohl abgestimmte und auf den Einzelfall angewandte Verfahren.[51] Der „Methodismus" ist in der Strategie somit kaum zu verwenden.[52] Bei der Betrachtung seines Untersuchungsgegenstandes reflektierte Clausewitz anhand konkreter kriegsgeschichtlicher Ereignisse und Tatbestände, deren weitere Umstände er im Übrigen als bekannt voraussetzte, und seziert hieraus jeweils eine bestimmte, beispielhafte Erkenntnis. Dementsprechend stellt Clausewitz gleich an den Anfang seines Werkes die methodische Ermahnung, das Ganze vor den einzelnen Teilen zu denken.[53] Clausewitz untersucht Teilprobleme, um sich durch die Zusammenfügung der Teilergebnisse dem Gesamtbild anzunähern. Dabei hat er mit sei-

---

[48] Carl von Clausewitz, Vom Kriege, in: Werner Hahlweg (Hrsg.), Hinterlassenes Werk des Generals von Clausewitz, 16. Aufl., Bonn 1952, S. 71 ff.; 204

[49] Petra Ahrweiler, Clausewitz als Repräsentant des wissenschaftlichen Weltverhältnisses der beginnenden Moderne, in: Gerhard Vowinkel (Hrsg.), Clausewitz-Kolloquium. Theorie des Krieges als Sozialwissenschaft, Berlin 1993, S. 97 ff.; 106

[50] vgl. Raymond Aron, Clausewitz, den Krieg denken, Frankfurt am Main, Berlin, Wien 1980, S. 284

[51] Dirk Freudenberg, Moderne Risikoanalyseansätze, Simulation und Irreguläre Kräfte – eine kritische Betrachtung unter besonderer Berücksichtigung des theoretisch-methodischen Ansatzes des Carl von Clausewitz, in: ISPK (Hrsg.), Jahrbuch Terrorismus 2011/2012, Opladen, Berlin, Toronto 2012, S. 359 ff.; 366

[52] Rasmus Beckmann, Clausewitz trifft Luhmann – Überlegungen zur Systemtheoretischen Interpretation von Clausewitz' Handlungstheorie, AIPA 4/2009, S. 21

[53] Dietmar Schössler, Revolutionäre Praxis und ihre Theorie. Der moderne bewaffnete Konflikt bei Clausewitz, in: Max Kaase (Hrsg.), Politische Wissenschaft und Politische Ordnung, Opladen 1986, S. 408 ff.; 410

nen neuartigen Ansätzen wieder stärker den Menschen als das Subjekt der Geschichte in den Mittelpunkt seiner Analyse gerückt.[54] Dementsprechend vollzog sich der Formulierungsprozess der clausewitzschen Theorie auf geistigem Feld, wobei die kritische Auseinandersetzung mit den bisherigen Militärtheoretikern und Militärschriftstellern den Ausgangspunkt darstellte, Clausewitz aber in diesem Zusammenhang zu Überlegungen von wissenschaftlicher Ausbildung und praktischer Erfahrung gelang.[55] Darauf, dass Clausewitz dabei unter anderem von Immanuel Kant beeinflusst wurde, ist an anderer Stelle[56] wiederholt hingewiesen worden und kann in dieser Arbeit nicht im Detail nachvollzogen werden. Insgesamt hatte er aber eine klare Vorgehensweise, indem er die Sachverhalte geordnet erfasst und der theoretischen Reflexion zuführt. Insofern kann man Clausewitz' methodischen

---

[54] Dietmar Schössler, Carl von Clausewitz, Reinbek bei Hamburg 1991, S. 84

[55] Werner Hahlweg (Hrsg.), Carl von Clausewitz, Schriften, Aufsätze, Studien, Briefe, Bd. 2, Teilbd. 1, Göttingen 1990, S. 17 f.

[56] vergleiche unter anderem: Hans Rothfels, Carl von Clausewitz, Politik und Krieg. Eine ideengeschichtliche Studie, Berlin 1920, S. 22 ff.; vgl. Werner Hahlweg, Clausewitz. Soldat – Politiker – Denker, Göttingen, Frankfurt, Zürich 1969, S.; 17; vgl. Dietmar Schössler, Carl von Clausewitz, Reinbek bei Hamburg 1991, S., 81; vgl. Erich Vad, Carl von Clausewitz. Seine Bedeutung heute, Herford, Bonn 1984, S. 14 ff.; vgl. Robert D. Kaplan, Warrior Politics. Why Leadership Demands a Pagan Ethos, New York 2002, S. 39; vgl. Andreas Herberg-Rothe, Das Rätsel Clausewitz. Politische Theorie des Krieges im Widerstreit, München 2001, S. 92 f.; vgl. Hew Strachan, Über Carl von Clausewitz. Vom Kriege, München 2008, S. 68 f.; vgl. W.B. Gallie, Philosophers of Peace and War. Kant, Clausewitz, Marx, Engels, Tolstoy, London, New York, Melbourne 2008, S. 37; vgl. Jan Grünberger, Strategie und Taktik nach Clausewitz und ihre Anwendung in mittelständischen Unternehmen, Hamburg 2009, S. 8; Im Ergebnis eher differenziert bis ablehnend hierzu allerdings: Raymond Aron, Clausewitz, den Krieg denken, Frankfurt am Main, Berlin, Wien 1980, S. 329 ff.; vgl. Beatrice Heuser, Clausewitz lesen!, München 2005, S. 90; vgl. Kai Lütsch, Jeder Krieg ist anders. Jeder Krieg ist gleich, Potsdam 2009, S. 75; vgl. Hartmut Böhme, Krieg und Zufall. Die Transformation der Kriegskunst bei Carl von Clausewitz, in: Marco Formisano, Hartmut Böhme, War in Worlds. Transformations of War from Antiquity to Clausewitz, Berlin, New York 2011, S. 391 ff.; 408; Sehr differenziert aber im Ergebnis zustimmend ist hier von Gyldenfeldt, der in Auseinandersetzung mit dem Werk Scherings herausarbeitet, inwieweit Clausewitz unter anderem Kant folgt und inwiefern er von ihm abweicht, in dem er beispielsweise dessen Kopernikanische Wende nicht mit vollzieht. (Christian Sehested v. Gyldenfeld, Von Alfred Vierkandt zu Carl v. Clausewitz. Walter Malmsten Schering und die Quellen gemeinschaftlichen Handelns in Krieg und Frieden, Münster, Hamburg, London 2002, S. 203 ff.)

Ansatz auch als deskriptiv[57] verstehen. Zweifelsohne enthält Clausewitz' Werk ebenso sowohl induktive als auch deduktive Ansätze. Induktion bezeichnet eine Form des Schließens, und zwar den Schluss von besonderen Sätzen, Fällen oder Teilmengen auf allgemeine Sätze, Hypothesen oder alle Fälle bzw. eine Gesamtmenge.[58] Deduktion bezeichnet hingegen eine Form des logischen Schließens, und zwar den Schluss vom Allgemeinen auf das Besondere, die Ableitung eines Satzes (die Konklusion) aus einem oder mehreren anderen Sätzen bzw. Grundannahmen (Prämissen).[59] Clausewitz sucht allerdings eine Totalauffassung der Realität zu erreichen – wobei er schließlich erkennt, dass weder eine induktiv vom Einzelnen zum Allgemeinen fortschreitende Analyse, noch – umgekehrt – ein vom Allgemeinen zum Einzelnen deduktiv vorgehender Untersuchungsgang zur vollständigen Wirklichkeitserkenntnis gelangt, sondern allein der hermeneutische Zugriff.[60] Der Begriff der Hermeneutik benennt in seiner allgemeinsten Bedeutung die Kunst, jemandem die Bedeutung oder den Sinn von etwas auszulegen.[61] Clausewitz dachte bei seiner Untersuchung „… die einzelnen Elemente unseres Gegenstandes, dann die einzelnen Teile oder Glieder desselben und zuletzt das Ganze in seinem inneren Zusammenhang zu betrachten, also vom Einfachen zum Zusammengesetzten fortzuschreiten. Aber es ist hier mehr als irgendwo nötig, mit einem Blick auf das Wesen des Ganzen anzu-

---

[57] vgl. zu diesem theoretischem Ansatz auch: Dieter Nohlen, Deskription/Deskriptive Analyse/Theorie, in: Dieter Nohlen (Hrsg.), Lexikon der Politik, Bd. 2, Politikwissenschaftliche Methoden, München 1994, S. 76 f.

[58] Ulrich Weihe, Dieter Nohlen, Induktion/Induktive Methode, in: Dieter Nohlen (Hrsg.), Lexikon der Politik, Bd. 2, Politikwissenschaftliche Methoden, München 1994, S. 180 ff.; 180; vgl. Harald Schaub, Die Rolle des Menschen in sozio-technischen Systemen: Anforderungen und Implikationen für das „Informationsverarbeitungssystem Mensch", in: Heiko Borchert (Hrsg.), Führungsausbildung im Zeichen der Transformation, Wien 2006, S. 30 ff.; 42

[59] Ulrich Weihe, Dieter Nohlen, Deduktion/Deduktive Methode, in: Dieter Nohlen (Hrsg.), Lexikon der Politik, Bd. 2, Politikwissenschaftliche Methoden, München 1994, S. 67 ff.; 67; vgl. Harald Schaub, Die Rolle des Menschen in sozio-technischen Systemen: Anforderungen und Implikationen für das „Informationsverarbeitungssystem Mensch", in: Heiko Borchert (Hrsg.), Führungsausbildung im Zeichen der Transformation, Wien 2006, S. 30 ff.; 43

[60] Dietmar Schössler, Clausewitz – Engels – Mahan: Grundriss einer Ideengeschichte militärischen Denkens, Berlin 2009, S. 107

[61] Hans F. Fulda, Hermeneutik, in: Dieter Nohlen (Hrsg.), Lexikon der Politik, Bd. 2, Politikwissenschaftliche Methoden, München 1994, S. 157 ff.; 157

fangen, weil hier mehr als irgendwo mit dem Teile auch zugleich immer das Ganze gedacht werden muß."[62] Mit seinem Blick auf das Wesen des Ganzen erreicht Clausewitz in einem methodischen Zugriff die Verknüpfung von Allgemeinem und Besonderem[63] Clausewitz beleuchtet das Phänomen des Krieges auf dem Wege einer Strukturanalyse; er sucht das Wesen und die Erscheinungsformen des Krieges in geschlossener Gedankenführung bis hinunter zum den konkreten Einzelheiten, vom Allgemeinen zum Besonderen zu erfassen.[64] Insofern wandte Clausewitz von der inneren und logischen Struktur seines Werkes „Vom Kriege", besonders des ersten Kapitels des ersten Buches her gesehen, das methodische Verfahren des „Fortschreitens vom Einfachen zum Zusammengesetzten" an.[65] Hierbei arbeitete Clausewitz selbst im Gegengewicht bewusster Distanz und gedanklicher Disziplinierung.[66] Insgesamt zeigt Clausewitz mit seiner Theorie als Kombination im Denken Wege auf, das Phänomen auch späterer Epochen in seiner ganzen Wirklichkeit in kritischer Fragestellung zu erfassen.[67] Clausewitz' Werk wird von Werner Hahlweg als das einer Persönlichkeit gewertet, die als Soldat und Denker nach einer besonderen Form der Tat im Sinne einer Synthese des rein Geistigen und des praktischen Handelns strebt und darüber hinaus

---

[62] Carl von Clausewitz, Vom Kriege, in: Werner Hahlweg (Hrsg.), Hinterlassenes Werk des Generals von Clausewitz, 16. Aufl., Bonn 1952, S. 71 ff.; 89

[63] Dietmar Schössler, Die „Reichweite" der Clausewitzschen Kategorien bei der Analyse des modernen bewaffneten Konflikts, in: DSS (Hrsg.), Clausewitz- und Engels-Forschung mit Blick auf eine europäische Strategie- und Militärwissenschaft für die neunziger Jahre. (Werkstattgespräche), Heft 4, 1990, S. 144 ff.; 148

[64] Werner Hahlweg, Clausewitz. Soldat – Politiker – Denker, Göttingen, Frankfurt, Zürich 1969, S. 71

[65] Yuan-Ling Zhang, „Fortschreiten vom Einfachen zum Zusammengesetzten". Ein sonderbares methodisches Verfahren in Clausewitz' Werk „Vom Kriege", in: Dietmar Schössler (Hrsg.), Clausewitz-Studien, Heft 1, 1999, S. 37 ff.; 39

[66] vgl. Hans Rothfels, Carl von Clausewitz, Politik und Krieg. Eine ideengeschichtliche Studie, Berlin 1920, S. 155

[67] vgl. Werner Hahlweg, Philosophie und Militärtheorie im Denken und in den Aufzeichnungen des Generals von Clausewitz, in: ÖMZ 1988, S. 31 ff.; 31

Dauerhaftes schaffen will.[68] Und so atmet Clausewitz' Stil – wie Messelken bemerkt hat – distanzierte, kühle, nüchterne Rationalität.[69]

Theorie und Praxis

Das heutige Verständnis von Theorie und Praxis ist grundlegend durch unsere Kenntnis von Wissenschaften geprägt, deren theoretische Einsichten sich unmittelbar in Handlungsanweisungen übersetzen lassen.[70] Somit stehen Theorie und Praxis in enger Beziehung zueinander. Die Theorie muss sich an der Praxis messen lassen. Die Gültigkeit der Theorie ergibt sich aus ihrer Bewährung und Überlebensfähigkeit in der Praxis. Der Mensch steht in einem ganzheitlichen Bezug zu Theorie und Praxis.[71] Auch für Carl von Clausewitz stand das Theorie-Praxis-Verhältnis – wie Werner Hahlweg herausgearbeitet hat – im Mittelpunkt, das heißt die grundsätzliche Frage, wie eine Theorie beschaffen sein müsste, in welcher Vorstellung und Wirklichkeit übereinstimmen.[72] „Mit diesem Gesichtspunkte wird die Möglichkeit einer befriedigenden, d.h. einer nützlichen und niemals mit der Wirklichkeit in Widerspruch tretenden Theorie der Kriegführung gegeben, und es wird nur von der verständigen Behandlung abhängen, sie so mit dem Handeln zu befreunden, daß der widersinnige Unterschied zwischen Theorie und Praxis ganz verschwinde, den oft eine unvernünftige Theorie hervorgerufen, und womit sie sich von dem gesunden Menschenverstande losgesagt hat, den

---

[68] Werner Hahlweg, Carl von Clausewitz, in: Hermann Heimpel, Theodor Heuss, Benno Reifenberg (Hrsg.), Die großen Deutschen. Deutsche Biographie, 2. Bd., Berlin 1956, S. 491 ff.; 496

[69] Karlheinz Messelken, Denkweisen und Denkfiguren des achtzehnten, neunzehnten und zwanzigsten Jahrhunderts in Clausewitz' Gesellschaftstheorie, in: Gerhard Vowinkel (Hrsg.), Clausewitz-Kolloquium. Theorie des Krieges als Sozialwissenschaft, Berlin 1993, S. 21 ff.; 24

[70] Nikolaus Lobkowicz, Theorie und Praxis, in: Leonard Reinisch (Hrsg.), Politische Wissenschaft heute, München 1971, S. 15 ff.; 18

[71] Rainer Albert, Metatheoretische Aspekte des Clausewitzschen Theorieverständnisses, in: DSS (Hrsg.), Clausewitz- und Engels-Forschung mit Blick auf eine europäische Strategie- und Militärwissenschaft für die neunziger Jahre. (Werkstattgespräche), Heft 4, 1990, S. 116 ff.; 118

[72] Werner Hahlweg, Philosophie und Theorie bei Clausewitz, in: Clausewitz-Gesellschaft (Hrsg.), Freiheit ohne Krieg?, Beiträge zur Strategie-Diskussion der Gegenwart im Spiegel der Theorie von Carl von Clausewitz, Bonn 1980, S. 325 ff.; 325

aber ebensooft Beschränktheit des Geistes und Unwissenheit zum Vorwand gebraucht hat, um sich in der angeborenen Ungeschicklichkeit recht gehen zu lassen."[73] Dementsprechend geht der Widersinn zwischen Theorie und Praxis von der Theorie aus, und zwar von einer unvernünftigen, wobei Clausewitz die Unvernunft einer Theorie als objektivistisch-technizistischen Typ bestimmt, welche vorgibt, auf dem Gebiet des Handelns eine „positive Lehre, d. i. eine Anweisung zum Handeln"[74] abgeben zu können.[75] Die Fragen nach dem Verhältnis von Theorie und Praxis ergaben somit auch für Carl von Clausewitz, der in seiner Kriegstheorie nach dem zeitlos Gültigen gesucht hat, welches sich mit Denknotwendigkeit aus der Natur der Sache ergibt,[76] in der Betrachtung des irregulären Widerstandes der Spanier gegen Napoleon besondere Aspekte[77] in seinem Werk, das durchzogen ist von dem Bestreben, die Theorie mit der Wirklichkeit in Einklang zu bringen,[78] mit der fundamental wichtigen Intention, die Theorie mit der Praxis zu versöhnen.[79] Trotz seiner theoretischen Grundorientierung betonte Clausewitz den Wert der Praxis für die Theorie besonders, und gerade diese Betonung macht einen großen Teil seiner Wirkung aus.[80] Clausewitz wollte mit dem programmatischen Charakter seiner Ausführungen die Theorie weiterentwickeln und

---

[73] Carl von Clausewitz, Vom Kriege, in: Werner Hahlweg (Hrsg.), Hinterlassenes Werk des Generals von Clausewitz, 16. Aufl., Bonn 1952, S. 71 ff.; 190

[74] Carl von Clausewitz, Vom Kriege, in: Werner Hahlweg (Hrsg.), Hinterlassenes Werk des Generals von Clausewitz, 16. Aufl., Bonn 1952, S. 71 ff.; 188

[75] Ernst Vollrath, Carl von Clausewitz: Eine mit dem Handeln befreundete Theorie, in: Gerhard Vowinkel (Hrsg.), Clausewitz-Kolloquium. Theorie des Krieges als Sozialwissenschaft, Berlin 1993, S. 63 ff.; 63

[76] Friederich von Cochenhausen (Hrsg.), Karl von Clausewitz , Vom Kriege, Leipzig 1940, S. 54

[77] Carl Schmitt, Clausewitz als politischer Denker. Bemerkungen und Hinweise, in: Günter Dill (Hrsg.), Clausewitz in Perspektive. Materialien zu Clausewitz: Vom Kriege, Frankfurt am Main, Berlin, Wien 1980, S. 419 ff.; 426

[78] Generaloberst Graf Schlieffen, Einführung, in: Ihno Krumpelt, Die großen Meister der Kriegskunst, Clausewitz, Moltke, Schlieffen, Braunschweig 1960, S. 3 ff.; 3; vgl. Daniel Reichel, Jomini, ein „Anti-Clauswitz"?, in: ÖMZ 1988, S. 241 ff.; 247

[79] Hans Ulrich Wehler, „Absoluter" und „Totaler" Krieg. Von Clausewitz zu Ludendorf, in: Günter Dill (Hrsg.), Clausewitz in Perspektive. Materialien zu Clausewitz: Vom Kriege, Frankfurt am Main, Berlin, Wien 1980, S. 474 ff.; 477

[80] Reinhard Stumpf (Hrsg.), Kriegstheorie und Kriegsgeschichte. Carl von Clausewitz und Helmuth von Moltke, Frankfurt am Main 1993, S. 678

auf eine umfassende Grundlage stellen.[81] Es ging ihm niemals um die Theorie der Theorie wegen. Für Clausewitz stand somit das Theorie-Praxis-Verhältnis im Mittelpunkt, das heißt die Frage, wie eine Theorie beschaffen sein müsste, in welcher Vorstellung und Wirklichkeit übereinstimmen würden.[82] Ableitung, Prüfung und Verbesserung der Theorie aufgrund der Erfahrung und gleichzeitig die Erprobung und Anwendung der Theorie an der Erfahrung sind bezeichnend für den dialektischen Vorgang im Denken von Clausewitz.[83] Darum war Clausewitz alles andere als ein truppenfremder, abstrakter Truppenführer,[84] wenngleich es sein Ziel war, eine Kriegstheorie zu schaffen, die wissenschaftlichen Ansprüchen genügt.[85] Mithin wird dieses enge Zusammenwirken von Philosophie und Erfahrung auch als das bedeutsamste und einzigartige Merkmal der clausewitzschen Kriegsanalyse beurteilt,[86] in der sich militärisches Fachwissen und Philosophie zu einer Einheit verbinden.[87] Dennoch war es Clausewitz bewusst, „... daß man in der Kriegskunst die logischen Formen nicht so streng nehmen muß wie in der Philosophie und Mathematik. In der Kriegskunst, wo man mit lauter An-

---

[81] vgl. Peter Paret, Clausewitz und der Staat. Der Mensch, seine Theorien und seine Zeit, Bonn 1993, S. 195

[82] Werner Hahlweg, Philosophie und Theorie bei Clausewitz, in: Clausewitz-Gesellschaft (Hrsg.), Freiheit ohne Krieg?, Beiträge zur Strategie-Diskussion der Gegenwart im Spiegel der Theorie von Carl von Clausewitz, Bonn 1980, S. 325 ff.; 325

[83] Eberhard Wagemann, Hilfe von Clausewitz. Versuch einer Bestandsaufnahme militärpolitischer und strategischer Probleme der Gegenwart im Lichte des theoretischen Ansatzes von Clausewitz, in: Clausewitz-Gesellschaft (Hrsg.), Freiheit ohne Krieg?, Beiträge zur Strategie-Diskussion der Gegenwart im Spiegel der Theorie von Carl von Clausewitz, Bonn 1980, S. 23 ff.; 24

[84] Werner Hahlweg, Geleitwort, in: Erich Vad, Carl von Clausewitz. Seine Bedeutung heute, Herford, Bonn 1984, S. 7 f.; 8

[85] Uwe Hartmann, Carl von Clausewitz. Erkenntnis, Bildung, Generalstabsausbildung, München 1998, S. 48

[86] Hans Rothfels, Clausewitz, in: Günter Dill (Hrsg.), Clausewitz in Perspektive. Materialien zu Clausewitz: Vom Kriege, Frankfurt am Main, Berlin, Wien 1980, S. 261 ff.; 264; vgl. Friederich von Cochenhausen (Hrsg.), Karl von Clausewitz , Vom Kriege, Leipzig 1940, S. 54

[87] Werner Hahlweg, Geleitwort, in: Erich Vad, Carl von Clausewitz. Seine Bedeutung heute, Herford, Bonn 1984, S. 7 f.; 8; Dementsprechend wird das Wirken Clausewitz' nicht eingeschränkt als Niederschlag von Kriegserfahrung und Kriegserlebnissen verstanden, sondern auch als eine philosophische Lehre von einem der stärksten Erscheinungen der Wirklichkeit, dem Kriege. (Walter Malmsten Schering, Wehrphilosophie, Leipzig 1939, S. 88)

strengungen zu tun hat, ohne sich gleichwohl wie in der Mathematik die Anschauungen selbst zu schaffen, sind es immer die meisten Fälle, welche für das Allgemeine stehen."[88] Nur wenn der Erkenntnisbereich einer toten Materie angehört, können für Clausewitz Theorien Handlungsprogramme begründen, deren exakte Befolgung gute Resultate versprechen.[89] „Wir sehen also, wie das Absolute, das Mathematische … in den Berechnungen der Kriegskunst nirgends einen festen Grund findet, und daß gleich von vornherein ein Spiel von Möglichkeiten und Wahrscheinlichkeiten, Glück und Unglück hineinkommt, welches in allen großen und kleinen Fäden seines Gewebes fortläuft und von allen Zweigen des menschlichen Tuns den Krieg dem Kartenspiel am nächsten stellt."[90] Doch um so lebendiger die Objektbereiche der Theorie werden, desto schwerer tut die Theorie sich bei der Feststellung von Regelmäßigkeiten, und um so offener erscheint dann deren Begründung.[91] Dennoch: „Untersuchung und Beobachtung, Philosophie und Erfahrung dürfen einander nie verachten noch ausschließen; sie leisten einander gegenseitige Bürgschaft."[92] So hat Clausewitz Theorie und Praxis miteinander verbunden und nicht wie bei technizistisch-quantitativen Methoden auseinandergerissen, so dass auf dem Gebiet des menschlichen Handelns eine genauere Abbildung und Interpretation möglich ist.[93] Carl von Clause-

---

[88] Carl von Clausewitz, Meine Vorlesungen über den kleinen Krieg, gehalten auf der Kriegsschule 1810 und 1811, in: Werner Hahlweg, Lehrmeister des Kleinen Krieges von Clausewitz bis Mao Tse-Tung und Che Guevara, Darmstadt 1968, S. 46 ff.; 48, FN *

[89] Karlheinz Messelken, Denkweisen und Denkfiguren des achtzehnten, neunzehnten und zwanzigsten Jahrhunderts in Clausewitz' Gesellschaftstheorie, in: Gerhard Vowinkel (Hrsg.), Clausewitz-Kolloquium. Theorie des Krieges als Sozialwissenschaft, Berlin 1993, S. 21 ff.; 30

[90] Carl von Clausewitz, Vom Kriege, in: Werner Hahlweg (Hrsg.), Hinterlassenes Werk des Generals von Clausewitz, 16. Aufl., Bonn 1952, S. 71 ff.; 106

[91] Karlheinz Messelken, Denkweisen und Denkfiguren des achtzehnten, neunzehnten und zwanzigsten Jahrhunderts in Clausewitz' Gesellschaftstheorie, in: Gerhard Vowinkel (Hrsg.), Clausewitz-Kolloquium. Theorie des Krieges als Sozialwissenschaft, Berlin 1993, S. 21 ff.; 30

[92] Carl von Clausewitz, Vom Kriege, in: Werner Hahlweg (Hrsg.), Hinterlassenes Werk des Generals von Clausewitz, 16. Aufl., Bonn 1952, S. 71 ff.; 82

[93] Frank Kostelnik, Möglichkeiten der Analyse der internationalen Politik mit Hilfe der Clausewitzschen Methologie, in: DSS (Hrsg.), Clausewitz- und Engels-Forschung mit Blick auf eine europäische Strategie- und Militärwissenschaft für die neunziger Jahre. (Werkstattgespräche), Heft 4, 1990, S. 92 ff.; 96

witz sieht Wissenschaft und Kunst im Bereich des Militärischen in einem Spannungsverhältnis. Er hat in seinem gesamten wissenschaftlichen Werk, insbesondere in „Vom Kriege" dieses Spannungsfeld bewegt und versucht, beide Pole in Einklang zu bringen, indem er ihnen jeweils ihre Berechtigung bestätigt, zugleich aber deutlich auch ihren jeweiligen Platz bestimmt. Für Clausewitz ist eine Theorie, welche absoluten Schlüssen folgt, „... sich in absoluten Schlüssen und festen Regeln selbstgefällig [fortbewegt] ... unnütz fürs Leben."[94]

Der Genius

Der Faktor Mensch und seine Entscheidungsfindung in der Operationsführung soll durch die Gegenüberstellung der eigenen Möglichkeiten und der Möglichkeiten des Gegners sichtbar gemacht werden.[95] Wie Erich Vad ausgeführt hat, fallen die Vorarbeiten des Carl von Clausewitz zu seinem Hauptwerk in eine Zeit, in der sich in der Literatur und Philosophie eine konsequente Abwendung von der zu einem dogmatischen Rationalismus erstarrten Aufklärung vollzog, und über die Einführung des Geniebegriffs konnte man sich in Philosophie, Literatur und auch in der entstehenden wissenschaftlichen Erforschung des Krieges von dieser rein rationalistischen Betrachtungsweise lösen.[96] Clausewitz gebraucht die Worte Geist und Seele, um das Ganze zu bezeichnen, welches den Verstand und das Gemüt oder die Gefühle in sich schließt.[97] Clausewitz stellt in diesem Kapitel seines Werkes auf bestimmte, für ihn wesentliche Eigenschaften der menschlichen Geisteskraft ab. Hier wird der clausewitzschen Erkenntnis Rechnung getragen, dass der Krieg „... ein erweiterter Zweikampf ..."[98], also der verabrede-

---

[94] Carl von Clausewitz, Vom Kriege, in: Werner Hahlweg (Hrsg.), Hinterlassenes Werk des Generals von Clausewitz, 16. Aufl., Bonn 1952, S. 71 ff.; 106

[95] Führungsakademie der Bundeswehr, Fachbereich Führung Einsatz der Streitkräfte, Wargaming-Leitfaden für die Anwendung von manuellem Wargaming auf operativer Ebene, Hamburg 2006, S. 3

[96] Erich Vad, Carl von Clausewitz. Seine Bedeutung heute, Herford, Bonn 1984, S. 25

[97] Raymond Aron, Clausewitz. Den Krieg denken, Frankfurt am Main, Berlin, Wien 1980, S. 197

[98] Carl von Clausewitz, Vom Kriege, in: Werner Hahlweg (Hrsg.), Hinterlassenes Werk des Generals von Clausewitz, 16. Aufl., Bonn 1952, S. 71 ff.; 89

te Kampf zweier Parteien nach festen Regeln[99] und damit ein Aufeinanderprallen zweier Willen ist. Als Träger dieses Willens kennzeichnet Clausewitz einen „ …[Geist] … eigentümlicher Anlagen des Verstandes und des Gemüts …[der] … mit dem Namen des Genius bezeichnet … [wird].“[100] Somit misst Clausewitz den Verstandeskräften eine besondere Bedeutung bei.[101] Als „Genius“ benennt Tönnies Gedächtnis und Gedankenwille in Erwägung und Beurteilung eigener und fremder, freundlicher oder feindlicher Verhaltensweisen und Eigenschaften.[102] Die Bezeichnung „Genius“ wird etymologisch als ein Vorläufer des Genies hergeleitet; eines außergewöhnlich begabten Menschen und meint in seiner ursprünglichen Bedeutung einen „schöpferischen Geist“.[103] Diese Formulierungen über das „Genie“ kommen somit auch denen Immanuel Kants nahe, welcher den „Genius“ folgendermaßen definiert: „… dem eigentümlichen, einem Menschen bei der Geburt mitgegebenen, schützenden und leitenden Geist, von dessen Eingebung jene originalen Ideen herrührten …“[104] Über die Einführung des Geniebegriffs konnte man sich von einer rein rationalistischen Betrachtungsweise lösen.[105] Folgerichtig anerkennt der Leitfaden der Führungsakademie für die Anwen-

---

[99] vgl. Paul Mikat, Zweikampf, in: Görres-Gesellschaft (Hrsg.), Staatslexikon. Recht, Wirtschaft, Gesellschaft, 8. Bd., 6. Aufl., Freiburg im Breisgau 1963, Spalte 1008 f.; 1008

[100] Carl von Clausewitz, Vom Kriege, in: Werner Hahlweg (Hrsg.), Hinterlassenes Werk des Generals von Clausewitz, 16. Aufl., Bonn 1952, S. 71 ff.; 129; Im Gegensatz dazu befähigte die kalte und nüchterne rationalistische Einstellung Jomini nicht, Spontaneität als Ansporn zu verstehen. (Jehuda L. Wallach, Kriegstheorien. Ihre Entwicklung im 19. und 20. Jahrhundert, Frankfurt am Main 1972, S. 26)

[101] Generalleutnant Friedrich von Cochenhausen, Einführung, in: Deutsche Gesellschaft für Wehrpolitik und Wehrwissenschaften (Hrsg.), Der Genius des Feldherrn, Leipzig 1937, S. 7 ff.; 7

[102] Ferdinand Tönnies, Gemeinschaft und Gesellschaft, 3. Aufl., Darmstadt 1991, S. 87

[103] Kluge, Ethymologisches Wörterbuch der deutschen Sprache, 23. Aufl., Berlin 1995, S. 313 f.

[104] Immanuel Kant, Die Kritik der Urteilskraft, in: Raymund Schmidt (Hrsg.), Immanuel Kant. Die drei Kritiken in ihrem Zusammenhang mit dem Gesamtwerk, Stuttgart 1975, S. 282 ff.; 305 f.. Später werden dieser Gedanke und auch die Formulierung vom „schöpferischen Geist“ auch von Arnold Brecht aufgenommen: „Schon die Auswahl eines Problems, das heißt einer untersuchungswürdigen Frage, ist in der Regel kein mechanischer Akt, sondern die Leistung eines schöpferischen Geistes und in wichtigen Fällen eines Genies.“ (Arnold Brecht, Politische Theorie. Die Grundlagen politischen Denkens im 20. Jahrhundert, 2. Aufl., Tübingen 1976, S. 34)

[105] Erich Vad, Carl von Clausewitz. Seine Bedeutung heute, Herford, Bonn 1984, S. 25

dung von Wargaming den besonderen Wert von hochauflösenden militärischen Simulationsmodellen für den „symmetrischen Konflikt", in dem quantifizierbare militärische Kräftekomponenten aufeinandertreffen und insofern verhältnismäßig exakt rechnergestützt den Faktoren Raum und Zeit zugeordnet werden können, und räumt gleichzeitig ein, dass dies naturgemäß nur sehr bedingt im unteren Teil des Konfliktspektrums und noch weniger in asymmetrischen Konflikten möglich ist.[106] Symmetrische Gegner unterliegen in der Regel bestimmten Gliederungen und Einsatzgrundsätzen, denen sie folgen. Dennoch wird durch Wargaming nicht das persönliche Entscheidungsvermögen des militärischen Führers ersetzt.[107] Wargaming kann auch nicht als Ersatz für Führungserfahrung und die damit einhergehende Befähigung angesehen werden, überraschende Lageentwicklungen angemessen in zweckmäßige Entschlussfassungen einzubeziehen.[108] Es können nur Trends und Tendenzen aufgezeigt werden, welche die Entscheidungsfindung unterstützen. Somit hat der „Genius", welcher für von Cochenhausen „… in der Person des Feldherrn seine stärkste und edelste Verkörperung findet"[109], nach wie vor seine hohe entscheidende Bedeutung und entspricht ebenso der clausewitzschen Anschauung: „Alles was solcher dürftiger Weisheit einer einzigen Betrachtung nicht erreicht werden konnte, lag außer der wissenschaftlichen Einhegung, war das Feld des Genies, welches sich über die Regel erhebt."[110] Diese Definition Clausewitz' erinnert ebenfalls in der Wort-

---

[106] Helge Hansen, Vorwort, in: Führungsakademie der Bundeswehr, Fachbereich Führung Einsatz der Streitkräfte, Wargaming-Leitfaden für die Anwendung von manuellem Wargaming auf operativer Ebene, Hamburg 2006, vor S. 1; vgl. Harry Horstmann, Der rote Esel. Handbuch für den militärischen Stabsdienst und Führungsprozess, Norderstedt 2008, S. 171

[107] Helge Hansen, Vorwort, in: Führungsakademie der Bundeswehr, Fachbereich Führung Einsatz der Streitkräfte, Wargaming-Leitfaden für die Anwendung von manuellem Wargaming auf operativer Ebene, Hamburg 2006, vor S. 2; vgl. Harry Horstmann, Der rote Esel. Handbuch für den militärischen Stabsdienst und Führungsprozess, Norderstedt 2008, S. 172

[108] Harry Horstmann, Der rote Esel. Handbuch für den militärischen Stabsdienst und Führungsprozess, Norderstedt 2008, S. 172

[109] Generalleutnant Friedrich von Cochenhausen, Einführung, in: Deutsche Gesellschaft für Wehrpolitik und Wehrwissenschaften (Hrsg.), Der Genius des Feldherrn, Leipzig 1937, S. 7 ff.; 7

[110] Carl von Clausewitz, Vom Kriege, in: Werner Hahlweg (Hrsg.), Hinterlassenes Werk des Generals von Clausewitz, 16. Aufl., Bonn 1952, S. 181

wahl[111] und Stil an die Kants: „Genie ist das Talent ..., welches der Kunst die Regel gibt."[112] Dementsprechend ist für Clausewitz auch eine positive Lehre unmöglich: „Bei dieser Natur des Gegenstandes müssen wir uns sagen, daß es eine reine Unmöglichkeit wäre, die Kriegskunst durch ein positives Lehrgebäude wie mit einem Gerüste versehen zu wollen, welches dem Handelnden überall einen äußeren Anhalt gewähren könnte. Der Handelnde würde sich in allen jenen Fällen, wo er auf sein Talent verwiesen ist, außer diesem Lebensgebäude und mit ihm in Widerspruch befinden, und es würde, wie vielseitig dasselbe auch aufgefaßt sein möchte, immer dieselbe Folge wieder eintreten, von der wir schon gesprochen haben: daß das Talent und Genie außer dem Gesetze handelt und die Theorie ein Gegensatz der Wirklichkeit wird."[113] Und für Clausewitz ist es eben der Genius, welcher die Nebel des Krieges, die Ungewissheit, durchdringt: „Was diese schwache Beleuchtung an vollkommener Einsicht entbehren läßt, muß das Talent erraten, oder es muß dem Glück überlassen bleiben. Es ist also wieder das Talent oder gar die Gunst des Zufalls, welchen in Ermangelung einer objektiven Weisheit vertraut werden muß."[114] Das Genie ist somit ein abstrakter Faktor der individuellen Talente.[115] Clausewitz billigt dem kriegerischen Genius einen solchen Platz in der Theorie zu, weil er die der kriegerischen Handlung innere Dualität verkörpert, weil er die scheinbar gegensätzlichen Eigenschaften in sich vereinigt und weil er allein die Probleme löst, deren Komplexität die großen Geister herausfordert.[116] Folgerichtig führt Clausewitz die theoretischen Versuche, systemischer, regelhafter Gläubigkeit auf ihre immanente Beschränktheit zurück: „Was das Genie tut, muß gerade die

---

[111] Beatrice Heuser, Clausewitz lesen!, München 2005, S. 90; vgl. Jan Grünberger, Strategie und Taktik nach Clausewitz und ihre Anwendung in mittelständischen Unternehmen, Hamburg 2009, S. 16; vgl. Antulio J. Echevarria II, Clausewitz and Contemporary War, New York 2007, S. 102

[112] Immanuel Kant, Die Kritik der Urteilskraft, in: Raymund Schmidt (Hrsg.), Immanuel Kant. Die drei Kritiken in ihrem Zusammenhang mit dem Gesamtwerk, Stuttgart 1975, S. 282 ff.; 304

[113] Carl von Clausewitz, Vom Kriege, in: Werner Hahlweg (Hrsg.), Hinterlassenes Werk des Generals von Clausewitz, 16. Aufl., Bonn 1952, S. 187

[114] Carl von Clausewitz, Vom Kriege, in: Werner Hahlweg (Hrsg.), Hinterlassenes Werk des Generals von Clausewitz, 16. Aufl., Bonn 1952, S. 71 ff.; 187

[115] Beatrice Heuser, Clausewitz lesen! München 2005, S. 91

[116] Raymond Aron, Clausewitz. Den Krieg denken, Frankfurt am Main, Berlin, Wien 1980, S. 198

schönste Regel sein, und die Theorie kann nichts Besseres tun, als zu zeigen, wie und warum es so ist."[117] Auch diese Definition erinnert wiederum an Kant, welcher den Terminus des Genies an anderer Stelle auch folgendermaßen dargelegt hat: „Genie ist die Macht, der Kunst die Regel vorzuschreiben."[118] Mithin stellt Kant den Begriff des Genius in unmittelbaren Zusammenhang mit dem Machtbegriff, macht ihn geradezu zu einem Definitionsmerkmal desselben. Auch dieser Gedanke ist essentiell für die Theorie Clausewitz'; das Genie, die Veranlagung nützt nichts, wenn sie nicht zur Entfaltung kommen kann, wenn sie nicht Willen, Kraft und Entschlossenheit besitzt, sich durchzusetzen.[119] Der militärische Genius entspricht schlussendlich einer harmonischen Balance intellektueller und charakterlicher Merkmale.[120]

Coup d'oeil und courage d'esprit

Für Clausewitz sind im Wesentlichen zwei Eigenschaften einer Reihe intellektueller und charakterlicher Persönlichkeitsmerkmale[121] unentbehrlich: „einmal ein Verstand, der auch in dieser gesteigerten Dunkelheit nicht ohne einige Spuren des inneren Lichts ist, die ihn zur Wahrheit führen, und dann der Mut, diesem schwachen Licht zu folgen. Der erstere ist bildlich mit dem französischen Ausdruck *coup d'oeil* bezeichnet worden, der andere ist die Entschlossenheit."[122] Der Coup d'oeil ist für Clausewitz eine Eigenschaft des

---

[117] Carl von Clausewitz, Vom Kriege, in: Werner Hahlweg (Hrsg.), Hinterlassenes Werk des Generals von Clausewitz, 16. Aufl., Bonn 1952, S. 182

[118] Immanuel Kant, Die Kritik der Urteilskraft, in: Raymund Schmidt (Hrsg.), Immanuel Kant. Die drei Kritiken in ihrem Zusammenhang mit dem Gesamtwerk, Stuttgart 1975, S. 282 ff.; 299

[119] Dirk Freudenberg, Risikoanalyseansätze, Simulation und Irreguläre Kräfte. Eine kritische Betrachtung aus der Sicht der Theorie des Carl von Clausewitz, in: Military Power Revue, Heft 2, 2001, S. 11 ff.; 17

[120] Antulio J. Echevarria II, Clausewitz and Contemporary War, New York 2007, S. 102

[121] Uwe Hartmann, Carl von Clausewitz and the Making of Modern Strategy, Potsdam 2002, S. 44 ff.

[122] Carl von Clausewitz, Vom Kriege, in: Werner Hahlweg (Hrsg.), Hinterlassenes Werk des Generals von Clausewitz, 16. Aufl., Bonn 1952, S. 71 ff.; 132

Genius, welche dem „Geistesvermögen" entspringt.[123] Werner Hahlweg übersetzt diesen Begriff, der für Clausewitz mehr meint als das körperliche, sondern vielmehr das „geistige Auge"[124], mit „Blick des Auges", will ihn aber in diesem Zusammenhang als „Feldherrnblick" verstanden wissen.[125] Clausewitz selbst bringt den Begriff folgendermaßen auf den Punkt: „Entkleidet man diesen Begriff von dem, was ihm der Ausdruck zu Bildliches und Beschränktes gegeben hat, so ist er nichts als das schnelle Treffen einer Wahrheit, die einem gewöhnlichen Blick des Geistes gar nicht sichtbar ist oder es erst nach langem Betrachten und Überlegen wird."[126] „Coup d'oeil" könnte man heute als „intuitive Einsicht"[127] oder „eine Art inneres Auge"[128] definieren. Es ist also nicht ausschließlich der wie auch immer trainierte Verstand leitend, sondern die geistesgegenwärtige Urteilskraft und „kartographische" Vorstellungskraft, welche Kognition und Kalkül einschließen.[129] Er bezeichnet die Fähigkeit, sehr schnell mit einem raschen Blick und einem intuitiven Verständnis für eine komplexe Lage Entscheidungen zu treffen.[130] Das coup d'oeil ist eine Eigenschaft eines begnadeten Menschen, welche eine kaum erlernbare Imponderabile der Vorausschau ist.[131] Für Clausewitz ist der Begriff mit dem der Geistesgegenwart verwandt, welche für ihn nichts anderes ist „… als eine gesteigerte Besiegung des Unerwarteten." Doch diese persönliche Fähigkeit nützt für sich allein gar nichts, wenn sie nicht mit einer ande-

---

[123] Generalleutnant Friedrich von Cochenhausen, Einführung, in: Deutsche Gesellschaft für Wehrpolitik und Wehrwissenschaften (Hrsg.), Der Genius des Feldherrn, Leipzig 1937, S. 7 ff.; 10

[124] Carl von Clausewitz, Vom Kriege, in: Werner Hahlweg (Hrsg.), Hinterlassenes Werk des Generals von Clausewitz, 16. Aufl., Bonn 1952, S. 71 ff.; 133

[125] Werner Hahlweg (Hrsg.), Hinterlassenes Werk des Generals von Clausewitz, 16. Aufl., Bonn 1952, S. 1082 f.

[126] Carl von Clausewitz, Vom Kriege, in: Werner Hahlweg (Hrsg.), Hinterlassenes Werk des Generals von Clausewitz, 16. Aufl., Bonn 1952, S. 133

[127] Harry Horstmann, Der rote Esel. Handbuch für den militärischen Stabsdienst und Führungsprozess, Norderstedt 2008, S. 173

[128] Hew Strachan, Über Carl von Clausewitz. Vom Kriege, München 2008, S. 94

[129] Hartmut Böhme, Krieg und Zufall. Die Transformation der Kriegskunst bei Carl von Clausewitz, in: Marco Formisano, Hartmut Böhme, War in Worlds. Transformations of War from Antiquity to Clausewitz, Berlin, New York 2011, S. 391 ff.; 404

[130] Beatrice Heuser, Clausewitz lesen!, München 2005, S. 90

[131] Hans Speidel, Kultur und Menschenführung, in: Herbert Kessler, Walter Thoms, Führung und Gestaltung in Politik, Wirtschaft und Kultur, Mannheim 1978, S. 168 ff.; 174

ren persönlichen Fähigkeit zusammenfällt, der Entschlossenheit. Seine Definition von „Entschlossenheit" leitet Clausewitz denn auch vom Terminus „courage d'esprit" ab: „Die Entschlossenheit ist ein Akt des Mutes in dem einzelnen Fall, und wenn sie zum Charakterzug wird, eine Gewohnheit der Seele. Aber hier ist nicht der Mut gegen körperliche Gefahr, sondern der gegen die Verantwortung, also gewissermaßen gegen Seelengefahr gemeint. Man hat diesen oft courage d'esprit genannt, weil er aus dem Verstand entspringt, aber er ist darum kein Akt des Verstandes, sondern des Gemüts."[132] Mithin bringt Clausewitz Geistesgegenwart, Entschlossenheit und den coup d'oeil zusammen. Diese sind durch nichts zu ersetzen.[133] Folglich ist das, was Clausewitz als „Entschlossenheit" bezeichnet, die Brücke zwischen Verstand und Gemüt.[134] Raimond Aron nennt das „… die Tugend der Intelligenz des Feldherrn …"[135] Es kommt also nicht allein darauf an, bis zu einer treffenden Vorstellung von der Lage vorzudringen, sondern im gegebenen Moment einen schnellen Entschluss zu fassen.[136] Die Entschlossenheit ist demzufolge der Verstand, der im vollen Bewusstsein der Gründe für den Zweifel die Notwendigkeit, eine Entscheidung zu treffen, und die fatalen Konsequenzen des Zögerns erkannt hat.[137] Nicht die Beherrschung technischer Kunstbegriffe macht somit für Clausewitz die wahre Meisterschaft aus, sondern eine Vereinigung von Geist und Charakter.[138] Die Kompetenz des coup d'oeil gehört damit in Verbindung mit der courage d'esprit zur essen-

---

[132] Carl von Clausewitz, Vom Kriege, in: Werner Hahlweg (Hrsg.), Hinterlassenes Werk des Generals von Clausewitz, 16. Aufl., Bonn 1952, S. 133

[133] Harry Horstmann, Der rote Esel. Handbuch für den militärischen Stabsdienst und Führungsprozess, Norderstedt 2008, S. 173

[134] Walter Malmsten Schering, Wehrphilosophie, Leipzig 1941, S. 273

[135] Raymond Aron, Clausewitz. Den Krieg denken, Frankfurt am Main, Berlin, Wien 1980, S. 202

[136] Generalleutnant Friedrich von Cochenhausen, Einführung, in: Deutsche Gesellschaft für Wehrpolitik und Wehrwissenschaften (Hrsg.), Der Genius des Feldherrn, Leipzig 1937, S. 7 ff.; 8

[137] Raymond Aron, Clausewitz. Den Krieg denken, Frankfurt am Main, Berlin, Wien 1980, S. 202

[138] Gerhard Ritter, Staatskunst und Kriegshandwerk. Das Problem des Militarismus in Deutschland, 1. Bd., Die altpreußische Tradition (1740-1890), München 1954, S. 76

tiellen Ausstattung des Genies.[139] Bezeichnenderweise findet die Figur des „coup d'oeil" auch in neueren U.S.-amerikanischen militärwissenschaftlichen Studien Beachtung, indem festgestellt wird, dass analytische Ansätze eines Entscheidungsprozesses wohl funktionieren, wenn ausreichend Zeit zur Verfügung steht, alle das zu untersuchende Problem und die Lösung beeinflussende Facetten umfassend zu untersuchen, dass aber analytische Entscheidungsprozesse Zeit brauchen und nicht immer gut funktionieren – insbesondere in der Umsetzung, wenn die Umstände rasche Entschlüsse verlangen.[140]

Takt des Urteils

Die vorstehend behandelten Elemente des Verstandes Clausewitz' kommen allerdings nur dann vorteilhaft zur Wirkung, wenn sie entsprechend einer Zielorientierung orchestriert werden. Clausewitz bemüht hier den Ausdruck „Takt des Urteils". Dieser Takt des Urteils, welches ursprünglich ein philosophisches Problem ist,[141] ist für Clausewitz das Zentrum des Wissens über das mit der Anwendung von Gewalt verbundene oder mit ihr drohende wechselseitige Gegenhandeln.[142] Gemäß dem Prinzip des Taktes des Urteils zu Handeln, also im Einzelnen und als das Einzelne die Regel urteilend zu erblicken und ihr gemäß vernünftig zu handeln, ist der Wesenskern dessen, was Clausewitz den Genius nennt.[143] Es kommt nämlich darauf an, dass „...

---

[139] Hartmut Böhme, Krieg und Zufall. Die Transformation der Kriegskunst bei Carl von Clausewitz, in: Marco Formisano, Hartmut Böhme, War in Worlds. Transformations of War from Antiquity to Clausewitz, Berlin, New York 2011, S. 391 ff.; 404

[140] vgl. William Duggan, Coup d'Oeil: Strategic Intuition in Army Planning, o.OA., November 2005, S. v

[141] Hong Yan, Die Urteilskraft bei Kant und Clausewitz, in: DSS (Hrsg.), Clausewitz- und Engels-Forschung mit Blick auf eine europäische Strategie- und Militärwissenschaft für die neunziger Jahre. (Werkstattgespräche), Heft 4, 1990, S. 139 ff.; 139

[142] Ernst Vollrath, Grundlegung einer philosophischen Theorie des Politischen, Würzburg 1987, S. 61

[143] Ernst Vollrath, „Neue Wege der Klugheit". Zum methodischen Prinzip der Theorie des Handelns bei Clausewitz, in: ZfP Heft 1, 1984, S. 53 ff.; 69, FN 60; Vollrath weist an dieser Stelle unter anderem mit Verweis auf Raymond Aron ausdrücklich darauf hin, dass der Gebrauch des Begriffs „Genie" zwar dem der kantschen „Kritik der Urteilskraft" analog sei, aber eine Übernahme nicht anzunehmen sei, da diese Bestimmung „eines der Themen der Ästhetik seiner (d.h. Clausewitz') Zeit bildete."

ein feiner durchdringender Verstand in Anspruch genommen wird, um mit dem Takte seines Urteils die Wahrheit herauszufühlen."[144] Der Takt des Urteils ist also jenes handlungsbegleitende Wissen, welches, ohne eine Handlungsanweisung zu sein, nicht nur die Endlichkeit und Begrenztheit des menschlichen Wissens in Rechnung stellt, sondern sie als Bedingung des Handelnkönnens akzeptiert und sich auf sie einstellt.[145] Diese Erkenntnis impliziert das Wissen um die Begrenztheit des Wissens und akzeptiert diese Einsicht zugleich als gegeben. Für Clausewitz gibt es nur Tatsachenwahrheiten, welche situativ aus der Gegenwart des Kriegsgeschehens – per Takt des Urteils – ermittelt werden.[146] Der „Takt des Urteils" setzt sich aus drei Elementen zusammen: zum einen aus dem Wissen und Können, welches jedem Urteil zugrunde liegt und durch Ausbildung und Erfahrung erworben werden kann, zum anderen aus der in dem Begriff angedeuteten Selbstverständlichkeit, mit der die notwendigen Entscheidungen getroffen werden, und schließlich sind diejenigen Eigenschaften zuzurechnen, die in der Persönlichkeit des Handelnden angelegt und daher unverfügbar sind.[147] Clausewitz' Verständnis des Takts des Urteils begründet sich also auf natürliche Anlagen, das durch Wissen und Erfahrung verstärkt wird und die richtige Entscheidung inuitiv treffen soll.[148] Clausewitz sieht das Ziel aller Bemühungen darin, die Vielfalt der im Krieg wirkenden Faktoren sowie deren Interdependenzen zu erfassen und so einen Kompaß zu entwickeln, um das Dickicht von Erkenntnissen, von Fähigkeiten und Fertigkeiten, von Gefühlen und Geisteskräften zu durchdringen, so dass aus dieser Schulung des Geistes dann Urteilskraft erwächst.[149] Demgemäß sind diese unbestimmten und

---

[144] Carl von Clausewitz, Vom Kriege, in: Werner Hahlweg (Hrsg.), Hinterlassenes Werk des Generals von Clausewitz, 16. Aufl., Bonn 1952, S. 71 ff.; 131

[145] Ernst Vollrath, Grundlegung einer philosophischen Theorie des Politischen, Würzburg 1987, S. 61

[146] Hartmut Böhme, Krieg und Zufall. Die Transformation der Kriegskunst bei Carl von Clausewitz, in: Marco Formisano, Hartmut Böhme, War in Worlds. Transformations of War from Antiquity to Clausewitz, Berlin, New York 2011, S. 391 ff.; 403

[147] Hans Wilhelm Hetzler, „Bewegungserschwerende Mittel". Handlungstheoretische Elemente bei Carl von Clausewitz, in: Gerhard Vowinkel (Hrsg.), Clausewitz-Kolloquium. Theorie des Krieges als Sozialwissenschaft, Berlin 1993, S. 45 ff.; 60

[148] Lennart Souchon, Carl von Clausewitz. Strategie im 21. Jahrhundert, Hamburg, Berlin, Bonn 2012, S. 101

[149] Holger Müller, Clausewitz' Verständnis von Strategie im Spiegel der Spieltheorie, Berlin 2012, S. 15

schwer fassbaren Eigenschaften komplexer Geistestätigkeit auch nicht als belastbare Parameter mathematischer Gleichungen und mechanischer Abläufe zu definieren und festzulegen. Genau dann, wenn der Ereignisbereich keiner toten Materie angehört, ist die freie Urteilskraft mit dem „Takt des Urteils" gefordert.[150] Und in einem undatierten, unvollendeten Aufsatz, welcher sich in Clausewitz' Nachlass fand, resümierte er: „Beim Handeln folgen die meisten einem bloßen Takt des Urteils, der mehr oder weiger gut trifft, je nachdem mehr oder weniger Genie in ihnen ist. So haben alle Feldherren gehandelt, und darin lag zum Teil ihre Größe und ihr Genie, daß sie mit diesem Takt immer das Rechte trafen."[151] So kommen denn auch Zufälligkeit und Unbestimmtheit des Krieges dem menschlichen Vermögen der Urteilskraft entgegen.[152] Für den Umgang mit dem Phänomen Irregulärer Kräfte im Modernen Kleinkrieg[153] sollte diese Feststellung ebenso Geltung besitzen.

Unzulänglichkeit mathematischer Ansätze und Methoden

Die mathematisch referenzierten Wahrheiten sind mit der realen Wirklichkeit insofern unvereinbar. Insgesamt ergibt sich hier ein erhebliches Validitätsproblem: Es werden keine validen Modelle vernetzter, dynamischer Realitätsbereiche abgebildet; Oberflächenvalidität sowie soziale Akzeptanz ersetzen allerdings nicht das substanzielle Gültigkeitsdefizit.[154] Clausewitz anerkennt selbstverständlich die Gesetzte der Mathematik, der Mechanik und der Logik. Allerdings stehen für ihn die wesentlichen Fähigkeiten außerhalb

---

[150] Karlheinz Messelken, Denkweisen und Denkfiguren des achtzehnten, neunzehnten und zwanzigsten Jahrhunderts in Clausewitz' Gesellschaftstheorie, in: Gerhard Vowinkel (Hrsg.), Clausewitz-Kolloquium. Theorie des Krieges als Sozialwissenschaft, Berlin 1993, S. 21 ff.; 30

[151] Carl von Clausewitz, Vom Kriege, in: Werner Hahlweg (Hrsg.), Hinterlassenes Werk des Generals von Clausewitz, 16. Aufl., Bonn 1952, S. 80

[152] Hartmut Böhme, Krieg und Zufall. Die Transformation der Kriegskunst bei Carl von Clausewitz, in: Marco Formisano, Hartmut Böhme, War in Worlds. Transformations of War from Antiquity to Clausewitz, Berlin, New York 2011, S. 391 ff.; 407

[153] Dirk Freudenberg, Theorie des Irregulären. Partisanen, Guerillas und Terroristen im modernen Kleinkrieg, Wiesbaden 2008

[154] Cornelius Buerschaper, Rüdiger von der Weth, Gesine Hofinger, Lernprozesse gestalten – Zur Funktion computersimulierter Szenarien, in: Uwe G. Seebauer, Gaby Klaus, Handbuch Führungskräfteentwicklung. Theorie, Praxis und Fallstudien, o.O.A., o.J.A, S. 353

dieser Felder. „Jede Theorie wird von dem Augenblick an unendlich viel schwieriger, wie sie das Gebiet geistiger Größen berührt. Baukunst und Malerei wissen genau, woran sie sind, solange sie noch mit der Materie zu tun haben; über mechanische und optische Konstruktion ist kein Streit. Sowie aber die geistigen Wirkungen ihrer Schöpfung anfangen, sowie geistige Eindrücke oder Gefühle hervorgebracht werden sollen, verschwimmt die ganze Gesetzgebung in unbestimmte Ideen."[155] Clausewitz hatte zudem festgestellt, dass „… die kriegerische Tätigkeit nie gegen die bloße Materie gerichtet [ist], sondern immer zugleich gegen die geistige Kraft, welche diese Materie belebt, und beide voneinander zu trennen ist unmöglich."[156] Und etwas später konkretisiert Clausewitz diese Aussage noch einmal: „[D]er Krieg [ist] keine Tätigkeit des Willens, die sich gegen einen toten Stoff äußert wie die mechanischen Künste, oder gegen einen lebendigen, aber doch leidenden, sich hingebenden Gegenstand, wie der menschliche Geist und das menschliche Gefühl bei den idealen Künsten, sondern gegen einen lebendigen, reagierenden."[157] Mithin ist für Clausewitz auch das Gegenüber eine lebendige Größe, welche ebenfalls von äußeren Einflüssen abhängig ist und entsprechend dynamisch agiert und reagiert.[158] Diese Einflussgrößen sind auch nicht immer klar zu erkennen und erschließen sich selbst dann nicht immer unbedingt vollständig in ihrer wahren Bedeutung.[159] Die Quantifizierung des Irrationalen gelingt nicht; menschliche Stimmungen lassen sich nicht auf einen

---

[155] Carl von Clausewitz, Vom Kriege, in: Werner Hahlweg (Hrsg.), Hinterlassenes Werk des Generals von Clausewitz, 16. Aufl., Bonn 1952, S. 71 ff.; 182

[156] Carl von Clausewitz, Vom Kriege, in: Werner Hahlweg (Hrsg.), Hinterlassenes Werk des Generals von Clausewitz, 16. Aufl., Bonn 1952, S. 71 ff.; 182

[157] Carl von Clausewitz, Vom Kriege, in: Werner Hahlweg (Hrsg.), Hinterlassenes Werk des Generals von Clausewitz, 16. Aufl., Bonn 1952, S. 71 ff.; 201

[158] Dirk Freudenberg, Moderne Risikoanalyseansätze, Simulation und Irreguläre Kräfte – eine kritische Betrachtung unter besonderer Berücksichtigung des theoretisch-methodischen Ansatzes des Carl von Clausewitz, in: ISPK (Hrsg.), Jahrbuch Terrorismus 2011/2012, Opladen, Berlin, Toronto 2012, S. 359 ff.; 380

[159] Dirk Freudenberg, Clausewitz und die Simulation Irregulärer Kräfte, in: ASMZ, Heft 12, 2010, S. 36 f.; 37; vgl. Dirk Freudenberg, Moderne Risikoanalyseansätze, Simulation und Irreguläre Kräfte – eine kritische Betrachtung unter besonderer Berücksichtigung des theoretisch-methodischen Ansatzes des Carl von Clausewitz, in: ISPK (Hrsg.), Jahrbuch Terrorismus 2011/2012, Opladen, Berlin, Toronto 2012, S. 359 ff.; 380

Nenner bringen,[160] schon gar nicht auf einen mathematischen. Die Möglichkeit, das Verhalten Irregulärer Kräfte mit Hilfe mathematischer Risikoanalysen und entsprechender Simulationen exakt vorhersagen zu können, muss also mit Blick auf die vorstehend gemachten Ausführungen in Frage gestellt werden. Mathematische Risikoanalyseansätze und das Vertrauen auf die unbedingte Möglichkeit von Simulationen sowie deren Verlässlichkeiten können dazu verleiten anzunehmen, man könnte bestimmte und auch unbestimmte menschliche Erscheinungen in ihrem Verhalten umfassend und exakt zutreffend berechnen und damit genau vorhersagen. Damit ist oftmals auch eine entsprechende Erwartungshaltung verbunden, welche auf eine Ausschaltung jeglichen Risikos zielt bzw. darauf gerichtet ist, dass sich keine Risiken verwirklichen lassen, da man ja in der Lage sei, diese zu berechnen, vorauszusehen und demzufolge frühzeitig auszuschalten. Eine solche Erwartungshaltung kommt geradezu einer deterministischen Gesetzesaussage gleich, in der behauptet wird, dass jedes Mal, wenn die Anfangsbedingungen vorliegen, auch das Explanandum auftritt.[161] Toleranzen und Abweichungen werden bei solchen Ansätzen nicht berücksichtigt. Oftmals ist das Verhalten der Akteure ungesichert, und bestimmte Faktoren und Entwicklungen entziehen sich der Kenntnis. Derartige Perspektiven bilden denn auch einen Trugschluss, wenn man den Faktor Mensch negiert oder auf eine mathematisch berechenbare Größe reduziert.[162] Nur der Technokrat glaubt, dass er rein mathematische Bilanzen aufstellen kann.[163] Ein solcher deterministischer Trugschluss ist gefährlich, weil er eine unbedingte und absolute Beherrschbarkeit aller Risiken sowie obendrein die Bezwingbarkeit aller sich daraus ergebender Gefahrenlagen und somit eine Sicherheit vorgaukelt, die nur eine scheinbare ist. Sieg oder Niederlage sind nicht das Ergebnis statisti-

---

[160] Otto Heinrich v. d. Gablenz, Die Maßstäbe der politischen Entscheidung, in: Gerhard A. Ritter, Gilbert Ziebura (Hrsg.), Faktoren der politischen Entscheidung. Festgabe für Ernst Fraenkel zum 65. Geburtstag, Berlin 1963, S. 11 ff.; 25

[161] Karl-Dieter Opp, Methodologie der Sozialwissenschaften. Einführung in Probleme ihrer Theorienbildung, Reinbek bei Hamburg 1970, S. 36

[162] Dirk Freudenberg, Clausewitz und die Simulation Irregulärer Kräfte, in: ASMZ, Heft 12, 2010, S. 36 f. 37

[163] vgl. Otto Heinrich v. d. Gablenz, Die Maßstäbe der politischen Entscheidung, in: Gerhard A. Ritter, Gilbert Ziebura (Hrsg.), Faktoren der politischen Entscheidung. Festgabe für Ernst Fraenkel zum 65. Geburtstag, Berlin 1963, S. 11 ff.; 24

scher Berechnungen.[164] Eine weitere Gefahr liegt darin, dass derartige Überzeugungen dann oftmals bedingungslos in den Planungsprozess übernommen werden. Ein solches unbedingtes Planungsvertrauen führt dann häufig zu dem, was Dörner den „Rumpelstilzcheneffekt"[165] genannt hat: Die Bedingungen, welche an die Ausführung der Planung geknüpft sind, werden nicht ausreichend beachtet und der Plan misslingt. Dieses unbedingte Planungsvertrauen, welches auch als „unrealistischer Planungsoptimismus"[166] bezeichnet wird, steht somit im Gegensatz zu dem, was Clausewitz mit dem Phänomen unterschiedlichster „Friktionen", als all die kleinen, lästigen, lokalen Bedingungen im Sinne von nicht einkalkulierten Reibungsverlusten[167], als unvorhergesehene Gefahren beschreibt: „Die Dinge richtig zu sehen, welche eine der allergrößten Gefahren ausmacht, lässt die Dinge ganz anders erscheinen, als die Vorstellung des überlegenen Kalküls ..."[168] Informationen über die immer komplexer werdenden gesellschaftlichen Verhältnisse lassen sich immer schwieriger gewinnen und zugleich nehmen die Möglichkeiten ab, sicheres Wissen zur Verfügung zu haben.[169] Für den Untersuchungsgegenstand und seine Komplexität gilt dieses in besonderer Weise. Die Reduktion von Komplexität, das heißt das Ausscheiden von Möglichkeiten[170] führt entweder dazu, dass eine Situation bzw. ein Akteur entweder nicht mehr komplex und demzufolge auch nicht mehr komplett ist, oder es andererseits

---

[164] Stephen J. Cimbala, Clausewitz and Chaos. Friction in War and Military Policy, Westport 2001, S. 103

[165] vgl. Dietrich Dörner, Die Logik des Misslingens, Strategisches Denken in komplexen Situationen, 5. Aufl., Reinbek bei Hamburg 2006, S. 152 ff.; vgl. Harald Schaub, Fehler und Störungen beim Denken und Problemlösen, in: http://www.psychologie.uni-heidelberg.de/ae/allg/enzykl_denken/Enz_09_Schaub.pdf; Internet vom 19.11.2006

[166] Harald Schaub, Fehler und Störungen beim Denken und Problemlösen, in: http://www.psychologie.uni-heidelberg.de/ae/allg/enzykl_denken/Enz_09_Schaub.pdf; Internet vom 19.11.2006

[167] Dietrich Dörner, Die Logik des Misslingens, Strategisches Denken in komplexen Situationen, 5. Aufl., Reinbek bei Hamburg 2006, S. 154

[168] Carl von Clausewitz, Vom Kriege, in: Werner Hahlweg (Hrsg.), Hinterlassenes Werk des Generals von Clausewitz, 16. Aufl., Bonn 1952, S. 157

[169] Peter Stegmaier, Thomas Feltes, Die ganze Vernetzung der inneren Sicherheit: Wissenskrise und Effektivitätsmythos, in: Martin H.W. Möllers, Robert Chr. van Ooyen (Hrsg.), Jahrbuch Öffentliche Sicherheit 2008/2009, Frankfurt 2009, S. 15 ff.; 421

[170] Niklas Luhmann, Politische Planung, in: Volker Ronge, Günter Schmieg, Politische Planung in Theorie und Praxis, München 1971, S. 57 ff.; 67

möglicherweise auch nie war. Mithin führt die Reduktion von Komplexität allenfalls zur Berechenbarkeit des Reduzierten; der Rest verbleibt in der Unberechenbarkeit. Demzufolge fallen theoretische und praktische Wirklichkeit auseinander. Diese Feststellung deckt sich im Übrigen mit der Überzeugung Clausewitz', dass die Komplexität und Mannigfaltigkeit der den Krieg beeinflussenden Variablen gegen Unendlich gehen und mithin jedes Kalkül prinzipiell übersteigen.[171] In diesem Sinne gilt es Abstand von einer Planungsgläubigkeit zu nehmen, welche die Illusion geweckt hat, Kriege in allen Phasen unter Kontrolle halten zu können.[172] Dieses muss insbesondere für den Modernen Kleinkrieg und den Kampf gegen Irreguläre Kräfte gelten.

Bedeutung persönlicher Eigenschaften

Es muss also verstanden werden, dass mathematische Risikoanalysen und entsprechende Simulationen nur gewisse Tendenzen aufzeigen und verdeutlichen, denen bestimmte, zuvor festgelegte Parameter zugrunde liegen. Die Annahme einer absoluten Objektivität ist irreführend, da die Parameter subjektiv festgelegt werden. Eine Exaktheit kann somit allenfalls – wenn überhaupt – bei technischen Prozessen und mechanischen Abläufen angenommen werden. Komplexe menschliche Gedankengänge lassen sich nicht unbedingt in mathematisch-naturwissenschaftliche Formeln fassen. Ein solcher Schluss bedeutete eine grandiose Unterschätzung des menschlichen Gehirns. Dort, wo der Mensch Gegenstand der Untersuchung ist – insbesondere dort, wo es sich um Irreguläre Kräfte handelt – kann eine solche Exaktheit nicht ermittelt werden. Bei diesen kommt es vor allem darauf an, Motive, Interessen und Verhaltensweisen zu ermitteln. Die Komplexität der Interaktionen schafft Dynamik und lässt sich mathematisch nicht hinreichend vereinfachen. Eine gegenteilige Überzeugung würde die von Clausewitz vollzogene Durchbrechung der Vorstellungen von einer „methodischen", mit mathematischer Sicherheit rechnenden Kriegführung umkehren.

---

[171] Hartmut Böhme, Krieg und Zufall. Die Transformation der Kriegskunst bei Carl von Clausewitz, in: Marco Formisano, Hartmut Böhme, War in Worlds. Transformations of War from Antiquity to Clausewitz, Berlin, New York 2011, S. 391 ff.; 403

[172] Burno Lezzi, Rückbesinnung auf bewährte militärische Führungsprinzipien, in: http://www.nzz.ch/nachrichten/international/rueckbesinnung_auf_bewaehrte_militaerische_fuehrungsprinzipien_1.4284853.html?printview=true; Internet vom 03.01.2010

Zudem ist zu berücksichtigen, dass nach der clausewitzschen Theorie „[d]er Krieg [...] nichts als ein erweiterter Zweikampf [ist]"[173], „... immer der Stoß zweier lebendiger Kräfte gegeneinander ..."[174] und damit der Kampf zweier Willen. Das bedeutet, daß der schöpferische Geist, der Genius, coup d'oeil sowie courage d'esprit gegebenenfalls auch auf der Gegenseite anzutreffen sind. Der abstrakte Faktor individueller Talente lässt sich nicht in berechenbare Parameter fassen. Die Außerachtlassung dieser Größen hieße, den Gegner von vorne herein zu unterschätzen und den Grundstein für eine falsche Feindlagebeurteilung zu legen. Eine solche wirkt sich wiederum auf den gesamten eigenen Entscheidungsprozess aus und führt zwangsläufig zu falschen Entscheidungen und Entschlüssen. Folglich ist dann hierin bereits unter Umständen die Ursache eigenen Scheiterns determiniert. Ungewissheit und Unberechenbarkeit sind Elemente des Einsatzes; Unerwartetes und Unvorhersehbares die Regel.[175] Das Abstellen auf persönliche Fähigkeiten, wie Entschlusskraft und Entschlussfreudigkeit, Durchsetzungsvermögen und -willen sowie Urteilsvermögen hebt dagegen die persönliche Verantwortung und Verantwortlichkeit von (politischen) Entscheidungsträgern hervor. Es kommt nämlich darauf an, dass „... ein feiner durchdringender Verstand in Anspruch genommen wird, um mit dem Takte seines Urteils die Wahrheit herauszufühlen."[176] Dieser, durch Erfahrung gewonnene, habitualisierte und weitgehend unbewusst wirkende „Takt seines Urteils" ist dabei die zentrale Steuerungsgröße des Akteurs.[177]

---

[173] Carl von Clausewitz, Vom Kriege, in: Werner Hahlweg (Hrsg.), Hinterlassenes Werk des Generals von Clausewitz, 16. Aufl., Bonn 1952, S. 71 ff.; 89

[174] Carl von Clausewitz, Vom Kriege, in: Werner Hahlweg (Hrsg.), Hinterlassenes Werk des Generals von Clausewitz, 16. Aufl., Bonn 1952, S. 71 ff.; 92 f.

[175] Jürgen Unverhau, Zusammenhang zwischen militärstrategischer, operativer und taktischer Führung, in: NN., Grundsätze der Truppenführung im Lichte der Operationsgeschichte von vier Jahrhunderten, Hamburg, Paris 1999, S. 153 ff.; 161

[176] Carl von Clausewitz, Vom Kriege, in: Werner Hahlweg (Hrsg.), Hinterlassenes Werk des Generals von Clausewitz, 16. Aufl., Bonn 1952, S. 71 ff.; 131

[177] Andreas Dörner, Carl von Clausewitz, in: Theo Stammen, Gisela Rischer, Wilhelm Hoffmann (Hrsg.), Hauptwerke der politischen Theorie, Stuttgart 1997, S. 116 ff.; 118

Notwendigkeit zur Analyse und Verantwortlichkeit des Handelns

An die Stelle der frühzeitlichen und mittelalterlichen Vorstellungen, dass alle Phänomene eine höhere Vorbestimmung hätten, war mit dem Humanismus, spätestens mit der Aufklärung nun der Gedanke getreten, dass alles (Natur-) Wissenschaftlich determiniert wäre und gegebenenfalls auch mathematisch erklärt werden könnte. Derartige Vorstellungen mögen verführerisch sein — in jedem Fall sind sie gefährlich, da sie gerade in unserer heutigen digital vernetzten Welt glauben machen, dass Berechnungen und Voraussagen durch Simulation die Wirklichkeit ersetzen könnten, bzw. Berechnungen und Voraussagen nicht durch die Wirklichkeit zu korrigieren seien. Eben diese Überzeugung wird durch Clausewitz in Frage gestellt. Mit seiner Studie zeigt Clausewitz für den Gegenstand seiner Untersuchung die Grenzen einer solchen Wissenschaftsgläubigkeit auf. Clausewitz leugnet keineswegs die Errungenschaften und Nützlichkeiten der Wissenschaften. Im Gegenteil: Er anerkennt ganz ausdrücklich die Gesetze der Logik; eine Arithmetik der Politik kann es für Clausewitz allerdings ebenso wenig geben wie eine Geometrie des Krieges. Die Verwirklichung eines Risikos — trotz entsprechender Risikoanalysen — führt bei unkritischem und blindem Vertrauen in derartige Risikoanalyseansätze zum Schock über die Wirklichkeit und letztendlich zum Vertrauensverlust in die für die Risikoabwehr Verantwortlichen.[178] Hiervon sind ebenso wieder unmittelbar die Politik und die politische Führung betroffen. Die Idee, dass es mittels moderner Hochtechnologie möglich sei, alle Ungewissheiten auszuschalten, die clausewitzschen Nebel zu durchdringen, ist ein Trugschluss, der seine Verfechter zum Scheitern verurteilt. Dementsprechend gilt es zu Widersprechen. Der Widerspruch speist sich aus Empirie und Intuition.[179] Dagegen ist Clausewitz' Theorie nach wie vor und wohl immer noch mehr als andere geeignet, als Analyseinstrument des Kriegsgeschehens zu dienen.[180] Der Glaube, der Computer könne Entschlüsse liefern, ist eine gefährliche Fehlannahme; Computerprogramme und Simulationen können immer nur unterstützende Entscheidungshilfen dar-

---

[178] Dirk Freudenberg, Clausewitz und die Simulation Irregulärer Kräfte, in: ASMZ, Heft 12, 2010, S. 36 f.; 37

[179] Frank Schirrmacher, Plötzlich sind wir alle Zuschauer, in: FAZ vom 19. April 2010, S. 27

[180] Herfried Münkler, Clausewitz über den Charakter des Krieges, in: Themenportal Europäische Geschichte, 12.04.2005, www.europa.clio-online.de, S. 6 f.; Internet vom 02.12.2005

stellen, Entschlüsse für die Realität selbst aber niemals liefern oder gar ersetzen. Mithin darf sich der Mensch nicht der Bequemlichkeit elektronischer Hilfsmittel hingeben, denn sein Urteilsvermögen ist mehr denn je gefragt.[181] Gewissenhaft wahrgenommene Führungsverantwortung stellt sich der Realität, anerkennt die Unzulänglichkeiten und räumt diese auch ein. Gleichzeitig stellt sich Führung aber darauf ein zu handeln, wenn es darauf ankommt.[182] Folglich ist auch der Mut für Clausewitz ein entscheidendes Charaktermerkmal: „…; welche aber ist in der Gefahr die vornehmste aller Seelenkräfte? Der Mut. Nun kann sich der Mut zwar mit kluger Berechnung vertragen, aber sind doch Dinge von verschiedener Art, gehören verschiedenen Seelenkräften an; dagegen sind Wagen, Vertrauen auf Glück, Kühnheit, Verwegenheit nur Äußerungen des Mutes, und alle diese Richtungen der Seele suchen das Ungefähr, weil es ihr Element ist."[183] Was Clausewitz schrieb über die Nebel des Krieges, die Macht des Zufalls, die Grenzen der Wahrscheinlichkeit, alles ist von zeitloser Gültigkeit.[184] Die Tendenz, den Zufall, den Clausewitz in die literarische Gattung der Militärliteratur eingeführt hat, wieder „extinktieren" zu wollen, die Böhme zugunsten der Souveränität des handelnden oder erkennenden Subjekts erkennt [185], ist untauglich. Clausewitz hat festgestellt, dass es diese Souveränität selbst nicht für das Genie gibt.[186] Insofern sind auch die Versuche untauglich, den Zufall, Unwägbarkeiten,

---

[181] Andreas Heizmann, Trotz Technologie, der Mensch wird immer wichtiger, in: ASMZ, Heft 8, 2008 S. 15 ff.; 17

[182] Dirk Freudenberg, Moderne Risikoanalyseansätze, Simulation und Irreguläre Kräfte – eine kritische Betrachtung unter besonderer Berücksichtigung des theoretisch-methodischen Ansatzes des Carl von Clausewitz, in: ISPK (Hrsg.), Jahrbuch Terrorismus 2011/2012, Opladen, Berlin, Toronto 2012, S. 359 ff.; 383

[183] Carl von Clausewitz, Vom Kriege, in: Werner Hahlweg (Hrsg.), Hinterlassenes Werk des Generals von Clausewitz, 16. Aufl., Bonn 1952, S. 71 ff.; 105 f.

[184] Michael Stürmer, Clausewitz' Ideen gelten auch im heutigen Irak, http://www.welt.de/print-welt/article94727/Clausewitz_Ideen_gelten_auch_im_heutigen_Irak.html, Internet vom 03.10.2009

[185] Hartmut Böhme, Krieg und Zufall. Die Transformation der Kriegskunst bei Carl von Clausewitz, in: Marco Formisano, Hartmut Böhme, War in Worlds. Transformations of War from Antiquity to Clausewitz, Berlin, New York 2011, S. 391 ff.; 397

[186] Hartmut Böhme, Krieg und Zufall. Die Transformation der Kriegskunst bei Carl von Clausewitz, in: Marco Formisano, Hartmut Böhme, War in Worlds. Transformations of War from Antiquity to Clausewitz, Berlin, New York 2011, S. 391 ff.; 397

Unvorhersehbarkeiten sowie Imponderabilien zugunsten von Simulationen zu negieren. Das gilt auch gerade hinsichtlich Irregulärer Kräfte. Ungewissheit ist der Begleiter militärischer Entscheidungen. Das Handeln ins Ungewisse gehört zu den Wesensmerkmalen militärischer Führung. Auch – und gerade hier – belebt der Geist die Materie! Clausewitz gibt keine Anweisung zum Handeln, aber er verpflichtet zum Nachdenken.[187] Seine Theorie soll als Erziehung zur Urteilsfähigkeit verstanden werden.[188] Hartmann nennt es Clausewitz' Vermächtnis, dass er eine erkenntnistheoretisch reflektierte Methodik zur Lösung komplexer Aufgaben für die Nachwelt hinterlassen hat.[189] „Mens agitat Molem" – „Der Geist bewegt die Materie", lautet denn auch der Leitspruch der Führungsakademie der Bundeswehr.[190] Und somit ist es schlussendlich immer auch eine politische Entscheidung, inwieweit das Risiko im Kalkül eine Dominanz gewinnt. Das Gefährliche ist nun mal ein Gedanke – vor allem, wenn er sich mit einem Willen paart. Der Umgang mit Ungewissheiten gehört somit auch zur Staatskunst.[191] Mithin ist Denken auch die Voraussetzung für verantwortliches Handeln.[192] Denn den Herausforderungen unserer Sicherheit durch asymmetrische Bedrohungen wird man nur mit einer Gesamtstrategie entgegentreten können, die militärische, paramilitärische, polizeiliche, politisch-diplomatische, wirtschafts- und fi-

---

[187] Siegbert Kreuter, Carl von Clausewitz. Zur 200. Wiederkehr seines Geburtstages, in: ÖMZ 1980, S. 223 ff.; 233

[188] Eberhard Wagemann, Hilfe von Clausewitz?, Versuch einer Bestandsaufnahme militärpolitischer und strategischer Probleme der Gegenwart im Lichte des theoretischen Ansatzes von Clausewitz, in: Clausewitzgesellschaft (Hrsg.), Freiheit ohne Krieg?, Beiträge zur Strategie-Diskussion der Gegenwart im Spiegel der Theorie von Carl von Clausewitz, Bonn 1980, S. 23 ff.; 24

[189] Uwe Hartmann, Carl von Clausewitz. Erkenntnis, Bildung, Generalstabsausbildung, München 1998, S. 160

[190] Führungsakademie der Bundeswehr, http://www.fueakbw.de/index.php?ShowParent=218&show_lang=de, Internet vom 25.11.2009

[191] Volker Perthes, Festvortrag von Professor Volker Perthes, „Globalisierung und Konflikt: Ein vorsichtiger Blick auf die Entwicklung unseres sicherheitspolitischen Umfelds", in: Bundesakademie für Sicherheitspolitik (Hrsg.) Verleihung des Karl-Carstens-Preises 2009 an Herrn Professor Dr. Volker Perthes, Berlin, 10. Oktober 2009, S. 10 ff.; 19

[192] Raimund Schittenhelm, Führen und Verantwortung – philosophisch-ethische Aspekte, in: Hubert Annen, Rudolf Steiger, Ulrich Zwygart, Gemeinsam zum Ziel. Anregungen für Führungskräfte einer modernen Armee, Frauenfeld, Stuttgart, Wien 2004, S. 113 ff.; 115

nanzpolitische, psychologische und zivile Maßnahmen miteinander effizient verbindet und auf ein gemeinsames Ziel hin ausrichtet.[193] Erkenntnis und wissenschaftlicher Ansatz des Carl von Clausewitz könnten gerade heute noch nützliche Beiträge zur Analyse aktueller Herausforderungen und für die Entwicklung von Problemlösungsansätzen leisten.

Literaturverzeichnis

Andreas Dörner, Carl von Clausewitz, in: Theo Stammen, Gisela Rischer, Wilhelm Hoffmann (Hrsg.), Hauptwerke der politischen Theorie, Stuttgart 1997, S. 116ff.

Andreas Heizmann, Trotz Technologie, der Mensch wird immer wichtiger, in: ASMZ, Heft 8, 2008 S. 15ff.

Andreas Herberg-Rothe, Das Rätsel Clausewitz. Politische Theorie des Krieges im Widerstreit, München 2001

Antulio J. Echevarria II, Clausewitz and Contemporary War, New York 2007

Aristoteles, Politik, Stuttgart 1993

Arnold Brecht, Politische Theorie. Die Grundlagen politischen Denkens im 20. Jahrhundert, 2. Aufl., Tübingen 1976.

Beatrice Heuser, Clausewitz lesen! München 2005

Burno Lezzi, Rückbesinnung auf bewährte militärische Führungsprinzipien, in:
http://www.nzz.ch/nachrichten/international/rueckbesinnung_auf_bewaehrte_militaerische_fuehrungsprinzipien_1.4284853.html?printview=true; Internet vom 03.01.2010

Carl Schmitt, Clausewitz als politischer Denker. Bemerkungen und Hinweise, in: Günter Dill (Hrsg.), Clausewitz in Perspektive. Materialien zu Clausewitz: Vom Kriege, Frankfurt am Main, Berlin, Wien 1980, S. 419ff.

---

[193] Erich Vad, Asymmetrischer Krieg als Mittel der Politik, in: Thomas Jäger, Rasmus Beckmann (Hrsg.), Handbuch Kriegstheorien, Wiesbaden 2011, S. 586 ff.; 586

Carl von Clausewitz, Kriegskunst oder Kriegs-Wissenschaft, in: Werner Hahlweg (Hrsg.), Carl von Clausewitz. Schriften Aufsätze, Studien, Briefe, Bd. 2, 2. Teilbd., Göttingen 1990, S. 668ff.

Carl von Clausewitz, Meine Vorlesungen über den kleinen Krieg, gehalten auf der Kriegschule 1810 und 1811, in: Werner Hahlweg, Lehrmeister des Kleinen Krieges von Clausewitz bis Mao Tse-Tung und Che Guevara, Darmstadt 1968, S. 46ff.

Carl von Clausewitz, Methodismus, in: Werner Hahlweg (Hrsg.), Carl von Clausewitz, Schriften, Aufsätze, Studien, Briefe, Bd. 2, Teilbd. 2, Göttingen 1990, S. 659ff.

Carl von Clausewitz, Über die Theorie des Krieges, in: Werner Hahlweg (Hrsg.), Carl von Clausewitz, Schriften, Aufsätze, Studien, Briefe, Bd. 2, Teilbd. 2, Göttingen 1990, S. 648ff.

Carl von Clausewitz, Ueber den Zustand der Theorie der Kriegskunst, in: Werner Hahlweg (Hrsg.), Carl von Clausewitz. Schriften Aufsätze, Studien, Briefe, Bd. 2, 1. Teilbd., Göttingen 1990, S. 23ff.

Carl von Clausewitz, Vom Kriege, in: Werner Hahlweg (Hrsg.), Hinterlassenes Werk des Generals von Clausewitz, 16. Aufl., Bonn 1952, S. 71ff.

Christian Sehested v. Gyldenfeld, Von Alfred Vierkandt zu Carl v. Clausewitz. Walter Malmsten Schering und die Quellen gemeinschaftlichen Handelns in Krieg und Frieden, Münster, Hamburg, London 2002

Cornelius Buerschaper, Rüdiger von der Weth, Gesine Hofinger, Lernprozesse gestalten – Zur Funktion computersimulierter Szenarien, in: Uwe G. Seebauer, Gaby Klaus, Handbuch Führungskräfteentwicklung. Theorie, Praxis und Fallstudien, o.O.A., o.J.A, S. 353

Daniel Reichel, Jomini, ein „Anti-Clauswitz"?, in: ÖMZ 1988, S. 241ff.

Dieter Nohlen, Deskription/Deskriptive Analyse/Theorie, in: Dieter Nohlen (Hrsg.), Lexikon der Politik, Bd. 2, Politikwissenschaftliche Methoden, München 1994, S. 76f.

Dieter Nohlen, Rainer-Olaf Schulze, Theorie, in: Dieter Nohlen (Hrsg.), Lexikon der Politik, Bd.7, Politische Begriffe, München 1998, S. 646f.

Dietmar Schössler, Carl von Clausewitz, Reinbek bei Hamburg 1991

Dietmar Schössler, Clausewitz – Engels – Mahan: Grundriss einer Ideengeschichte militärischen Denkens, Berlin 2009

Dietmar Schössler, Die „Reichweite" der Clausewitzschen Kategorien bei der Analyse des modernen bewaffneten Konflikts, in: DSS (Hrsg.), Clausewitz- und Engels-Forschung mit Blick auf eine europäische Strategie- und Militärwissenschaft für die neunziger Jahre. (Werkstattgespräche), Heft 4, 1990, S. 144ff.

Dietmar Schössler, Revolutionäre Praxis und ihre Theorie. Der moderne bewaffnete Konflikt bei Clausewitz, in: Max Kaase (Hrsg.), Politische Wissenschaft und Politische Ordnung, Opladen 1986, S. 408ff.

Dietrich Dörner, Die Logik des Misslingens, Strategisches Denken in komplexen Situationen, 5. Aufl., Reinbek bei Hamburg 2006

Dirk Freudenberg, Clausewitz und die Simulation Irregulärer Kräfte, in: ASMZ, Heft 12, 2010, S. 36f.

Dirk Freudenberg, Militärische Führungsphilosophien ausgewählter NATO- und WEU-Staaten im Vergleich, Baden-Baden 2004, S. 83f.

Dirk Freudenberg, Moderne Risikoanalyseansätze, Simulation und Irreguläre Kräfte – eine kritische Betrachtung unter besonderer Berücksichtigung des theoretisch-methodischen Ansatzes des Carl von Clausewitz, in: ISPK (Hrsg.), Jahrbuch Terrorismus 2011/2012, Opladen, Berlin, Toronto 2012, S. 359ff.

Dirk Freudenberg, Risikoanalyseansätze, Simulation und Irreguläre Kräfte. Eine kritische Betrachtung aus der Sicht der Theorie des Carl von Clausewitz, in: Military Power Revue, Heft 2, 2001, S. 11ff.

Dirk Freudenberg, Theorie des Irregulären. Partisanen, Guerillas und Terroristen im modernen Kleinkrieg, Wiesbaden 2008

Eberhard Wagemann, Hilfe von Clausewitz. Versuch einer Bestandsaufnahme militärpolitischer und strategischer Probleme der Gegenwart im Lichte des theoretischen Ansatzes von Clausewitz, in: Clausewitz-Gesellschaft (Hrsg.), Freiheit ohne Krieg?, Beiträge zur Strategie-Diskussion der Gegenwart im Spiegel der Theorie von Carl von Clausewitz, Bonn 1980, S. 23ff.

Edm. Glaise von Horstenau, Clausewitz, in: Görres-Gesellschaft (Hrsg.), Staatslexikon. Recht. Wirtschaft. Gesellschaft, Bd. 1, 5. Aufl., Freiburg im Breisgau, 1926, Spalte 1273f.

Erich Vad, Carl von Clausewitz. Seine Bedeutung heute, Herford, Bonn 1984

Erich Vad, Asymmetrischer Krieg als Mittel der Politik, in: Thomas Jäger, Rasmus Beckmann (Hrsg.), Handbuch Kriegstheorien, Wiesbaden 2011, S. 586ff.

Ernst Vollrath, „Neue Wege der Klugheit". Zum methodischen Prinzip der Theorie des Handelns bei Clausewitz, in: ZfP Heft 1, 1984, S. 53ff.

Ernst Vollrath, Carl von Clausewitz: Eine mit dem Handeln befreundete Theorie, in: Gerhard Vowinkel (Hrsg.), Clausewitz-Kolloquium. Theorie des Krieges als Sozialwissenschaft, Berlin 1993, S. 63ff.

Ernst Vollrath, Grundlegung einer philosophischen Theorie des Politischen, Würzburg 1987

Ferdinand Tönnies, Gemeinschaft und Gesellschaft, 3. Aufl., Darmstadt 1991

Frank Kostelnik, Möglichkeiten der Analyse der internationalen Politik mit Hilfe der Clausewitzschen Methologie, in: DSS (Hrsg.), Clausewitz- und Engels-Forschung mit Blick auf eine europäische Strategie- und Militärwissenschaft für die neunziger Jahre. (Werkstattgespräche), Heft 4, 1990, S. 92ff.

Frank Schirrmacher, Plötzlich sind wir alle Zuschauer, in: FAZ vom 19. April 2010, S. 27

Friederich von Cochenhausen (Hrsg.), Karl von Clausewitz , Vom Kriege, Leipzig 1940

Friedrich Kluge, Etymologisches Wörterbuch der deutschen Sprache, 23. Aufl., Berlin, New York 1999

Führungsakademie der Bundeswehr, Fachbereich Führung Einsatz der Streitkräfte, Wargaming-Leitfaden für die Anwendung von manuellem Wargaming auf operativer Ebene, Hamburg 2006

Führungsakademie der Bundeswehr, http://www.fueakbw.de/index.php?ShowParent=218&show_lang=de, Internet vom 25.11.2009

Gary Schaal, Felix Heidenreich, Einführung in die politischen Theorien der Moderne, Opladen, Farmington Hills, 2. Aufl., 2009, S. 22

Generalleutnant Friedrich von Cochenhausen, Einführung, in: Deutsche Gesellschaft für Wehrpolitik und Wehrwissenschaften (Hrsg.), Der Genius des Feldherrn, Leipzig 1937, S. 7ff.

Generaloberst Graf Schlieffen, Einführung, in: Ihno Krumpelt, Die großen Meister der Kriegskunst, Clausewitz, Moltke, Schlieffen, Braunschweig 1960, S. 3ff.

Gerhard Ritter, Staatskunst und Kriegshandwerk. Das Problem des Militarismus in Deutschland, 1. Bd., Die altpreußische Tradition (1740-1890), München 1954

Hans F. Fulda, Hermeneutik, in: Dieter Nohlen (Hrsg.), Lexikon der Politik, Bd. 2, Politikwissenschaftliche Methoden, München 1994, S. 157ff.

Hans Rothfels, Carl von Clausewitz, Politik und Krieg. Eine ideengeschichtliche Studie, Berlin 1920

Hans Rothfels, Clausewitz, in: Günter Dill (Hrsg.), Clausewitz in Perspektive. Materialien zu Clausewitz: Vom Kriege, Frankfurt am Main, Berlin, Wien 1980, S. 261ff.

Hans Speidel, Kultur und Menschenführung, in: Herbert Kessler, Walter Thoms, Führung und Gestaltung in Politik, Wirtschaft und Kultur, Mannheim 1978, S. 168ff.

Hans Ulrich Wehler, „Absoluter" und „Totaler" Krieg. Von Clausewitz zu Ludendorf, in: Günter Dill (Hrsg.), Clausewitz in Perspektive. Materialien zu Clausewitz: Vom Kriege, Frankfurt am Main, Berlin, Wien 1980, S. 474ff.

Hans Wilhelm Hetzler, „Bewegungserschwerende Mittel". Handlungstheoretische Elemente bei Carl von Clausewitz, in: Gerhard Vowinkel (Hrsg.), Clausewitz-Kolloquium. Theorie des Krieges als Sozialwissenschaft, Berlin 1993, S. 45ff.

Harald Schaub, Die Rolle des Menschen in sozio-technischen Systemen: Anforderungen und Implikationen für das „Informationsverarbeitungssystem Mensch", in: Heiko Borchert (Hrsg.), Führungsausbildung im Zeichen der Transformation, Wien 2006, S. 30ff.

Harald Schaub, Fehler und Störungen beim Denken und Problemlösen, in: http://www.psychologie.uni-heidelberg.de/ae/allg/enzykl_denken/Enz_09_Schaub.pdf; Internet vom 19.11.2006

Harry Horstmann, Der rote Esel. Handbuch für den militärischen Stabsdienst und Führungsprozess, Norderstedt 2008

Hartmut Böhme, Krieg und Zufall. Die Transformation der Kriegskunst bei Carl von Clausewitz, in: Marco Formisano, Hartmut Böhme, War in Worlds. Transformations of War from Antiquity to Clausewitz, Berlin, New York 2011, S. 391ff.

Helge Hansen, Vorwort, in: Führungsakademie der Bundeswehr, Fachbereich Führung Einsatz der Streitkräfte, Wargaming-Leitfaden für die Anwendung von manuellem Wargaming auf operativer Ebene, Hamburg 2006, vor S. 1

Herfried Münkler, Clausewitz über den Charakter des Krieges, in: Themenportal Europäische Geschichte, 12.04.2005, www.europa.clio-online.de, S. 6 f.; Internet vom 02.12.2005

Hervé Coutau-Bégarie, Brevier der Strategie, Wien 2004

Hew Strachan, Über Carl von Clausewitz. Vom Kriege, München 2008

Holger Müller, Clausewitz' Verständnis von Strategie im Spiegel der Spieltheorie, Berlin 2012

Hong Yan, Die Urteilskraft bei Kant und Clausewitz, in: DSS (Hrsg.), Clausewitz- und Engels-Forschung mit Blick auf eine europäische Strategie- und Militärwissenschaft für die neunziger Jahre. (Werkstattgespräche), Heft 4, 1990, S. 139ff.

Immanuel Kant, Die Kritik der Urteilskraft, in: Raymund Schmidt (Hrsg.), Immanuel Kant. Die drei Kritiken in ihrem Zusammenhang mit dem Gesamtwerk, Stuttgart 1975, S. 282ff.

Jan Grünberger, Strategie und Taktik nach Clausewitz und ihre Anwendung in mittelständischen Unternehmen, Hamburg 2009

Jehuda L. Wallach, Kriegstheorien. Ihre Entwicklung im 19. und 20. Jahrhundert, Frankfurt am Main 1972

Jürgen Unverhau, Zusammenhang zwischen militärstrategischer, operativer und taktischer Führung, in: NN., Grundsätze der Truppenführung im Lichte der Operationsgeschichte von vier Jahrhunderten, Hamburg, Paris 1999, S. 153ff.

Kai Lütsch, Jeder Krieg ist anders. Jeder Krieg ist gleich, Potsdam 2009, S. 76

Karl-Dieter Opp, Methodologie der Sozialwissenschaften. Einführung in Probleme ihrer Theorienbildung, Reinbek bei Hamburg 1970

Karlheinz Messelken, Denkweisen und Denkfiguren des achtzehnten, neunzehnten und zwanzigsten Jahrhunderts in Clausewitz' Gesellschaftstheorie, in: Gerhard Vowinkel (Hrsg.), Clausewitz-Kolloquium. Theorie des Krieges als Sozialwissenschaft, Berlin 1993, S. 21ff.

Klaus von Beyme, Theorie und Methode, in: Dieter Nohlen (Hrsg.), Lexikon der Politik, Bd. 2, Politikwissenschaftliche Methoden, München 1994, S. 477ff.

Kluge, Ethymologisches Wörterbuch der deutschen Sprache, 23. Aufl., Berlin 1995, S. 313f.

Lennart Souchon, Carl von Clausewitz. Strategie im 21. Jahrhundert, Hamburg, Berlin, Bonn 2012

Ludger Helms, Einleitung: Politikwissenschaftliche Institutionenforschung an Schnittpunkten von Politscher Theorie und Regierungslehre, in: Ludger Helms, Uwe Jun (Hrsg.), Politische Theorie und Regierungslehre. Eine Einführung in die politikwissenschaftliche Institutionenforschung, Frankfurt am Main 2004, S. 13ff.

Michael Stürmer, Clausewitz' Ideen gelten auch im heutigen Irak, http://www.welt.de/print-welt/article94727/Clausewitz_Ideen_gelten_auch_im_heutigen_Irak.html, Internet vom 03.10.2009

Niklas Luhmann, Politische Planung, in: Volker Ronge, Günter Schmieg, Politische Planung in Theorie und Praxis, München 1971, S. 57ff.

Nikolaus Lobkowicz, Theorie und Praxis, in: Leonard Reinisch (Hrsg.), Politische Wissenschaft heute, München 1971, S. 15ff.

Otto Heinrich v. d. Gablenz, Die Maßstäbe der politischen Entscheidung, in: Gerhard A. Ritter, Gilbert Ziebura (Hrsg.), Faktoren der politischen Entscheidung. Festgabe für Ernst Fraenkel zum 65. Geburtstag, Berlin 1963, S. 11ff.

Panajotis Kondylis, Theorie des Krieges. Clausewitz – Marx – Engels – Lenin, Stuttgart 1988.

Paul Mikat, Zweikampf, in: Görres-Gesellschaft (Hrsg.), Staatslexikon. Recht, Wirtschaft, Gesellschaft, 8. Bd., 6. Aufl., Freiburg im Breisgau 1963, Spalte 1008f.

146

Paul-Ludwig Weinacht, Krieg denken. Eine typologische Orientierung aus der jüngeren politischen Ideengeschichte, in: Revista Chilena de Historia del Derecho, Estudios en Honor de Bernardino Bravo Lira, Premio Nacional de Historia 2010, Numero 22, Tomos I y II, o.OA., S. 687ff.

Peter Paret, Clausewitz und der Staat. Der Mensch, seine Theorien und seine Zeit, Bonn 1993

Peter Paret, Clausewitz, in: Peter Paret (Hrsg.), Makers of Modern Strategy from Machiavelli to the Nuclear Age, Princeton, New Jersey 1986, S. 186ff.

Peter Paret, Die politischen Ansichten von Clausewitz, in: Clausewitz-Gesellschaft (Hrsg.), Freiheit ohne Krieg?, Beiträge zur Strategie-Diskussion der Gegenwart im Spiegel der Theorie von Carl von Clausewitz, Bonn 1980, S. 333ff.

Peter Stegmaier, Thomas Feltes, Die ganze Vernetzung der inneren Sicherheit: Wissenskrise und Effektivitätsmythos, in: Martin H.W. Möllers, Robert Chr. van Ooyen (Hrsg.), Jahrbuch Öffentliche Sicherheit 2008/2009, Frankfurt 2009, S. 15ff.

Peter Trummer, Die Bedeutung der Clausewitschen Theorie in unserer Zeit unter besonderer Berücksichtigung des kleinen Krieges, in: DSS (Hrsg.), Clausewitz- und Engels-Forschung mit Blick auf eine europäische Strategie- und Militärwissenschaft für die neunziger Jahre. (Werkstattgespräche), Heft 4, 1990, S. 61ff.

Petra Ahrweiler, Clausewitz als Repräsentant des wissenschaftlichen Weltverhältnisses der beginnenden Moderne, in: Gerhard Vowinkel (Hrsg.), Clausewitz-Kolloquium. Theorie des Krieges als Sozialwissenschaft, Berlin 1993, S. 97ff.

Raimund Schittenhelm, Führen und Veranwortung – phlosophisch-ethische Aspekte, in: Hubert Annen, Rudolf Steiger, Ulrich Zwygart, Gemeinsam zum Ziel. Anregungen für Führungskräfte einer modernen Armee, Frauenfeld, Stuttgart, Wien 2004, S. 113ff.

Rainer Albert, Metatheoretische Aspekte des Clausewitzschen Theorieverständnisses, in: DSS (Hrsg.), Clausewitz- und Engels-Forschung mit Blick auf eine europäische Strategie- und Militärwissenschaft für die neunziger Jahre. (Werkstattgespräche), Heft 4, 1990, S. 116ff.

Rasmus Beckmann, Clausewitz trifft Luhmann – Überlegungen zur System-theoretischen Interpretation von Clausewitz' Handlungstheorie, AIPA 4/2009, S. 21

Raymond Aron, Clausewitz. Den Krieg denken, Frankfurt am Main, Berlin, Wien 1980

Reinhard Stumpf (Hrsg.), Kriegstheorie und Kriegsgeschichte. Carl von Clausewitz und Helmuth von Moltke, Frankfurt am Main 1993

Robert D. Kaplan, Warrior Politics. Why Leadership Demands a Pagan Ethos, New York 2002

Siegbert Kreuter, Carl von Clausewitz. Zur 200. Wiederkehr seines Geburtstages, in: ÖMZ 1980, S. 223ff.

Stephen J. Cimbala, Clausewitz and Chaos. Friction in War and Military Policy, Westport 2001

Thomas Jäger, Rasmus Beckmann (Hrsg.), Handbuch Kriegstheorien, Wiesbaden 2011

Ulrich Weihe, Dieter Nohlen, Deduktion/Deduktive Methode, in: Dieter Nohlen (Hrsg.), Lexikon der Politik, Bd. 2, Politikwissenschaftliche Methoden, München 1994, S. 67ff.

Ulrich Weihe, Dieter Nohlen, Induktion/Induktive Methode, in: Dieter Nohlen (Hrsg.), Lexikon der Politik, Bd. 2, Politikwissenschaftliche Methoden, München 1994, S. 180ff.

Ulrich Weiß, Positivismus, in: Dieter Nohlen (Hrsg.), Lexikon der Politik, Bd.7, Politische Begriffe, München 1998, S. 515f.

Uwe Hartmann, Carl von Clausewitz and the Making of Modern Strategy, Potsdam 2002

Uwe Hartmann, Carl von Clausewitz. Erkenntnis, Bildung, Generalstabsausbildung, München 1998

Volker Perthes, Festvortrag von Professor Volker Perthes, „Globalisierung und Konflikt: Ein vorsichtiger Blick auf die Entwicklung unseres sicherheitspolitischen Umfelds", in: Bundesakademie für Sicherheitspolitik (Hrsg.) Verleihung des Karl-Carstens-Preises 2009 an Herrn Professor Dr. Volker Perthes, Berlin, 10. Oktober 2009, S. 10ff.

W.B. Gallie, Philosophers of Peace and War. Kant, Clausewitz, Marx, Engels, Tolstoy, London, New York, Melbourne 2008

Walter Bußmann, Geleitwort, in: Werner Hahlweg (Hrsg.), Carl von Clausewitz, Schriften, Aufsätze, Studien, Briefe, Bd. 2, Teilbd. 1, Göttingen 1990, S. 11f.

Walter Malmsten Schering, Wehrphilosophie, Leipzig 1939

Walter Malmsten Schering, Wehrphilosophie, Leipzig 1941

Walter Schweider, Positivismus, in: Görres-Gesellschaft (Hrsg.), Staatslexikon. Recht. Wirtschaft. Gesellschaft, 4. Bd., 7. Aufl., Freiburg im Breisgau 1995, Spalte 510ff.

Walther Malmsten Schering (Hrsg.), Carl von Clausewitz, Geist und Tat. Das Vermächtnis des Soldaten und Denkers, Stuttgart 1941, S. 326

Walther Malmsten Schering, Einleitung, in: Walther Malmsten Schering, (Hrsg.), Carl von Clausewitz, Geist und Tat. Das Vermächtnis des Soldaten und Denkers, Stuttgart 1941; S. XIIIff.

Werner Hahlweg (Hrsg.), Carl von Clausewitz, Schriften, Aufsätze, Studien, Briefe, Bd. 2, Teilbd. 1, Göttingen 1990, S. 17f.

Werner Hahlweg (Hrsg.), Hinterlassenes Werk des Generals von Clausewitz, 16. Aufl., Bonn 1952

Werner Hahlweg, Carl von Clausewitz, in: Hermann Heimpel, Theodor Heuss, Benno Reifenberg (Hrsg.), Die großen Deutschen. Deutsche Biographie, 2. Bd., Berlin 1956, S. 491ff.

Werner Hahlweg, Carl von Clausewitz, in: Hermann Heimpel, Theodor Heuss, Benno Reifenberg (Hrsg.), Die großen Deutschen. Deutsche Biographie, 2. Bd., Berlin 1956, S. 491ff.

Werner Hahlweg, Clausewitz. Soldat – Politiker – Denker, Göttingen, Frankfurt, Zürich 1969

Werner Hahlweg, Geleitwort, in: Erich Vad, Carl von Clausewitz. Seine Bedeutung heute, Herford, Bonn 1984, S. 7f.

Werner Hahlweg, Militärwesen und Philosophie. Zur Genesis der methodischen Grundlagen des Werkes „Vom Kriege" des Generals von Clausewitz, in: ÖMZ 1976, S. 395ff.

Werner Hahlweg, Philosophie und Militärtheorie im Denken und in den Aufzeichnungen des Generals von Clausewitz, in: ÖMZ 1988, S. 31ff.

Werner Hahlweg, Philosophie und Theorie bei Clausewitz, in: Clausewitz-Gesellschaft (Hrsg.), Freiheit ohne Krieg?, Beiträge zur Strategie-Diskussion der Gegenwart im Spiegel der Theorie von Carl von Clausewitz, Bonn 1980, S. 325ff.

William Duggan, Coup d'Oeil: Strategic Intuition in Army Planning, o.OA., November 2005, S. V

Yuan-Ling Zhang, „Fortschreiten vom Einfachen zum Zusammengesetzten". Ein sonderbares methodisches Verfahren in Clausewitz' Werk „Vom Kriege", in: Dietmar Schössler (Hrsg.), Clausewitz-Studien, Heft 1, 1999, S. 37ff.

III Kritisch-konstruktive Einwürfe und Hilfestellungen von Fachwissenschaften

Innere Führung im Einsatz? Oder wie es um die Behauptung der Bewährtheit der Inneren Führung steht

Kai-Uwe Hellmann

Turbulente Umwelten und das Problem der Ungewißheit

Das Problem der Ungewißheit hat der Organisationssoziologe James D. Thompson als einer der ersten identifiziert; Thompson (1967: 23ff.) sprach diesbezüglich von „the cutting edge of uncertainty", mit dem sich jede Organisation im Verhältnis zu ihrer Umwelt zurecht finden müsse. 1970 befaßten sich dann Paul R. Lawrence und Jay W. Lorsch in ihrem Buch „Organization and Environment" erneut mit diesem Verhältnis, wobei sie die Ungewißheitsproblematik nochmals spezifizierten, und zwar in die drei Aspekte „clarity of information", „uncertainty of causal relationships" und „time span of definitive feedback" (Lawrence/Lorsch 1970: 9). Und zehn Jahre nach Thompsons Veröffentlichung prägten Richard P. Leifer und George P. Huber (1977) den Terminus technicus „perceived environmental uncertainty", der auf die Beobachtung und Behandlung turbulenter Umwelten aus Sicht der jeweiligen Organisation gemünzt ist.[1] Die Ungewißheitsproblematik hat in der Organisationssoziologie somit Tradition.

Für Armeen, d. h. militärische Organisationen, ist diese Problematik nur allzu vertraut. So hatte schon Carl von Clausewitz (1973: 233) formuliert: „Der Krieg ist das Gebiet der Ungewißheit; drei Viertel derjenigen Dinge, worauf das Handeln im Kriege gebaut wird, liegen im Nebel einer mehr oder weniger großen Ungewißheit." Die jüngere Militärforschung sieht dies bis heute so.[2] Armeen eignen sich daher vorzüglich, um dieses Verhältnis eingehender zu studieren.

Dabei wird Ungewißheit oftmals mit Überforderung und Überlastung gleichgesetzt. Grenzen personaler bzw. organisationaler Kapazität, Komplexität adäquat zu bewältigen, werden erreicht und überschritten,

---

[1] Vgl. auch die Fortführung bei Milliken (1987).

[2] Vgl. Stouffer et al. 1949; Feld 1958; Lang 1965; Meyer 1977; Roghmann/Ziegler 1977; Geser 1983, 2005; Battistelli 1991; Oetting 2000; Heins/Warburg 2004; Eriksen 2010; Ungerer 2010.

Engpässe virulent. Akuter Streß tritt auf. Und Streß führt wiederum dazu, daß sich Relevanzen verschieben: Was bis eben zentral war, wird nunmehr marginalisiert. Anderes rückt in den Vordergrund und bindet alle Aufmerksamkeit.

Schaut man sich vor diesem Hintergrund die Zentrale Dienstvorschrift 10/1 an, wird man feststellen, daß das Ungewißheitsproblem und seine Risiken darin keinerlei Aufmerksamkeit finden. Zwar heißt es in der Heeresvorschrift 100/100 aus dem Jahre 2000: „Ungewissheit ist ein Element des Einsatzes, das Unerwartete, Unvorhersehbare die Regel. Unberechenbare Größen haben vielfachen Einfluss auf den Verlauf des Gefechts. Dem eigenen Willen begegnet der Wille des Feindes." (Nr. 314) Damit ist das Problem der doppelten Kontingenz in Reinkultur angesprochen. In der ZDv 10/1 findet sich jedoch nichts Entsprechendes; dafür der Anspruch auf universale Geltung der Inneren Führung: „Sie durchdringt das gesamte militärische Leben und bleibt in jeder Lage, vom Innendienst bis zum Gefecht unter Lebensgefahr, gültig." (ZDv 10/1, Nr. 107) Wie aber stellt die Innere Führung sicher, daß sie nicht nur im Grundbetrieb, sondern auch im Gefecht unter Lebensgefahr uneingeschränkte Beachtung erfährt, also unter Bedingungen, die von äußerster Ungewißheit, von Streß und Überforderung gekennzeichnet sind?

Im folgenden wird ein Szenario skizziert, in dem eine zunehmende Entkopplung zwischen den organisationalen Rahmenbedingungen der Bundeswehr, wozu insbesondere die ZDv 10/1 gehört, und dem interaktionsförmigen Gefechtsverlauf simuliert wird. Entscheidend ist hieran, daß die Eigenmacht und Eigendynamik solcher Interaktionsprozesse eine solche Gewalt über die Gedanken und Gefühle der involvierten Soldaten entfalten können, daß die Entkopplung und Verselbständigung der Interaktion (Gefecht) von der Organisation (Armee) unvermeidlich scheinen. Zumindest stellen harter Drill und Indoktrination, wie Randall Collins (2011: 86f., 94.) deutlich gemacht hat, keinerlei Garantie dar, um dieser Entkopplungstendenz unter Streßbedingungen wirkungsvoll zu begegnen. Bernd Greiners Studie über den Vietnamkrieg illustriert diese Tendenz eindrucksvoll (Greiner 2009). Am Schluß dieses Beitrags soll dann noch kurz überlegt werden, wie dieses nicht unerhebliche Entkopplungsrisiko zwischen Gefecht und Armee innerhalb der ZDv 10/1 so Berücksichtigung finden könnte, daß sie diesbezüglich bewährungsfester wird (Hellmann 2011).

Die Eigendynamik der Einsatzrealität[3]

Die Erfahrung von Einsatzrealität – hier primär als heißes Gefecht gedacht, in dem es ständig ums Töten und Getötetwerden geht – stellt eine soziale Situation dar, die extrem streßanfällig ist. Zudem ist dieser Streß häufig multifaktoriell bedingt, ein Befund, den die Militärforschung vielfach bestätigt gefunden hat.[4] „'Adjustment to combat … means not only adjustment to killing, but also adjustment to danger, to frustration, to uncertainty, to noise and confusion and particularly to the wavering faith on the efficiency or success of one's comrades and command.'" (zit. nach Stouffer et al. 1949: 77) All das schränkt den Aufmerksamkeitshorizont der Soldaten erheblich ein und erzeugt nach kurzer Zeit eine Differenzierung, welche die jeweilige Gefechtssituation, je brutaler der Gefechtsverlauf erfahren wird, desto schneller ins Zentrum der Betrachtung rückt, während alles andere Stück für Stück an die Peripherie abgedrängt wird. Durch diese gefechtsverlaufsbedingte Fokussierung – eine Form von Eigendynamik (Nedelmann/Mayntz 1988) – bildet sich ein spezieller Referenzrahmen aus, wie man im Anschluß an Neitzel/Welzer (2011) sagen kann, der zunehmend nur noch das gelten läßt, was unmittelbar der Aufrechterhaltung der jeweiligen Gefechtssituation dient. Entscheidend ist bloß noch das Nahumfeld.[5] Alles andere wird nicht

---

[3] Eine gekürzte Version dieses Kapitels erscheint in meinem Artikel „Wenn der Nebel des Krieges aufzieht… Anmerkungen zur Transformation der Bundeswehr", veröffentlicht in „Organisation und Unsicherheit", hrsg. von Maja Apelt und Konstanze Senge im Verlag für Sozialwissenschaften 2013.

[4] So führen schon Stouffer et al. (1949: 77) zwölf Streßfaktoren auf, die in Gefechtssituationen auftreten und zusammenwirken können.

[5] Vgl. Stouffer et al. (1949: 100f.): „The fact that most of the decorum in command relationships so evident in garrison was dropped on the battlefield, for instance, may be advanced in support of an explanation that would account for combat behaviour primarily in terms of informal controls. True enough, salutes practically disappeared, insignia of rank were often not worn, and social distance between officers and men decreased (e.g., the use of 'sir', tones of deference, formality of speech and behaviour). It is also true that the situation itself, and informal group standards arising within it, exerted a controlling force over behaviour to supplement and support the formal controls. But the extent to which formal controls were reduced in combat could easily be exaggerated. Many symbolic acts of obeisance and status were inappropriate and were dropped, but orders still came down the chain of command; that they should do so was accepted as right and natural; and behind the orders still rested the full weight of Army authority. And the standardized formal cultural pattern according to which the Army operates was in its essentials unchanged."

weiter beachtet. Schon Stouffer et al. (1949: 119) haben diese Beobachtung gemacht: „Formalities were largely abandoned in combat." Im Endeffekt hat man es also mit einer radikalen Engführung der Aufmerksamkeit zu tun.[6]

Wie könnte diese Eigendynamik der Einsatzrealität konzeptionell erfaßt werden? Wie kann eine Gefechtssituation so in Einzelteile zerlegt werden, dass ersichtlich wird, wie es zu dieser Eigendynamik und Horizontverengung kommt? Im folgenden wird vorgeschlagen, eine Gefechtssituation als ein Interaktionssystem zu denken, in dem ein gewaltförmiger Konflikt erlebt und bewältigt werden muß, der kumulative Effekte zeitigt.

So ist zuallererst festzuhalten, dass jede Gefechtssituation für sich betrachtet ein Interaktionssystem darstellt, das primär durch die kämpfende Einheit bestimmt wird. Zwar handeln alle Soldaten dieser Einheit als Mitglieder der Armee, die sie als Mitglieder dieser Organisation entsprechend beauftragt hat. Der Formalität ist soweit Genüge getan. Da aber jedes Interaktionssystem sachlich, sozial und zeitlich sehr enge gefaßte Kapazitätsgrenzen aufweist – was sich um so stärker auswirkt, je turbulenter die jeweilige natürliche und soziale Umwelt sich darbietet, und eine Gefechtssituation kann hierin, gerade was das Mißverhältnis von Ereigniskomplexität und Wahrnehmungskapazität angeht, wohl kaum noch übertroffen werden[7] –, neigt jedes Interaktionssystem relativ schnell dazu, sich gegenüber Einflüssen seiner Umwelt, auf die es leichthin Verzicht üben zu können glaubt, abzuschotten und auf das Wesentliche zu konzentrieren: und das ist die Auf-

---

[6] Vgl. Warburg (2010: 72f.): „Je größer die Gefahren für die Soldaten sind, desto eher werden sie dazu neigen, sich von komplexen und sich widersprechenden Handlungs- und Verhaltensweisen zugunsten einfacherer Handlungskonzepte abzuwenden. Ein solches einfaches, weniger komplexes Handlungskonzept können sie in den tradierten Leitbildern soldatischen Handelns finden."

[7] Genau besehen, muß sich das Interaktionssystem „Gefecht" mit drei hoch unterschiedlichen Umwelten zurecht finden: zum ersten die psycho-physische Umwelt der kämpfenden Soldaten, zum zweiten die soziale Umwelt der angreifenden Feinde/Gegner, zum dritten die soziale Umwelt der eigenen Organisation, also die Armee. Alle drei Umwelten können, gerade bei Interferenzen und Konflikten, auf das Interaktionssystem „Gefecht" hochgradig belastend und sich wechselseitig verstärken einwirken. Eine Kausalanalyse hätte somit diese drei Referenzumwelten nicht nur gesondert, sondern vor allem in ihrer Wechselwirkung zu berücksichtigen, wobei es sich mehr noch um spezifische Systemreferenzen innerhalb dieser drei Referenzumwelten handelt: (1) um psychische Systeme, (2) um ein anderes Interaktionssystem (und die daran beteiligten psychischen Systeme) und (3) um ein Organisationssystem (und die daran wiederum beteiligten psychischen Systeme).

rechterhaltung der inneren Ordnung, die Stärkung der eigenen Anschlußfähigkeit (Luhmann 1975a, 1975b, 1984, 2011; Geser 1980; Kieserling 1996, 1999). Formale Vorgaben, Vorschriften, Maßregeln, die die Bundeswehr, in deren Auftrag die Soldaten handeln, jeweils erläßt, können daher rasch ins Hintertreffen geraten, wenn sich das Erfordernis der Selbsterhaltung des Interaktionssystems aufgrund von Komplexitätsüberforderung und Kapazitätsengpässen in den Vordergrund schiebt und dann immer kompromißloser differenziert nach interaktionsexistenziell bedeutsam/nicht bedeutsam (Beckmann 2011: 171ff.). Besonders krass zeigt sich dies im Falle asymmetrischer Kriege, weil dort die eindeutige Bestimmung des Frontverlaufs, d. h. die Feindverortung, von erheblicher Ungewißheit geprägt ist (Stormer 2011; Seliger 2010; Dörfler-Dierken 2012).[8] „Wie können [die Soldaten] erkennen, ob das Kind vor ihnen ein Spielzeuggewehr oder ein echtes in der Hand hält? Wie sollen sie wissen, ob die Person ihnen gegenüber eine ihnen freundlich gesinnte Frau in einer Burkha ist oder ob sie darunter einen Sprengstoffgürtel trägt? Und wie sollen sie sich dann verhalten?" (Apelt 2010: 144) Unter solchen Umständen wird Selbstsicherung tendenziell favorisiert.

Erschwerend kommt hinzu, dass man es bei einer Gefechtssituation mit einem Konfliktsystem zu tun hat. Konflikte haben nämlich die Neigung, jeden Vorgang zu absorbieren und für sich zu nutzen, d. h. zweckzuentfremden, sofern er sich für die Fortführung des Konflikts eignet. Der Konflikt wird zum Selbstzweck (Coser 1972; Simon 2001).[9] „Kampf führt zu Gefechtsbenommenheit, und in dieser Atmosphäre werden die Ziele gewählt." (Collins 2011: 101) Der Ansaug- und Entkopplungseffekt von Kon-

---

[8] Vgl. Wiesendahl (2002: 111f.) „Kommt es zudem zur Intervention, bedeutet das für den Soldaten im Einsatz, sich von seinen bisher geordneten Humanitätsvorstellungen loszulösen. Denn ihm steht bevor, in Konfliktverhältnisse ohne klar auszumachende Konfliktparteien und Frontlinien, ohne saubere Scheidung zwischen Angreifern und Verteidigern, Freund und Feind, Tätern und Opfern, Schuldigen und Unschuldigen, Kombattanten und Zivilbevölkerung und last but not least, Zonen eigener Sicherheit und Unsicherheit verwickelt zu werden. Vom ‚Kriegs'-Bild her ergibt sich deshalb eine hochgefährliche Mixture, bei der sich Anteilselemente von Bürgerkrieg, Stammesfehde, organisiertem Verbrechen, kriegerischen Raubzügen und Terrorismus zu einem undurchschaubaren und unentwirrbaren Gemenge vermischen."

[9] Luhmann (1984: 533) spricht in diesem Zusammenhang von der vollständigen Absorption des gastgebenden Systems durch den Parasiten „Konflikt", mit der Konsequenz, dass das beherbergende System vollends zum Konflikt mutiert.

fliktsystemen verfährt hierbei fast beliebig, so dass sich der Horizont der Ereignisse in kürzester Zeit auf die Frage der Verwendbarkeit für den Konfliktfall verengen kann, völlig ungeachtet der jeweiligen Provenienz und Relevanz, die den Ereignissen, Vorgängen, Personen für sich zukommen mag (Luhmann 1981a, 1981b). „Hat man sich einmal auf einen Konflikt eingelassen, gibt es kaum noch Schranken für den Integrationssog dieses Systems", so Luhmann (1984: 532). Alles nicht Konfliktbefördernde wird demgegenüber strikt ignoriert und außen vor gehalten. Dementsprechend erscheinen formale Vorgaben, Vorschriften, Maßregeln, die von außen erlassen werden, für das jeweilige Konfliktsystem auch eher als kontraproduktiv, störend und werden demzufolge schnell außer Acht gelassen, weil der Konfliktbewältigung nicht förderlich. Bezüglich der Gefechtssituation heißt das für den einzelnen Soldaten: „Im Augenblick, in dem er ins Gefecht tritt, die Granaten einschlagen, Kugeln pfeifen und Verwundete schreien, sind dem Soldaten in der Tat rationale Wehrmotive gleichgültig. Ganz andere, elementare Antriebe beherrschen ihn: Wut, Angst, Ehrgeiz, Kampfgier, Rausch, Notwehrreaktionen, Tapferkeit, Zorn, Brutalität, der Wille, die Selbstachtung nicht zu verlieren, Kameradschaft, kreatürliche Hilfsbereitschaft, Scham und Entschlossenheit" (Karst 1969: 13).

Drittens ist herauszustellen, dass das Konfliktsystem „Gefechtssituation" hochgradig gewaltförmig verläuft. Physische Gewalt verstärkt diesen Prozeß der Horizontverengung, d. h. die radikale Reduktion von Komplexität nochmals erheblich, Collins (2011: 12) spricht hier von „Gewalttunnel"[10] – bis hin zur Ausbildung autotelischer Gewalt, die sich nur selbst genügt (Sofsky 2005: 137ff.; Neitzel/Welzer 2011: 88ff.). Auch dieser Effekt dürfte kaum mehr überbietbar sein. Die Aufmerksamkeit der Interaktionsteilnehmer, hier der Soldaten im Gefecht, richtet sich demnach nur noch auf die Vorherrschaft der Gewalt, alles andere rückt an den Rand der Bedeutsamkeit, wird zusehends nicht-intentional marginalisiert und aus der Bewertung

---

[10] Vgl. Collins (2011: 102): „In der Eile geht alles schief, sagt man, und im Kampf ist schnelles Handeln gefragt, sobald die Gewalt losbricht. Was bisweilen als ‚Nebel des Krieges' bezeichnet wird, kann man als psychischen Tunnelblick-Zustand begreifen. Kampf erfordert die uneingeschränkte Aufmerksamkeit aller, die daran beteiligt sind; er überflutet die Sinne und ergreift von unserem Verstand Besitz, so daß alles aus dem Gesichtsfeld rückt. Es ist schon schwierig genug, den Feind treffsicher im Auge zu behalten; daß man zeitweilig alle anderen, die sich noch im Kampfbereich befinden mögen, ausblendet, ist unvermeidlich." Diese Quelle verdanke ich einem Hinweis von Maja Apelt.

der jeweiligen Gefechtssituation immer stärker ausgeschlossen (Collins 2011: 7f.) – gleichsam eine Immunreaktion, um in der Gefechtssituation trotzdem irgendwie noch die Kontrolle zu behalten. Formale Vorgaben, Vorschriften, Maßregeln geraten angesichts dieser Eigendynamik von Gefechtssituationen zwangsläufig aus dem Gesichtsfeld, weil sie sich gegenüber dem Komplexitätsdruck nicht wirkungsvoll behaupten können. Die Armee als Organisation selbst ist ja nicht anwesend. Andere Probleme schieben sich dagegen ins Zentrum, auf Kosten der Berücksichtigung dessen, was die Armee formal für prioritär hält.

Um diese besondere Belastungssituation wenigstens andeutungsweise zu veranschaulichen, da die wenigsten mit Gefechtssituationen Erfahrungen aus erster Hand haben dürften, folgt eine etwas längere Schilderung, von Johannes Clair (2012: 226f.) verfaßt, die sich auf eine Gefechtssituation in Nordafghanistan Herbst 2010 bezieht:

„Kontakt links!, brüllte Muli aus dem Funkgerät. Sie sind auf den Mauern! Vielleicht zehn Meter entfernt! / Schlagartig wurde mir bewußt, dass wir in der Falle saßen. Sie hatten uns erst jetzt in die eigentliche Killbox hineingedrängt. / Ich schoß wieder und wieder, bis das Magazin leer war. Beim Aufladen bemerkte ich plötzlich das Funkgerät, aus dem Stimmen kamen. Mir war überhaupt nicht bewußt, dass ich immer noch mutterseelenallein auf der Straße war und auf mich geschossen wurde. Es knallte wieder, zischte an meinem Ohr, ich verstand kein Wort. Ich sah wieder hoch, die Schüsse schienen von überall zu kommen. Wieder zischte es. Schließlich konnte ich keine Einzelgeräusche mehr ausmachen, sondern hörte nur noch einen gewaltigen Donnerhall, unterbrochen von dumpfem und hellem Knall. Von überall schien es herzukommen, ich fühlte mich wie in einer Blase aus Donner und Blitz gefangen. / Scheiße, dachte ich. / Scheiße, brüllte ich. / Die Erde schien von einer Lawine aus Feuer und Staub erdrückt zu werden, den die einschlagenden Geschosse verursachten. / Husten. Keuchen. / Ich beschloß, wieder zu schießen. Ich zielte auf die nächstgelegene Mauer, von der ich eben noch einen Mündungsblitz gesehen hatte, und schoss ein paar Mal, konnte aber nichts erkennen. Plötzlich gab es wieder einen Lichtblitz, gefolgt von einem lauten Knall. Es war hinter mir. Ein heller Schein, der wie ein Komet aussah, raste von rechts nach links über die Straße. In seinem aufflackernden Licht konnte ich den Jammer sehen. Zwei Menschen standen und knieten rechts davon, dann war es wieder dunkel. / Man down."

Welche Aussichten auf uneingeschränkte Berücksichtigbarkeit kann die Innere Führung angesichts einer solchen Situation realiter beanspruchen? Ist es tatsächlich glaubhaft, dass die Innere Führung, so wie sie in der ZDv 10/1 von 2008 formuliert wurde, unter solchen Umständen angemessen und einwandfrei beachtet wird?

Schließlich soll noch auf die soziale Kohäsion hingewiesen werden, die bei Soldaten, die länger im Gefecht stehen, untereinander häufig entsteht bzw. erheblich verstärkt wird, sofern diese informal schon angelegt war.[11] In der Militärforschung spricht man vom „primary group"-Effekt.[12] Kameradschaft ist das geläufige Wort dafür.[13] Das Besondere hieran ist, dass die Soldaten eine verschworene Gemeinschaft bilden, die sich und ihre Umwelt mittels einer strikten Wir/Die-Unterscheidung beobachtet („Kleine Kampfgemeinschaft").[14] Im Mittelpunkt steht die Einheit, sie mutiert zum alleinigen Referenzrahmen (Stouffer et al. 1949; Wong 2005; Apelt 2010). „Die Gruppe wird zur totalen Gruppe." (Neitzel/Welzer 2011: 34) Alles andere wird dagegen als zweitrangig, tendenziell unbedeutend abgewehrt (Lang 1965; Meyer 1977; Geser 1980, 1983; Vollmer 2010).

Zurückgeführt wird dieser „primary group"-Effekt auf die klassische Untersuchung von Stouffer et al. (1949: 136), in der etwa die folgende Äußerung eines Veteranen des 2. Weltkriegs zitiert wird: „'You know the men in your outfit. You have to be loyal to them. The men get close-knit together. They like each other – quit their petty bickering and having enemies. They depend on each other – wouldn't do anything to let the rest of them down. They'd rather be killed that do that. They begin to think the world of each other. It's the main thing that keeps a guy from going haywire.'" Nicht selten wird sogar die Armee als organisationale Umwelt auf die andere Seite ver-

---

[11] Vgl. Apelt (2012), die bezüglich Kameradschaft auf den Begriff der Clique von Luhmann (1964) verweist. Inwieweit diese Anleihe hilfreich ist, müßte gesondert geklärt werden.

[12] Vgl. Shils/Janowitz 1948; Stouffer et al. 1949; Lang 1965; Meyer 1977; Roghmann/Ziegler 1977; Kühne 1999; Bastian 2000; Apelt 2010, 2012; Vollmer 2010; Neitzel/Welzer 2011.

[13] Vgl. Kühne 1999, 2006; Bastian 2000; Sorg 2004. Bemerkenswert ist in diesem Zusammenhang, was die HDv 100/100 von 2007 zur Kameradschaft formuliert: „Kameradschaft ist das Band, das die Truppe in allen Lagen fest zusammenhält." (Nr. 310) Bemerkenswert, weil dieser Zusammenhalt offenbar nicht durch die Innere Führung bewerkstelligt wird.

[14] Vgl. Shils/Janowitz 1948; Feld 1958; Soeters et al. 1997; Tomforde 2006; Vollmer 2010; Seiffert 2012.

bannt, mit entsprechenden Abwehrreaktionen bezüglich der formalen Vorgaben, Vorschriften und Maßregeln, die von dort kommen mögen. Immerhin zeichnen dafür Vorgesetzte verantwortlich, die zumeist nicht im Fronteinsatz stehen und damit nicht das Schicksal teilen, welches eine Kampfeinheit so zusammenschweißt. Überdies ist es genau diese Organisation, welche die Soldaten immer wieder in Situationen schickt, die aussichtslos erscheinen, taktisch nicht zu meistern sind und ein hohes Risiko bergen, verwundet oder gar getötet zu werden, ohne dass hinlänglich klar wird, wozu dieses Risiko notwendigerweise eingegangen werden soll, wie im Vietnamkrieg geschehen (Greiner 2009). Auch dieses „Verheizen" von „human resources" kann erheblich dazu beitragen, dass sich zwischen Kampftrupp und Armee anhaltende Entfremdung einstellt, die sich wiederum in einer zunehmenden Nichtbeachtung formaler Vorgaben, Vorschriften, Maßregeln äußert.[15]

Was diese kurze Auflistung leisten soll, ist eine Sensibilisierung für die besondere Belastung, der sich eine kämpfende Einheit unter Gefechtsbedingungen gegenübersieht. Insbesondere geht es darum aufzuzeigen, dass sich aus der Verwandlung eines Interaktionssystems, das ohnehin schon sehr enge Kapazitätsgrenzen aufweist, in ein Konfliktsystem, das nur noch gelten

---

[15] Besonders drastisch kommt dies in folgendem Abschnitt zum Ausdruck: „Doch der Tod von Martin Braun, Oleg Meiling und Alexander Schleiernick hätte nicht sein müssen, schimpfen die Soldaten. Sie hatten wie auf dem Präsentierteller gelegen und mehrfach die Offiziere in der Operationszentrale gebeten, rechtzeitig vor dem Talibanangriff abrücken zu können. Doch das Ansinnen wurde immer wieder abgelehnt. ‚Die haben unsere Jungs auf dem Gewissen', zürnte ein Soldat in jener Nacht. Er hatte schon seine Pistole geladen und sich auf den Weg gemacht. ‚Ich bringe sie um!' Mit Mühe nur konnten sie ihn aufhalten, beruhigen, den Revolver abnehmen. Huhn meldete sich bei seinem Gruppenführer und sagte: ‚Ich mach' nicht mehr mit. Ich lasse mich nicht von Leuten verheizen, die nicht wissen, was draußen los ist!' Andere aus seiner Gruppe meldeten sich ebenfalls: ‚Wir wollen nicht mehr!'" (Seliger 2011b: 22) Und was die Entfremdung angeht, so geht dies aus folgendem Zitat sehr klar heraus: „‚Wir haben kein Gerät, keine Waffen, keine Munition, und einen Teil unserer Fahrzeuge mußten wir aus Kostengründen auch abgeben. Wir sind soweit, dass wir vom Dienstherrn nichts mehr erwarten. Das Gute ist, er kann uns dann auch nicht mehr enttäuschen." (Seliger 2011a: 11) Ergebnis einer solchen Entfremdung kann sein, dass die „task cohesion", wie Moskos dies ausgedrückt hat, völlig verloren geht, so dass nur noch die „social cohesion" übrig bleibt. „Die Kameradschaft tritt hier an die Stelle der unklaren Organisationsziele. Da der Soldat nicht mehr genau weiß, wie er im Einsatz handeln kann, bleibt ihm als Handlungsorientierung die Fürsorge für seine ihm unterstellten Kameraden." (Apelt 2010: 157) Übrigens sind die unteren Dienstgrade, die keinerlei Unterweisung in die Innere Führung erfahren, am häufigsten im Einsatz, vgl. Seiffert 2012: 88.

läßt, was der Konfliktfortführung dient – überdies bei Anwendung physischer Gewalt, durch welche die Aufmerksamkeit der Soldaten, gerade wenn Kameraden physisch Schaden nehmen, nochmals auf ganz elementare existenzielle Bedürfnisse der Primärgruppe fokussiert wird – eine außerordentliche Engführung dessen ergibt, was innerhalb dieses Interaktionssystems noch echte Geltung beanspruchen kann. „Je näher die Truppe am Feind ist, um so geringer ist der Einfluß des formalen Kontrollsystems und umso entscheidender wird das Norm- und Kontrollsystem der Primärgruppe für das Verhalten der Soldaten." (Roghmann/Ziegler 1977:174) Die Innere Führung gerät währenddessen, so die These, tendenziell, wenn nicht strukturell ins Hintertreffen, wie alles Formale.

Organisationssoziologisch kann diese Verwandlung auch so verstanden werden, dass es durch die extreme Engführung des Aufmerksamkeitshorizonts zu einer strukturellen Entkopplung zwischen Organisations- und Interaktionssystem kommt, wodurch besonders abstrakte, interaktionsferne Vorschriften wie die Innere Führung aus dem Blickfeld geraten, weil diese für die Soldaten einen kaum mehr erkennbaren Beitrag zur Systemerhaltung unter den Bedingungen eines heißen Gefechts leisten, sich bezüglich der Bewältigung der Einsatzrealität sogar kontraproduktiv auswirken könnten.[16] Denn die Innere Führung fordert ja ein Höchstmaß an Komplexitätsverarbeitungskapazität; sie läßt keinerlei Einschränkung, keinerlei Weglassen und Übersehen zu und duldet keine Ausnahme von der Regel, um einen Rückfall in die Barbarei kategorisch zu verhindern. Aber eine solche Aufforderung könnte, so formuliert, wie in der ZDv 10/1 geschehen, angesichts von Töten und Getötetwerden als völlig nachrangig wahrgenommen werden. Nicht ohne Grund heißt es in der HDv 100/100 von 2007: „Nur das Einfache hat Erfolg. Einfaches Handeln, folgerichtig ausgeführt, wird am sichersten zum Ziel führen." (Nr. 1014) Anders formuliert: Wie soll ein Soldat angesichts des Todes von Kameraden unvermindert Ambiguitätstoleranz und Zivilstandards bewahren können? Wer kann dies verlangen, wenn in Zivil gekleidete Taliban das Gefecht eröffnen und man nie weiß, wer einem freundlich, wer einem feindlich gesinnt ist? Oder wenn beim „Partnering" Taliban in Uniformen der afghanischen Armee Soldaten der Bundeswehr erschießen? Sind solche Verhaltensrichtlinien unter Gefechtsbedingungen genügend

---

[16] Angelegt ist diese Entkopplungsthese bei Beckmann (2011: 171ff.) zwar, aber noch keineswegs konsequent durchdekliniert.

ausprobiert und getestet worden, so dass empirisch erwiesen ist, dass sie auch regulär befolgt werden können, von jedermann? All das bleibt durch die Innere Führung letztlich unberücksichtigt – und damit eben auch deren uneingeschränkte Berücksichtigbarkeit im Einsatz.

Die Innere Führung im Streßtest

Im „Tagesbefehl des Bundesministers der Verteidigung", damals noch Franz Josef Jung, der der ZDv 10/1 von 2008 vorangestellt ist, heißt es an die Soldatinnen und Soldaten: „Die Anforderungen, die heute an Sie gestellt werden, haben sich gewandelt. Die Einsätze konfrontieren Sie unmittelbar mit hohen Belastungen und existenziellen Gefahren. Die neugefasste Dienstvorschrift berücksichtigt diese Einsatzrealität und verdeutlicht, dass sich die Innere Führung gerade auch unter Einsatzbedingungen bewährt." Diese Bewährtheitsbehauptung kann so nicht länger aufrechterhalten werden, wenn man die bisherigen Ausführungen hypothetisch gelten läßt. Denn in der ZDv 10/1 von 2008 fehlt jedes Bewußtsein, jede ernsthafte Auseinandersetzung mit der Einsatzrealität, speziell der Gefechtssituation. Diese Realität findet zwar Erwähnung, wird aber marginalisiert. Der Textanteil, der sich mit dieser Realität konkret befaßt, ist verschwindend gering. Insofern bereitet die ZDv 10/1 die Soldatinnen und Soldaten auf derartige Einsatzbedingungen nur sehr unzureichend, im Grunde gar nicht vor. Sie werden letztlich damit allein gelassen, wie sie unter Gefechtsbedingungen vorschriftenkonform handeln sollen. Und im Einsatz selbst beherrschen ohnedies ganz andere Prioritäten die Agenda.

Will man die ZDv 10/1 wirklich einsatztauglich machen und nicht bloß Bewährtheit behaupten, müssen die Vorschrift wie auch die Einsatzvorbereitung, -durchführung und -nachbereitung den Streßtest viel stärker zum Thema und Problem erheben. Nicht schlichte Bewährtheit, sondern die Unwahrscheinlichkeit, daß unter bestimmten Einsatzbedingungen eine uneingeschränkte Berücksichtigbarkeit der Inneren Führung jederzeit und jedermann gelingt, sind zu erörtern. Die Vorschrift sollte sich explizit mit solchen Bedingungen konfrontieren und selbstkritisch Stellung beziehen, um nicht bloß eine Feigenblattfunktion zu erfüllen. Will sie ernst genommen werden, muß sie ernst nehmen, wie es um die Bedingungen der Möglichkeit ihres Scheiterns steht. Und sie sollte sich an dieser Möglichkeit des Scheiterns orientieren, um herauszufinden, wie weit sie trägt und Beachtung verdient. Eine Vorschrift, die sich derart ignorant zeigt gegenüber dem, was Einsatzrealität schlimmstenfalls bedeuten kann, darf sich nicht wundern (falls sie das könnte), wenn sie im Einsatz keinerlei Beachtung erfährt. Und nur weil kaum etwas schief läuft, bedeutet dies nicht automatisch, die Innere Führung hätte sich bewährt. Es könnte schlichtweg auch der Tatsache geschuldet sein, daß die Einsatzrealität deutscher Soldaten noch nicht den Grad an Existenzialität hervorgebracht hat, wie es andernorts und in früheren Einsätzen vielmals geschehen ist. Es könnte daher nur eine Frage der Zeit und Umstände sein, bis dieser Fall doch noch eintritt. Ob dann genügend Vorsorge getroffen wurde, um die Bewährtheitsbehauptung aufrechtzuerhalten, darf begründet bezweifelt werden. Denn die schlichte Abwälzung der Verantwortung auf einen einzelnen Soldaten im Falle einer Vorschriftenverletzung, so daß dieser lediglich als „Einzelfall" (Personalisierung des Problems) fehlgehandelt hat, ohne Struktureffekt, genügt sicher nicht „Selbstverständnis und Führungskultur" der Inneren Führung.

Literatur

Apelt, Maja 2010: Die Paradoxien des Soldatenberufs im Spiegel des soldatischen Selbstkonzepts, in: Sabine Jaberg/Heiko Biehl/Günter Mohrmann/Maren Tomforde (Hg.): Auslandseinsätze der Bundeswehr. Sozialwissenschaftliche Analysen, Diagnosen und Perspektiven. Baden-Baden: Nomos, S. 143-162.

Apelt, Maja 2012: Das Militär als Organisation, in: Maja Apelt/Veronika Tacke (Hg.): Handbuch Organisationstypen. Wiesbaden: Verlag für Sozialwissenschaften, S. 133-148.

Bastian, Hans-Dieter 2000: Kameradschaft, in: Peter Blaschke (Hg.): De Offizio. Zu den ethischen Herausforderungen des Offiziersberufs. Leipzig: Evangelische Verlagsanstalt, S. 180-190.

Battistelli, Fabrizio 1991: Four Dilemmas for Military Organisations, in: Jürgen Kuhlmann/Christopher Dandeker (Hg.): Streß and Change in the Military Professions of Today. München: Sozialwissenschaftliches Institut der Bundeswehr, S. 1-18.

Beckmann, Rasmus 2011: Clausewitz trifft Luhmann. Eine systemtheoretische Interpretation von Clausewitz' Handlungstheorie. Wiesbaden: Verlag für Sozialwissenschaften.

Clair, Johannes 2012: Vier Tage im November. Mein Kampfeinsatz in Afghanistan. Berlin: Econ.

Clausewitz, Carl von 1973: Vom Kriege. Bonn: Ferd. Dümmlers Verlag.

Collins, Randall 2011: Dynamik der Gewalt. Eine mikrosoziologische Theorie. Hamburg: Hamburger Edition.

Coser, Lewis A. 1972: Theorie sozialer Konflikte. Neuwied/Berlin: Luchterhand.

Dörfler-Dierken, Angelika 2012: Von „Krieg" und „Frieden": Zur Wahrnehmung des Afghanistaneinsatzes bei Soldatinnen und Soldaten, Politik und Kirchen, in: Anja Seiffert/Phil C. Langer/Carsten Pietsch (Hg.): Der Einsatz der Bundeswehr in Afghanistan. Wiesbaden: Verlag für Sozialwissenschaften, S. 223-237.

Eriksen, Jørgen Weidemann 2010: Should Soldiers Think before They Shoot?, in: Journal of Military Ethics, Vol. 9, No. 3, S. 195-218.

Feld, M. D. 1958: A Typology of Military Organization, in: Carl J. Friedrich/Seymour E. Harris (Hg.): Public Policy. Yearbook of the Graduate School of Public Administration. Cambridge: Graduate School of Public Administration, S. 3-40.

Geser, Hans 1980: Kleine Sozialsysteme: Strukturprobleme und Leistungskapazitäten, in: Kölner Zeitschrift für Soziologie und Sozialpsychologie, S. 205-239.

Geser, Hans 1983: Organisationsprobleme des Militärs, in: Günther Wachtler (Hg.): Militär, Krieg, Gesellschaft. Texte zur Militärsoziologie. Frankfurt/New York: Campus, S. 139-165.

Geser, Hans 1996: Internationale Polizeiaktionen: ein neues evolutionäres Entwicklungsstadium militärischer Organisationen?, in: Georg-Maria Meyer (Hg.): Friedensengel im Kampfanzug? Zu Theorie und Praxis militärischer UN-Einsätze. Opladen: Westdeutscher Verlag, S. 45-74.

Geser, Hans 2005: Die Militärorganisation im Zeitalter entgrenzter Kriegs- und Friedensaufgaben, in: Elmar Wiesendahl (Hg.): Neue Bundeswehr – neue Innere Führung? Perspektiven und Rahmenbedingungen für die Weiterentwicklung eines Leitbildes. Baden-Baden: Nomos, S. 111-127.

Greiner, Bernd 2009: Krieg ohne Fronten. Die USA in Vietnam. Hamburg: Hamburger Edition.

Heins, Volker/Warburg, Jens 2004: Kampf der Zivilisation. Militär und Geselligkeit im Wandel. Bielefeld: transcript.

Hellmann, Kai-Uwe 2011: Bewährungsprobe – Die Innere Führung im Einsatz, in: Uwe Hartmann/Claus von Rosen/Christian Walther (Hg.): Jahrbuch Innere Führung 2011/12. Auf dem Weg zu einer militärischen Berufsethik. Berlin: Miles, S. 178-200.

Karst, Heinz 1969: Das Bild des Soldaten. Versuch eines Umrisses. 3. erweiterte Auflage. Boppard am Rhein: Harald Boldt Verlag.

Kieserling, André 1996: Die Autonomie der Interaktion, in: Günter Küppers (Hg.): Chaos und Ordnung. Formen der Selbstorganisation in Natur und Gesellschaft. Stuttgart: Reclam 257-289.

Kieserling, André 1999: Kommunikation unter Anwesenden. Studien über Interaktionssysteme. Frankfurt/M.: Suhrkamp.

Kühne, Thomas 1999: Gruppenkohäsion und Kameradschaftsmythos in der Wehrmacht, in: Rolf-Dieter Müller/Hans-Erich Volkmann (Hg.): Die Wehrmacht. Mythos und Realität. München: Oldenbourg, S. 534-549.

Kühne, Thomas 2006: Kameradschaft. Die Soldaten des nationalsozialistischen Krieges und das 20. Jahrhundert. Göttingen: Vandenhoeck & Ruprecht.

Lang, Kurt 1965: Military Organizations, in: James March (Hg.): Handbook of Organizations. Chicago: Rand McNally, S. 838-878.

Lawrence, Paul R./Lorsch, Jay W. 1970 : Organization and Environment. Manageing Differentiation and Integration. Boston: Harvard Business School Press.

Leifer, Richard P./Huber, George P. 1977: Relations among Perceived Environmental Uncertainty, Organization Structure and Boundary Spanning Behavior, in: Administrative Science Quarterly, Vol. 22, No. 2, S. 235-247.

Luhmann, Niklas 1964: Funktionen und Folgen formaler Organisationen. Berlin: Duncker&Humblot.

Luhmann, Niklas 1975a: Einfache Sozialsysteme, in: Niklas Luhmann: Soziologische Aufklärung. Bd. 2: Aufsätze zur Theorie der Gesellschaft. Opladen: Westdeutscher Verlag, S. 21-38.

Luhmann, Niklas 1975b: Allgemeine Theorie organisierter Sozialsysteme, in: Niklas Luhmann: Soziologische Aufklärung. Bd. 2. Aufsätze zur Theorie der Gesellschaft. Opladen: Westdeutscher Verlag, S. 39-50.

Luhmann, Niklas 1981a: Kommunikation über Recht in Interaktionssystemen, in: Niklas Luhmann: Ausdifferenzierung des Rechts. Beiträge zur Rechtssoziologie und Rechtstheorie. Frankfurt/M.: Suhrkamp, S. 53-72.

Luhmann, Niklas 1981b: Konflikt und Recht, in: Niklas Luhmann: Ausdifferenzierung des Rechts. Beiträge zur Rechtssoziologie und Rechtstheorie. Frankfurt/M.: Suhrkamp, S. 92-112.

Luhmann, Niklas 1984: Soziale Systeme. Grundriß einer allgemeinen Theorie. Frankfurt/M.: Suhrkamp.

Luhmann, Niklas 2011: Strukturauflösung durch Interaktion. Ein analytischer Bezugsrahmen, in: Soziale Systeme, Jg. 17, Heft 1, S. 3-30.

Mayntz, Renate/Nedelmann, Brigitta 1987: Eigendynamische soziale Prozesse. Anmerkungen zu einem analytischen Paradigma, in: Kölner Zeitschrift für Soziologie und Sozialpsychologie, Jg. 39, 648-668

Meyer, Peter 1977: Kriegs- und Militärsoziologie. München: Goldmann.

Milliken, Francis J. 1987: Three Types of Perceived Uncertainty About the Environment: State, Affect, and Response Uncertainty, in: The Academy of Management Review, Vol. 12, No. 1, S. 133-143.

Neitzel, Sönke/Welzer, Harald 2011: Soldaten. Protokolle vom Kämpfen, Töten und Sterben. Frankfurt/M.: Fischer.

Oetting, Dirk W. 2000: Die Grenzen des Gehorsams in der Auftragstaktik – Ein Meilenstein bei der Entwicklung des Disziplinarverständnisses, in: Truppenpraxis/Wehrausbildung, 5/2000, S. 349-355.

Roghmann, Klaus/Ziegler, Rolf 1977: Militärsoziologie, in: Renate Mayntz/Klaus Roghmann/Rolf Ziegler: Organisation: Militär. Stuttgart: Enke, S. 142-227.

Seiffert, Anja 2012: „Generation Einsatz" – Einsatzrealitäten, Selbstverständnis und Organisation, in: Anja Seiffert/Phil C. Langer/Carsten Pietsch (Hg.): Der Einsatz der Bundeswehr in Afghanistan. Wiesbaden: Verlag für Sozialwissenschaften, S. 79-99.

Seliger, Marco 2010: Vom Kriege, in: loyal, 10/10, S. 6-16.

Seliger, Marco 2011a: Die Revision der Revision, in: loyal, 04/12, S. 6-11.

Seliger, Marco 2011b: Nacht für Nacht ein Messer an der Kehle, in: loyal, 06/11, S. 20-23.

Shils, Edward A./Janowitz, Morris 1948: Cohesion and Disintegration in the Wehrmacht in Word War II, in: Public Opinion Quarterly, S. 280-315.

Simon, Fritz B. 2001: Tödliche Konflikte. Zur Selbstorganisation privater und öffentlicher Kriege. Heidelberg: Carl-Auer-Systeme Verlag.

Soeters, Joseph L./Winslow, Donna J./Weibull, Alise 2003: Military Culture, in: Guiseppe Caforia (Hg.): Handbook of the Sociology of the Military. New York/Boston/Dordrecht/London/Moscow: Kluwer Academic/Plenum Publishers, S. 237-254.

Sofsky, Wolfgang 2005: Traktat über die Gewalt. Frankfurt/M.: Fischer.

Sorg, Werner 2004: Das Wesen der Kameradschaft. Diplomarbeit. Wiener Neustadt.

Stormer, Carsten 2011: Adrenalin und Langeweile. „Embedded" mit US-Soldaten in der afghanischen Unruheprovinz Paktika, in: if. Zeitschrift für Innere Führung, 2/2011, S. 28-33.

Stouffer, Samuel A./Lumsdaine, Arthur A./Lumsdaine, Marion Harper/Williams, Jr., Robin M./Smith, M. Brewster/Janis, Irving L./Star, Shirley A./Cottrell, Jr., Leonhard S. 1949: The American Soldier: Combat and Its Aftermath. Princeton: Princeton University Press.

Thompson, James D. 1967: Organizations in Action. Social Science Bases of Administrative Theory. New York et al.: Mc Graw-Hill Book Company.

Tomforde, Maren 2006: „Einmal muss man schon dabei gewesen sein …" – Auslandseinsätze als Initiation in die 'neue' Bundeswehr, in: Ulrich vom Hagen (Hg.): Armee in der Demokratie. Zum Verhältnis von zivilen und militärischen Prinzipien. Wiesbaden: Verlag für Sozialwissenschaften, S. 101-122.

Ungerer, Dietrich 2010: Töten, um zu überleben, in: Helmut R. Hammerich/Uwe Hartmann/Claus von Rosen (Hg.): Jahrbuch Innere Führung. Die Grenzen des Militärischen. Berlin: Miles, S. 93-108.

Vollmer, Hendrik 2010: Kohäsion und Desintegration militärischer Einheiten. Von der Primärgruppenthese zur doppelten sozialen Einbettung militärischen Handelns, in: Maja Apelt (Hg.): Forschungsthema: Militär. Militärische Organisationen im Spannungsfeld von Krieg, Gesellschaft und soldatischen Subjekten. Wiesbaden: Verlag für Sozialwissenschaften, S. 163-192.

Warburg, Jens 2010: Paradoxe Anforderungen an Soldaten im (Kriegs-)Einsatz, in: Angelika Dörfler-Dierken/Gerhard Kümmel (Hg.): Identität, Selbstverständnis, Berufsbild. Implikationen der neuen Einsatzrealität für die Bundeswehr. Wiesbaden: Verlag für Sozialwissenschaften, S. 57-75.

Wiesendahl, Elmar 2002: Neue Bundeswehr und überholte Innere Führung? Ein Anstoß zur Fortentwicklung eines abgestandenen Leitbilds, in: Wilfried Gebhard (Hg.): Innere Führung – Dekonstruktion und Rekonstruktion. Bremen: Temmen, S. 19-38.

Wong, Leonard 2005: Why Professionals Fight: Combat Motivation in the Iraq War, in: Don Snider/Lloyd J. Matthews (Hg.): The Future of the Army Profession. Boston u. a.: Custom Publishing, S. 491-513.

Studien zur persönlichen, dienstlichen und gesundheitlichen Situation von Bundeswehrangehörigen - Ein Spannungsfeld im Lichte der Inneren Führung?[1]

Joachim Hoppe / Michael A. Tegtmeier

Die Ergebnisse zahlreicher wissenschaftlicher Untersuchungen oder Datenerhebungen mit Bundeswehrbezug (u.a. Studien des Deutschen BundeswehrVerbands e. V. (DBwV) aus den Jahren 2007 und 2012, Studie des Sozialwissenschaftlichen Instituts der Bundeswehr 2012, Forschungsvorhaben „Traumatische Ereignisse, PTBS und andere psychische Störungen bei Soldaten mit und ohne Auslandseinsatz" aus dem Jahr 2012 und die Gesundheitsförderungsberichte der unmittelbaren Bundesverwaltung) weisen auf Konfliktfelder hin, die einen Handlungsbedarf des Dienstherrn nach sich ziehen müssten.

Setzen sich Befragte kritisch mit ihrem Arbeitgeber auseinander, ist dies auf der einen Seite nicht selten ein Hinweis auf ein gestörtes Betriebsklima, Arbeitsüberlastung oder eine anderweitige Störung in der Kommunikation innerhalb einer Organisation. Andererseits kommt es der Bundeswehr im Rahmen der Fürsorge als einem wichtigen Gestaltungsfeld der Inneren Führung besonders darauf an, den Mitarbeiter und somit den Menschen in den Mittelpunkt aller Überlegungen und Handlungen zu stellen und dieses auch glaubhaft zu vermitteln.

In der nachfolgenden Darstellung werden zunächst anhand ausgewählter Beispiele die Ergebnisse von wissenschaftlichen Untersuchungen, die im Zusammenhang mit der Dienstzufriedenheit sowie der persönlichen, dienstlichen und gesundheitlichen Bewertung der Dienstsituation von Soldaten der Bundeswehr stehen, thematisiert. Dem wird gegenüber gestellt, welche Stellungnahmen mit Bezug zum Dienstherrn veröffentlicht wurden, um auf die geäußerten Anliegen der Mitarbeiter einzugehen.

Darauf aufbauend wird, ausgehend vom Konzept der Inneren Führung, aufgezeigt, wo möglicherweise Erwartungshaltungen und Realität aus-

---

1 Die in der vorliegenden Publikation geäußerten Ansichten und Meinungen sind ausschließlich diejenigen der Autoren und geben nicht notwendigerweise die Auffassung des Bundesministeriums der Verteidigung wieder.

einanderklaffen können und welche Empfehlungen aus Sicht der Inneren Führung zum Finden tragfähiger Lösungen gegeben werden können.

Auswertung ausgewählter Studien

Mitgliederbefragung DBwV 2007

Der Deutsche BundeswehrVerband befragte Anfang des Jahres 2007 über 45.000 Mitglieder, davon mehr als die Hälfte aktive Soldatinnen und Soldaten und über 25 % mit Erfahrungen im Auslandseinsatz.

Die Ergebnisse dieser Mitgliederbefragung zur Berufszufriedenheit ergaben u.a., dass 48,7 % der Berufssoldaten und 36,2 % der Zeitsoldaten sich heute nicht noch einmal für den Dienst in der Bundeswehr entscheiden würden und darüber hinaus 58,6 % ihnen nahestehenden Personen (z.B. Familienangehörigen) den Dienst in den Streitkräften nicht empfehlen würden. Weiterhin waren 75,9 % der Befragten der Meinung, dass es der Bundeswehr zukünftig nicht gelingen wird, qualifizierten Nachwuchs zu gewinnen.

In Bezug auf die persönliche Ausrüstung für Einsätze bewerteten 22,5 % der Befragten diese als schlecht oder sehr schlecht und 44,9 % als mittelmäßig. Die materielle Ausstattung im Einsatz wurde von 26,5 % der Befragten als schlecht oder sehr schlecht und von 45,2 % als mittelmäßig angesehen.[2]

Mitgliederbefragung DBwV 2012

Im Jahr 2012 befragte der Deutsche BundeswehrVerband ca. 1.800 Kommandeure, Kompaniechefs und Kompaniefeldwebel aller Teilstreitkräfte und Organisationsbereiche zur Neuausrichtung der Bundeswehr.

Während fast drei Viertel der Befragten grundsätzlich der Reform der Streitkräfte zustimmten, haben 46,7 % die Umsetzung als schlecht oder sehr schlecht bewertet. Nur 5,7 % sind davon überzeugt, dass der Personalabbau ohne größere Probleme und Nachteile für die Soldatinnen und Solda-

---

2 Deutscher BundeswehrVerband, Umfrage zur Berufszufriedenheit, Bericht zur Mitgliederbefragung des Deutschen BundeswehrVerbandes (Strohmeier-Studie), Passau, 27.04.2007

ten vollständig gelingen wird. 88,1 % der Befragten äußerten sich überzeugt, dass die Neuausrichtung bald korrigiert werden müsse.

67,5 % bewerteten ihre Arbeitsbelastung als groß oder sehr groß. Darüber hinaus gaben 58 % der Befragten an, sie hätten im Zuge der Neuaufstellung auch schon darüber nachgedacht, die Streitkräfte zu verlassen. 63,6 % würden ihren Kindern den Dienst in der Bundeswehr nicht empfehlen.[3]

Forschungsvorhaben „Traumatische Ereignisse, PTBS und andere psychische Störungen bei Soldaten mit und ohne Auslandseinsatz"

Im Zuge einer durch die Bundeswehr beauftragten Studie zur Problematik der Dunkelziffer von Posttraumatischen Belastungsstörungen wurden Soldaten, die am ISAF-Einsatz 2009 teilgenommen haben, untersucht.

Im Einzelnen wurde festgestellt, dass 2,9 % der Einsatzrückkehrer an einer PTBS leiden, ein Auslandseinsatz das Risiko, an einer PTBS zu erkranken, um bis zum vierfachen erhöht und dass die Gesamtzahl der PTBS-Erkrankten der Bundeswehr seit Beginn der Auslandseinsätze konservativ geschätzt in die Tausende geht.

Darüber hinaus ergab die Untersuchung, dass jeder zweite PTBS-Fall unerkannt und unbehandelt bleibt und die sogenannte Dunkelziffer bei 45 % liegt. Die Erkrankung der Einsatzsoldaten an PTBS stellt nur die Spitze des Eisbergs einsatzbedingter psychischer Störungen dar. Die Soldaten haben ein mehrfach höheres Risiko, (als PTBS) an anderen Formen von einsatzbedingten psychischen Störungen, wie z.B. Depressionen oder Schlafstörungen, zu erkranken.[4,5]

---

3 Technische Universität Chemnitz, Militärische Führungskräfte bewerten die Neuausrichtung der Bundeswehr. Zielgruppenbefragung der TU Chemnitz im Auftrag des Deutschen BundeswehrVerbandes, Chemnitz, 07.09.2012

4 Wittchen, Hans-Ulrich und Schönfeld, Sabine; Traumatische Ereignisse und posttraumatische Belastungsstörungen bei im Ausland eingesetzten Soldaten: Wie hoch ist die Dunkelziffer? Deutsches Ärzteblatt 2012, 109 (35-36), 559-68

5 Wittchen, Hans-Ulrich und Schönfeld, Sabine, Traumatische Ereignisse, PTBS und andere psychische Störungen bei Soldaten mit und ohne Auslandseinsatz, Pressemappe Dunkelzifferstudie (Auszug), Technische Universität Dresden, 10.04.2011

Gesundheitsförderungsbericht 2011 der unmittelbaren Bundesverwaltung

Der jährlich durch das Bundesministerium des Inneren herausgegebene Gesundheitsförderungsbericht stellt neben den Handlungsfeldern der Gesundheitsförderung in der Bundesverwaltung auch die krankheitsbedingten Fehlzeiten der Beschäftigten in der unmittelbaren Bundesverwaltung dar.

Der Bericht hält fest, dass sich der allgemeine Entwicklungstrend mit einer Steigerung der krankheitsbedingten Fehlzeiten in der Bundesverwaltung (oberste Bundesbehörde und Geschäftsbereich) fortgesetzt hat. Durchschnittlich 19,03 Arbeitstage fehlte jeder Beschäftigte in der unmittelbaren Bundesverwaltung krankheitsbedingt, das entspricht 7,58 % der gesamten 251 Arbeitstage des Jahres 2011 und gegenüber 2010 einen Anstieg um 0,97 Arbeitstage. Dabei wurde für den Bereich BMVg (nur Oberste Bundesbehörde, ausschließlich Zivilpersonal betrachtet) festgestellt, dass dieser bei den Fehltagen in den obersten Bundesbehörden (ohne Geschäftsbereichsbehörden) mit 20,81 Fehltagen an der Spitze aller Ministerien liegt. Der Durchschnitt der Fehltage bei allen Ministerien liegt bei 15,68 Fehltagen.[6]

Weiterhin werden verschiedene praxiserprobte Beispiele aus Wirtschaft und Verwaltung dargestellt und Möglichkeiten aufgezeigt, wie der Öffentliche Dienst den Handlungsbedarf des demografischen Wandels erkannt hat und versucht, sich den neuen Herausforderungen durch gezielte Maßnahmen zu stellen. Beispiele aus dem BMVg sind nicht zu finden.

Als Fazit wird festgehalten, dass Maßnahmen zu einer alters- und alternsgerechten Personalpolitik entwickelt werden müssen, um ältere Mitarbeiterinnen und Mitarbeiter langfristig vor allem beschäftigungsfähig und motiviert zu halten und entsprechend ihrer physischen Leistungsfähigkeit in die Arbeit zu integrieren.

Befragungen 2012 des Sozialwissenschaftlichen Instituts der Bundeswehr „Veränderungsmanagement zur Neuausrichtung der Bundeswehr - Sozialwissenschaftliche Begleituntersuchung"

Zur Neuausrichtung der Bundeswehr wurden im Rahmen der Optimierung des Veränderungsmanagements zwei Zielgruppen befragt: Zum einen aus-

---

6 Bundesministerium des Inneren, Gesundheitsförderungsbericht 2011 der unmittelbaren Bundesverwaltung - einschließlich Fehlzeitenstatistik - , Berlin, Oktober 2012

gewählte Führungskräfte (Dienststellenleiter) und zum anderen weitere Bundeswehrangehörige.

Im Bereich der Dienststellenleiter ergab sich, dass die Führungskräfte mehrheitlich die wesentlichen Einzelziele der Neuausrichtung (u.a. die Erhöhung der Leistungsfähigkeit der Bundeswehr, personalpolitische Ziele, Einsparungen im Verteidigungsetat) unterstützen, bei vielen aber keine Klarheit besteht, wohin die Neuausrichtung eigentlich führen soll. Aus Sicht der Befragten sollte vor allem die Bürokratie abgebaut, schnellere Entscheidungsprozesse durch flachere Hierarchien erreicht sowie die Attraktivität der Bundeswehr als Arbeitgeber durch eine Verbesserung der sozialen Leistungen und eine Anpassung des Besoldungs- und Zulagensystems gesteigert werden. Obwohl die überwiegende Mehrheit die Notwendigkeit der Neuausrichtung sieht, wird deutliche Kritik an der Umsetzung der Neuausrichtung geäußert, die nach Meinungen der Führungskräfte nicht erfolgreich verläuft. Viele Dienststellenleiter erwarten darüber hinaus negative Effekte bei der Umsetzung der Neuausrichtung, besonders im Hinblick auf die Personalbindung und die Identifikation mit der Bundeswehr.

Die weiteren Bundeswehrangehörigen haben in geringerem Maße als die Dienststellenleiter eine klare Vorstellung über die Richtung der Neuausrichtung. Eine Mehrheit glaubt, dass mit der Neuausrichtung die Ziele Steigerung der Einsatzfähigkeit bzw. der Attraktivität des Dienstes nicht erreicht werden und erwartet darüber hinaus negative Auswirkungen auf die Vereinbarkeit von Dienst und Familie bzw. auf ihre berufliche Karriere.[7]

Reaktionen auf die Ergebnisse der Studien

Zur Auswertung werden ausschließlich veröffentlichte Reaktionen mit Bezug zum BMVg zitiert. Das hier analysierte Bild stützt sich bewusst nicht auf mögliche interne Erkenntnisse der Autoren ab, sondern beschreibt nur die Beiträge, die sich aus Interviews und veröffentlichten Stellungnahmen aus dem Bereich der Bundeswehr ergeben haben.

---

7 Sozialwissenschaftliches Institut der Bundeswehr, Veränderungsmanagement zur Neuausrichtung der Bundeswehr, Sozialwissenschaftliche Begleituntersuchung, Ergebnisse der Befragungen 2012, Strausberg, August 2012

Bei Spiegel online[8] wurde folgende Reaktion auf die Mitgliederbefragung des DBwV 2007 eingestellt: „Mit einem Maulkorb-Erlass hat das Verteidigungsministerium über grassierende Unzufriedenheit in der Truppe reagiert: Die Untergebenen von Wehrminister Franz Josef Jung (CDU) sollen Unkenntnis vorgaukeln und dürfen keine öffentlichen Kommentare abgeben. „Alle Soldaten und Mitarbeiter der Bundeswehr" müssen laut einer internen Weisung eine von oben verordnete „Sprachregelung" befolgen: „Zu der Mitgliederbefragung des Deutschen BundeswehrVerbands kann ich keine Angaben machen, da mir der Bericht nicht vorliegt." Immerhin werden „persönliche Aussagen zur eigenen Berufszufriedenheit" gegenüber den Medien erlaubt, allerdings nur mit „pressefachlicher Begleitung" - also unter Aufsicht eines Presseoffiziers."

Die im Jahr 2007 mitregierende SPD stellte in einer Presserklärung[9] zur Mitgliederbefragung des DBwV 2007 fest: „Die Ergebnisse der Mitgliederbefragung des Deutschen Bundeswehrverbandes zeigen im wesentlichen ein Stimmungsbild auf. Die Ergebnisse sind in einem hohem Maß durch persönliches Empfinden geprägt. Es handelt sich jedoch um keine Studie nach Maßstäben repräsentativer Umfragen. Dies wird allein schon dadurch deutlich, dass ca. die Hälfte der Befragten sich bereits im Ruhestand befindet. (…) Trotzdem nehmen wir das Ergebnis des Bundeswehrverbandes sehr ernst, wenn große Teile der Befragten in den zentralen Bereichen Attraktivität des Dienstes, Finanzierung, Materialausstattung und Vorbereitung auf Auslandseinsätze eine sehr große Unzufriedenheit äußern. (…) Es muss aber auch erlaubt sein darauf hinzuweisen, dass Politik nicht alles regeln kann, was die Berufssituation und die damit verbundenen Auswirkungen auf das soziale Umfeld betreffen. So sollte sich die Politik nicht den Schuh bei Kritik an der Personalführung und den internen Arbeitsbedingungen anziehen. Hier ist zuerst die Institution Bundeswehr selbst gefordert."

Aus den veröffentlichten Stellungnahmen des BMVg zur Mitgliederbefragung des Deutschen Bundeswehrverbands 2012 geht hervor: „Das Verteidigungsministerium sieht die Neuausrichtung der Streitkräfte trotz der

---

8 http://www.spiegel.de/spiegel/vorab/a-483663.html (Abruf am 07.05.2013)

9 Pressemitteilung, Mitgliederbefragung des Bundeswehrverbandes zeigt Nachsteuerungsbedarf,
http://www.pressrelations.de/new/standard/result_main.cfm?pfach=1&n_firmanr_=1086 45&sektor=pm&detail=1&r=277323&sid=&aktion=jour_pm&quelle=0

Verunsicherung auf gutem Weg. „Insgesamt wird deutlich, dass die generelle Richtung stimmt" … es sei zu erwarten gewesen, dass mit einer solch umfassenden Neustrukturierung auch ein Gefühl der Unsicherheit bei den Soldaten einhergehe. „Es muss uns aber nachdenklich stimmen, dass nur die Hälfte der Befragten die Umsetzung der Neuausrichtung als positiv bewertet und sogar größeren Handlungsbedarf als zuvor sieht." … „Das ist kein befriedigender Wert", räumte Verteidigungsstaatssekretär Stéphane Beemelmans ein. Das Ministerium werde deshalb „zügig umfassende Maßnahmen ergreifen, um die Beteiligung und die Kommunikation zu verbessern", … die Frage der Einbindung der Bundeswehrangehörigen in die Reform soll zentraler Bestandteil einer Bundeswehrtagung Ende Oktober sein."[10]

Eine Einordnung der Ergebnisse von zwei der oben aufgeführten Studien nahm der Verteidigungsminister vor: „Ich will in diesem Kontext auf die beiden Studien des Bundeswehrverbands und des Sozialwissenschaftlichen Instituts der Bundeswehr eingehen. Die in beiden Studien zum Ausdruck kommende Unsicherheit und Unzufriedenheit überrascht nicht: Jede Veränderung ist mühsam und stellt neue Anforderungen. Das gilt in besonderem Maße für die Neuausrichtung: Die tiefgreifenden Veränderungen, die mit ihrer Umsetzung zweifelsfrei verbunden sind, stellen besondere Anforderungen an die Frauen und Männer der Bundeswehr, an uns alle. Hinzu kommt: Ergebnisse oder gar Verbesserungen im Zuge der Neuausrichtung konnten bisher wohl nur vereinzelt spürbar werden, die Umsetzung hat ja eben erst begonnen. Wir Menschen sind offenbar so angelegt, dass wir bei Veränderungen erst einmal die Risiken befürchten, als für die Chancen zu arbeiten. Es liegt in Ihrer Hand, dass sich dies bald ändern wird. Wir alle können selbst am meisten dafür tun, dass die Sorge um eine weitere Reform hinfällig wird. Auch vor dem Hintergrund dieser Sorge habe ich mich um einen breiten politischen Konsens für die Neuausrichtung bemüht. Die Neuausrichtung ist auf Konsens im politischen Lager angelegt und in ihren Grundzügen unbestritten. Nur einige Punkte werden von der Opposition kritisiert; für ein Großprojekt wie die Neuausrichtung hält sich die Ankündigung von Veränderungen aber in Grenzen. Klar ist: Die Bundeswehr wird sich auch künftig neuen Herausforderungen stellen und weiterentwickeln

---

10 FOCUS Online: Stimmung bei deutschen Soldaten ist „alarmierend" - http://www.focus.de/politik/deutschland/ umfrage-zur-bundeswehrreform-stimmung-bei-deutschen-soldaten-ist-alarmierend_aid_815295.html, (Abruf am 18.04.2013)

müssen. Eine Armee und ihre Verwaltung, die sich selbst nicht fortentwickelt, erfüllt ihren Auftrag nicht mehr. Was bei den Einsätzen gilt - die Bereitschaft und Fähigkeit zur Anpassung an jede neue Lage - muss auch für den Grundbetrieb gelten. Genau dafür wird die Neuausrichtung die notwendigen Voraussetzungen schaffen." [11]

Fürsorge als Gestaltungsfeld der Inneren Führung

Der Bundeswehr kommt es in besonderer Weise auf die Fürsorge gegenüber ihren Mitarbeiterinnen und Mitarbeitern und auf die glaubwürdige Vermittlung an, dass der Mitarbeiter und somit der Mensch im Mittelpunkt aller Überlegungen und Handlungen steht: „Die Auslandseinsätze der Bundeswehr haben deutlich vor Augen geführt, dass jeder Soldat in Lagen geraten kann, in denen er, auf sich selbst gestellt, Entscheidungen treffen muss (...), die für Nicht-Soldaten unüblich sind und die höchste Güter wie das Leben und Überleben von Menschen treffen können. (...) Heute zeigt sich, dass die im Kern der Inneren Führung angelegte Mittelpunktstellung des Menschen in ihrer künftigen Relevanz für die Bundeswehr als Einsatzarmee kaum überschätzt werden kann." [12] Somit ist und bleibt Fürsorge ein an Bedeutung zunehmendes Anliegen der Inneren Führung.

Im folgenden Abschnitt wird zum einen die Zentrale Dienstvorschrift „Innere Führung" (Zentrale Dienstvorschrift - ZDv 10/1)[13] zu Rate gezogen, um zu prüfen, inwieweit die Ergebnisse der thematisierten Studien einerseits und veröffentlichte Reaktionen mit Bezug zum BMVg andererseits in Beziehung zum geforderten Selbstverständnis und zur Führungskultur der Bundeswehr stehen. Zum anderen wollen die Autoren mit einen Blick zu-

---

11 Rede des Bundesministers der Verteidigung, Thomas de Maizière, anlässlich der Bundeswehrtagung am Montag, 22. Oktober 2012, in Strausberg: Unser Auftrag ist Ausgangspunkt und Ziel der Neuausrichtung,
http://www.bmvg.de/portal/a/bmvg/!ut/p/c4/NYvBCsIwEET_aLfRi3ozBMGrF20vkjZ LWGiSsm7rxY83OXQGHgyPwQFrs984euWS_Ywv7Ce-jF8Y0xYhceaPkvCaIJC89w1CgTI-z0QTCWTNipl5cooXovAUkTnZlaRao AD9p1xtjPdHvM7D dYdbsezcXf7w CWl6x-cdKte/ (Abruf am 07.05.2013)
12 Hartmann, U., von Rosen, C., Walther, C. (Hrsg.): Jahrbuch Innere Führung 2011, Carola Hartmann-Miles Verlag, Berlin, 2011, S. 10
13 Bundesministerium der Verteidigung, Führungsstab der Streitkräfte I 4 (Hrsg.): Zentrale Dienstvorschrift (ZDv) 10/1, Innere Führung, Bonn, 2008

rück in das vom ersten Generalinspekteur der Bundeswehr herausgegebene „Handbuch Innere Führung"[14] die Frage aufwerfen, inwieweit seit dieser Zeit ein Kernbestand der Inneren Führung auszumachen ist. Auch dieser steht möglicherweise in Beziehung zu den Ergebnissen und dem Umgang mit den thematisierten Studien.

Das aus dem Jahr 1957 stammende „Handbuch Innere Führung" stellt, neben der Einsatzbereitschaft der jungen Bundeswehr, bereits die Sorge um die anvertrauten Soldaten in den Mittelpunkt des Handelns. Von hier aus spannt sich der Bogen im Rahmen der Weiterentwicklung der Inneren Führung, bei der Fürsorge auch weiterhin ein wichtiges Element ist.

Der im Jahr 2008 erlassenen und aktuell gültigen ZDv 10/1, Innere Führung, zufolge ist die Innere Führung Leitlinie für die Führung von Menschen und gewährleistet, dass die Bundeswehr in der Mitte der Gesellschaft bleibt. (vgl. ZDv 10/1, Nr. 101). Hieraus lässt sich somit auch grundsätzlich ableiten, dass die behandelten Studien und Mitgliederbefragungen von großem Interesse für die Leitung und die militärische Führung der Bundeswehr sein sollten und dass die Verantwortlichen ihrerseits aktiv solche Instrumente nutzen und initiieren müssten. Innere Führung soll ein Höchstmaß an militärischer Leistungsfähigkeit sicherstellen und zugleich Freiheit und Rechte der Soldatinnen und Soldaten garantieren (vgl. ZDv 10/1, Nr. 302).

Im Kapitel „Staatsbürger in Uniform" wird im Handbuch Innere Führung" von 1957 als Schlüsselfrage gestellt: „Wie kann die deutsche Bundeswehr in der Mitte des 20. Jahrhunderts zu einem Instrument von höchster Schlagkraft gestaltet werden?" (Handbuch Innere Führung, S. 17). Wenn es also um den Stand bzw. die Steigerung der militärischen Leistungsfähigkeit und Einsatzbereitschaft geht, ist ein Kernanliegen von Innerer Führung betroffen. Dies erfordert die Aufmerksamkeit und das Engagement der Führung wie auch jedes Einzelnen. Wenn, mit Blick z.B. auf die 2012 durchgeführte Mitgliederbefragung DBwV und die Befragungen des Sozialwissenschaftlichen Instituts der Bundeswehr, insbesondere die Kommandeure, Dienststellenleiter und Kompaniefeldwebel grundsätzlich grundlegende Reformen für notwendig erachten und diese befürworten, denken und handeln sie im Sinne der Inneren Führung. Wenn sie zugleich aber große Skepsis und sogar Zweifel an den dazu initiierten Umsetzungsmaßnahmen äußern, muss

---

14 Bundesministerium für Verteidigung, Führungsstab der Bundeswehr – B, Handbuch Innere Führung, Bonn, 1957

dies wiederum die Leitung und militärische Führung der Bundeswehr nachdenklich stimmen und sie sollte die Bedenken sehr ernst nehmen.

Vertrauen ist aus Sicht der Inneren Führung ein Wesensmerkmal verantwortungsbewusster Menschenführung. Vorgesetzte müssen sich deshalb Zeit für die ihnen anvertrauten Soldatinnen und Soldaten nehmen. Sie sollen sie kennen und verstehen lernen und dazu aufgeschlossen auf sie zugehen (vgl. ZDv 10/1, Nr. 605). Das „Handbuch Innere Führung" empfahl schon 1957, dass der Vorgesetzte seine Untergebenen kennen solle. Erfolgreiche Führung stelle sich dort ein, wo Vorgesetzte die Interessen, Wünsche und Sorgen ihrer Soldatinnen und Soldaten kennen und alle Mittel und Wege in- und außerhalb der Truppe nutzen, um ihnen gerecht zu werden. Auch in diesem Zusammenhang sei der Kontakt mit dem zivilen Umfeld von besonderer Bedeutung (vgl. Handbuch Innere Führung, S. 164). In diesem Verständnis können Meinungsumfragen und Studien von aktiven und ehemaligen Bundeswehrangehörigen zum Kennenlernen der anvertrauten Mitarbeiter einen wichtigen Beitrag leisten.

Die Art und Weise, wie Dienstherr und Vorgesetzte ihrerseits mit diesen Ergebnissen und Erkenntnissen umgehen, wird wiederum Auswirkungen auf das Vertrauensverhältnis zu den Angehörigen der Bundeswehr haben. Wenn in den Mitgliederbefragungen des DBwV aus dem Jahr 2007 damals die persönliche Ausrüstung wie auch die materielle Ausstattung, insbesondere mit Blick auf den Einsatz, mehrheitlich in der Tendenz als unzureichend empfunden wurden, stellte sich im Sinne der Inneren Führung zum einen die Frage nach dem hinreichenden Vertrauen in die Führung sowie zum anderen in das notwendige Fürsorgeverhalten des Dienstherrn.

Von Vorgesetzten wird gefordert, dass sie Belastungen, Entbehrungen und Gefahren gemeinsam mit ihren Unterstellten ertragen und insbesondere in schwierigen und fordernden Situationen Verantwortung und Führungskönnen beweisen. Im täglichen Dienst entspricht es der Inneren Führung, einen von Achtung und Respekt geprägten Umgang miteinander zu pflegen (vgl. ZDv 10/1, Nr. 606). In diesem Kontext sind die folgenden Aussagen näher zu betrachten. Staatssekretär Beemelmans stellt fest, dass ein Wert, bei dem nur die Hälfte der Befragten die Umsetzung der Neuausrichtung als positiv bewertet und sogar größeren Handlungsbedarf als zuvor sieht, nicht zufriedenstellend ist und das Ministerium deshalb umfassende Maßnahmen ergreifen werde, um die Beteiligung und die Kommunikation zu verbessern. Minister Dr. de Maizière äußert, dass etliche Soldaten den verständlichen, aber oft übertriebenen Wunsch nach Wertschätzung haben und vielleicht geradezu süchtig danach sind. Er empfiehlt, damit einfach aufzuhören, dauernd nach Anerkennung zu gieren. Die Wertschätzung anderer bekäme man nicht dadurch, dass man danach fragt, sondern gute Arbeit leistet.[15]

Auch Themen wie Verwundung, Tod und der Umgang mit Angst sollen nicht verdrängt werden, sondern ehrlich und einfühlsam zur Sprache kommen, um so eine Gesprächskultur zu schaffen, in der gegenseitiges Vertrauen und sichere Gefolgschaft wachsen können (vgl. ZDv 10/1, Nr. 609). Wenn unter diesem Aspekt die von der Bundeswehr beauftragte Studie zur Problematik der Dunkelziffer von Posttraumatischen Belastungsstörungen ergibt, dass jeder zweite PTBS-Fall unerkannt und unbehandelt bleibt und eine Dunkelziffer von 45 % vermutet wird, dann fordert Innere Führung, eine vertrauensvolle Gesprächskultur innerhalb der Bundeswehr deutlich zu intensivieren.

Vorgesetzte sollen für eine durchdachte Dienstgestaltung und eine wirksame Ausbildung Sorge tragen. Sie sollen erreichbare Ziele vorgeben, ausreichend Zeit für Planung und Vorbereitung einräumen und alle für eine erfolgreiche Auftragsdurchführung benötigten Mittel bereitstellen. Dies trägt im Sinne der Inneren Führung gleichermaßen zur Auftragserfüllung wie auch zur Attraktivität der Bundeswehr bei (vgl. ZDv 10/1, Nr. 643).

Umfrageergebnisse, die u.a. aussagen, dass Angehörige der Bundeswehr durch die Reformen negative Auswirkungen auf die Vereinbarkeit von Familie und Dienst erwarten bzw. in ihrem familiären Umfeld mehrheitlich davon abraten, den Soldatenberuf zu ergreifen, können als Alarmzeichen bewertet werden und bedingen zeitnahen Handlungsbedarf im Hinblick auf Vertrauensbildung und Attraktivität.

Das organisatorische Gestalten der Bundeswehr soll die Grundsätze der Inneren Führung berücksichtigen und Strukturen schaffen, die ein Handeln im Sinne der Inneren Führung ermöglichen. Organisationsentscheidungen sollen begründet und erläutert werden, um Glaubwürdigkeit zu erhalten (vgl. ZDv 10/1, Nr. 653).

---

15   http://www.faz.net/aktuell/politik/inland/thomas-de-maiziere-im-gespraech-giert-nicht-nach-anerkennung-12092201.html? google_ editors_picks=true (Abruf am 10.04.2013)

Sämtliche oben zitierten Befragungen durchziehen Zweifel und Besorgnisse hinsichtlich der ergriffenen Reformmaßnahmen der letzten Jahre. Dies wirft nicht allein Fragen zum Vertrauen in und zur Fürsorge durch die Führung auf, sondern legt noch einen weiteren Gedanken nahe. Ist hier eine wichtige Forderung der Inneren Führung, dass sie selbst immanenter Bestandteil des organisatorischen Gestaltens sein sollte, in Vergessenheit geraten?

Fürsorge und Betreuung leiten sich aus dem gegenseitigen Treueverhältnis zwischen Dienstherrn und Soldaten ab und beschreiben die Pflicht des Staates, die dienstlich veranlassten Belastungen für die Betroffenen und ihre Familien möglichst auszugleichen. Innere Führung verlangt vom Dienstherrn das ständige Bemühen, die Soldatinnen und Soldaten von Schaden und Nachteilen zu bewahren (vgl. ZDv 10/1, Nr. 660f). Das erste „Handbuch Innere Führung" spricht in diesem Zusammenhang von der Sorge um den Menschen. Es müsse aus dienstlicher Sicht ein Raubbau am Menschen verhindert werden, damit der Soldat jederzeit einsatzbereit sein kann (Handbuch Innere Führung, S. 161f). Die Belastungen der Soldatinnen und Soldaten und ihrer Familien durch häufige Auslandseinsätze und Maßnahmen der Transformation und Neuordnung der Bundeswehr sollen im Rahmen der Fürsorgepflicht, sofern dienstlich möglich, gemindert werden (vgl. ZDv 10/1, Nr. 668). Eine besondere Verantwortung für die Innere Führung sieht das „Handbuch Innere Führung" auch dort, wo äußere Schwierigkeiten das Leben der Soldaten belasten. Innere Führung müsse dann berechtigte Anliegen der Soldatinnen und Soldaten vertreten, mahnen und fordern (vgl. Handbuch Innere Führung, S. 173).

Moral der Truppe und Vertrauen in die Führung werden gestärkt durch eine enge und vertrauensvolle Zusammenarbeit der Vorgesetzten mit dem Fachpersonal des Sanitätsdienstes der Bundeswehr. Vorgesetzte sollen so einen wichtigen Beitrag zur Erhaltung der Gesundheit ihrer Soldatinnen und Soldaten leisten und dem fachkundigen Rat und den Empfehlungen des ärztlichen Fachpersonals grundsätzlich folgen (vgl. ZDv 10/1, Nr. 675f). In diesem Kontext sind der Gesundheitsförderungsbericht 2011 sowie die Ergebnisse des Forschungsvorhaben „Traumatische Ereignisse, PTBS und andere psychische Störungen bei Soldaten mit und ohne Auslandseinsatz" dahingehend auszuwerten, ob sich hier Handlungsbedarf ergibt und Maßnahmen zum Wohle der Betroffenen im Rahmen der Fürsorge und einer umfassend verstandenen Inneren Führung ergriffen werden müssen.

Für eine Einsatzarmee ist die Gesundheit und Fitness ihres Personals von zentraler Bedeutung. Es zeigt sich, dass u.a. eine Schaffung von angemessenen Rahmenbedingungen für Einsatzversehrte sowie die Beschäftigung mit den Themen Tod und Verwundung, einschließlich psychischer Verwundungen, notwendig ist. Aber auch im Grundbetrieb ist die Befassung mit den Herausforderungen wie Stressbelastung und Burn-out im Rahmen des Betrieblichen Gesundheitsmanagements von hoher Wichtigkeit. Dies erfordert, den Fürsorgegedanken der Inneren Führung zukünftig umfassender zu sehen und neu zu gestalten.

Folgerungen und Perspektiven

Die Bereitschaft von Bundeswehrangehörigen, sich an Umfragen zu beteiligen, zeigt per se eine positive Grundeinstellung und ein deutlich vorhandenes Engagement für den Beruf. Konstruktive Kritik trägt zur Weiterentwicklung einer Organisation bei, weil damit die Erfahrungen auch nachgeordneter Ebenen in einen Weiterentwicklungsprozess einfließen können. Die kritische Auseinandersetzung mit der dienstlichen Situation trägt somit zur aktiven Ausgestaltung der Inneren Führung bei, weil sie letztendlich auf eine Optimierung der Leistungsfähigkeit der Bundeswehr zielt. Darüber hinaus werden ggf. noch weitere Handlungsfelder aufgezeigt, die die Verantwortlichen für eine Neuorganisation zusätzlich in ihre Überlegungen einbeziehen sollten.

Aus Sicht des Dienstherrn ist die Frage zu stellen, welche Schlussfolgerungen aus den Umfrageergebnissen gezogen werden können. Leitfragen können dabei sein:

- Ist die Vermittlung der Ziele und Inhalte verständlich?

- Gibt es Nachsteuerungsbedarf?

- Sind die Interessen der Mitarbeiter ausreichend berücksichtigt?

- Wurde den sozialen Komponenten Rechnung getragen?

- Ist eine permanente Überprüfung der Umsetzung, im Sinne eines Neuausrichtungscontrollings, notwendig?

- Berücksichtigt die Reform in ihren Grundlagen und Strukturen die Belange der Inneren Führung?

Ein wichtiger Aspekt der Inneren Führung ist und bleibt in diesem Kontext eine auf die Mittelpunktstellung des Menschen - als auf sich selbst gestellter, verantwortlich handelnder Soldat im Einsatz, aber auch als aktiver Mitarbeiter an der Neuausrichtung der Bundeswehr zu Hause - angelegte Fürsorge. Dies wird ganz wesentlich aus den Ergebnissen der zitierten Umfragen deutlich.

Im Multidimensionalen Verantwortungs- und Fürsorgemodell wird die zentrale Bedeutung dieser beiden Begriffe ersichtlich. Während Verantwortung nicht teilbar ist und von oben nach unten wirkt, rückt die Fürsorge nicht nur im Modell in den Mittelpunkt, sondern auch als Gestaltungsfeld der Inneren Führung, dessen Bedeutung zunehmend in den Fokus gerät. Daraus ergeben sich zwei Schlussfolgerungen: Fürsorge beschränkt sich nicht nur auf die Wahrnehmung durch den Vorgesetzten, also von oben nach unten, sondern findet darüber hinaus in alle Richtungen statt.

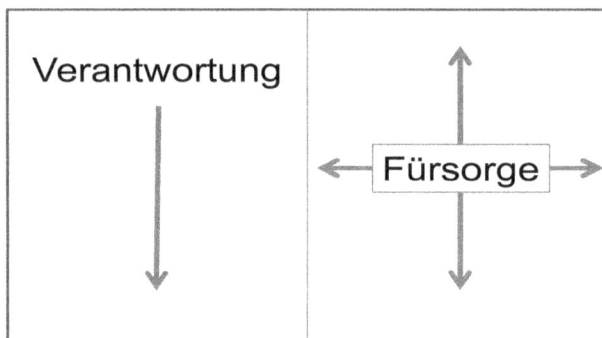

Abb.: Das Multidimensionale Verantwortungs- und Fürsorgemodell nach Tegtmeier und Tegtmeier [16]

Jeder einzelne ist gefordert, in seinem Umfeld auf die anderen Kameraden zu achten und sich somit aktiv um seine Umgebung zu kümmern. Damit wird es möglich, besondere Belastungen eher zu erkennen und den potentiell Geschädigten frühzeitig Hilfe zu Teil werden zu lassen. Dem Vorgesetzten kommt nicht nur die besondere Aufgabe zu, seine Fürsorge in alle

---

16 Vgl. Tegtmeier, C. und Tegtmeier, M.A., PTBS - das unsichtbare Leid, Walhalla Fachverlag, 2013

Richtungen anzuwenden, sondern seinen Untergebenen zu verdeutlichen, dass auch sie selbst eine Fürsorgeaufgabe haben. Fürsorge ist mehr als eine Führungsaufgabe für Vorgesetzte, sie betrifft vielmehr alle Soldaten. Im Sinne eines umfassenden Fürsorgebegriffs betrifft Fürsorge daher die gesamte Bundeswehr und schließt damit auch die Leitung und die militärische Führung mit ein.

Somit haben die Inhalte der zitierten Umfragen auch einen Fürsorgeaspekt der Befragten in Richtung des Dienstherrn im Sinne der Inneren Führung. Es wird ihm deutlich gemacht, dass Ziel, Inhalt, Tempo oder Kommunikation einer Reform möglicherweise nur unzureichend verständlich sind oder an den Organisationsangehörigen teilweise vorbeigehen.

Der offizielle Slogan der Bundeswehr, „Wir.Dienen.Deutschland." ist als Markenzeichen vor allem nach außen gerichtet. Die zitierten Studien haben deutlichen Handlungsbedarf gezeigt, der vor allem nach innen gerichtet ist. Damit alle Beteiligten in der aktuellen Neuausrichtung auch „mitgenommen" werden und sich weiterhin aktiv einbringen, sollten realistische Zielsetzungen sowie ein neues Verständnis von Teamwork, von Wertschätzung des Einzelnen und seiner Leistung und eine Kultur des Zuhörens etabliert werden, mit der Zielrichtung: „Mit.Perspektiven.Dienen."

Ausgehend vom „Handbuch Innere Führung" aus dem Jahr 1957 bis zur aktuellen ZDv 10/1 „Innere Führung" von 2008 kann konstatiert werden, dass sich der Fürsorgegedanke wie ein roter Faden durch mehr als 50 Jahre Bundeswehr und Innere Führung hindurch zieht. Dieser ist von elementarer Wichtigkeit, er bedarf gerade in einer Einsatzarmee der aktiven Gestaltung und Umsetzung und hält jeden Vorgesetzten an, sich um seine Unterstellten und deren berechtigte Anliegen zu kümmern.

Eine zielgerichtete Auswertung der Ergebnisse der vielfältigen wissenschaftlichen Untersuchungen zur dienstlichen Zufriedenheit von Soldaten bietet die Chance, deren Erkenntnisse in die Neugestaltungsprozesse zu integrieren sowie ein erweitertes Fürsorgeverständnis, nicht zuletzt mit Hilfe des Multidimensionalen Verantwortungs- und Fürsorgemodells, zu entwickeln und zu etablieren, damit die anstehenden Herausforderungen der Bundeswehr auch durch eine aktive Ausgestaltung der Inneren Führung im engen Schulterschluss aller Beteiligten bewältigt werden können.

Eine „Pädagogik zur Sicherheit" als theoretisches Modell

Hans-Joachim Reeb

Sicherheit als gesellschaftliches und politisches Phänomen

Sicherheit ist heute in aller Munde. In der Tagespresse wird der Begriff unter den unterschiedlichsten Aspekten verwendet. Ja nach Aktualität erscheinen dann IT-Sicherheit, Verkehrs- und Lebensmittelsicherheit und natürlich innere und äußere sowie nationale und soziale Sicherheit. Die Aufzählung ließe sich beliebig fortsetzen und könnte mit entsprechenden Zusätzen ergänzt werden: Sicherheitskräfte, -standards oder -zentren. Belegt werden kann durch diesen vorläufigen Blick, dass die Sicherheit sowohl in der Politik als auch im Alltag des Menschen eine feste Größe darstellt. „Statt Freiheit, Aufklärung und Emanzipation wird Sicherheit zur neuen gesellschaftlichen Leitvokabel" (Daase/ Offermann/ Rauer 2012: 7)[1]. Sie hat im Kontext der internationalen Politik den Friedensbegriff abgelöst (Daase 2010: 9; Kaufmann 2003: 78).

In der Tat beschreibt die Medienberichterstattung heute eine sicherheitspolitische Landschaft, in der ein Bedeutungswandel in den internationalen Beziehungen eingetreten ist. **Sicherheit** wird nicht mehr allein militärisch, sondern u.a auch diplomatisch, ökonomisch, ökologisch oder machtpolitisch definiert. Im Vordergrund stehen nicht mehr nur der Schutz des Staates, sondern auch der der Gesellschaft („social security") und der der Menschen („human security"). Anstelle der klassischen militärischen Bedrohungen durch hochgerüstete Staaten oder Bündnisse ist eine breite Palette an neuen Gefährdungen und Risiken getreten. Gewaltszenarien können durch Terror, unkontrollierte Verbreitung von Waffen und den Zerfall staatlicher Macht einerseits sowie aus sozialen, ökologischen oder humanitären Katastrophen andererseits entstehen. Folglich reichen die alten Begriffe wie Bedrohung, Abschreckung oder Konfrontation nicht mehr aus, um Konflikte im internationalen System hinreichend zu beschreiben. Sie sind komplexer und schwer verständlicher geworden, nicht zuletzt weil neben staatlichen

---

[1] Vgl. auch die Einschätzung von Sofsky (2005: 84): „Nicht Gleichheit oder Solidarität sind die Leitideen heutiger Politik, sondern Sicherheit – jederzeit, überall".

nun auch private Akteure konflikttreibend, umgekehrt auch sicherheitsbildend tätig sein können.

Dieser *Sicherheitsbegriff* schließt die Inhalte ein, die bisher als „positiver Frieden" bezeichnet wurden. Sicherheit kann als dynamischer, nicht abschließbarer Prozess verstanden werden, der auf den Idealzustand Frieden hinzielt. Sicherheit ist kein objektiver Tatbestand, sondern lediglich eine subjektive Zuschreibung aufgrund der Wahrnehmung und Interpretation von meist medialen Informationen über sicherheitsrelevante Ereignisse (Siedschlag 2006: 12). Damit potenziert sich der Bereich, der unter Sicherheitsaspekten betrachtet wird, so dass die Erwartungen der Bevölkerung an die politischen Akteure zum Handeln immens ansteigen und widersprüchlich sind (Daase 2011). Daher ist eine gesellschaftliche Verständigung über das, was als Sicherheit angesehen wird, erforderlich (Renn u.a. 2007).

Eine solche Verständigung markiert die *Sicherheitskultur* als die Überzeugungen, Werte und Praktiken, „die das Sicherheits- und Unsicherheitsempfinden von Staaten, Gesellschaften und Individuen bestimmen und die Sicherheitspolitik prägen" (Daase 2010: 9). Eine solche kulturwissenschaftliche Ausrichtung ermöglicht die Analyse des empirischen Tatbestandes „Umgang mit Sicherheit". Dabei kann auf das Modell des politischen Prozesses (Easton, 1966; Almond/Powell 1966) zurückgegriffen werden. Nach ihm fließen die Erwartungen der Gesellschaft in das politische System, werden dort diskutiert und entschieden, um als Maßnahmen zurück in die Gesellschaft transportiert zu werden. Die Medien dienen als kommunikative Schnittstelle, die Gesellschaft und Politik verbinden. Gleichzeitig sind sie „das Tor zur (Um)Welt", da sie das internationale Umfeld beschreiben und zwischen den Gesellschaftssystemen kommunizieren.

Die Legitimation der politischen Entscheidungen wird durch Öffentlichkeit hergestellt, die zwischen dem gesellschaftlichen Input und dem politischen Output einen permanenten Kommunikationsprozess garantiert (Neidhardt 2010). Jedes Individuum kann sich daran beteiligen, bedarf dazu aber die nötigen Voraussetzungen. Indem der Steuerungsprozess durch Herstellung von Öffentlichkeit legitimiert wird, gewinnt das politische System selbst an Stabilität. Dementsprechend muss eine Sicherheitspolitik gut begründet und im Wege der Teilhabe anerkannt sein, um auch akzeptiert zu werden.

Diese Überlegungen folgen einem kritischen Demokratieverständnis (Kißler 2007), wonach eine Sicherheitskultur nicht nur beschrieben, sondern auch kritisch analysiert werden muss. Aus der Defizitanalyse sollen Maßnahmen in Richtung eines idealtypischen Zustandes entwickelt werden, d.h. neben der empirischen tritt im hier vertretenen Verständnis eine normative Komponente hinzu.

Diese Feststellungen münden in die These, dass bei Vorliegen der normativen Bedingungen von Öffentlichkeit (insb. Pressefreiheit, Partizipation) innerhalb eines Gesellschaftssystems ein für alle gerechtes Verständnis von Sicherheit ausgehandelt werden kann, das dann im internationalen System durch mediale Kommunikation zwischen den Gesellschaften in Diskurs tritt.

Zusammenfassend ist festzuhalten, dass die Sicherheitskultur in erster Linie eine Kommunikation über Sicherheit und Unsicherheit darstellt, an der unter demokratietheoretischen Gesichtspunkten möglichst viele teilnehmen sollten. Inwieweit tatsächlich durch wen an diesen Debatten teilgenommen wird und welche Auswirkungen dies auf die Sicherheitskultur einer Gesellschaft hat, ist ein Gegenstand der Sicherheitsforschung.

Sicherheitsforschung

Die so verstandene Sicherheitskultur dient als konzeptioneller Rahmen, die Sicherheit in ihren politischen und sozialen Kontexten zu untersuchen. „Der kulturwissenschaftliche Ansatz vermeidet es dabei, Sicherheit als objektive Größe zu reifizieren oder in die Beliebigkeit sprachlicher Konstruktion zu verabschieden. Vielmehr wird die Beziehung von sprachlichen und symbolischen Repräsentationen und materialen und aktualen Dimensionen der Sicherheit im Medium kultureller Praktiken erforscht" (Daase 2012: 40). Fragen lassen sich von unterschiedlichen Disziplinen stellen und finden in der Sicherheitskultur eine gemeinsame Klammer. Es sollen Bedingungen der Legitimation und Akzeptanz von politischen sicherheitsrelevanten Maßnahmen auf der Grundlage einer gesellschaftlichen Auseinandersetzung erforscht werden.

Diese Debatte ist angeregt worden durch die „EU Security Research" Programme einerseits und das Forschungsprogramm des Bundesministeriums für Bildung und Forschung „Sicherheitsforschung – Forschung für die zivile Sicherheit" (BMBF 2007, 2012) andererseits[2] (Hoffknecht/ Teichert/ Zweck 2010). In Deutschland etablierten sich seit 2007 verschiedene Institutionen, die u.a. die gesellschaftlichen Dimensionen von Sicherheit in diversen Forschungsprojekten bearbeiten[3]. Beispielsweise liegen neben soziologischen, juristischen, ökonomischen, politik- oder medienwissenschaftlichen Überlegungen auch solcher zu einer Sicherheitsethik vor (Gander 2012). Ein wissenschaftlicher Programmausschuss berät die Bundesregierung und hat entsprechende Positionen vorgelegt (WPA 2010). Begleitet und unterstützt werden diese Aktivitäten durch eine entsprechende Forums- und Verbandsstruktur[4].

Die bisher vorliegenden Erkenntnisse zur gesellschaftlichen Relevanz von Sicherheit (Daase/ Offermann/ Rauer 2012; Gander et.al. 2012) können als die zeitdiagnostische Beschreibung einer „Sicherheitsgesellschaft" (Groenemeyer 2010; Singelnstein/ Stolle 2012) verstanden werden, die das Individuum in vielfältiger Weise herausfordert. Sie bestätigen und konkretisieren frühere Analysen (Kaufmann 2003; Gläßner 2003), die hier stark verkürzt dargestellt werden.

Sicherheit ist demnach eine Antwort auf die charakteristischen Problemlagen der Moderne (Kaufmann 2003: 74). Nach dem Zusammenbruch traditioneller Selbstverständlichkeiten des sozialen Zusammenhalts und der Überschaubarkeit von Gefahren und Risiken werden heute neue Gewissheiten und Sicherheiten gesucht und insbesondere vom Staat erwartet.

Dieser hat sich gemäß seines eigenen Anspruchs zu einem umfassenden Garanten zur Gewährleistung von Sicherheit entwickelt, ist aber mittlerweile von diesen Aufgaben überfordert. Im Fokus der Erwartungen stehen die sozialen Sicherheitssysteme, der Umgang mit unüberschaubaren

---

[2] Vgl. http://cordis.europa.eu/fp7/security/home_en.html; http://www.nks-sicherheit.de/

[3] Zu nennen sind das Forschungsprojekt „Sicherheitskultur im Wandel" (Goethe-Universität Frankfurt/M.: http://www.sicherheitskultur.org), das Centre for Security and Society (Albert-Ludwigs-Universität Freiburg: http://www.sicherheitundgesellschaft.uni-freiburg.de), das Forschungsforum „Öffentliche Sicherheit" (Freie Universität Berlin: http://www.sicherheit-forschung.de) oder der Forschungsverbund „Barometer Sicherheit in Deutschland" (http://basid.mpicc.de/basid/de/pub/basid_home.htm).

[4] Z.B. durch das Zukunftsforum „Öffentliche Sicherheit", eine überfraktionelle Initiative von Bundestagsabgeordneten aus dem Innenausschuss (http://www.zukunftsforum-oeffentliche-sicherheit.de).

Technologien und deren Ausprägungen sowie der Schutz vor Gewalt in Form von innerer und äußerer Sicherheit.

Der Staat unternimmt aufgrund dieser Erwartungen sowie realer Schadensereignisse verschiedene Anstrengungen, um Sicherheit zu garantieren und sich damit zu legitimieren. So sind nach den 9/11-Ereignissen in Deutschland zahlreiche Entscheidungen und Maßnahmen zur inneren Sicherheit getroffen worden. Diese standen und stehen in einem Spannungsverhältnis zu anderen gesellschaftlichen Grundwerten, insbesondere zur Freiheit.

Der Trend zu einer „Versicherheitlichung" von Gefahren und Risiken ist feststellbar und müsste hinterfragt werden. Was wird beispielsweise als Risiko politisch wahrgenommen, was wird ausgeblendet? Werden bestimmte Ereignisse stärker als sicherheitsrelevant eingestuft als notwendig? Welche innen- und außenpolitischen Faktoren wirken auf das staatliche Handeln ein? Gibt es spezielle Entscheidungslogiken, denen die „Abwehrmaßnahmen" folgen? Und wo müssen die Grenzen angesetzt werden, wenn die vermeintliche Sicherheit in andere Sphären (Privatheit) oder Werte (Freiheit, Wohlstand) eingreift?

Die Überforderung des Staates, auf alle diese Risiken Antworten und Lösungen zu finden, hat zu einer Privatisierung von Sicherheit geführt, die auch nicht mehr bei den „klassischen" Sicherheitsinstitutionen halt macht (Lange/ Ohly/ Reichertz 2009, 12). Beispielsweise ist eine private Stütze in die sozialen Sicherheitssysteme eingebaut worden (wie private Altersvorsorge, Krankenzusatzversicherung), gibt es Selbstkontrollen der Wirtschaft (wie bei Lebensmitteln oder Computerspielen) und boomt die Branche der Sicherheitswirtschaft, die „mit circa 250.000 Mitarbeitern einen unverzichtbaren Beitrag für die Innere Sicherheit Deutschlands" leistet und 2011 „in den Bereichen Sicherheitsdienstleistungen und Sicherheitstechnik über elf Milliarden Euro Umsatz" (BDSW 2013) erwirtschaftete[5].

Das Individuum wird von diesen Entwicklungen durch eine Medienberichterstattung geprägt und entwickelt spezifische Dispositionen hinsichtlich seiner Sicherheitswahrnehmung heraus. Beispielsweise lassen sich Zusammenhänge zwischen Bildungsabschlüssen und Unsicherheitsempfin-

---

[5] Der Staat beschäftigte 2010 in den Bereichen Verteidigung sowie öffentliche Sicherheit und Ordnung demgegenüber 715.000 Personen (Frevel/ Schulze 2012, 205).

den nachweisen oder es gibt unterschiedliche Präferenzen auf der „Sorgen-skala", die vom Zeitpunkt und der Intensität der Medienberichterstattung abhängen.

Das Individuum befindet sich also inmitten eines sozialen Wandels, der Gefühle von Unsicherheit und Ungewissheiten in einer Welt gespürter allgegenwärtiger Gefahren und Risiken bei ihm hinterlässt. Auch werden weitreichende gesellschaftliche Entscheidungen zur Sicherheit getroffen, deren Reichweite der Einzelne nicht ohne weiteres absehen kann. Gleichzei-tig wird von ihm erwartet, dass er sensibel auf Risiken reagiert und die ge-troffenen staatlichen Maßnahmen akzeptiert. Dabei muss ihm klar sein, dass die Gewährung von Sicherheit auch immer mit Kosten verbunden ist. „Die Frage nach der Sicherheit, nach dem richtigen Umgang mit Angst und Kon-tingenz erweist sich als eine Frage, die unser Verhältnis zur Welt, aber auch unser Verständnis des Menschen, die Frage, wie wir uns selbst verstehen und wie wir unser Leben führen wollen, zuinnerst betrifft" (Angehrn 2012, 82). Die gefühlte Sicherheit kann neben Gesundheit, Nahrung und Unter-kunft zu den grundlegenden menschlichen Bedürfnissen gezählt werden (Porzolt et. al. 2012, 336).

Es ist daher unter den skizzierten demokratietheoretischen Ge-sichtspunkten erforderlich, das Individuum für alle Angelegenheiten der Sicherheit handlungsfähig zu machen. Das ist aber Aufgabe der Pädagogik. Damit ist auch die Konzeption Innere Führung unmittelbar berührt, denn das Erlernen des „Umgangs mit Sicherheit" gehört in den Kernbereich des Soldatischen.

Debatte um eine Sicherheitspädagogik notwendig

Wenngleich kritisch angemerkt wird, dass es noch zahlreiche Desiderata in der Sicherheitsforschung gibt, so fällt doch die Abstinenz der Erziehungs-wissenschaften in diesen Forschungsprogrammen auf. Der Hinweis von staatlicher Seite, dass nur durch die Verbesserung der Kompetenzen von Fachkräften im Sicherheitsbereich sowie ein Aufbau individueller Sicher-heitskompetenzen in der Bevölkerung den richtigen Umgang mit Risiken und konkreten Gefahrensituationen garantieren helfen (BMBF 2012: 2f.), hat bisher noch keine pädagogischen Konsequenzen nach sich gezogen. Gleichwohl soll die Förderung interdisziplinärer akademischer Ausbildungs-strukturen und -angebote im Bereich der zivilen Sicherheit vorangetrieben werden. Auch der „Wissenschaftliche Programmausschuss" hat die „Sicherheit in Bildung und Ausbildung" als ein Querschnittsthema der Forschung identifiziert (WPA 2010, 3).

Ein Diskurs über die Notwendigkeit einer Pädagogik zur Sicherheit müsste daher erst noch geführt werden. Dabei könnte der Diskursbegriff selbst an die Ausführungen zur Sicherheitskultur anknüpfen. Zu fragen ist, wo überhaupt pädagogische Überlegungen zur Sicherheit angestellt wurden, warum dem Begriff gegenüber anderen Kontexten wie Frieden weniger Aufmerksamkeit geschenkt wird und welche bildungspolitischen Aktivitäten in Zusammenhang mit dem Sicherheitsbegriff stehen. Kurzum geht es darum, den Umgang mit Sicherheit in der Pädagogik kritisch aufzuspüren, d.h. eine sicherheitskulturelle Sicht auf diesen Gesellschaftsbereich zu werfen.

Auffällig ist eine konstruierte Dichotomie zwischen Frieden und Sicherheit, die quasi als Scheidemarke einen (friedens-)pädagogischen von einem (sicherheits-)politischen Gehalt trennt. Sicherheit impliziere eine vorhandene oder wahrgenommene Abwesenheit von Bedrohungen, denen notfalls mit Gewalt begegnet werden muss. Frieden strebe hingegen die Abwesenheit von personeller und struktureller Gewalt an (Gießmann 2011: 542). Folglich kann hiernach auch nur ein individuelles Bewusstsein gewollt sein, das auf den Frieden hinzielt. Dem entspricht das pädagogische Ziel, das vermeintlich Gute im Menschen zu fördern. In kritischer Betrachtung sollen dem Einzelnen die Ursachen von Gewalt und ihre gesellschaftliche Überwindung näher gebracht werden. Hierbei gehört das Militär zu den Institutionen, die einem Frieden prinzipiell entgegenstehen.

Es ist in diesem friedenspädagogischen Denken daher folgerichtig, dass frühere Überlegungen zur Etablierung einer Wehr-, Militär- und Verteidigungspädagogik auf vehemente Ablehnung gestoßen sind (Hinweise bei Reeb 2011: 210). Ungeachtet der Tatsache, dass in den Streitkräften eine ausgeprägte pädagogische Praxis besteht, wurde in einer Zuspitzung der Militärpädagogik jegliche Legitimation abgesprochen, da sie nicht auf sittliches Handeln als Grundvoraussetzung jeder pädagogischen Zielsetzung ausgerichtet sei (Fellsches 1985: 30).

Offensichtlich liegen die Barrieren für eine Pädagogisierung im Begriff der Sicherheit selbst angelegt, da er vielfach noch als „Behälterbegriff" unterschiedliche Sicherheitsverständnisse und ordnungspolitische Vorstellungen transportiert (Spreen 2010: 192). „Auf der einen Seite erheben Sozialutopien und Menschenrechtserklärungen Sicherheit zum hohen Gut, auf der anderen Seite wird die primäre Sicherheitsorientierung als zwanghafte Fixierung oder existentielle Verfehlung interpretiert, werden Grenzen und Selbstwidersprüche sozialer und technischer Sicherheitsstrategien aufgezeigt. Das zweifache Verhältnis von Varianz und Konstanz einerseits, von positiver und negativer Wertung andererseits scheint die Sicherheitsproblematik als ganze zu kennzeichnen" (Angehrn 2012: 71).

Aber auch die Reflexion von Sicherheitspolitik findet als Bildungsthema nur in einem sehr geringen Umfang stand. Das lässt sich in allen Bereichen des deutschen Bildungswesens nachweisen (Reeb 2008). Es kann sogar festgestellt werden, dass die Bundeswehr durch verschiedene Maßnahmen überhaupt erst dazu beiträgt, dass über Sicherheitspolitik und Streitkräfte im Rahmen der politischen Bildung gesprochen wird. Allerdings steht dieser Praxis eine „günstigere" normative Lage gegenüber. Angefangen von den Bildungs- und Erziehungszielen in den Verfassungen und Schulgesetzen der Länder lassen sich auf allen Stufen der curricularen Vorgaben bis zu den Schulbüchern Aussagen zum Themenfeld Sicherheit und Frieden finden. Verschiedene Kooperationsvereinbarungen zwischen den Kultusbehörden und der Bundeswehr kennzeichnen zudem eine enge Zusammenarbeit.

Mit Blick auf die bisherige Entwicklung lässt sich in Bezug auf das Sicherheitsthema daher feststellen, dass es in der Pädagogik eher in einem politischen und kaum in einem pädagogischen Diskurs stattfindet. Politische Interessen an pädagogischen Maßnahmen finden sich auf verschiedenen Ebenen:

- Sicherheit und Bildung als Teil der internationalen Politik (UNESCO-Programme, Auswärtige Bildungs- und Kulturpolitik, Konzept der vernetzten Sicherheit),
- Security Education als Teil der Innenpolitik (den Bürger für Risiken sensibilisieren und ihn an Sicherheitsmaßnahmen beteiligen; Aus- und Fortbildung von Führungskräften und Fachpersonal in sicherheitsrelevanten Bereichen),
- Sicherheitserziehung als Prävention für Risiken im Verkehr, in Gesundheit, Kriminalität oder IT-Bereich.

Das Konzept der Sicherheitskultur fordert demgegenüber eine grundlegende Überlegung zu einer Sicherheitspädagogik in Theorie und Praxis heraus.

Konzeptionelle Überlegungen zu einer Sicherheitspädagogik

Pädagogische Vorklärungen

Die Beschäftigung mit dem Beziehungsgeflecht von Sicherheit und Pädagogik stellt demnach folgende Fragen in den Mittelpunkt:

1. Sollte es grundsätzlich eine pädagogische Beschäftigung mit Sicherheit geben?
2. Was kann überhaupt als pädagogischer Umgang mit Sicherheit verstanden werden?
3. Wie gehen Gesellschaft und Politik mit Sicherheit pädagogisch (insbesondere bildungspolitisch und erziehungswissenschaftlich) um?
4. Wie sollten sie mit Sicherheit pädagogisch umgehen?

Die Fragen verweisen auf die Sicherheitskultur, die nach dem hier vertretenen Verständnis empirisch zu analysieren und normativ zu bewerten ist. Die politischen und gesellschaftlichen Anforderungen an das Individuum bedürfen der pädagogischen Unterstützung, um ihn für den Umgang mit Sicherheit handlungsfähig zu machen. Dieser Umgang kann sich unter einer demokratietheoretischen Perspektive von Aufklärung und Partizipation nicht auf das Erlernen von sicherheitskonformen Verhalten und der Akzeptanz sicherheitspolitischer Entscheidungen und Maßnahmen reduzieren. Der aufgeklärte Mensch muss eigenständig über Gefahren und Risiken nachdenken können und sich ein gut begründetes Urteil bilden können.

Eine Pädagogik zur Sicherheit muss querschnittlich gedacht werden. Sie beschränkt sich nicht nur auf die Beschreibung von Kontexten der Sicherheit in Erziehung, Bildung und Ausbildung, sondern setzt selbst Ansprüche an eine solche Pädagogik. Die Sicherheitspädagogik hat den Anspruch, durch Bildung zu einer gerechten Sicherheitsordnung innerhalb und zwischen den Gesellschaften beizutragen. Auf der Grundlage des Modells der Sicherheitskultur soll daher ein bildungstheoretisches Verständnis auf der Metaebene entwickelt werden.

Auf einer zweiten Theorieebene können für das pädagogische Handlungsfeld konkrete Überlegungen angestellt werden, welche Ziele, Inhalte und Methoden in der Sicherheitspädagogik verfolgt werden sollen. Diese werden sich in allen Bereichen der formalen und der non-formalen Bildung wiederfinden.

Auf dem Weg zu einer Sicherheitspädagogik wäre unter bildungspolitischen und erziehungswissenschaftlichen Aspekten zu untersuchen, ob sich aus der Präsenz des Sicherheitsthemas in einzelnen Bereichen des Bildungssystems und als ein Erziehungsziel (z.B. sicher Fahrrad im Verkehr fahren in der Grundschule, Sicherheitspolitik in der politischen Bildung, Bildung in Entwicklungsländern fördern oder Sicherheitskräfte in der Berufsausbildung) eine eigenständige Beschäftigung unter einem pädagogischen Dach ergeben sollte. Bei der Klärung dieser Frage kann auf die Entstehungsdiskurse von pädagogischen Teildisziplinen und Fachgebieten Bezug genommen werden.

Die traditionellen Teildisziplinen der Pädagogik knüpfen in der Regel an die historisch entstandenen Institutionen des Bildungswesens einerseits sowie an die dort etablierten Fachdisziplinen (insbesondere im Schulwesen) an. So ist eine Schulpädagogik genauso selbstverständlich wie eine Musik-, Kunst- oder Sportpädagogik.

Eine Sicherheitspädagogik wäre eher Fachgebieten zuzuordnen. Eine Unterscheidung lässt sich zwischen Feldern der gesellschaftlichen Subsysteme (Medien- und Wirtschaftspädagogik) sowie gesellschaftlichen Wertdebatten (Friedens-, interkulturelle, Entwicklungs-, Diversity-, Gender-, Integrationspädagogik; globales Lernen sowie ökologische und politische Bildung) treffen. Für eine Sicherheitspädagogik ergeben sich hier zahlreiche Schnittstellen.

Diese Fachgebiete entwickelten sich historisch, meist als Ergebnis einer intensiven gesellschaftlichen Debatte bzw. differenzierten sich aus anderen pädagogischen Kontexten oder der „Allgemeinen Pädagogik" aus. Zusätzlich bedurfte es der Aufmerksamkeit innerhalb der Scientific Community und einer institutionellen Verankerung, wie sie sich durch Verbands- oder Sektionsbildungen in etablierten Fachgemeinschaften ergeben (z.B. Deutsche Gesellschaft für Erziehungswissenschaft). Damit wird deutlich, dass stets eine entsprechende Macht bzw. Gegenmacht zur Etablierung bzw. Verhinderung von neuen Fachgebieten aufgebracht werden muss. Schließlich geht es in der Folge solcher Professionalisierungsprozesse auch immer um Ressourcen, Einfluss und Prestige.

Die Überprüfung, inwieweit eine Sicherheitspädagogik aufgrund solcher Kriterien begründbar wäre, steht noch aus. Insbesondere müsste ihre Eigenständigkeit und Abgrenzbarkeit zu anderen eingeführten Bereichen genauer begründet werden.

Bildungstheoretisches Verständnis

Die in bildungspolitischen Grundlagendokumenten (UNESCO 1974; Deutsche UNESCO-Kommission 2011) formulierten normativen Aufforderungen an eine Erziehung und Bildung von Frieden und Sicherheit können für pädagogische Konzepte rekonstruiert werden. Ausgangspunkt ist das veränderte und breitere Verständnis von Sicherheit, in dem die bisherigen Ideen von Frieden integriert worden sind. Damit bekommt Sicherheit den zentralen Zugriff auf die didaktische Gestaltung eines Themengebietes, das über Konfliktbewältigung und Gewaltfreiheit im menschlichen Handeln als den Kernthemen der Friedenspädagogik weit hinausreicht (Frieters-Reermann 2010).

Die pädagogische Relevanz von Sicherheit ergibt sich aus anthropologischen, sozialen und philosophisch-politischen Begründungen. Sicherheit lässt sich demnach einer Individualdimension, einer sozialen Dimension und einer politischen Dimension zuordnen.

Der Mensch besitzt ein anthropologisches Grundbedürfnis nach Sicherheit (Individualdimension). Sicherheit hat einen sehr hohen Lebenswert. Kaufmann fasst darunter Gefahrlosigkeit, Verlässlichkeit, Gewissheit und Sorglosigkeit (Kaufmann 1973). Auf diese Werte baut sich Vertrauen auf, das zu weiteren Werten wie Empathie und Toleranz führen (kann). Dazu zählt auch Friedfertigkeit, bei der allerdings in den Bezugswissenschaften (wie Psychoanalyse) umstritten ist, ob sie ebenso wie Sicherheit als naturgegeben angesehen werden kann. Auf der subjektiven Ebene korrespondiert Sicherheit mit individueller Risikobereitschaft, d.h. der Abwägung von Risiken und Chancen zur Erreichung eigener Ziele.

Mit Sicherheit wird ein gesellschaftlicher Wert beschrieben, der dialogfähig ist und daher Konsens erzielen kann (soziale Dimension). Das Bedürfnis nach Sicherheit hat durch die „Lebensrisiken in der Moderne" (Bonß 2011) eher noch zugenommen, unterscheidet sich dabei in den soziokulturellen Kontexten. Entsprechend kontextgebunden ist auch das Sicherheitsgefühl von Individuen, das sich nach außen sowohl in der unterschiedlichen Wahrnehmung von (Un-)Sicherheit als auch in verschiedenen Erwartungen an eine Sicherheit äußert. Damit unterscheidet sich Sicherheit von Frieden durch seine Relativität. Die „klassische" Friedenspädagogik geht in ihrer Zielsetzung dagegen von einem individualistischen, christlich-westlich geprägten Weltbild aus, das dogmatisch gesetzt ist (Frieters-Reermann 2010: 31).

Die Diskursfähigkeit von Sicherheit bedeutet, dass sie ein mit anderen zentralen Werten (z.B. Freiheit, Gerechtigkeit, Wohlstand) in Konkurrenz stehender Begriff ist und zu jeder einzelnen Risikovorsorge (z.B. Überwachung, Steuern, Schutzmaßnahmen) ausgehandelt werden muss. Findet diese diskursive Ausbalancierung nicht statt, können durch Aus- und Abgrenzungen „Sicherheitsgemeinschaften" mit exklusiven Ansprüchen entstehen, denn Sicherheit verteilt sich ungeregelt asymmetrisch. Frieden wird dagegen als Wert absolut gesetzt, ist also a priori nicht relativierbar und diskutierbar. Er muss daher stets um weitere Werte ergänzt werden („Frieden in Freiheit"), soll er nicht inhaltlich entleert oder missbraucht werden.

Sicherheit steht im Zusammenhang mit der Zivilisationsentwicklung von Gesellschaften. Das individuelle und soziale Bedürfnis nach Sicherheit förderte die Bildung von Gemeinwesen (Staat), die das Gewaltmonopol an sich gezogen haben (politische Dimension). Dieser Gedanke könnte auch für das heutige Verständnis von globaler Sicherheit in Anspruch genommen werden, der Weltgemeinschaft fehlen aber noch die staatlichen Durchsetzungsmöglichkeiten. Sicherheit bleibt somit die Kernaufgabe des Staates (Gerhardt 2010: 26). Das politische System muss die Voraussetzungen schaffen, damit jeder Einzelnen in der Gewährleistung und Weiterentwicklung von Sicherheit mitwirken kann. „Sicherheit, in deren Garantie weiterhin die oberste Aufgabe der Politik besteht, hat das Ziel, die Fähigkeiten eines jeden Einzelnen zu fördern, um ihn so auf den im Wechsel zugleich steigenden Anforderungen vorzubereiten" (Gerhardt 2010: 25).

Die Maßnahmen der Risikoabwägung, -verteilung und -vorsorge sind kollektiv auszuhandeln. Dabei muss sich ein politisches System bewusst sein, dass die „systemischen Risiken" (Renn 2007: 176) nicht mehr territorial beschränkt bleiben, sondern globale Wirkungen entfalten. Somit ist im Kommunikationsprozess über Sicherheit nicht allein das eigene politische System, sondern die Umwelt als Referenzgröße zu berücksichtigen („Eine Welt").

Ziele einer Sicherheitspädagogik

Anknüpfungspunkt für einen Bildungsauftrag sollten daher die in den internationalen und staatlichen Normen fixierten Grundentscheidungen für Sicherheit und Frieden sein. Das Grundgesetz kann bei der Konkretisierung dieser abstrakten Zielformulierungen verfassungsrechtliche Maßstäbe setzen. Soweit ein umfassendes Verfassungsverständnis zugrunde gelegt wird, lässt sich bei der didaktischen Rekonstruktion ein Grundkonsens herstellen. Einerseits ergeben sich aus der Verfassung positive, anleitende Erziehungsziele im Sinne eines Finalprogramms. Diese können als das angestrebte Ergebnis eines Bildungs- und Erziehungsprozesses aufgefasst werden. Andererseits setzt die Verfassung Grenzen für diesen staatlich legitimierten Erziehungs- und Bildungsprozess.

Berücksichtigt man die in der schulrechtlichen Diskussion herausgearbeiteten Normen der Neutralität und Toleranz des Staates, so ist es ihm nicht nur untersagt, an einseitigen Interessen orientierte Lehrziele zu setzen, er ist überdies auch verpflichtet, solche Lehrziele zu formulieren, die den Schülern die Chance zur umfassenden Persönlichkeitsentwicklung ermöglichen (Reeb 1981). Kriterien zur Bestimmung von Lehrzielen sind neben der Berücksichtigung grundgesetzlich definierter Qualifikationen des Individuums die ideologisch tolerante Schule (Verbot der Indoktrination und Konditionierung, Beachtung der Privatsphäre) und eine umfassende Entfaltung der Schülerpersönlichkeit (fortschrittliche Gestaltung der Gesellschaft, objektive Wissensvermittlung, Aktualität, Berücksichtigung von Minderheiten, Chancengleichheit, Einheitlichkeit der Grundaussagen). Dem entspricht auch der in drei Prinzipien zusammenfassbare Minimalkonsens in der politischen Bildung: Überwältigungsverbot, Thematisierung politischer Kontroversen und Interessenorientierung der Schüler, der auch für die politische Erwachsenenbildung gilt.

Die Beschäftigung mit der Sicherheit in der allgemeinen und politischen Bildung ist daher offen, transparent und pluralistisch zu gestalten. Sie zielt auf die Herausbildung kognitiver, affektiver und sozialer Kompetenzen. Der Schüler, der Bürger und der „Sicherheitsexperte" sollen befähigt werden,

- durch eine – auf Sachkenntnissen beruhende – Wahrnehmung von Krisen und Konflikten, sozialer Ungerechtigkeit (menschliche Sicherheit), Risiken der Natur, der Technik und der Gemeinschaft, von Stereotypen und Feindbildern ein rationales Sicherheitsempfinden zu entwickeln,

- durch eine Förderung der Urteilsbildung dabei eine Risikoeinschätzung vornehmen zu können (Orientierung) und damit ein Sicherheitsverständnis für sich und andere zu entwickeln,

- die Bereitschaft zu Sicherheitsdiskursen zu zeigen, um kommunikativ die Sicherheit durch das Abwägen von Risiken mit Werten und Interessen für sich und andere aushandeln zu können und dabei die (politischen) Entscheidungen des Diskurses anzuerkennen,

- ein sicherheitsbewusstes Handeln zu entwickeln, in dem Risiken minimiert werden, Rücksicht auf die Sicherheit anderer genommen und ein Handeln zugunsten eines Sicherheitsgewinns für alle (global) vorgezogen wird. Außerdem muss der Einzelne lernen, seine eigenen Lebensweltrisiken bewältigen zu können ("Sicherheitstraining").

Diese Befähigungen zur Sicherheit können nur im Zusammenwirken mit weiteren Kompetenzen erworben werden:

- Medienkompetenz (einschließlich Deutungskompetenz) soll befähigen, den Umgang mit Medien zu erlernen, die Mechanismen der Informationsproduktion zu erkennen und die Medieninhalten nach ihrem Entstehungszusammenhang und Verwertungsinteresse zu hinterfragen (Grande 2011).

- Partizipationskompetenz ist notwendig, um die eigenen Interessen im politischen Prozess zu artikulieren und durchzusetzen.

- Kommunikative Kompetenz wird zum Erwerb von Dialogbereitschaft, Interkulturalität und Empathie benötigt.

Diese Kompetenzen sind im Zusammenhang mit den lebensweltlich erfahrbaren, meist aber nur medial wahrgenommenen Dimensionen von (Un-)Sicherheit anzustreben.

Institutionelle Verankerung

Die aufgezeigten Bezüge der Sicherheit machen es erforderlich, sie in einem integralen und interdisziplinären, lebenslangen und selbstverantwortlichen Lernprozess allgemeiner, politischer und beruflicher Elemente zu konzipieren, sodass folglich die Inhaltsbestimmung des Themas relativ offen zu halten ist.

Diese Unterscheidung in eine allgemeine, politische und eine berufsbezogene Bildung differenziert nach dem Grad an Umfang und Tiefe von Sicherheitsthemen. Bildungsangebote sollten für alle Schüler, Bürger und „Sicherheitsexperten" gleichermaßen zielgruppengerecht unterbreitet werden.

Für die (politische) Bildung in der Schule ist demnach auszuhandeln, bis wieweit vorrangig methodische Kompetenzen herauszubilden sind, um mit einem Set von Analysekategorien die politische Urteils- und Handlungsfähigkeit zu fördern bzw. ob zunächst zur Orientierung und als Vorwissen zum Lernen politische Grundkenntnisse vermittelt werden müssen (Juchtler 2005: 173ff.).

In der Erwachsenenbildung gilt das „Gesetz der didaktischen Selbstwahl". Der Erwachsene bestimmt selbst, ob und was er lernen will („Prinzip der Freiwilligkeit"). Dementsprechend muss auch die Veranstaltung (z.B. Seminar) einerseits planvoll und zielgerichtet vorbereitet sein, andererseits in der Durchführung ein offenes Lerngeschehen ermöglichen. Zumindest in der politischen Erwachsenenbildung verbietet sich ein festgeschriebenes Curriculum.

Zur Professionalisierung in ihren Berufen ist eine wissenschaftlich-analytisch geprägte Bildung für die Gruppen vorzusehen, die sich näher mit Sicherheit auseinander zu setzen haben. Dazu sollen hier die „Sicherheitsagenten" (Sicherheits-, Rettungs- und Hilfskräfte im Inland, Soldaten, Diplomaten, Entwicklungshelfer einerseits und die „Medienagenten" (Journalisten, Autoren, Bildungsredakteure) andererseits gezählt werden.

Beispiel: Didaktische Konzeption für das Thema Sicherheit in der politischen Bildung

Aufgrund dieser Rahmenbedingungen ist die didaktische Gestaltung einer politischen Bildung zur Sicherheitskultur vorbestimmt. Die allgemeinen und speziellen Kompetenzen lassen sich nur integrativ erwerben. Eine Differenzierung muss zielgruppen-orientiert ausgehandelt werden. Dazu können hier Problemfelder von Sicherheit als inhaltliche Orientierung und Angebote für die politische Bildung genannt werden:

Sicherheit als gesellschaftlicher Wertbegriff (theoretische Zusammenhänge)

- Begriffsstrukturen
- Psycho-soziale Wahrnehmung: Sicherheitsgefühl, Sicherheitsbedürfnis, Sicherheitserwartung
- Sozio-kulturelle Kontexte: Stereotypen-Bildung, Feindbild-Entstehung, Interkulturalität
- Risiken, Gefahren, Bedrohungen als Ausprägungen von Unsicherheit
- Wertrelativismus und -konkurrenzen zu Freiheit, Frieden, Gerechtigkeit, Nachhaltigkeit, Wohlstand
- Sicherheit als Bedingung von Gesellschaften und Staatenbildung

Gesellschaftlicher Umgang mit Sicherheit

- Auswahl und Präsentationskriterien der Nachrichtenproduktion für die Medienberichterstattung
- Öffentliche Meinung und Einstellungen; politische Kultur; Umgang mit Demoskopie
- Politische Debatte und Sicherheitsdiskurse; Krisenkommunikation
- Experten und deren Befunde (Kriminalstatistiken, Risikoanalysen, Gewaltstudien); Risikokommunikation

Sicherheit im internationalen System

- Konfliktanalysen: Ursachen von (Un-)Sicherheit und Gewalt
- Globale Risiken sowie gesellschaftliche und internationale Auswirkungen auf Sicherheit
- Interessen und Programme von internationalen Akteuren und Institutionen

Diese Problemfelder müssen exemplarisch durch aktuelle Fälle und Themen sowie in Projekten und in Aufgaben aufgrund von konkreten Anforderungen (im Alltag oder Beruf) interdisziplinär exemplarisch anhand konkreter Risiken, Gefahren und Bedrohungen aufgegriffen werden. Die Notwendigkeit von Orientierungswissen wird durch die Bewältigung der Fälle, Projekte und Aufgaben bestimmt. Dabei sind die Ziele der Sicherheitspolitik, die dabei eintretenden möglichen Nebenwirkungen sowie die

Wechselbeziehungen zwischen den Risikobereichen und die Spannungsfelder zu anderen Werten zu reflektieren.

Beispiele finden sich im folgenden Auswahlschema, das nach globalen Risiken, Gewaltrisiken und Gesellschaftsrisiken unterscheidet:

- Globale Risiken: Klimawandel, Ernährungsmangel, Armut, Energiemangel, Atomkraft, Gentechnologien, Banken-/Versicherungscrash, Cyberworld/ IT/Daten,

- Gewaltrisiken: Terrorismus, Staatszerfall, Massenvernichtungswaffen, Asymmetrische Kriege, Staatsbankrott, Zwischenstaatliche Kriege, Piraterie (auf Seetransporte),

- Gesellschaftsrisiken: Gefahrprodukte, Verkehr, Alltagsgewalt und andere Kriminalität, gefährliche Anlagen und Maschinen, Fundamentalismus und Extremismus, Seuchen/ Epidemien und andere Gesundheitsrisiken, soziale Existenzgefährdung.

Diese didaktische Konzeption weist einen hohen Grad an Komplexität aus. Der Kompetenzerwerb sollte sich auch nicht nur auf das institutionelle Lernen beschränken, sondern entsprechend dem partizipatorischen Modell von Öffentlichkeit durch kommunikatives Handeln angestrebt werden.

Weitere Forschungsinteressen und -themen

Eine Sicherheitspädagogik könnte in Forschungsprojekten unterschiedliche Akzente setzten. Beispielsweise wäre näher zu betrachten:

- der pädagogische Zugang zum Sicherheitsempfinden und –handeln des Individuums,

- die Entwicklung und das Erlernen eines Risikobewusstseins in der Biografie bzw. Sozialisation,

- eine Bestandsaufnahme und Analyse der Behandlung von öffentlicher Sicherheit im deutschen Bildungssystem,

- Sicherheitsthemen als Gegenstand in deutschen Schulbüchern,

- die Einflüsse der Medien auf das Sicherheitsdenken der Individuen und Folgerungen für politische Bildungsprozesse,

- Grundlagen zum Aufbau von Sicherheitsdenken für diverse Sicherheits-, Rettungs- und Hilfskräfte,
- die Verankerung einer Sicherheitspädagogik in die Konzeption Innere Führung,
- Vergleiche von pädagogischen Sicherheitsprogrammen zwischen ausgewählten Staaten,
- der Zusammenhang von Sicherheit und Bildung in Kriegs- und Friedensgesellschaften.

Schlussfolgerungen

Pädagogische Überlegungen zur Sicherheit stoßen bisher noch auf Skepsis und Unverständnis. Die hohe gesellschaftliche Relevanz des Sicherheitsphänomens ermutigt aber, auf diesen Wertbegriff erziehungswissenschaftlich und bildungspolitisch näher einzugehen. Das ist besonders eine Aufgabe, die sich die Innere Führung stellen sollte.

Literatur

Almond, Gabriel A./Powell, G. Bingham (1966): Comparative Politics. A Developmental Approach. Boston.

Angehrn, Emil (2012): Das Bedürfnis nach Sicherheit als Grundmotiv der Denkgeschichte. In: Gander, Hans-Helmuth/ Perron, Walter/ Poscher, Ralf/ Riescher, Gisela/ Würtenberger, Thomas (Hrsg.): Resilienz in der offenen Gesellschaft. Symposium des Centre for Security and Society, Baden-Baden, S.71-83.

Bonß, Wolfgang (2011): (Un-)Sicherheit in der Moderne. In: Zoche, Peter/ Kaufmann, Stefan/ Haverkamp, Rita (2011) (Hrsg.): Zivile Sicherheit. Gesellschaftliche Dimensionen gegenwärtiger Sicherheitspolitiken, Bielefeld, S. 43-69.

Bundesministerium für Bildung und Forschung (2007): Forschung für die zivile Sicherheit. Programm der Bundesregierung, Berlin.

Bundesministerium für Bildung und Forschung (2012): Forschung für die zivile Sicherheit 2012 – 2017. Rahmenprogramm der Bundesregierung, Berlin.

Daase, Christopher (2010): Wandel der Sicherheitskultur. In: Aus Politik und Zeitgeschichte. Nr. 50, S. 9-16.

Daase, Christopher (2012): Sicherheitskultur als interdisziplinäres Forschungsprogramm. In: Daase, Christopher/ Offermann, Philipp/ Rauer, Valentin (Hrsg.): Sicherheitskultur. Soziale und politische Praktiken der Gefahrenabwehr, Frankfurt/ New York, S. 23-44.

Daase, Christopher/ Offermann, Philipp/ Rauer, Valentin (2012): Sicherheitskultur. Soziale und politische Praktiken der Gefahrenabwehr, Frankfurt/ New York.

Deutsche UNESCO-Kommission (2011): Weltbericht 2011 „Bildung für alle". Kurzfassung. Die unbeachtete Krise: Bewaffneter Konflikt und Bildung, Bonn.

Easton, David (1965): A Systems Analysis of Political Life. New York.

Fellsches, Josef (1985): Streitsache „Wehrpädagogik/ Wehrerziehung". In: Demokratische Erziehung Nr. 11/ 1985, S. 28-31.

Frevel, Bernhard/ Schulze, Verena (2012): Kooperative Sicherheitspolitik – Safety und Security Governance in Zeiten sich wandelnder Sicherheitskultur. In: Daase, Christopher/ Offermann, Philipp/ Rauer, Valentin (Hrsg.): Sicherheitskultur. Soziale und politische Praktiken der Gefahrenabwehr, Frankfurt/ New York, S. 205-225.

Frieters-Reermann, Norbert (2010): Frieden lernen aus systemisch-konstruktivistischer Perspektive. Ein Beitrag zur überfälligen Theoriediskussion innerhalb der Friedenspädagogik. In: Die Friedens-Warte Nr. 3, S. 29-51.

Gander, Hans-Helmuth/ Perron, Walter/ Poscher, Ralf/ Riescher, Gisela/ Würtenberger, Thomas (Hrsg.) (2012): Resilienz in der offenen Gesellschaft. Symposium des Centre for Security and Society, Baden-Baden.

Gander, Hans-Helmuth (2012): Sicherheitsethik – ein Desiderat? Mögliche Vorüberlegungen. In: Gander, Hans-Helmuth/ Perron, Walter/ Poscher, Ralf/ Riescher, Gisela/ Würtenberger, Thomas (Hrsg.): Resilienz in der offenen Gesellschaft. Symposium des Centre for Security and Society, Baden-Baden, S. 85-94.

Gerhardt, Volker (2010): Das grundlegende Ziel der Sicherheit. In: Neue Gesellschaft/ Frankfurter Hefte Nr. 12, S. 23-26.

Gießmann, Hans J. (2011): Frieden und Sicherheit. In: Gießmann, Hans J./ Rinke, Bernhard (Hrsg.): Handbuch Frieden, Wiesbaden, S. 541-556.

Gläßner, Gert-Joachim (2003): Sicherheit in Freiheit. Die Schutzfunktion des demokratischen Staates und die Freiheit der Bürger, Opladen

Grande, Edgar (2011): Strukturwandel der Demokratie. Politische Bildung in der globalisierten Mediengesellschaft. In: Hessische Blätter für Volksbildung Nr. 1, S. 42-50.

Groenemeyer, Axel (Hrsg.) (2010): Wege der Sicherheitsgesellschaft. Gesellschaftliche Transformationen der Konstruktion und Regulierung innerer Unsicherheiten, Wiesbaden.

Hoffknecht, Andreas / Teichert, Olav/ Zweck, Axel (2010): „Forschung für die Zivile Sicherheit. Das nationale Sicherheitsforschungsprogramm. In: Winzer, Petra/ Schnieder, Eckehard/ Bach, Friedrich-Wilhelm (Hrsg.): Sicherheitsforschung. Chancen und Perspektiven, Heidelberg, S. 305-320.

Juchler, Ingo (2005): Politikdidaktische Überlegungen zur Lehre im Bereich der Internationalen Beziehungen an Schulen und Universitäten. In: Zeitschrift für Internationale Beziehungen Nr. 1, S. 171-192.

Kaufmann, Franz-Xaver (1973): Sicherheit als soziologisches und sozialpolitisches Problem. Untersuchungen zu einer Wertidee hochdifferenzierter Gesellschaften, Stuttgart.

Kaufmann (2003): Sicherheit: Das Leitbild beherrschbarer Komplexität. In: Lessenich, Stephan (Hrsg.): Wohlfahrtstaatliche Grundbegriffe. Historische und aktuelle Diskurse, Frankfurt/M. New York, S. 73-104.

Kißler, Leo (2007): Politische Soziologie. Grundlagen einer Demokratiewissenschaft. Konstanz.

Lange, Hans-Jürgen/ Ohly, H. Peter/ Reichertz, Jo (2009): Auf der Suche nach neuer Sicherheit - Eine Einführung, In: dies. (Hrsg.): Auf der Suche nach neuer Sicherheit. Fakten, Theorien und Folgen, 2. Auflage Wiesbaden, S. 11-17.

Neidhardt, Friedhelm (2010): Funktionen politischer Öffentlichkeiten. In: Forschungsjournal Neue Soziale Bewegungen Nr. 3, S. 26-34.

Porzolt, Franz/ Polianski, Igor/ Clouth, Johannes/ Burkart, Werner/ Eisemann, Martin (2012): Entscheidungen zwischen gefühlter Sicherheit und bestehendem Risiko. In: Daase, Christopher/ Offermann, Philipp/ Rauer, Valentin (Hrsg.): Sicherheitskultur. Soziale und politische Praktiken der Gefahrenabwehr, Frankfurt/ New York, S. 325-339.

Reeb, Hans-Joachim (1981): Bildungsauftrag der Schule. Eine Analyse der Erziehungsziele in den Verfassungen und Schulgesetzen der Bundesrepublik Deutschland unter Einbeziehung der Richtlinien im Lande Niedersachsen. Frankfurt/M.

Reeb, Hans-Joachim (2008): Sicherheitspolitik als Bildungsthema, Bremen.

Reeb, Hans-Joachim (2011): Sicherheitskultur als kommunikative und gesellschaftliche Herausforderung. Der Umgang in Politik, Medien und Gesellschaft. Berlin.

Renn, Ortwin u.a. (2007): Risiko. Über den gesellschaftlichen Umgang mit Unsicherheit, München.

Siedschlag, Alexander (2006) (Hrsg.): Methoden der sicherheitspolitischen Analyse. Eine Einführung. Wiesbaden.

Singelnstein, Tobias/ Stolle, Peer (2012): Die Sicherheitsgesellschaft. Soziale Kontrolle im 21. Jahrhundert, 3., vollständig überarbeitete Auflage, Wiesbaden.

Sofsky, Wolfgang (2005): Das Prinzip Sicherheit, Frankfurt/M.

Spreen, Dierk (2010): Die Sicherheit der Weltgesellschaft. In: Groenemeyer, Axel (Hrsg.): Wege der Sicherheitsgesellschaft. Gesellschaftliche Transformationen der Konstruktion und Regulierung innerer Unsicherheiten, Wiesbaden, S. 192-229

UNESCO: „Empfehlung über Erziehung für internationale Verständigung, Zusammenarbeit und Frieden sowie Erziehung bezüglich der Menschenrechte und Grundfreiheiten" vom 19. November 1974.

Wissenschaftlicher Programmausschuss (WPA) zum nationalen Sicherheitsforschungsprogramms (2010): Positionspapier, o.O.

Historische Bildung – Politische Bildung. Zwei neue Wege der Bildung für die Bundeswehr

Christian Hauck

Einleitung

In seinem Eröffnungsvortrag bei der ersten Historisch-taktischen Tagung des Kommandos der Flotte in Wilhelmshaven am 29. Oktober 1957 sagte Oberst Dr. Hans Meier-Welcker, der damalige Leiter der Militärgeschichtlichen Forschungsstelle[1], u. a. dies: „Ich führe eine gewisse geistige Hilflosigkeit unter den Offizieren schon vor 1945, in besonderer Hinsicht aber danach und auch bei den Auseinandersetzungen über die Wiederbewaffnung Deutschlands nicht zum wenigsten auf den unzureichenden Stand der militärgeschichtlichen Arbeit, andererseits aber auch auf das geringe Niveau der historischen Bildung zurück. Notwendige wissenschaftliche Arbeiten von grundlegender Bedeutung fehlten und fehlen auch heute noch bei uns. Die geschichtliche Orientierung liegt im Argen."[2]

Dieser Hypothese ist zunächst in vollem Umfang zuzustimmen, denn tatsächlich hatte eine „militärgeschichtliche Arbeit", wie Meier-Welcker sie verstand, bis zum damaligen Zeitpunkt in Deutschland zu noch keinem Zeitpunkt stattgefunden; nicht im Kaiserreich, nicht in der Weimarer Republik und schon gar nicht im Nationalsozialismus.

Während Meier-Welcker anerkannter Vordenker und Wegbereiter einer modernen, wissenschaftsbasierten Militärgeschichte in der Bundesrepublik Deutschland und der amtlichen Militärgeschichtsschreibung in der Bundeswehr war, muss ihm bezüglich der Entwicklung der von ihm auch thematisierten historischen Bildung ein schlechteres Zeugnis ausgestellt werden. Die Ausarbeitung zeitgemäßer Konzepte für eine historische Bildung sowie deren Umsetzung blieb nämlich vornehmlich anderen Stellen und

---

[1] Die Militärgeschichtliche Forschungsstelle wurde am 13. Januar 1958 in „Militärgeschichtliches Forschungsamt" (MGFA) umbenannt.

[2] *Meier-Welcker, Hans*, Soldat und Geschichte, Eröffnungsvortrag bei der ersten Historisch-taktischen Tagung des Kommandos der Flotte am 29. Oktober 1957, in: *Meier-Welcker, Hans* (Hrsg.), Soldat und Geschichte. Aufsätze, Freiburg/Br., 1976, S. 11–25.

Personen überlassen, welche vor allem bei Graf Baudissin und in seinem näheren Umfeld zu verorten sind.

Damit aber nicht genug, denn der Versuch, eine moderne Militärgeschichtsschreibung zu etablieren und im MGFA zu institutionalisieren einerseits, sowie die Integration von historischer und politischer Bildung in den militärischen Alltag im Rahmen der Inneren Führung andererseits, gerieten zunächst zum Widerspruch, der in abgeschwächter Form allerdings bis in die jüngste Vergangenheit evident blieb.

Kriegsgeschichtsschreibung und historische Ausbildung bis 1945

Kriegsgeschichte war bereits im 19. Jahrhundert in allen deutschen Armeen, v. a. an den Kriegsschulen und -akademien, mehr oder minder systematisch von Generalstabsoffizieren betrieben worden.[3] Bereits Carl von Clausewitz sprach von der Notwendigkeit, aber auch den Gefahren beim Gebrauch von historischen Beispielen für die praktische Ausbildung des Offiziersnachwuchses/der Offiziere.[4] Im 19. Jahrhundert war nämlich die Zahl historisch geprägter Lehrveranstaltungen in den militärischen Ausbildungseinrichtungen zunächst gestiegen und hatte zeitweise neben den Vorlesungen und Unterrichten über die Geschichte militärischer Institutionen, der Strategie und Taktik auch noch Wissensanteile aus der allgemeinen Geschichte umfasst. Die Bestrebungen, die Kriegsgeschichte nach applikatorischen Maßstäben umzugestalten und sie damit zu einem Mittel soldatischer Erziehung zu machen, setzten sich allerdings durch und blieben aus militärfachlicher Sicht bis zum Zweiten Weltkrieg das angemessenste Verfahren, um sich Kriegserfahrung sowie konkretes strategisches und taktisches Wissen des letzten Krieges als Vorbereitung für den nächsten Krieg anzueignen.[5]

Die Kriegsgeschichtsschreibung produzierte damit die Grundlage für geschichtsbasierte Unterrichte, welche einerseits auf die handfesten militärisch-taktischen Ausbildung des Führungsnachwuchses durch historische

---

[3] *Nowosadtko*, Krieg, Gewalt und Ordnung, Einführung in die Militärgeschichte, Tübingen 2002, S. 52.

[4] *Meier-Welcker, Hans*, Unterricht und Studium der Kriegsgeschichte angesichts der radikalen Wandlungen im Kriegswesen, Wehrkunde (12/1960), S. 608–612, hier S. 608.

[5] *Nowosadtko*, Krieg, Gewalt und Ordnung, S. 52-55.

Beispiele abzielten, andererseits aber auch im Bereich der soldatischen Erziehung und Traditionspflege wirkten. Denn schließlich galt es auch, die als spezifisch soldatisch ausgemachten, vermeintlich „ewigen" Tugenden wie etwa Tapferkeit, Ehre oder Gehorsam zu bewahren und in die Zukunft zu tragen,[6] sowie die Taten großer Männer und Militärs in Ehren zu halten. Für die in den kriegsgeschichtlichen Abteilungen der Generalstäbe tätigen Offiziere, welche das Feld der Kriegsgeschichtsschreibung und damit auch die Deutungshoheit mit Verweis auf ihre militärische Qualifikation fast ausschließlich für sich reklamierten, hatte die Kriegsgeschichte daneben auch ganz selbstverständlich als Mittel zur Förderung des militärischen Prestiges gedient.[7] Bei den kriegshistorischen Studien wurde auf die Authentizität im Sinne einer „Wahrheitssuche" auch insgesamt weniger Wert gelegt, zumal das militärische Personal kaum wissenschaftlich gebildet war. Im Vordergrund stand die Nutzbarmachung der Geschichte, ebenso wie neue Traditionen herbeizuschreiben, um die moderner werdende Kontur der Armee und den Wandel in der Kriegstechnik und –führung zu maskieren. Nach dem Ende des Kaiserreichs konnten so nationalistische Kräfte auch leicht nationale Legenden, wie etwa jene vom „Dolchstoß" oder der „Kriegsschuldlüge" etablieren. Überhaupt konnte diese „klassische" Form der Kriegsgeschichte auch in der Weimarer Republik gut überdauern, denn obwohl durch den Versailler Vertrag die Generalstäbe und mit ihnen die kriegsgeschichtlichen Abteilungen aufgelöst worden waren, wurde im nun mit der Kriegsgeschichtsschreibung betrauten Reichsarchiv fast ungebrochen im alten Sinne weitergearbeitet, sogar als eine zivile Historikerkommission versuchte, die Kriegsgeschichte durch Einbringung sozialgeschichtlicher Ansätze aus ihrer bis dahin selbstgewählten Isolation zu führen.[8]

Auch in der Reichswehr war eine politische und historische Erziehung, die den Soldaten die Funktion und das demokratische Wesen der Weimarer Republik hätte verdeutlichen können, nicht vorgesehen. Stattdes-

---

[6] *Rautenberg, Hans-Jürgen*, Aspekte zur Entwicklung der Traditionsfrage in der Aufbauphase der Bundeswehr, in: *Kodalle, Klaus-Michael/ Balke, Peter* (Hrsg.), Tradition als Last?, Legitimationsprobleme der Bundeswehr, Köln 1981, S. 133–151, hier S. 134.

[7] *Nowosadtko*, Krieg, Gewalt und Ordnung, S. 42; *Wette*, Militärgeschichte, S. 56.

[8] *Wette*, Militärgeschichte zwischen Wissenschaft und Politik, S. 56. Zur Arbeit des Reichsarchiv siehe *Pöhlmann, Markus*, Kriegsgeschichte und Geschichtspolitik. Der Erste Weltkrieg. Die amtliche deutsche Militärgeschichtsschreibung 1914-1956, Paderborn; München; Wien, Zürich 2002.

sen trug v. a. Hans von Seeckt persönlich dafür Sorge, dass in den Erlassen und Vorschriften zur Offiziersausbildung weiterhin Begriffe wie „Ehre", „Charakter" und „Persönlichkeit" als Erziehungsziele angegeben waren, womit insgesamt ein spezifischer Standesgeist ausgebildet und gegen liberale und demokratische Einflüsse gewahrt werden sollte. Diese Traditionspflege spielte gerade in der Reichswehr eine wichtige Rolle für die Bewahrung dieses Sonderbewusstseins, denn durch die Erinnerung an Schlachten und Gefechte von Verbänden der alten Armee sollte das Bewusstsein über die „zeitlosen Werte des Soldatentums" gestärkt werden. Statt dem Willen, das System der Republik verstehen zu wollen oder sogar aktiv gestaltend darin mitzuwirken, wurde mit der Berufung auf Traditionswerte eine bewusste Abkehr vom Staat vollzogen und das Soldatentum zu einem eigenen ethischen Wertesystem stilisiert.[9]

Der vorläufige Tiefpunkt der Kriegsgeschichtschreibung und -unterrichtung wurde allerdings erst im Nationalsozialismus erreicht, denn aus der Kriegsgeschichte sollte nun „Wehrgeschichte" werden. Im Zuge einer fachlichen und materiellen Erweiterung hin zu einer Disziplin der „Wehrwissenschaften"[10] sollte diese Wehrgeschichte universitätstauglich werden, zugleich aber einen volkstümlichen Zug behalten[11] und ein politisch-ideologisches „Kampfmittel" für den Nationalsozialismus sein.[12] Damit hielt es auch wieder Einzug in die Ausbildung des militärischen und politischen Führungspersonals, allerdings wesentlich stärker ideologisch aufgeladen war im Kaiserreich oder der Weimarer Republik.

Auch vor dem Hintergrund dieses ideologisch belasteten Geschichts- und Traditionsverständnisses wundert es nicht, dass selbst die Wehrmacht später kaum Distanz zur nationalsozialistischen Ideologie und der politi-

---

[9] *Hansen, Ernst-Willi*, Reichswehr und Republik. Die problematische Tradition des Konzepts "Staatsbürger in Uniform", in: *Kodalle, Klaus-Michael/Balke, Peter* (Hrsg.), Tradition als Last?, Legitimationsprobleme der Bundeswehr, Köln 1981, S. 37–55, hier S. 46.

[10] Zu den „Wehrwissenschaften" gehörten noch völlig verschiedene Disziplinen, wie z. B. die „Kriegsphilosophie", die „Wehrethik", die „Wehrmedizin" oder die „Wehrgeographie." Sie alle sollten durch eine „Wehrhaftmachung" der ihnen ursprünglich zu Grunde liegenden Disziplinen geformt werden. [Wohlfeil, Rainer: Wehr-, Kriegs- oder Militärgeschichte, Militärgeschichtliche Mitteilungen, H. 1, 1967, S. 21–29., S. 21–22]

[11] *Wohlfeil*, Wehr-, Kriegs- oder Militärgeschichte, S. 21–22.

[12] *Meier-Welcker, Hans*, Entwicklung und Stand der Kriegsgeschichte als Wissenschaft, in: Wehrwissenschaftliche Rundschau, Jg. 6, H. 1, 1956, S. 1–10, hier S. 7.

schen Wirklichkeit fand und so im Krieg unter Hinwegsetzung über alle bisherigen Wertmaßstäbe und hergebrachten Lebensgewohnheiten Hitlers Erfüllungsgehilfen bei der Ausübung von Gewalt und Unrecht werden konnte.[13] Das Misstrauen gegenüber Berufssoldaten und soldatischer Tradition ist daher nach dem vollständigen Zusammenbruch des „Dritten Reichs" hauptsächlich auf den Zweiten Weltkrieg und die Verquickung des Militärischen mit dem NS-Regime, auf den Missbrauch, aber auch selbst geduldete oder sogar Pervertierung soldatischer Ideale und Tradition zurückzuführen,[14] auch wenn diese Praxis schon lange vor Hitler einsetzte.

Dass dementsprechend auch die ehemals so populäre Kriegs- und Wehrgeschichte reichlich in Misskredit geraten war, ließ die meisten deutschen Historiker auch nach dem Ende des Nationalsozialismus noch lange vor militärischen Themen zurückschrecken.[15] Obgleich Wissenschaftler in allen Disziplinen der Geschichtswissenschaften wie den Geisteswissenschaften überhaupt tief in das System verstrickt waren oder ihre Arbeit gleich zur Gänze in den Dienst der NS-Ideologie stellten,[16] dauerte es zur bis zur Etablierung der Militärgeschichte an Universitäten noch Jahrzehnte. Dieser Umstand trug dazu bei, dass die historische Auseinandersetzung mit dem Thema Militär und Krieg wiederum fast gänzlich ehemaligen oder aktiven Militärs überlassen blieb und erneut in den Kategorien von Umdeutung, Apologie oder dem Willen zur erzieherischen Nutzbarmachung zu erstarren drohte.

---

[13] *Messerschmidt*, Das Verhältnis von Wehrmacht und NS-Staat und die Frage der Traditionsbildung, in: *Kodalle, Klaus-Michael/Balke, Peter* (Hrsg.), Tradition als Last?, Legitimationsprobleme der Bundeswehr, Köln 1981, S. 57–77, hier S. 71.

[14] *Abenheim, Donald,* Bundeswehr und Tradition. Die Suche nach dem gültigen Erbe des deutschen Soldaten, München 1989, S. VII - Vorwort Günter Roth.

[15] *Nowosadtko*, Krieg, Gewalt und Ordnung, S. 90.

[16] Siehe hierzu zwei Sammelwerke, die kurz vor bzw. kurz nach dem Frankfurter Historikertages des Jahres 1998 erschienen, auf dem die Rolle der Geschichtswissenschaften im Nationalsozialismus erstmals in größerem und öffentlichkeitswirksamen Rahmen diskutiert wurde: *Schöttler, Peter* (Hrsg.), Geschichtsschreibung als Legitimationswissenschaft 1918-1945, 2. Aufl., Frankfurt am Main 1999; *Schulze, Winfried* (Hrsg.), Deutsche Historiker im Nationalsozialismus, 4. Aufl., Frankfurt 2000.

Kriegsgeschichte nach dem Zweiten Weltkrieg

Tatsächlich standen die im Zusammenhang mit den Nürnberger Prozessen entstandenen Memoiren und Selbstdarstellungen hoher Ex-Militärs wie etwa Guderian, Kesselring, Manstein, Raeder oder Dönitz am Anfang der deutschen Geschichtsschreibung über den Zweiten Weltkrieg.[17] Es galt den Autoren v. a. sich selbst zu entlasten, Hitler die alleinige Schuld an Krieg und Verbrechen zuzuweisen oder die eigene oppositionelle Haltung oder Ablehnung der Zustände herbeizuschreiben.[18] Paradoxerweise beförderten die amerikanischen Streitkräfte von Beginn an in diesen Prozess, denn zur Erstellung eigener historischer Darstellungen zum Krieg, wurden neben den beschlagnahmten deutschen Militärakten auch bald Interviews ranghoher kriegsgefangener Offiziere verwendet. Diese Zusammenarbeit wurde dann im Jahre 1946 wesentlich intensiviert, indem die für das Projekt zuständige Historical Division eine Abteilung „Operational History (German-) Section" schuf, in der binnen weniger Monate mehr als 300 ehemaligen deutsche Offiziere Berichte über ihren früheren Dienst und ihre Kampferfahrung verfassten, bald auch eigenständig Studien zu verschiedenen militärischen Lagen und Situationen aus deutscher Sicht erarbeiteten,[19] was von den Amerikaner wiederum selbst unter dem Gesichtspunkt zukünftiger Kriegsführung ausgewertet wurde, wobei sie besonders an den Berichten zum Krieg mit der Roten Armee interessiert waren. Ehemalige deutschen Offiziere avancierten damit schon bald nach dem Krieg zu geschätzten Beratern der US-Armee, und konnten im Zuge dessen auch Strategien vorschlagen, die im Sinne eines totalen Krieges auch den massivem Einsatz atomarer Waffen vorsahen.[20]

---

[17] *Wegner, Bernd,* Erschriebene Siege. Franz Halder, die „Historical Division" und die Rekonstruktion des Zweiten Weltkrieges im Geiste des deutschen Generalstabes, in: *Hansen, Ernst-Willi/Schreiber, Gerhard/Wegner, Bernd* (Hrsg.), Politischer Wandel, organisierte Gewalt und nationale Sicherheit, Festschrift für Klaus-Jürgen Müller, München 1995, S, 287–302, hier S 287–288.

[18] *Wette,* Militarismus in Deutschland, Militarismus in Deutschland: Geschichte einer kriegerischen Kultur, Darmstadt 2008
S. 223–225.

[19] *Wegner,* Erschriebene Siege, S. 287–288; *Burdick,* Vom Schwert zur Feder, Deutsche Kriegsgefangene im Dienst der Vorbereitung der amerikanischen Kriegsgeschichtsschreibung über den Zweiten Weltkrieg. Die organisatorische Entwicklung der Operational History (German) Section, Militärgeschichtliche Mitteilungen (2/1971), S. 69–80, hier S. 71.]

[20] *Wette,* Militarismus, S. 219; *Burdick,* Vom Schwert zur Feder, S. 70.

Auch der ehemalige Generaloberst und Generalstabschef des Heeres, Franz Halder, konnte zur Mitarbeit an diesem Projekt bewegt werden. Er schien den Verantwortlichen für die anstehenden Aufgaben äußerlich bestens geeignet zu sein, denn ein kurzer KZ-Aufenthalt und einige kritische Äußerungen zum NS-Regime zeichneten ihn in den Augen der verantwortlichen amerikanischen Stellen als kritischen Geist aus. Hinzu kam, dass er auch bei den ehemaligen Offizieren als „Vater der deutschen Siege" äußerst beliebt war. Alleine die Tatsache seiner Mitarbeit bewog nicht wenige zur Teilnahme an dem Projekt. Halder avancierte schnell zum Doyen und Leiter der „German-Section",[21] da er als geschickter Mittler zwischen den Anliegen der amerikanischen Auftraggeber und den deutschen Beschäftigten fungierte, v. a. aber der sich entfaltenden Weltkriegsgeschichtsschreibung ein klares Bild aufprägte. Dieses Bild - oder besser Zerrbild - hat sich in der vorherrschenden historischen Wahrnehmung der Bundesrepublik bis weit in die sechziger Jahre und teilweise noch länger zu großen Teilen halten und ist hauptsächlich wieder auf dem Topos der angeblich schuldlos durch Hitler getäuschten und missbrauchten Wehrmacht aufgebaut, obwohl diese wiederholt sogar Widerstand geleistet habe, etwa mit dem Attentat vom 20. Juli. In diesem bewusst konstruierten Geschichtsbild erschien die Wehrmacht völlig losgelöst von den politisch-ideologischen Zielen des „Führers" und sollte im Gegensatz zu dessen SS stets „sauber" Krieg geführt haben.[22]

Das Interesse der im Bereich der Geschichte tätigen, ehemaligen Offiziere ist aber mit den unternommenen, apologetischen Versuchen, der bestehenden Sorge um das Geschichtsbild der eigenen Armee und den Bemühungen zur Wahrung einer diffusen Standesehre nicht ausreichend beschrieben, war doch schon bald wieder der Gedanke an die Wiederaufrüstung aufgekommen. In der Presse wurden im Herbst 1948 sogar der Vorwurf laut, dass Franz Halder in geheime Pläne der Westalliierten für die Remilitarisierung Deutschlands eingeweiht sei und er sogar an diesen mitarbeite, was vom Beschuldigten sowie den Besatzungsmächten aber strikt zurückgewiesen wurde.[23] Ob Halder tatsächlich konkret an derlei Plänen arbeitete, ist

---

[21] *Burdick, Charles B.*, Vom Schwert zur Feder, S. 72.

[22] *Wegner*, Erschriebene Siege, S. 291–292.

[23] Heißes Eisen: Remilitarisierung Deutschlands? Generaloberst Halder lehnt Verantwortung für angebliche Pläne dieser Art ab, Hamburger Freie Presse, Ausgabe vom 27.11.1948; Vgl. hierzu z. B. auch Hamburger Volkszeitung, Ausgabe vom 27.11.1948; Zu den Diskussionen um die Remilitarisierung siehe *Foerster, Roland G.*, Innenpolitische Aspekte der Si-

bisher unbewiesen, allerdings drängte gerade er zumindest auf eine „[...] gerechte Würdigung der Leistungen des deutschen Heeres im vergangenen großen Krieg als ein besonders wirksames Mittel zur Stärkung des Wehrgedankens im heutigen Deutschland."[24] Zudem schlug Halder auch vor, dass Erkenntnisse aus der Operationsgeschichte wieder in den Offiziersunterricht einer zukünftigen deutschen Armee eingebracht werden sollten.[25]

Diese fragwürdigen Entwicklungen vor Augen, behält Meier-Welcker also recht, wenn er 1957 auf den „unzureichenden Stand der militärgeschichtlichen Arbeit" verweist. Welche Versuche er unternahm und einleitete, dieses Problem abzustellen, soll allerdings erst im übernächsten Abschnitt thematisiert werden. Zunächst soll die Betrachtung der historischen und politischen Bildung gelten, da die Gedanken zu deren Neuordnung und Verankerung in den neuen deutschen Streitkräften weiter zurückreichen als jene zur Theorie und Praxis einer neuartigen Militärgeschichte bei Meier-Welcker.

Konzepte politischer und historischer Bildung in der Gruppe Inneres Gefüge

Wolf Graf Baudissin

Im Angesicht der gerade erlebten Katastrophe, mussten alle an der Wiederbewaffnung Deutschlands Beteiligten einsehen, dass neue deutsche Streitkräfte nur auf dem Boden einer grundlegenden Militärreform denkbar waren. Dies brachte v. a. die Frage mit sich, wie die Streitkräfte so in das politische System und die Gesellschaft integriert werden sollten, dass sie sich nicht wie in der Weimarer Republik zu einem „Staat im Staate" entwickeln, oder gar wie im Nationalsozialismus für verbrecherische Zwecke eingespannt werden konnten. Doch bereits während der Himmeroder Tagung, mit welcher die Planungen für neue deutsche Streitkräfte im Herbst 1950

cherheit Westdeutschlands (1947-1950), in: *Militärgeschichtliches Forschungsamt* (Hrsg.), Anfänge westdeutscher Sicherheitspolitik, 1945-1956, München 1982-1997, Bd. 1, S. 403–575 hier S. 429-440; Zu den tatsächlichen strategischen Planungen der Alliierten zu einer möglichen Verteidigung Westeuropas siehe *Greiner, Christian*, Die alliierten militärstrategischen Planungen zur Verteidigung Westeuropas 1947-1950, in: *Militärgeschichtliches Forschungsamt* (Hrsg.), Anfänge westdeutscher Sicherheitspolitik, 1945-1956, München 1982-1997, Bd. 1, S. 119–316.

[24] Zit. nach *Wegner*, Erschriebene Siege, S. 295.

[25] Wegner: Erschriebene Siege, S. 295.

begann, kam es zum Streit zwischen Wolf Graf Baudissin und seinem Sektionsleiter Hermann Foertsch. Dabei gingen die Forderungen Baudissins nach einer demokratisch orientierten Erziehung Foertsch zu weit, denn obwohl dieser anerkannte, dass sich die zukünftigen deutschen Soldaten zur Demokratie bekennen sollen, glaubte er dass in der Ausbildung weiterhin Pflicht und Gehorsam vorherrschen müssten. Noch größere Auseinandersetzungen entzündeten sich an der Grundsatzfrage über jene Inhalte, die aus der Vergangenheit übernommen werden sollten und jene, die durch eine tiefgreifende Reform völlig neu zu schaffen seien.[26]

Baudissin war später mit dem Ergebnis der Tagung v. a. aufgrund der Tatsache unzufrieden, dass zwar viele der anwesenden Experten dem maßgeblich von ihm erdachten „Innere Gefüge" eine große Wichtigkeit zusprachen, es allerdings trotzdem zugunsten der politisch geforderten raschen Aufstellung und Einsatzbereitschaft neuer deutscher Streitkräfte mit guten Gewissen vernachlässigen wollten.[27] Obwohl in diesem Zusammenhang auch die Bildungsmängel der Wehrmacht erkannt und offen thematisiert worden waren, sollte selbst die hier zu leistende Abhilfe hinter das politisch vorgegebene Ziel, welches über die Bereitmachung von 12 Divisionen für eine europäische Streitmacht innerhalb von zwei Jahren lautete, zurückgestellt werden, ebenso wie die in der Himmeroder Denkschrift vereinbarte „Erziehung des Soldaten im politischen und ethischen Sinne". Auch die schon vereinbarte Absicht „durch Schaffung eines europäischen Geschichtsbildes und Einführung in die politischen, sozialen und wirtschaftlichen Fragen der Zeit" über die Zeit des Wehrdienstes hinaus einen entscheidenden „Beitrag für die Entwicklung zum überzeugten Staatsbürger und europäischen Soldaten" zu leisten,[28] sollte zunächst hintenan stehen.

---

[26] *Krüger, Dieter/Wiese, Kerstin*, Zwischen Militärreform und Wehrpropaganda, Wolf Graf Baudissin im Amt Blank, in: *Schlaffer, Rudolf J./Schmidt, Wolfgang/Baudissin, Wolf von von* (Hrsg.), Wolf Graf von Baudissin, 1907 - 1993 ; Modernisierer zwischen totalitärer Herrschaft und freiheitlicher Ordnung ; [eine Publikation des Militärgeschichtlichen Forschungsamtes], München 2007, S. 99–109, hier S. 101.

[27] *Hartmann, Uwe/Richter, Frank/Rosen, Claus von*, Wolf Graf von Baudissin, in: *Bald, Detlef/Hartmann, Uwe et al* (Hrsg.), Klassiker der Pädagogik im deutschen Militär, 1. Aufl., Baden-Baden 1999, S. 210–226, hier S. 214.

[28] Himmeroder Denkschrift, Abschnitt V, in: *Wiggershaus, Norbert/Rautenberg, Hans-Jürgen*, Die "Himmeroder Denkschrift" vom Oktober 1950, Politische und militärische Überlegun-

Hingegen wurde das Thema Traditionen und Traditionspflege in Himmerod überhaupt nicht berührt. Auch als am 30. Mai 1951 der erste systematische Arbeitsplan für das Amt Blank erschien und 20 Aufgabenfelder benannte, war darunter keines, welches die Traditionsfrage auch nur indirekt behandeln sollte. Das Fehlen jedweder richtungsweisender Entscheidungen zu Fragen der Traditionen und Traditionspflege sollte sich aber schon gleich in den Anfangsjahren der Bundeswehr zu einem bedeutenden Problem entwickeln.[29]

Da zwischenzeitlich nicht weiter an der Ausgestaltung des Inneren Gefüges gearbeitet worden war, ging Baudissin nach seiner Anstellung im Amt Blank im Mai 1951 zunächst von den Inhalten in der Himmeroder Denkschrift aus, erweiterte diese aber Schritt für Schritt nach seinen Vorstellungen. Am Anfang von Baudissins weiteren Überlegungen stand die Auffassung, dass nach dem tiefen Bruch, den v. a. der Nationalsozialismus in allen Lebensbereichen verursacht hatte, nur etwas grundlegend Neues stehen könne, denn auch jene bereits thematisierten, vermeintlich allgemein- und überzeitlich gültigen soldatischen Werte und Normen, hätten den Versuchungen und Drohungen des Nationalsozialismus nicht standzuhalten vermocht.[30] Es liegt daher nahe, dass Baudissin sich bei der Suche nach einem neuen Soldatenbild intensiv mit den preußischen Heeresreformen und dem bürgerlich-emanzipatorischen Wirken der Reformer beschäftigte, wobei er den Blick auch auf andere, progressive Denker erweiterte, weshalb sich in dem erst noch auszuformende Reformkonzept z. B. auch einige Gedanken auf Karl von Rotteck oder das von Sozialisten und Sozialdemokraten getragene Bild des „Bürgersoldaten" zurückgehen.[31]

Erstmals in der Geschichte deutschen Militärwesens waren auch in größerem Umfang verschiedene, externe Gruppen von den Planern im Amt

---

gen für einen Beitrag der Bundesrepublik Deutschland zur westeuropäischen Verteidigung, 2. Aufl., Karlsruhe S. 54-55.

[29] *Rautenberg*, Aspekte zur Entwicklung der Traditionsfrage in der Aufbauphase der Bundeswehr, S. 137–138.

[30] *Baudissin-Dokumentationscenter (BDZ) 128004 (Ordner 28)*, Gespräch Reinisch - Baudissin in der Sendung Europäische Lebensläufe im Bayerischen Rundfunk , 19.10.1986.

[31] *Zimmermann, John*, Vom Umgang mit der Vergangenheit. Zur historischen Bildung und Traditionspflege in der Bundeswehr, in: *Nägler, Frank* (Hrsg.), Die Bundeswehr 1955 bis 2005, Rückblenden - Einsichten - Perspektiven ; [47. Internationale Tagung für Militärgeschichte vom 12. bis 16. September 2005 in Bonn], München 2007, S. 115–129, hier S. 123.

Blank zur Mitarbeit an den Grundsätzen der Erziehung der zukünftigen Soldaten aufgerufen worden. Tatsächlich engagierten sich neben Vertretern aus Politik und Wissenschaften auch die Kirchen, verschiedenste Verbände (u. a. Soldaten- und Jugendverbände sowie Gewerkschaften) und v. a. auch die Medien.[32] Gerade Baudissin suchte von Anfang an intensiven Kontakt zu diesen Gruppen, um das Ersonnene unter verschiedenen, v. a. auch außermilitärischen Aspekten diskutieren zu können. Ein halbes Jahr nach seinem Eintritt ins Amt Blank, präsentierte er dann erstmals auch seine Grundkonzeption in Form eines Diskussionsbeitrages während einer Tagung für ehemalige Soldaten, die am 3. Dezember 1951 in der evangelischen Akademie Hermannsburg stattfand.

In diesem Diskussionsbeitrag waren viele Aspekte des späteren Gesamtkonzepts nur angedeutet, doch die grundsätzlichen Züge, die die neue deutsche Armee und mit ihr der neue deutsche Soldat aufweisen sollten, traten bereits deutlich hervor. Durch die stete Weiterarbeit an dem Reformkonzept in den Jahren 1951/1952 erlangte dieses schließlich immer deutlichere Konturen. Immer wenn neue Details bekannt wurden, setzten im In- und auch zeitweise im Ausland heftig Diskussionen ein, wobei v. a. die Frage dominierte, ob derartig verfasste Streitkräfte überhaupt zu realisieren seien. Viele konservative Kritiker sorgten sich v. a. um Schlagkraft, Disziplin und Geist in den Streitkräften, da sie durch Baudissins Planungen über die Erweiterung der Rechte und Freiheiten der Soldaten sowie der Reduzierung der Hierarchie und die tatsächlichen praktische Bewandtnisse eine „weiche Welle" anrollen sahen glaubten. Ende 1952 wurde dann erstmals der Begriff vom „Staatsbürger in Uniform" öffentlich, in dem sich die Inhalte und Ziele der Reform gewissermaßen bündelten, da dieses neue Idealbild von einem in die demokratische Gesellschaft integrierten und seine Rechte wie Aufgaben als Staatsbürger wahrnehmenden Soldaten der bisherigen Gestalt des früheren deutschen Soldaten quasi diametral entgegenstand.[33] Das Leitbild sah dabei allerdings nicht vor, dass Rekruten bereits als gute Staatsbürger in die Truppe kommen müssten.[34] Baudissin wollte aus der zukünftigen Armee

---

[32] *Bormann*, Als "Schule der Nation" überfordert. konzeptionelle Überlegungen zur Erziehung des Soldaten in der Aufbauphase der Bundeswehr, S. 355.

[33] *Rautenberg*, Aspekte zur Entwicklung der Traditionsfrage in der Aufbauphase der Bundeswehr, S. 138.

[34] *Nägler, Frank*, Muster des Soldaten in der Aufstellungskrise, in: *Nägler, Frank* (Hrsg.), Die Bundeswehr 1955 bis 2005, Rückblenden - Einsichten - Perspektiven ; [47. Internationale

vielmehr einen Ort machen, an dem durch Erziehung und staatsbürgerliche Bildung erst ein staatsbürgerliches Verständnis herausgebildet werden sollte, so dies noch nicht vorhanden war.[35] Um diesbezügliche Fragen zu erörtern, wurden unter Federführung des Referats „Inneres Gefüge" in Siegburg in den Jahren zwischen 1952 und 1953 insgesamt fünf Tagungen zu den „Leitsätzen der Erziehung" durchgeführt, zu welcher auch renommierte Erziehungswissenschaftler eingeladen waren, welche Baudissins Konzepten größtenteils zustimmten.

Dies betraf auch den Erziehungsbegriff, für dessen Beibehaltung sich Baudissin bewusst entschied, obwohl die meisten Deutschen diesen noch im Zusammenhang mit seinen autoritären oder restaurativen Ausprägungen begriffen.[36] Bei Baudissin stand Erziehung allerdings nicht mehr für einen zu indoktrinierenden Inhalt verbunden mit einem Eingriff in die Persönlichkeit wie etwa noch im Nationalsozialismus, sondern für eine „indirekte Erziehung", die lediglich auf die Gestaltung eines dienstlichen Rahmens abzielt, in dem sich der „Staatsbürger in Uniform" auch adäquat durch Selbsterziehung, d. h. die Übernahme von staatsbürgerlicher Verantwortung, verwirklichen können sollte. Dies bedeutete trotzdem, dass militärische Vorgesetzte die Erfüllung bestehender Aufträge um jeden Preis sicherstellen mussten, es sollte dabei aber ein Rahmen gewählt werden, in welchem der Untergebene gleichzeitig bestmöglich in seiner Persönlichkeitsentwicklung gefordert und gefördert würde.[37] Um die diese indirekte Erziehung der Untergebenen zu ermöglichen, benötigte der Vorgesetzte laut Baudissin jedoch

---

Tagung für Militärgeschichte vom 12. bis 16. September 2005 in Bonn], München 2007, S. 81–99, hier S. 83.

[35] Baudissin konnte sich mit seiner Erziehungs- und Bildungskonzeption an Programmen, Arbeiten und Erlassen verschiedener anderer Einrichtungen orientieren, z. B. den unmittelbar nach dem Krieg gestarteten amerikanischen „Reeducation"-Programm oder der Arbeit der 1952 gegründeten Bundeszentrale für Heimatdienst (seit dem 15.6.1963 Bundeszentrale für politische Bildung).

[36] *Hartmann/Richter/v. Rosen*, Wolf Graf von Baudissin, S. 222; Ein Problem der Reformer bestand bereits vor der eigentlichen Gründung der Bundeswehr darin, dass das Neuartige hinter dem Erziehungsbegriff kaum erkannt bzw. verstanden wurde, da „Erziehung" im militärischen Kontext von vielen Offizieren und Ministerialbeamten weiterhin mit den autoritären Formen der Vergangenheit assoziiert wurde, wovon auch Adolf Heusinger und Theodor Blank nicht ausgenommen waren gleichwohl diese die Arbeit Baudissin im Gesamten unterstützten. [*Hartmann/Richter/v. Rosen*, Wolf Graf von Baudissin, S. 223]

[37] *Hartmann/Richter/v. Rosen*, Wolf Graf von Baudissin, S. 219–221.

selbst eigene Standpunkte und Bildung, besonders in einer pädagogischen, politischen und historischen Form, denn nur so kann er sich in die geistige Welt seiner Untergebenen und in das gesamte politisch-militärische und politische soziale Gesamtsystem hineinversetzen womit er auch befähigt, an seiner eigenen Fortentwicklung zu arbeiten.[38] Er benötigt Bildung aber auch, um selbst im Bereich der Bildung tätig werden zu können, da Untergebene und besonders junge Rekruten eben meistens selbst erst zum Staatsbürger gebildet werden müssen, um einerseits verstehen zu können, warum ihr Dienst an der Waffe sinnvoll und wichtig ist, und um einerseits selbstständig nach dem Wehrdienst ihre staatsbürgerlichen Rechte und Pflichten wahrnehmen zu können.[39]

Während damit zumindest bei Baudissin und seinen Mitarbeitern Klarheit über die Bedeutungen und Trennung von Ausbildung, Erziehung und Bildung herrschte, verhielt es sich mit den Bezeichnungen für die tatsächlich zu transportierenden Inhalte anders. Hier gab es einen regelrechten Strauß an Begriffen, die teilweise gleiche, teilweise leicht ähnliche Inhalte und Absichten bezeichnen und die nicht nur im Sprachgebrauch des Ministeriums durcheinandergingen, sondern auch in neuerer Forschungsliteratur noch synonym verwendet werden.[40] So war etwa „Staatsbürgerliche Bildung/Staatsbürgerlicher Unterricht" ein Überbegriff, der auch von der Bundeszentrale für Heimatdienst für die Bezeichnung des Gesamtauftrages verwendet wurde, nämlich solche Bildungsinhalte zu vermitteln, die ein Staatsbürger zum Verständnis des Staatswesens und der aktiven Betätigung darin benötigt. Im § 33 des 1956 erstmals erschienen Soldatengesetzbuches, welches auch vorschreibt, dass über politische Fragen auf überparteilicher Basis diskutiert werden muss, d. h., dass nicht einseitig Partei für die eine oder andere politische Meinung ergriffen werden darf, findet sich der Begriff „staatsbürgerlicher Unterricht".[41] Die politische Bildung war substanzieller

---

[38]*Hartmann/Richter/v. Rosen*, Wolf Graf von Baudissin, S. 222; *Will, Günter*, Freiheit und Verantwortung. Die Grundsätze der Konzeption Innere Führung. Herausgegeben von Elisabeth Will, Egg 2002, S. 128.

[39] *Baudissin, Wolf Graf von*, Soldat für den Frieden. Entwürfe für eine zeitgemäße Bundeswehr, Herausgegeben und eingeleitet von Peter v. Schubert, München 1969, S. 256.

[40] So etwa von Detlef Bald. Siehe hierzu den Aufsatz *Bald, Detlef*, Günter Will, in: *Bald, Detlef/Hartmann, Uwe et al* (Hrsg.), Klassiker der Pädagogik im deutschen Militär, 1. Aufl., Baden-Baden 1999, S. 227–241.

[41] Vgl. Soldatengesetz, § 33 Staatsbürgerlicher und völkerrechtlicher Unterricht.

Bestandteil dessen und beinhaltete z. B. Verfassungskunde, Informationen über das Wahlrecht, Arbeitsabläufe der Regierung und des Bundestages, Gesetzgebungsverfahren usw., konnte aber weiterhin auch historische Inhalte mittransportieren, nämlich überall dort, wo diese zum tieferen Verständnis politischer Gegebenheiten notwendig waren. Als eigenständiger Begriff ging „historische Bildung" erst mit dem Weißbuch des Jahres 1979 in den amtlichen Sprachgebrauch ein, wo er als eigenständige Ergänzung zur „politischen Bildung" erstmals aufgenommen und thematisiert wurde.[42] Sollte dagegen vor der Zeit der Definition im Weißbuch darauf verwiesen werden, dass der Inhalt des übermittelten historischen Wissens im Vergleich zu den politischen Anteilen erhöht ist oder sogar überwiegt, wurde allenfalls von „politisch-historischer Bildung" gesprochen, auch in umgekehrter Reihenfolge. Dies alles bedeutet jedoch nicht, dass der Begriff der historischen Bildung zur Beschreibung allgemeingeschichtlichen oder spezifisch militärgeschichtlichen Wissens nicht auch vorher schon im militärischen Wortschatz existiert hätte, wie alleine schon das in Kapitel I angeführte Zitat Hans Meier-Welckers nahelegt, der oft von „historischer Bildung" sprach und dabei allgemein- oder militärgeschichtliches Wissen meinte. Bei Baudissin und seinen Mitarbeitern findet sich die Begriffe politische und historische Bildung jedoch kaum, dafür aber noch der ältere ministerielle Arbeitsbegriff „Information". In Baudissins Referat hatte es seit 1953 ein Sachgebiet für „Information" gegeben, dass durch Umstrukturierungsmaßnahmen später selbst ein Referat im Rahmen der Inneren Führung geworden war. Unter die „Information" fiel sowohl die politische wie historische Bildung, als auch die Auseinandersetzung mit dem Kommunismus. In Form einer monatlich erscheinenden Zeitschrift wurden Themen aus diesen und noch anderen Gebieten aufbereitet und unter dem Namen „Information für die Truppe" in die Einheiten versandt, wo sie den Kompaniechefs und Kommandeuren ein Hilfsmittel für die Gestaltung des staatsbürgerlichen Unterrichts dienen sollte.[43] Dieser Unterricht selbst sollte darüber hinaus der „geistigen" bzw. „psy-

---

[42] *Bundesministerium für Verteidigung*, Weißbuch 1979. Zur Sicherheit der Bundesrepublik Deutschland und zur Entwicklung der Bundeswehr, Im Auftrag der Bundesregierung herausgegeben vom Bundesminister der Verteidigung, Bonn 1979, S. 193; Die vorherigen Weißbücher aus den Jahren 1969, 1970, 1971/72, 1973/74, 1975/76 müssen bezüglich der gewählten Begriffe noch eingehender geprüft werden.

[43] *Baudissin, Wolf Graf von/Will, Günter*, Die schwere Geburt. Zur Entstehungsgeschichte von Truppeninformation, Information für die Truppe (IFDT), S. 62-64.

chologischen Rüstung" dienen. Zwar hatte Baudissin damit immer ein Wissen beschrieben, durch welches der einzelne auch gegen die Inhalte, Methoden und Propaganda totalitaristischer Herrschaftsmethoden aufgeklärt und gewappnet werden sollte, in späteren Nummern der IFDT und der tatsächlichen Unterrichtspraxis wurde dies aber fast immer einseitig auf den Kommunismus bezogen, weshalb sich mit dem Begriff der geistigen/psychologischen Rüstung schnell ein von Kritikern nicht immer zu Unrecht geäußerter Propagandaverdacht verband.[44] Gewählt wurde dieser Rüstungsbegriff ursprünglich wohl nur zum besseren Verständnis in der Trias „geistige Rüstung, Waffen-Ausrüstung, Gefechtsausbildung"[45] mit der auf leicht verständliche Weise auf die Gleichwertigkeit von staatsbürgerlicher Bildung gegenüber Ausbildung und Bewaffnung hingewiesen werden sollte. Die Aufgabe, für diese „geistige Rüstung" zu sorgen sahen Baudissin und seine Anhänger primär Offiziere, speziell die Disziplinarvorgesetzen in der Pflicht, die die geforderten Bildungsinhalte nicht nur methodisch sinnvoll und inhaltlich solide vermitteln können, sollten, sondern auch durch ständige Weiterbildung beispielgebend sein sollten.

---

[44] *Nägler, Frank,* Der gewollte Soldat und sein Wandel, Personelle Rüstung und Innere Führung in den Aufbaujahren der Bundeswehr 1956 bis 1964/65, München 2010, S. 264.

[45] Der Begriff der geistigen/psychologischen Rüstung wurde nicht in der Gruppe Inneres Gefüge ersonnen, sondern war spätestens nach dem Zweiten Weltkrieg in Europa wohlbekannt, was v. a. der Tätigkeit des amerikanischen Theologen Frank Buchman (1878-1961) zuzuschreiben ist. Dieser war geistiger Führer der sog. Oxford-Gruppe, einer überkonfessionellen Erweckungsbewegung, die mit verschiedenen Organen seit Ende der dreißiger Jahre auf Grundlage ihrer religiösen Lehrsätze eine „moralische (Wieder-)Aufrüstung" betreiben wollte und dabei durch umherreisenden „Moral Re-Arment"-Gruppen und auflagenstarke Publikationen (das Buch „Welt im Aufbau: die Geschichte von Frank Buchman und den Männern und Frauen der Moralischen Aufrüstung" wurde 1951 sogar an alle deutschen Studenten verteilt) sogar erheblichen Einfluss errang, v. a. auch im Deutschland der Nachkriegszeit. Die streng antikommunistisch orientierte und durch die etablierten Kirchen teilweise heftig kritisierte Bewegung hat noch heute Anhänger in diversen Nachfolgeorganisationen. Ein seit 1946 bestehendes Schulungszentrum im schweizerischen Ort Caux wurde u. a. auch 1948 von Konrad Adenauer besucht. Obwohl Buchman als Person höchst umstritten war (er galt u. a. als Verehrer Adolf Hitlers) erhielt er 1952 das Großkreuz des Bundesverdienstkreuzes für seine angeblich geleistete Versöhnungsarbeit zwischen Deutschland und seinen ehemaligen Feinden. [Die Caux-Existenz, Der Spiegel, Ausgabe 42/1954]

Allerdings hatte Baudissin auch hier mit Widerständen zu kämpfen. So hatte der Leiter der Zentralabteilung,[46] der Verwaltungsfachmann Ernst Wirmer, mehrmals seine Ablehnung bezüglich des Erziehungs- und Bildungsauftrag der zukünftigen Offiziere ausgedrückt und stattdessen den reinen militärischen Führer und Ausbilder gefordert. Wenn überhaupt sollten zivile Dozenten dem Erziehungs- und Bildungsauftrag nachgehen, mit welchem Wirmer die Offiziere überfordert sah. Bei den Militärs herrschte in dieser Frage allerdings Geschlossenheit und gerade Baudissin protestierte scharf gegen diesen Vorstoß, war die Erziehung und Bildung doch von zentraler Bedeutung für die Konzeption der Inneren Führung.[47]

In dieser ganzen Zeit wurde im Referat Inneres Gefüge das Thema Tradition nie als gesonderten Planungsgegenstand betrachtet, stand doch auch hierfür das Leitbild vom „Staatsbürger in Uniform" zu Verfügung, in deren Kontext Tradition als ein möglicher, aber nicht maßgeblicher oder ausschließlicher Integrationsfaktor gesehen wurde,[48] zumal der Soldat idealtypischerweise wissen und verstehen sollte, wofür er diene und daher zur Bestimmung seines Standortes in der Gesellschaft keine Rückbezüge auf frühere, zumal undemokratische Zeiten benötige.[49] Die Hoffnung, nicht auf eine schwierige militärische Traditionen zurückgreifen zu müssen, zerschlug sich allerdings mit dem Scheitern der EVG, in welcher deutsche Soldaten als Teil einer Europaarmee nur wenige oder überhaupt keine nationalen Traditionen hätten weiterführen können.

Während die 1955 gegründet Bundeswehr ihrer Wehrverfassung tatsächlich eine Reformarmee war, blieben Realität und Alltag in der Truppe

---

[46] Diese war zuständig für zuständig für die nichtmilitärische Organisationsstruktur, die Truppenverwaltung, das Haushalts- und Personalwesen.

[47] *Meier-Dörnberg, Wilhelm*, Die Planungen des Verteidigungsbeitrages der Bundesrepublik Deutschland im Rahmen der EVG, in: *Militärgeschichtliches Forschungsamt* (Hrsg.), Anfänge westdeutscher Sicherheitspolitik 1945-1956, Bd. 2, Die EVG-Phase, München 1982-1997, S. 605–756, hier S. 724–725.

[48] *Rosen, Claus Frhr. von*, Tradition als Last, Probleme mit dem Traditionsangebot der Gruppe Inneres Gefüge (1951-1958) im Leitbild "Staatsbürger in Uniform" für die Tradition der Bundeswehr, in: *Kodalle, Klaus-Michael/Balke, Peter* (Hrsg.), Tradition als Last?, Legitimationsprobleme der Bundeswehr, Köln 1981, S. 167–181, hier S. 168–169.

[49] *Rautenberg*, Aspekte zur Entwicklung der Traditionsfrage in der Aufbauphase der Bundeswehr, S. 138.

noch viele Jahre von Kontinuität geprägt.[50] Dies nicht nur bezüglich der Ausbildungsmethoden, sondern auch zu großen Teilen in den Bereichen der Erziehung und Bildung. In dieser Armee schafften es die wenigsten, aus dem Verständnis der Gegenwart heraus die Frage nach gültigen Traditionen an die Geschichte zu stellen,[51] so wie Baudissin es hatte deutlich machen wollen. Die Zusammenhänge von politisch-historischem Wissen, der Wichtigkeit von politischer und historischer Bildung sowie der Traditionsauswahl und –pflege wurden von den meisten Vorgesetzten nicht erkannt oder akzeptiert. Es wurde schnell wieder kritiklos an Vergangenes angeknüpft, wobei die durch die noch fehlenden Vorschriften große Spielräume boten. Hieran konnte auch das Versprechen Blanks nichts ändern, welches er anlässlich der Ernennung der ersten 101 Freiwilligen in Andernach gegeben hatte, nämlich dass die neue Armee nichts aus der Vergangenheit übernähme, was nicht auf seine Gültigkeit für die Gegenwart geprüft worden sei.[52] Seine Worte fanden erst Mitte der sechziger Jahre im ersten Traditionserlass ein gesetzliches Gegenstück, welches aber auch in seiner Aussage nicht ohne Widersprüche war und auch weiterhin große Interpretationsspielräume ließ.

Günter Will

War Graf Baudissin unbestritten der Spiritus Rector der Gesamtreform, so oblag es an vielen Stellen seinen wenigen überzeugten Mitstreitern, dem Reformwerk auch in Einzelheiten der Praxis, wie etwa in Vorschriften, Leitsätzen, Publikationen usw. eine klare Kontur im Sinne des Gesamtkonzeptes zu verleihen. Für den Bereich der politischen und historischen Bildung ist an führender Stelle dabei Günter Will zu nennen, der 1953 in Baudissins Referat eingetreten war. Zugleich begann der kriegsgediente Offizier und promovierte Historiker Will mit der Zusammenstellung jener Vorträge zu einer Publikation, die anlässlich der Siegburger Tagungen vom 28. und 29. April 1953 von Historikern, Politologen, Pädagogen und Juristen zu Fragen des Verhältnisses zwischen Soldaten und Gesellschaft gehalten worden waren.

---

[50] *Schlaffer, Rudolf J.,* Der Aufbau der Bundeswehr: Reform oder Reformierung?, in: *Lutz, Karl-Heinz/Rink, Martin/Salisch, Marcus von* (Hrsg.), Reform, Reorganisation, Transformation, S. 331-344, hier S. 340.

[51] Formulierung nach Birk, *Birk, Eberhard*, Geschichte, Historische Bildung und Tradition, Information für die Truppe (2/2004), S. 40–47, hier S. 43.

[52] Abenheim, Bundeswehr und Tradition, S. 113.

Diese schließlich von 1957 bis 1961 in sechs Bänden erschienen „Schicksalsfragen der Gegenwart" gewähren einen Einblick über die gute Vernetzung der Gruppe um Baudissin und gelten aufgrund der vielen gebotenen, auch durchaus gegensätzlichen Perspektiven und Anregungen zum Opus Magnum der Inneren Führung,[53] das sich noch heute als „Schlüsseldokument einer Sozialgeschichte der Ideen in der Bundesrepublik" lesen lässt. Jedem Offizier ab Dienstgrad Leutnant stand dabei eine Komplettausgabe der „Schicksalsfragen" zu.[54] Ob die Inhalte auch bei der designierten Leserschaft ankamen, muss unterdes bezweifelt werden, denn von verschiedenen Seiten und Rezensenten wurde kritisiert, dass nur Beiträge von Universitätsprofessoren abgedruckt worden seien, deren Niveau zu hoch für den Durchschnitt der Truppenoffiziere sei.[55] Die Lösung dieses Problems, d. h. wissenschaftliche Inhalte soldatengerecht zu vermitteln, ohne dabei zu sehr zu vereinfachen und abstrahieren, sollte Will bis zum Ende seiner Dienstzeit beschäftigen. Dies zeigte sich auch im zweiten, ihm obliegenden Arbeitsfeld, der Lehrgangsplanung. Dabei war Will von Anfang an entschlossen, den Lehrbetrieb an den zukünftigen Offiziersschulen und -akademien an akademischen Maßstäben auszurichten wie auch überhaupt ausreichend Zeit für den Bereich der Bildung einzuplanen. So forderte er zeitweise, Lehrgänge aller hierarchischen Ebenen (auch die Grundausbildung) um mindestens einen Monat zu verlängern, um so neben den Ausbildungsinhalten auch die Möglichkeit zu haben, den Lehrgangsteilnehmern „eine politisch-geistig-historische" Grundlage zu vermitteln. Dies schien ihm Angesichts der deutschen Geschichte und der Einstellung der meisten Jugendlichen zur Wehrpflicht dringend notwendig. Im weiteren Zusammenhang hiermit notierte Will auch, dass er glaube, im Militär habe man schon immer mehr Interesse für die Ergebnisse der Naturwissenschaften gehegt, währenddessen die Erträge der Geisteswissenschaft besonders in Deutschland kaum bis gar nicht beachtet wurden, was Will auch später noch so einschätzte.[56] Er machte sich gerade die Abstellung dieses erkannten Bildungsmangel auf dem Gebiet der Geisteswissenschaften, speziell der Geschichte zu seinem Ziel. Die Beschäf-

---

[53] *Bald*, Günter Will, S. 234.

[54] *Forschungsstelle für Zeitgeschichte Hamburg (FZH) 16-1 A 5*, Schreiben von Günter Will an Gustav Dosin vom 19.11.1959.

[55] *Westdeutscher Rundfunk, Hauptabteilung Politik*, Politische Literatur. Besprechung der "Schicksalsfragen" durch Dr. Rudolf Fiedler. Sendung vom 17.07.1959.

[56] *FZH 16-1 A 2*, Tagebuch-Nachtrag aus der Zeit vom 28.10 - 28.11.1954.

tigung mit der Geschichte hielt Will deshalb für so angemessen, da sie geeignet sei, den geringen eigenen und zudem subjektiv gefärbten Erfahrungsschatz durch die Betrachtung von Erlebnissen und Erfahrungen der Vergangenheit anzureichern. Dies könne dann auch wieder die eigene Urteilsfähigkeit und Selbstständigkeit in aktuellen Fragen stärken.[57]

Wie Baudissin hatte auch Will recht genaue Vorstellungen von der geistigen Situation der Menschen seiner Zeit. Die lustlose Hoffnungslosigkeit und Verzweiflung unter den Jugendlichen konnte er angesichts deren Erlebnisse und der gegenwärtige Lage gut nachvollziehen. Er hielt unter den Voraussetzungen der Wehrpflicht aber für besonders wichtig, dass Jugendliche bereits vor ihrer Zeit bei der Bundeswehr stärker mit Geschichte, und speziell der deutschen Geschichte konfrontiert werden müssten und dies dabei mit vereinfachter Methodik und Didaktik, aber dafür mit größerer Intensität. Will betont dabei, dass die Deutschen nicht nur eine „unbewältigte" Geschichte hätten, sondern sich auch vor dieser fürchteten, da sie bereits mehrfach in jüngster Zeit zu politischen Zwecken missbraucht worden sei und dieser Missbrauch - wenn auch in ganz anderem Maße - bis in die Gegenwart reiche. Ein kritischer Umgang mit der Vergangenheit sei aber unter dem Aspekt geboten, dass nur durch die so schaffbaren, klaren Verhältnisse der hinten gefangene Blick wieder nach vorne schweifen und die Zukunft so aktiv gestaltet werden könne: „Diese Zeit einfach negieren, d. h. sie zu verdrängen, führt psychologisch gesehen zur Neurose. Man muss solche Zeiten als Wirklichkeit anerkennen, sich mit ihnen auseinandersetzen und sie dadurch echt ‚überwinden'".[58]

Bereits im November 1954 wurde Will zum Leiter des Referats „Information" ernannt, womit es sein Auftrag wurde, ein tragfähiges und umsetzbares Konzept für die staatsbürgerlichen Bildung künftiger deutscher Soldaten zu erarbeiten.[59] Ihm zur Seite gestellt wurden der ehemalige Oberleutnant und Historiker Hermann Heidegger und der später hauptsächlich durch die sog. Kießling-Affäre bekannt gewordene General und promovierte Volkswirt Günter Kießling, sowie Dr. Heinz Hundt, der als Chefredakteur wirkte.[60] Nach internen Findungsprozessen ließ Baudissin später mitteilen,

---

[57] *Bald*, Günter Will, S. 233.

[58] *FZH 16-1 A 2*, Nr. Eintrag vom 28.01.1954.

[59] *Bald*, Günter Will, S. 227–228.

[60] *Will*, Freiheit und Verantwortung, S. 24-25.

dass mindestens zwei Wochenstunden für den staatsbürgerlichen Unterricht in den Kompanien angesetzt werden sollten, wobei eine Stunde für die „aktuelle Information" (Unterricht über tagesaktuelle innen- und außenpolitische Themen) und eine weitere auf die „allgemeine Information" (Verfassungskunde, Einbettung der Bundeswehr in den Staat, aber auch Auseinandersetzung mit dem „Bolschewismus") entfallen solle. Neben den zahlreichen, zu meisternden Aufgaben des Aufbaus könne aber von dem Chefs nicht auch noch eine eingehende Lektüre verschiedener Zeitungen, Zeitschriften, Magazine und Bücher verlangt werden, weshalb das BMVg hier mit entsprechend aufbereiteten und gebündelten Informationen helfen müsse.[61] Zudem sollte so sichergestellt werden, dass nicht immer die gleichen Themen abgehandelt und im Sinne des Unterrichtenden ausgelegt würden, da die Meinungsbildung frei erfolgen musste. Die Erarbeitung dieser Schriften lag in der Zuständigkeit von Wills Referat. Unter seiner Federführung war deshalb bereits seit 1954 eine Publikation konzipiert worden, die zusätzlich zum staatsbürgerlichen Unterricht Materialien und Positionen zur tiefergehenden Auseinandersetzung bereitstellen sollte. Diese monatlich erscheinende „Information für die Truppe" sollte Disziplinarvorgesetzte bei der Vorbereitung ihres Unterrichts unterstützen und weitere Anregungen für einen abwechslungsreichen, an aktuellen und grundsätzlichen Problemen orientierten Unterricht liefern..[62] Im Vorwort war wieder zu lesen: „Die staatsbürgerliche Unterrichtung der Truppe dient der geistigen Rüstung. Diese steht gleichwertig neben der Waffen-Ausrüstung und der Ge-

---

[61] *Bundesarchiv-Militärarchiv Freiburg (BA-MA) BW 2/1161*, S. Schreiben von Wolf Graf Baudissin an Hans Speidel vom 06.07.1956.

[62] Schon während der Zeit davor und dem Erarbeiten der ersten konkreten Inhalte hatte Will es für nötig erachtet, die wichtigsten Informationsquellen zu benennen und für die Monatsschrift aufzuschlüsseln. Für den Bereich des politischen Geschehens begutachtete er verschiedene in- und ausländischen Zeitungen, Presseinformationen, Zeitschriften und wissenschaftlichen Veröffentlichungen auf ihre Tauglichkeit für die Information. Für den Bereich der Geschichte wurde Will konkreter und führt als notwendig u. a. die Reihenausgaben der politisch-parlamentarischen Forschungsgesellschaft zur Politik der Weimarer Republik an, weiterhin auch die Reihe „Geschichte und Politik" und hier besonders „Das Problem des deutschen Heeres 1919-1945" von Hans Herzfeld und „Deutsche Memoiren 1945-1953" von Walter Hubatsch, die als Historiker beide stärker dem konservativem Lager zuzuordnen sind. [*FZH 16-1 A 2*, Eintrag vom 19.08.1954.]

fechtsausbildung." Geistige Führung der Truppen setzt Anteilnahme des Offiziers am politischen Geschehen unserer Zeit voraus."[63]

Die IFDT waren das „liebste Referatskind"[64] Wills, der vermutete, dass diese Schriften mit dem gewünschten Schwerpunkt auf Ausbildung staatsbürgerlichen Denkens im Rahmen von vielen, v. a. älteren Offizieren abgelehnt würden, da diese sich vor diesem Gebiet ängstigten oder es aus Unkenntnis ganz ablehnten.[65] Wie die IFDT tatsächlich von den Adressaten aufgenommen wurde, ist leider nicht mehr nachvollziehbar. Obwohl die Zeitschrift keinen wissenschaftlichen Anspruch hatte, war die Qualität der Beiträge aber gerade im ersten Erscheinungsjahr durchaus hoch und mit anderen gehobenen politischen Monatsschriften vergleichbar.[66] Ermutigt durch Baudissin, der sich auch immer in die Schlussredaktion einschaltete, konnten Will und seine Mitarbeiter einen eigenen Stil ausprägen. Mehr als einmal drängte allerdings schon im Jahr der Ersterscheinung der Staatssekretär auf eine größere Einheitlichkeit im Meinungsbild, und selbst Verteidigungsminister Strauß griff in einem Sinne in Kommentare anlässlich des Volksaufstand in Ungarn ein, die bei Baudissin die Befürchtung einer beabsichtigten eindimensionalen Betrachtung der Vorgänge nährten. Freie Hand ließ Strauß Baudissin und Will jedoch bei kritischen Artikeln zur deutschen Militärgeschichte, die dann aber oft wieder innerhalb der Ministeriums für Verstimmungen sorgten.[67] Sowieso schien die IFDT unter starker Beobachtung gestanden zu haben, denn auch aus parteipolitischen Richtungen wurden Vorwürfe geäußert, dass das Referat der einen oder anderen politischen Richtung hörig sei.[68] Für die dauerhafte Bearbeitung der zusätzlichen „aktuellen Information", die täglich mit Pressemeldungen erscheinen sollte, stand jedoch nicht genug Personal zur Verfügung, weshalb schon bald ein auswärtiger Verlag mit der Herausgabe betraut wurde.[69] Trotzdem zeigte sich, dass

---

[63] Vergleiche Inneneinband IFDT 1/1957.

[64] *Rosen, Claus Frhr von,* Frieden als Motiv, Günter Will - Schöpfer der Information für die Truppe, Information für die Truppe (8/1991), S. 67–70, hier S.68.

[65] *FZH 16-1 A 2,* Nr. Abschrift des überprüften, handschriftlich geführten Tagebuches aus dem Jahr 1958, Eintrag vom 07.01.1958.

[66] *Nägler,* Der gewollte Soldat und sein Wandel, S. 253.

[67] *Nägler,* Der gewollte Soldat und sein Wandel, S. 258.

[68] *FZH 16-1 A 12,* Nr. Brief von Günter Will an Wolf Graf Baudissin vom 21.12.1956.

[69] *BA-MA BW 2/1161,* S. Schreiben von Wolf Graf Baudissin an Hans Speidel vom 06.07.1956; der Kölner Markus-Verlag vorgeschlagen wurde, da dieser sowohl den Kölner

Wills kleines Referat auch ohne diese Belastung noch zu viel zu tun hatte, denn neben den IFDT sollte auch noch die Ausgaben der „Schriftenreihe Innere Führung" bearbeitet werden, wobei Will hier genügend Vorlaufzeiten reklamierte, um keine „Fließbandarbeit" leisten zu müssen.[70]

Günter Will profilierte sich jedoch nicht nur durch seine Arbeiten an und in amtsinternen Publikationen. Um nämlich seinem Bildungsbegriff und der Inneren Führung eine speziellen Ort zu geben, reiften in ihm seit 1954 Pläne zum Aufbau einer „Schule für Innere Führung" für Offiziere. Hier sollten ausschließlich Lehrgänge durchgeführt werden, die auf Erziehung und Bildung abzielen, jedoch keine militärische Ausbildungen durchgeführt werden, um so ein Gegengewicht zu den Offiziersschulen und -akademien zu schaffen, da hier nach Wills Verständnis erfahrungsgemäß die Praxis immer stark überwog und somit die Bildungsanteile nur eine Nischenposition innehatten. Besonders augenfällig an dieser Konzeption war die geplante akademische Ausrichtung und die Beiordnung eines Forschungs- und Lehrstabes, der völlig frei von amtlichen Weisungen arbeiten können sollte,[71] u. a. auch auf dem Gebiet der Militärgeschichte. Im Jahre 1956 nahm diese Schule, die 1981 in „Zentrum Innere Führung" umbenannt wurde, auch schließlich ihre Arbeit auf. Tragisch dabei ist, dass Will als geistiger Vater dieser Institution nie Kommandeur selbiger wurde, sondern später nur einen Dienstposten als Hörsaalleiter inne hatte. Insgesamt hatte sich Will nach seiner Zeit unter Baudissin im Ministerium oft ausgebremst und benachteiligt gefühlt, obwohl er als erfahrener Offizier und Promovierter gute Bedingungen für eine militärische Karriere mitgebracht hatte. Nach seiner Zeit im Ministerium trat Will zunächst einen Dienstposten als Dozent für Kriegs- und Militärgeschichte an der Offiziersschule des Heeres II in Hamburg an. Er versuchte hier trotz vieler Widerstände und knapp bemessener Stundenzahlen seinem Auftrag gerecht zu werden, der laut HDv 103/2 Ziff. 34 lautete, die Fahnenjunker der Heeresoffiziersschule so auszubilden, dass sie am Ende des Lehrgangs in der Lage seien, „das militär- und kriegsgeschichtliche Studium selbständig fortzusetzen", womit ein Beitrag

Stadtanzeiger, wie auch „Die Parole", eine Zeitschrift für den Bundesgrenzschutz herausgab. [*BA-MA BW 2/1161*, S. Schreiben von Wolf Graf Baudissin an Hans Speidel vom 06.07.1956]

[70] *FZH 16-1 A 2*, Eintrag vom 19.08.1954.

[71] *Bald*, Günther Will, S. 238-239.

„zur Erziehung des künftigen Offizierskorps" erbracht werden sollte. Will kam während seiner Zeit an der Heeresoffiziersschule insgesamt zu dem Schluss, dass das Bildungsniveau der Offiziersanwärter und Offiziere zunehmend sinke. Er machte ihnen daraus jedoch keinen Vorwurf, da sie selbst nur „Opfer" einer mangelhaften Ausbildung und Erziehung in der Bundeswehr seien. Auch in seiner Zeit als Kommandeur eines Infanteriebataillons in Hamburg sowie der darauf folgenden Verwendung an der Schule für Innere Führung wurde Will immer wieder auf die großen Lücken in der politischen und historischen Bildung von Offizieren aller Dienstgrade aufmerksam. Es waren diese Erfahrungen, die Will wiederholt eine massive Stärkung der Schule für Innere Führung und den Aufbau einer Wehrakademie fordern ließen, um so die Bildungslücken der Vorgesetzten besser schließen zu können.[72] In der ab 1966 arbeitenden Stabsakademie, deren erster Kommandeur Will 1966 wurde, konnten schließlich viele seiner Vorstellungen zu einer akademisch orientierten, umfassenden geistigen Ausbildung von Offizieren aller Truppengattungen realisiert werden. Durch die Aufnahme des Lehr- und Forschungsbetriebes der beiden Bundeswehruniversitäten in Hamburg in München im Jahre 1973 mit der vorausgegangenen dreijährigen Planungsarbeit der von Verteidigungsminister Helmut Schmidt eingesetzten Kommission zur Neuordnung der Ausbildung und Bildung unter Thomas Ellwein, welcher 1953 bereits mit Baudissin und Will zusammengearbeitet hatte, war auch die Stabsakademie überflüssig geworden und wurde in die Führungsakademie integriert.

Es war erst diese zweite Bildungsreform der siebziger Jahre, welche schließlich griff und unter den veränderten gesellschaftlichen und politischen Rahmenbedingungen dieser Zeit dem mittlerweile auch politisch erkannten und konsequent angegangenen Problem des Bildungsmangels unter Offizieren dauerhaft und wirksam Abhilfe verschaffen konnte. Der frühe, maßgeblich auf Baudissin und auch den heute zu Unrecht fast vergessenen Günter Will zurückgehende Versuch einer Bildungsreform der fünfziger Jahre war jedoch nicht an mangelnden Ideen oder schlechter Planung gescheitert, sondern hauptsächlich am Widerstand der Traditionalisten.[73]

---

[72] *FZH 16-1 A 7*, S. Schreiben von Günter Will an Dr. Engst, Ministerialrat beim Wehrbeauftragten des Deutschen Bundestags vom 28.08.1963.
[73] *Bald*, Günter Will, S. 235.

Das bundesdeutsche Interesse an einer eigenen, unabhängigen Stelle zur Militärgeschichtsschreibung wurde mit dem Beginn der Diskussionen und Verhandlungen um die deutsche Wiederbewaffnung belebt. In der Dienststelle Blank wurde die Relevanz des Themas erkannt und Ende des Jahres 1951 ein spezielles Referat für „Zeitgeschichte und Wehrwissenschaft" eingerichtet, welche u. a. der Konzeption einer eigenen Forschungsstelle für Geschichte diente.[74] Da die meisten deutschen Universitätshistoriker zu dieser Zeit vor einer Beschäftigung mit der jüngsten deutschen Militärgeschichte zurückscheuten[75], schien eine eigene Stelle unverzichtbar, wobei auch noch andere Überlegungen im Hintergrund gestanden haben dürften. So hatte der ehemalige General der Infanterie, Georg von Sodenstern, einen „Arbeitskreis für Wehrforschung" initiiert, der sich die wissenschaftliche Untersuchung des Phänomens Krieg in seinen politischen, wirtschaftlichen und gesellschaftlichen Zusammenhängen zur dauernden Aufgabe gemacht hatte, denn es konnte unter den Bedingungen des Kalten Krieges kein Zweifel daran bestehen, dass auch ein zukünftiger Krieg wieder ein totaler sein würde, der alle Teile des Gemeinwesens in bedeutender Weise erfasse und betreffe.[76] Eine der wichtigsten Disziplinen in dieser „Wehrforschung" war die Militärgeschichte, die sich aber gemäß dieser Einbettung nicht mehr oder nicht mehr ausschließlich als nutzanwendungsbasierte Kriegsgeschichte verstehen konnte. Auch das im Jahre 1952 von Bund und Ländern gegründete Institut für Zeitgeschichte konnte dieser Aufgabe nicht gerecht werden, da zwar Militärgeschichtsforschung auf dem Programm stand, diese aber nur im Rahmen einer historischen Gesamterforschung des Nationalsozialismus betrieben werden sollte.[77]

Als Referatsleiter „Zeitgeschichte und Wehrwissenschaft" trat 1953 Dr. Hans Meier-Welcker[78] ins Amt Blank ein. Mit brachte er eine grobe Vor-

---

[74] *Wiggershaus, Norbert*, Die amtliche Militärgeschichtsschreibung in der Dienststelle Blank und im Bundesministerium für Verteidigung 1952-1956. In: Militärgeschichtliche Mitteilungen, H. 2, 1976, S. 115–121, hier S. 115–116.

[75] Wette, Wolfram, Militärgeschichte zwischen Wissenschaft und Politik, S. 59.

[76] *Militärgeschichtliches Forschungsamt/Rink*, Martin, 50 Jahre Militärgeschichtliches Forschungsamt. Eine Chronik, Berlin 2007, S. 14.

[77] *Wiggershaus*, Die amtliche Militärgeschichtsschreibung, S. 115.

[78] Hans Meier-Welcker wurde 1906 in Offenburg geboren und trat 1925 in die Reichswehr ein. Er absolvierte 1937/38 die Generalstabsoffiziersausbildung. Im Krieg war er eingesetzt

stellung darüber, wie eine zeitgemäße militärgeschichtliche Forschung und Lehre aussehen müsse, doch ähnlich wie der ein Jahr jüngere Baudissin auch, musste auch er dieses Verständnis mit der Zeit weiterentwickeln. Gleichwohl Meier-Welcker in dieser frühen Phase wohl aus Unkenntnis noch die Begriffe Kriegs-, Wehr- und Militärgeschichte mit unterschiedlichen Inhalten in Verbindung brachte, sie aber teilweise auch synonym benutzte,[79] orientierte er sich bei der allmählichen Ausformung seines Konzeptes u. a. auch an damals diskutierten Theorien zur Zeitgeschichtsschreibung, wie sie z. B. von seinem akademischen Lehrer Hans Rothfels seit 1953 vertreten wurden. Meier-Welcker hatte so bereits 1954 einen Entwurf vorformuliert, nach welchem die im Rahmen des Verteidigungsministeriums zu betreibenden „Kriegswissenschaften" Spezialdisziplin der Geschichtswissenschaften und damit ihren wissenschaftlichen Methoden, Aufgaben und Zielen verpflichtet sein sollten, wobei auch der politische, wirtschaftliche, soziale und kulturelle Bezugsrahmen von Militär und Krieg viel stärker als bisher Berücksichtigung finden müsse: „Wenn aber die Militärgeschichte ihre Aufgaben erfüllen soll, dann ist dies nur möglich, wenn sie die Höhe der wissenschaftlichen Arbeit der allgemeinen Geschichtswissenschaften gewinnt. Die Militär- und Kriegsgeschichte ist nur ein Teil der gesamten Geschichtswissenschaft, wenn sie auch mit ihrem Erfahrungsgut in besonderer Weise den Streitkräften zu dienen hat. Es darf aber keine Isolierung der Militärgeschichte gegenüber der allgemeinen Geschichte geben, wie sie früher in Deutschland in gewisser Weise festzustellen ist, vielmehr hat die Wissenschaft von der Militär- und Kriegsgeschichte eine spezifische Aufgabe innerhalb der allgemeinen Geschichte zu erfüllen und bedarf deren Erkenntnisse für ihre besondere Bestimmung. Die Militärgeschichtliche Forschungsstelle steht also als militärische Dienststelle ihrem Wesen nach im Bereich der Geschichtswissenschaft und hat die Brücke zuschlagen einerseits von der Geschichte zum militäri-

---

als Verbindungsoffizier zum italienischen Heer, dann als Chef des Generalstabs beim XXXI. Armeekorps, wo er in amerikanische Kriegsgefangenschaft geriet. Ab 1948 nahm Meier-Welcker schließlich ein Studium der Geschichtswissenschaften und Philosophie in Tübingen auf, nach dessen Abschluss er direkt ins Amt Blank wechselte. [*Wohlfeil, Rainer*, Oberst i. G. Dr. Hans Meier-Welcker als Militärhistoriker, in: Ehlert, Hans (Hrsg.), Deutsche Militärhistoriker von Hans Delbrück bis Andreas Hillgruber, Potsdam 2010, S. 33-52, hier S. 36-37.

[79] *Wohlfeil*, Meier-Welcker als Militärhistoriker, S. 3-4; Laut Wohlfeil habe Meier-Welcker den ideologisch belasteten Begriff der Wehrgeschichte bald aus seinem Vokabular gestrichen.

schen Leben und andererseits von den gegenwärtigen militärischen Interessen und Fragestellungen zur Wissenschaft. Die Methode ihrer Arbeit kommt von der allgemeinen Geschichtswissenschaft her."[80]

Parallel zum historischen Referat hatte Meier-Welcker seit 1952 in Personalunion auch jenes für „Wehrarchiv- und Wehrbibliothekswesen" geführt und übernahm bald und nach mehreren Namensänderungen das aus den beiden genannten Arbeitsbereichen 1954 zusammengeführte Referat für „Militärwissenschaft.[81] Während dieser Zeit wurden die Konturen der noch zu schaffenden Dienststelle zur Militärgeschichtsforschung immer klarer. Fest stand, dass zivile Historiker und studierte Offiziere gemeinsam nach wissenschaftlichen Methoden in einem gemeinsamen Institut zusammenarbeiten sollten. Als echte Herausforderungen stellte es sich dabei zunächst heraus, eine ausreichende Zahl studierter Offiziere zu finden, oder wenigstens solche, die für „historische Arbeit besonders veranlagt seien" und relativ zügig durch die Akademiker eingearbeitet werden könnten. Meier-Welcker plädierte in diesem Zusammenhang dafür, junge Offiziere zum Studium abordnen zu können.[82]

Der erste Stärke- und Ausrüstungsnachweis (STAN), der im Zuge des Aufstellungsbefehls vom Juli 1956 erstellt wurde, wies vier interne Aufgabenfelder aus, welche sich anteilig 1) mit der allgemeinen militärgeschichtlichen Forschung, Untersuchung und Darstellung militär- und kriegsgeschichtlicher Prozesse und entsprechender Einzeluntersuchungen, 2) mit der Behandlung der für die Bundeswehr aktuellen Fragestellungen, 3) mit der Her- und Bereitstellung von Lehrmaterialien für den militärgeschichtlichen Unterricht für Offiziere und 4) mit der Aus- und Weiterbildung der Lehrkräfte beschäftigen sollten.[83] Wenn auch der Akzent auf der Forschung lag, so waren die anderen Aufgaben von ebenfalls hoher Bedeutung, weshalb ein ebenfalls 1956 erarbeiteter Verteilungsplan für die insgesamt 13 Wissenschaftler fünf reine Forschungs- und sieben andere Stellen für Auskünfte,

[80] Zit. nach *Wohlfeil, Rainer*, Militärgeschichte, Zu Geschichte und Problemen einer Disziplin, S. 332].

[81] *Wiggershaus*, Die Amtliche Militärgeschichtsschreibung, S. 115–117.

[82] BA-MA N 241/54 Vortrag von Hans Meier-Welcker auf der Konferenz der Historical Division Karlsruhe vom 24.05.1957.

[83] Die STAN wurde in dieser angedachten Form nicht umgesetzt. Es erfolgte eine Einteilung nach Teilstreitkräften, militärische und zivile Wissenschaftler arbeiteten getrennt.

Gutachten, Lehrstudien, Lehrstofferstellung, Lehrerausbildung, Operationslehre usw. vorsah, auf welchen nur zeitweise geforscht werden sollte.[84]

Im Status einer eigenen, dem Verteidigungsministerium unmittelbar unterstellten Dienststelle nahm die „Militärgeschichtliche Forschungsstelle" 1957 in Langenau bei Ulm unter dem mittlerweile wieder aktiven und zum Oberst i. G. beförderten Hans Meier-Welcker schließlich ihre Arbeit auf.[85]

Von Anfang an war die Erforschung des Zweiten Weltkrieges und die Publikation der Ergebnisse in mehreren großen Bänden als Hauptauftrag vorgesehen, mittelfristig sollte dann auch eine Geschichte über die Entstehung der Bundeswehr erarbeitet werden. Der zentralen Aufgabe konnte allerdings in der Frühphase des Amtes noch nicht in vollem Umfang nachgekommen werden, da der Großteil des relevanten Archivgutes von den Alliierten konfisziert worden war. Bis zur Wiederverfügbarkeit des Materials sollten Einzel- und Teiluntersuchungen den Weg zu einer Gesamtdarstellung ebnen.[86] Im Juli 1959 besuchte der Leiter Fü B III das MGFA und zeigte sich zufrieden mit dem Fortgang des Aufbaus und der laufenden Studien. Bei dieser Gelegenheit wurde nochmals die Kernaufgabe des MGFA entsprechend der Weisung des Generalinspekteurs vom 20. 06. 1959 betont: „Aufgabe des Amtes ist es, einmal die Geschichte des Zweiten Weltkrieges zu schreiben, um der Nachwelt, der Geschichte überhaupt, ein möglichst objektives Bild der Vorgänge und Zusammenhänge dieser Zeit zu geben. Es ist eine historische Aufgabe, die vielfach sehr einseitigen und unter Ressentiments leidenden Geschichtsvorstellungen dieser Jahre zu entzerren. Trotz der schwierigen Quellenlage sollte in dieser Hinsicht alles versucht werden. Hierbei ist trotz der Gefahr der Subjektivität auf Nachforschungen bei noch lebenden, handelnden Personen nicht zu verzichten und zu versuchen, Quellen weiterhin zu beschaffen." Trotzdem wurde hierbei auch der amtliche und somit wissenschaftlich eingeschränkte Charakter des MGFA betont: „Das MGFA ist ein Amt und kein Institut. Es dient nicht nur der Geschichtsschreibung, sondern auch der unmittelbaren Planung und Führung der Bundeswehr. Über die Priorität und die Durchführung der Bearbeitung entscheidet der Leiter des MGFA [...]." Ferner wurde aber die Wichtigkeit des MGFA für den Unterricht in Militär- und Kriegsgeschichte an den Offi-

---

[84] *Wiggershaus*, Die Amtliche Militärgeschichtsschreibung, S. 119–120.

[85] *Wiggershaus*, Die Amtliche Militärgeschichtsschreibung, S. 117.

[86] *Wiggershaus*, Die Amtliche Militärgeschichtsschreibung, S. 119.

zierssschulen herausgestellt. Ziel könne es demnach aber nicht sein, den genauen Ablauf von Schlachten und Kriegen zu unterrichten, sondern vielmehr übergeordnete Zusammenhänge, wie sie sich aus den Persönlichkeiten der Handelnden, den politischen Verhältnisse sowie den technischen und wirtschaftlichen Aspekten ergeben, darzustellen.[87]

Bereits am 15. April 1958 war auch Günter Will in Langenau eingetroffen. Er war für einen Monat hierher kommandiert worden, um nach seiner Tätigkeit als Referatsleiter bei der Abteilung „Innere Führung" auf seine vorgesehene Folgeverwendung als Lehrer für Militär- und Kriegsgeschichte an der HOS II vorbereitet zu werden.[88] Gemäß dem bereits angesprochenen Auftrag laut STAN hatte das MGFA nämlich auch von Beginn an die Betreuung der militär- und kriegsgeschichtlichen Lehre in der Bundeswehr sicherzustellen.[89] Die designierten Lehrkräfte sollten dafür regelmäßig in größeren Zeitabständen für einen Monat zum MGFA kommandiert werden, um Gelegenheit zu finden, Fragen der Methodik und des Lehrstoffes zu besprechen, Erfahrungen auszutauschen, mit den im Forschungsamt vorhandenen Hilfsmitteln Unterrichtsthemen vorzubereiten und Anregungen mitzunehmen. Dies gestaltete sich in den ersten Aufbaujahren recht schwierig, da die damaligen eingeplanten Lehrer sehr heterogene Vorkenntnisse hatten, die im besten Falle – wie bei Will – ein Geschichtsstudium einschlossen. Häufiger waren aber zunächst solche Offiziere, die nur über autodidaktisch erworbenes Geschichtswissen und entsprechendes Interesse verfügten und dementsprechend erst vier Monate eingewiesen werden sollten.[90] Will nutzte die Zeit zur Erstellung einer militärhistorischen Ausarbeitung. Obwohl Meier-Welcker sich mit dem Arbeitsergebnis Wills zufrieden zeigte, glaubte Will schon zu diesem Zeitpunkt, dass Meier-Welcker versu-

---

[87] BA-MA BW 2/1405, Bemerkungen des Leiters Fü B III zum Besuch beim Militärgeschichtlichen Forschungsamt am 14./15.7.1959.

[88] FZH 16-1 A 2, Nr. Abschrift des überprüften, handschriftlich geführten Tagebuches aus dem Jahr 1958, Einträge vom 15.04.1958 bis zum 15.04.1958.

[89] Auch zur Ausbildung von Offizieren, die dem MGFA angehörten, aber keine universitäre oder historische Ausbildung besaßen, fanden solche Seminare statt. [BA-MA N 241/67, S. Schreiben von Hans Meier-Welcker an Flotillenadmiral Johannesson vom 28.11.1958].

[90] *Militärgeschichtliches Forschungsamt/Rink,* 50 Jahre Militärgeschichtliches Forschungsamt, S. 67-68.

che, aus dem Amt einen „Elfenbeinturm" zu machen.[91] Insgesamt war das Verhältnis zwischen Will und Meier-Welcker angespannt. Die genauen Gründe hierfür konnten noch nicht ermittelt werden und liegen möglicherweise auch im zwischenmenschlichen Bereich. Bekannt ist nur, dass sich Meier-Welcker sehr patriarchalisch gegenüber den Lehrern an den Schulen und Akademien gebarte, diese sich wiederum mit ihren Sorgen und Vorschlägen teilweise nicht ernst genommen fühlten.[92] Er beäugte auch jene Offiziere und zivile Dozenten, die zur Einweisung in ihre Tätigkeit für einige Zeit zum MGFA kommandiert wurden, äußerst kritisch und stellte den Vorgesetzten oder auch zukünftigen Vorgesetzten auch ungefragt ein Zeugnis über die vermutete Leistungsfähigkeit und das angenommene Entwicklungspotenzial aus,[93] was gerade dort, wo gleiche akademische Voraussetzungen zwischen Beurteiler und Beurteiltem herrschten (wie etwa bei Will), für Verstimmungen gesorgt haben könnte. Anlässlich einer scheinbar vom Personalamt schon beschlossenen Versetzung von seiner Stelle als Bataillonskommandeur in Hamburg ans MGFA schrieb Will in deutlichen Worten in sein Diensttagebuch, dass eine Zusammenarbeit mit Meier-Welcker „wegen auseinandergehender fachlicher Auffassungen" nicht gegeben sei.[94] Auch Baudissin hätte eine Versetzung Wills ans MGFA ärgerlich gefunden und kommentierte: „Ich halte von diesem Laden nicht viel und meine, dass er auch kaum mehr zu bessern ist - höchstens durch eine Radikalreform an Haupt und Gliedern."[95]

---

[91] FZH 16-1 A 2, Nr. Abschrift des überprüften, handschriftlich geführten Tagebuches aus dem Jahr 1958, Einträge vom 15.04.1958 bis zum 15.04.1958.

[92] Meier-Welcker schrieb z. B. Günter Will, der sich über knapp angesetzte Stundenanzahl und die vielen zu unterrichtenden Hörsäle beschwert hatte, dass schon einiges gegen die Abwertung des Faches Militär- und Kriegsgeschichte getan worden sei, wobei er offen ließ, wer diesbezüglich aktiv wurde. Meier-Welcker selbst hatte im Rahmen einer Dienstreise die Führungsakademie in Hamburg besucht, um sich vom Stand der Lehre dort ein Bild zu machen. Die Eindrücke hatten ihn auch zufriedengestellt, er wollte aber zum selben Zweck auch noch weitere Dienstreisen an Schulen unternehmen. [FZH 16-1 A 5, Nr. Schreiben von Hans Meier-Welcker an Günter Will vom 26.07.1960]

[93] BA-MA N 241/67 Schreiben von Meier-Welcker an Brigadegeneral Jenett vom 23.04.1964.

[94] FZH 16-1 A 2, Auszugsweise Abschriften aus dem Tagebuch Oberstleutnant Dr. Will, Eintrag vom 18.04.1963.

[95] FZH 16-1 A 12, Schreiben von Wolf Graf Baudissin an Günter Will vom 19.12.1962.

Es kann damit vermutet werden, dass es zwischen Exponenten der Inneren Führung und dem MGFA bzw. Meier-Welcker schwerwiegende Meinungsverschiedenheiten gegeben haben muss. Tatsächlich ist zu beobachten, dass Meier-Welcker mit seinem Verständnis vom „inneren Nutzen" der Militärgeschichte der Bildungsidee von Baudissin und Will recht nahe stand,[96] ihm aber der hinter historischer und politischer Bildung formulierten Erziehungs- und Bildungsanspruch, zumal wenn diese auch der „geistigen Rüstung" dienen sollte, verdächtig vorkommen musste.[97]

Meier-Welcker schritt jedenfalls fort in seinem Plan, das Amt gegen jegliche äußere Inanspruchnahmen abzusichern. Dies war auch sicherlich begründet, denn schließlich tönte der Ruf nach einer, wenn auch beschränkten „Nutzanwendung" der erarbeiteten historischen Forschungserkenntnisse noch bis weit in die sechziger Jahre hinein, motiviert hauptsächlich von dem Wunsch der Verwendung kriegswissenschaftlicher Erkenntnisse in der Offiziersausbildung und wegen der erhofften Stärkung des eigenen Selbstwertge-

---

[96] Meier-Welcker beschrieb den Sinn der Militär- und Kriegsgeschichte wie folgt: „Jedenfalls bedürfen wir auch im militärischen Bereich des Ortes, an dem es um das Absolute geht, einen Ort, der frei bleiben muss von den Interessen, wechselnden Absichten, menschlichen Bindungen, politischen Willenskräften und Erregungen des Tages. Was in der militär- und kriegsgeschichtlichen Arbeit wissenschaftlich geleistet wird, soll bleibenden Wert haben und dem Befragen in verschiedenen Situationen und von allen Seiten standhalten." [*Meier-Welcker*, Soldat und Geschichte, S. 15]

[97] Die These, dass Meier-Welcker auch dem Gesamtkonzept der Inneren Führung kritisch bis ablehnend gegenüberstand, wird von dem Kommentar über einen tatsächlich schlecht geschriebenen, hinter dem Stand der Forschung zurückbleibenden und undifferenzierten Beitrag über Hindenburg genährt, der in Heft 4 der IFDT im Jahre 1960 erschienen war. Nach einem hinweisenden Schreiben von Dr. Eberhard Kaulbach, der als ziviler Dozent für Militär- und Kriegsgeschichte an der Führungsakademie tätig und über das schlechte Niveau des Artikels erschrocken war, antwortete Meier-Welcker, dass er bereits in der Sache tätig geworden sei und in der Antwort schrieb: „Dieser Artikel ist ein reines Produkt der ‚Inneren Führung'. Wenn Sie den Instanzengang hierbei kennen würden, müssten Sie sich wohl ein wenig wundern." [BA-MA N 241/67, Schreiben von Dr. Eberhard. Kaulbach an Hans Meier-Welcker vom 23.05.1960 und Schreiben von Hans Meier-Welcker an Oberst a. D. Kaulbach vom 04.06.1960]. Fast schon ergötzlich wird diese Angelegenheit durch die Tatsache, dass auch Will den Artikel zur Kenntnis nahm, sich ob verschiedenen Einzelheiten sowie dem niedrigen Gesamtniveau störte und sich deswegen im Ministerium bei seinem alten Referat beschwerte [FZH 16-1 A 5, Schreiben von Günter Will an Walter Flachsenberg vom 10.05.1960}; Insgesamt scheint die Qualität der historischen Beiträge zu dieser Zeit nachgelassen zu haben, zumindest sind mehrere Beschwerden/Einsprüche dieser Art von Will erhalten.

fühls sowie als Rechtfertigung nach außen,[98] was insgesamt noch charakteristisch war für die Erwartungen, die in den fünfziger und sechziger Jahren an das Amt seitens der Bundeswehr gestellt wurden.

Mit dieser streng wissenschaftlichen Ausrichtung des Amtes schien es jedoch auch nicht vereinbar, über Traditionsfragen jeglicher Art zu urteilen und zu entscheiden. Als die Bundeswehrführung die wissenschaftliche Kompetenz des MGFA zur Ausarbeitung des ersten Traditionserlasses in Anspruch nehmen wollte, lehnte Meier-Welcker dies deutlich ab. Zwar war das Vorgehen wohlüberlegt[99] und kann im Sinne seiner Vorstellungen nur als konsequent erachtet werden. Bundeswehrintern war dieser Schritt aber dem noch nicht gefestigten Ruf des MGFA sehr abträglich, was sich auch auf Meier-Welcker negativ auswirkte, denn er stand ab diesem Moment in Verdacht, ein Traditionsgegner zu sein.[100]

Hinter dem Hauptauftrag des MGFA, der zunächst Militärgeschichtsforschung mit einer Fokussierung auf den Zweiten Weltkrieg lautete, blieb die Betreuung des Lehrpersonals und die Erarbeitung von Lehrmaterialien ein Stiefkind, auch als im Oktober 1962 ein Dezernat Lehre gegründet wurde, dessen Leiter, Friedrich Forstmeier, auch ein Verfechter des Prinzips vom „inneren Nutzen" der Militärgeschichte war.[101] Das MGFA schaffte es trotzdem in der Aufbauphase kaum, auf den Unterricht abgestimmte Texte in nennenswertem Umfang zur Verfügung zu stellen. So erschienen die „Militärgeschichtlichen Mitteilungen", eine Fachzeitschrift, erst seit 1967, ebenso wie auch die kriegsgeschichtlich orientierten „Einzelschriften zur militärischen Geschichte des Zweiten Weltkrieges, deren erste Themen etwa der Durchbruch bei Amiens oder die Schlacht um Kreta waren. Lediglich die „Mitteilungen" wurden vom MGFA seit Januar 1959 in unregelmäßigen Abständen herausgegeben. Sie enthielten zunächst meistens nur eine einzige Studie, Literaturhinweise für bestimmte Probleme, Informationen zur Auf-

---

[98] *Wohlfeil*, Militärgeschichte, S. 342.

[99] Meier-Welcker hatte bezüglich dieser Frage auch die Meinungen verschiedener ziviler Fachkollegen wie Gerhard Ritter, Theodor Schieder, Werner Conze oder Percy Ernst Schramm eingeholt. Alle stimmten seiner Auffassung zu, wenn auch mit variierenden Begründungen.

[100] *Wohlfeil*, Militärgeschichte, S. 343.

[101] Militärgeschichtliches Forschungsamt/Rink, 50 Jahre Militärgeschichtliches Forschungsamt, S. 67.

gabe oder Struktur des MGFA oder zum Stand der Militärgeschichte auf wenigen Seiten. Sie waren nicht öffentlich, nur zur persönlichen Unterrichtung bestimmt und sollten in erster Linie dem Zweck dienen, die Militär- und Kriegsgeschichtslehrer der Akademien und Schulen an den Tätigkeiten des Amtes teilhaben zu lassen.[102]

Schluss

Für die Väter der Inneren Führung waren Erziehung und Bildung unabdingbarer Bestandteil zur Formung eines staatsbürgerlichen Bewusstseins – die Grundvoraussetzung des Staatsbürgers in Uniform. Aus der kritischen Auseinandersetzung mit der jüngeren deutschen Geschichte wurde die Erkenntnis gewonnen, dass nur ein gebildeter Soldat die freiheitliche Lebensform – welche ihm in der Bundesrepublik wieder gegeben war – mit allen ihren Möglichkeiten erfassen und daher verstehen könne, weswegen gerade sie vor dem Hintergrund der eigenen, totalitären Vergangenheit, der Bedrohung durch totalitären Systeme, Agitation und Propaganda besonders schützenswert sei. Vermittlung von Bildung diente damit der „geistigen Rüstung", die von Baudissin als ebenso wichtig für die Kampfkraft erachtet wurde wie die Waffenausrüstung und militärische Ausbildung. Die im Rahmen der staatsbürgerlichen Unterrichte, heißt der politischen Bildung, erteilten historischen Anteile sollten dementsprechend auch umfassend ausfallen, denn Baudissin wie auch Günter Will sahen in der Auseinandersetzung mit der eigenen Geschichte die Möglichkeit, Gewissheit über die Notwendigkeiten der Gegenwart und zudem einen „sittlichen Standpunkt" zu gewinnen. Besonders bemerkenswert für Baudissin und Will ist dabei, dass sie ihrer Zeit – nicht nur im Kontext der Bundeswehr – weit voraus waren, wenn sie in klaren Worten von allen Soldaten und insbesondere den Offizieren diese durchaus auch schmerzhafte Betrachtung der jüngsten Vergangenheit einforderten, da diese nur so wirklich bewältigt werden könne und erst danach die Köpfe frei für die Schaffung von Neuem seien.[103]

Eben dieses Verständnis hatte sich bereits im 1957 erschienen „Handbuch Innere Führung" niedergeschlagen. Es ist voller historischer

---

[102] *Militärgeschichtliches Forschungsamt* (Hrsg.), Mitteilungen, Nr. 1, Januar 1959., S. 1.

[103] Überhaupt finden sich in Wills Schriften bereits sehr früh immer wieder Gedanken zur Notwendigkeit der Aufarbeitung des Nationalsozialismus.

Bezüge, die teilweise auch weit über die Zeit des Nationalsozialismus hinausreichen. Bemüht wurden diese Rückblicke aber nicht nur, um die Notwendigkeit von Veränderungen oder für das zukünftige Militärwesen und das Selbstverständnis des deutschen Soldaten anhand von Negativbeispielen der Vergangenheit aufzuzeigen, denn Baudissin hob immer wieder auch Nachahmenswertes und Zukunftsträchtiges hervor und betonte die freiheitlich-demokratischen Traditionslinien der deutschen Geschichte. Der Frage „Was ist Tradition?" war sogar eigenes Kapitel gewidmet, in der zunächst der Begriff besprochen und Tradition von Konvention abgegrenzt wurde. Im Kapitelverlauf wurden weiterhin z. B. die Entwicklung der Uniform, die Auftragstaktik und v. a. auch Mentalität, Geisteshaltung und Tugenden deutscher Militärs im Spiegel der Zeit kritisch erörtert und schließlich sogar Vorschläge für ein europäisches Traditionsverständnis dargelegt. Ein zusätzliches Kapitel „Gedanken zum Widerstand", in welchem u. a. die Männer des 20. Juli 1944 eine frühe Würdigung erfuhren, verdeutlicht, dass Baudissins Gedanken und Formulierungen inhaltlich den ersten Traditionserlass von 1965 vorwegnahmen und in ihrer Fortschrittlichkeit sogar über diesen hinausgingen, zeigte Baudissin doch auf, dass zu einer Traditionswürdigkeit mehr gehörte als reine soldatische Leistung. Nur solche Personen und Leistungen sollten Würdigung finden, die darüber hinaus an freiheitlichen und demokratischen Werten orientiert waren und damit auch wirklich beispielgebend für den Staatsbürger in Uniform sein konnten. Es war Baudissin dabei durchaus bewusst, dass es nicht die eine, allgemeingültige und „glatte" Traditionslinie geben könne, der sich alle Soldaten verpflichtet fühlen sollten und könnten. Er sah vielmehr verschiedene Traditionslinien nebeneinander, was kein Problem darstelle, solange sie doch alle nach kritischer Betrachtung sicher ein verbindendes, demokratisch-freiheitliches Grundmoment aufwiesen.[104]

Seiner Zeit voraus war auch Hans Meier-Welcker, der bereits seit 1952 sein Verständnis einer auf den Regeln der allgemeinen Geschichtswissenschaft basierenden und in die Bereiche Politik, Gesellschaft und Wirtschaft integrierten Militärgeschichte stetig fortentwickelte. Wie die Verfech-

---

[104] Zum Zusammenhang von Innerer Führung und Tradition siehe *Zimmermann,* Vom Umgang mit der Vergangenheit. Zur historischen Bildung und Traditionspflege in der Bundeswehr, in: Nägler, Frank (Hrsg.), Die Bundeswehr 1955 bis 2005, Rückblenden - Einsichten - Perspektiven ; [47. Internationale Tagung für Militärgeschichte vom 12. bis 16. September 2005 in Bonn], München 2007, S. 115–129.

ter der Inneren Führung traf auch er auf Widerstände, die allerdings auf den Bereich des Militärgeschichtlichen Forschungsamtes und den sehr kleinen Kreis externer Militärhistoriker beschränkt blieb, verfochten doch gerade deren ältere Vertreter häufig noch das Bild einer Kriegsgeschichte, die entsprechend den Weisungen des Bedarfsträgers ihre Ausformungen finden und vornehmlich der praktischen Offizierausbildung dienen sollte. Wie bei Baudissin und Will ging Meier-Welckers Geschichtsverständnis allerdings darüber deutlich hinaus. Auch er wollte Geschichte bzw. Militärgeschichte als eigenständiges Bildungsgut begriffen sehen und sie vom Korsett der Taktikausbildung und Traditionspflege befreit zur Bildung der Offiziere und Offizieranwärter nutzen. Allerdings zielte gerade Günter Will auf eine Form von Bildung ab, die Offiziere nicht nur zu eigenem kritischen Handeln, sondern darüber hinaus auch zur Vorbereitung und Durchführung eigener adäquater Unterrichte vor ihren Untergeben befähigen sollte. Hier zeigte sich Wills Denken in den Kategorien der Inneren Führung, denn in deren Sinne musste eine politisch-historische Bildung nicht nur für Offiziere, sondern auch für Unteroffiziere und Mannschaften erfolgen, um auch sie zu einem Staatsbürger zu bilden, der nicht nur die politische Situationen kritisch betrachten können, sondern darüber hinaus auch in der Lage sein sollte, mit Problemen der Geschichte und Traditionsfragen reflektiert umzugehen. Will waren dabei die Grenzen der historische Bildung in einer sich im raschen Aufbau befindlichen Armee bewusst, weshalb er v. a. darum bemüht war, mit der Militärgeschichte bei den Offizieren ein gewisses Fundament zu schaffen, welches weniger auf detaillierten historischen Kenntnissen aufgebaut sein, als vielmehr um die Methoden und typischen Schwierigkeiten im Umgang mit historischen Problemen wissen sollte. Erst wenn es dann aber Will zufolge noch gelänge, ein dauerhaftes Interesse an der Geschichte zu wecken, könne ein so befähigter Offizier auch in der Truppe auf dem größeren Gebiet der politisch-historischen Bildung erfolgreich wirken und dabei seinen eigenen Untergeben ausgewählte Wissenselemente und Methoden, v. a. aber die Lust am kritischen, eigenständigen Nachdenken und Arbeiten glaubhaft vermitteln.

Trotz dem ihr zugesprochenen „inneren Nutzen" blieb die Militärgeschichte für Hans Meier-Welcker dagegen eine Disziplin, welche von Wissenschaftlern für Wissenschaftler und ausreichend verständigen Offizieren nur jenseits einer „Nutzanwendung" betrieben werden sollte. Geschichte im Dienst von politischer und historischer Bildung für alle Soldaten, zumal in

Form von kurzen Unterrichten durch meist nicht explizit historisch ausgebildetes Personal oder kleinen, seinem wissenschaftlichen Anspruch nicht genügenden Artikeln wie etwa in den IFDT, blieb ihm verdächtig. Dies schloss vermutlich auch die Tradition ein, die im Gegensatz zur wissenschaftlichen Geschichte immer selektiert und gewisse Sachverhalte besonders hervorhebt. Es wäre somit zumindest konsequent von Meier-Welcker gewesen, wenn er die Mitarbeit am ersten Traditionserlass von 1965, zu welcher er von höchsten Stellen aufgefordert worden war, aus eben diesem Grund abgebrochen hätte. Ob er noch andere Beweggründe hatte, geht aus seinem Nachlass nicht eindeutig hervor, sicher ist nur, dass er seine anfängliche Mitarbeit schnell aufkündigte. Insgesamt war die Haltung Meier-Welckers, zumindest während seiner aktiven Dienstzeit, von Ambivalenzen geprägt. Es gelang ihm nicht überzeugend, den nach den Wertmaßstäben der Reichswehr erzogenen und auftretenden Offizier mit dem kritischen, progressiv denkenden Militärhistoriker zu harmonisieren. Vielleicht auch deswegen, sicher aber aufgrund seines strengen Wissenschaftsverständnisses, konnte er auch scheinbar wenig mit der Inneren Führung und der ihr innewohnenden Idee der politischen und historischen Bildung anfangen und stand ihren Protagonisten, zumindest Baudissin und Will, kritisch bis ablehnend gegenüber. Das Verhältnis der Letztgenannten zu Meier-Welcker und auch zum MGFA war überdies zumindest in den fünfziger und frühen sechziger Jahren auch nicht besser, wie aus Briefen hervorgeht. Gewisserweise tragisch war diese Spannungssituation, weil sowohl Meier-Welcker mit seinem Willen zur Durchsetzung einer modernen Militärgeschichtsschreibung wie auch Baudissin und seine Mitstreiter mit der Inneren Führung und ihrem Ausbildungs- und Bildungsverständnis bereits vor und kurz nach Gründung der Bundeswehr Konzepte erarbeitet hatten, mit welchen sie in den ersten Jahren und Jahrzehnten des Bestehens dieser Armee auf viele Widerstände und Ablehnung trafen, deren Tragfähigkeit und Modernität und schließlich sogar Vereinbarkeit sich letztendlich bewies. Dass Militärgeschichte und historische Bildung trotz ihrer inhaltlichen Nähe und der partiellen Einbindung letzterer in den Aufgabenkanon des MGFA anfangs scheinbar nicht zusammenwachsen konnten, war stärker Unsicherheiten, Misstrauen, Zukunftsängsten und nicht zuletzt auch persönlichen Differenzen geschuldet, als einer prinzipiellen oder belegbaren Unvereinbarkeit. Für den Bereich der amtlichen Militärgeschichtsschreibung war das von Meier-Welckers vertretene und maßgeblich ausgeformte Konzept dabei fast ebenso neu und revolutionär wie die Innere Führung es als Führungsphilosophie und Grundlage für das Selbstverständnis neuer deutscher Streitkräfte war. Beide Konzeptionen mussten jedoch in ihren jeweiligen Bereichen erst langwierig und zäh etabliert werden, um schließlich erst in einem zweiten, viel späteren Schritt im Bereich der politisch-historischen Bildung auch zusammenwachsen zu können.

Für das MGFA bedeutete dies, dass sich trotz einigen Gegenwindes innerhalb des Amtes und misstrauischer Beäugung von außen sowohl durch vorgesetzte Dienststellen wie durch zivile Wissenschaftler das Prinzip Militärgeschichte gegenüber der Kriegsgeschichte allmählich durchsetzen konnte, obwohl es hausintern noch bis in die achtziger Jahre hinein immer wieder stark gärte. Die Vorurteile gegenüber der Institution MGFA sind durch die kritischen Publikationen der siebziger und achtziger Jahre dagegen schrittweise abgebaut worden. Das MGFA war in seiner Gestalt und strukturellen Einbindung international einzigartig geblieben, denn in England, Frankreich, der früheren Sowjetunion und vielen anderen Staaten wurde und wird Militärgeschichte in wesentlich engerer Anlehnung an die jeweiligen militärischen Einrichtungen und Hierarchien bzw. ein verändertes Verständnis von Wissenschaft betrieben.[105] Dass die Institution MGFA seit Beginn des Jahres 2013 so nicht mehr existiert, sondern nun zusammen mit die Sozialwissenschaftlichen Institut der Bundeswehr zum Zentrum für Militärgeschichte und Sozialwissenschaften der Bundeswehr (ZMSBw) aufgegangen ist, mag wehmütig stimmen. Es ist nun an den Wissenschaftlern, militärisch wie zivil, zu zeigen, dass sich nur der Name, nicht aber die Qualität der Studien geändert hat. Offensichtliche Gründe, die etwas anderes erwarten lassen, liegen überdies nicht vor, auch wenn seit einigen Jahren wieder verstärkt der Dienstleistungscharakter des Amtes gegenüber den politischen und militärischen „Bedarfsträgern" betont wurde, was von Meier-Welcker und auch den älteren Generationen der Leitenden Historikern wie auch Mitarbeitern wahrscheinlich abgelehnt worden wäre.

Gegenüber der Militärgeschichte musste sich die Innere Führung in einem wesentlich größeren Rahmen behaupten, der nicht nur alle Ebenen der Bundeswehr selbst, sondern auch eine wachsame Öffentlichkeit, Teile der politischen Führung und die meisten NATO-Partner umfasste. Dies betraf nicht weniger das der Inneren Führung inhärente Verständnis von

---

[105] *Wette*, Militärgeschichte zwischen Wissenschaft und Politik, S. 58.

Ausbildung, Erziehung und Bildung wie auch das Leitbild vom Staatsbürger in Uniform. Und auch die Vorstellungen der Reformer zur Auseinandersetzung mit der Geschichte und der Behandlung der schwierigen Traditionsfrage und -pflege konnten sich zunächst nicht durchsetzen oder blieben auf deren engen, direkten Wirkungskreis beschränkt. Es sollten trotzdem noch Jahre vergehen, bis auch von politischer Seite Konsequenzen aus den eigentlich schon vorausgesehenen und bekannten Missständen gezogen wurden, etwa durch den ersten Traditionserlass und im Bereich des mangelhaften Ausbildungs- und Bildungswesen für Offiziere etwa durch die Schaffung der Stabsakademie und schließlich der Bundeswehruniversitäten.

Eine befriedigende Situation im Bereich der politischen und historischen Bildung sowie der Traditionspflege war trotz dieser Maßnahmen allerdings immer noch nicht erreicht. So musste im noch gültigen zweiten Traditionserlass von 1982 erneut auf die Wichtigkeit von politisch-historischer Bildung für die Ausbildung eines verfassungskonformen Traditionsverständnisses hingewiesen und betont werden, dass die gesamte deutsche Geschichte in die historische Betrachtung miteinzubeziehen ist.[106] Auch hiernach zeigten u. a. zahlreiche rechtsextreme Vorfälle und teilweise schrill geführte Traditionsdebatten, dass gerade die historische Bildung weiterhin — wenn überhaupt — nur stiefkindliche Beachtung in der Truppe und den mit ihr betrauten Vorgesetzten fand. Die 1994 von Generalinspekteur Naumann erlassene „Weisung zur Intensivierung der historischen Bildung" konnte dabei zunächst auch nicht viel bewirken, denn sie wurde erst im Jahre 2007 breiteren Kreisen bekannt, als sie als Anhang der neubearbeiteten ZDv 12/1 „Politische Bildung in der Bundeswehr" erschien. Vorher war das Papier jedoch nur Interessenten der historischen Bildung bekannt gewesen und verschiedenartig nach den jeweiligen Bedürfnissen interpretiert worden.[107] Dies zeigte sich besonders am Unterricht an den Offizierschulen der Bundeswehr, der noch bis in die neunziger Jahre als „Militär- und Kriegsgeschichtlicher-" und gar „Wehrgeschichtlicher Unterricht" in den Dienstplänen stand, obwohl sich der mit weniger Assoziationen behaftete Begriff der

---

[106] *Führungsstab der Streitkräfte (Fü S I 3),* Richtlinien zum Traditionsverständnis und zur Traditionspflege in der Bundeswehr (20.09.1982).

[107] *Möllers, Heiner,* Die politische und historische Bildung in der Luftwaffe. Bildungsanspruch und Bildungsziele., in: *Wrochem, Oliver von/Koch, Peter* (Hrsg.), Gedenkstätten des NS-Unrechts und Bundeswehr. Bestandsaufnahme und Perspektiven, Paderborn 2010, S. 131-147 hier S. 139–140.

Militärgeschichte in den Wissenschaften und eigentlich auch im bundeswehrinternen Sprachgebrauch schon lange durchgesetzt hatte.[108] Dass nicht nur namentlich, sondern auch inhaltlich in Ausbildung und Bildung noch lange eine Kontinuitäten zur alten Kriegsgeschichte bestand, verdeutlichen z. B. auch zwei vom Heeresamt Mitte der achtziger Jahre herausgegebene Ausbildungshilfen, in denen direkt und ohne Erläuterung des historischen Kontextes auf Beispiele aus dem Zweiten Weltkrieg und sogar auf Wehrmachts-Vorschriften Bezug genommen wurde.[109]

Obwohl das MGFA bzw. ZMSBw nicht seit Anfang seines Bestehens gemäß seines Auftrages, aber mittlerweile doch schon seit vielen Jahren Unterrichtsmaterialien speziell für den Militärgeschichtlichen Unterricht und die historische Bildung zur Verfügung stellt,[110] gibt es immer noch keine teilstreitkraftübergreifenden Ausbildungsziele oder Lehrpläne. In der angesprochenen Weisung zur historischen Bildung sind Lernziele schwerpunktmäßig für militärisches Führungspersonal angegeben, so etwa für die Offizierausbildung die Vermittlung der Grundzüge deutscher Geschichte, besonders der Militärgeschichte und dadurch die Befähigung zur Beurteilung von militärischen Gegenwarts- und Zukunftsfragen sowie deren eigenständiger Analyse und Bewertung. Dass sich diese Zielvorstellungen bereits bei den Reformern, besonders konkret bei Günter Will fanden, verwundert nicht. Dennoch schienen sie auch Mitte der neunziger Jahre noch zu hochgesteckt und in den verfügbaren Unterrichtszeiten nicht umsetzbar zu sein. Oder sie sind schlicht nicht beachtet und/oder konsequent umgesetzt worden, denn im Jahre 2002 begann erneut eine Diskussion um eine streitkräftegemeinsame Ausrichtung und Zielsetzung der historischen Bildung im Rahmen der Offiziersausbildungen. Als Ergebnis kam lediglich die vage

---

[108] *Möllers*, Die politische und historische Bildung in der Luftwaffe, S. 132.

[109] *Möllers*, Die politische und historische Bildung in der Luftwaffe, S. 139-140 (Fußnote 31); Es handelte sich dabei um: *Heeresamt* (Hg.): Kriegsnah ausbilden. Hilfen für den Gefechtsdienst aller Truppen. Köln, 1985; *Ders.* (Hg.): Üben und Schießen. Hilfen für den Gefechtsdienst. Köln, 1986; Hierzu auch: Detlef Bald: Bedingt einsatzbereit. "Realistische Ausbildung" der Bundeswehr oder mit der Wehrmacht in den Hindukusch. In: Detlef Bald/Hans-Günter Fröhling/Jürgen Groß (Hg.): Bundeswehr im Krieg - wie kann die Innere Führung überleben? Hamburger Beiträge zur Friedensforschung und Sicherheitspolitik, Nr. 153, Dezember 2009.

[110] Als Lehrwerk aktuell im Gebrauch: *Neugebauer, Karl-Volker*; MGFA: Grundkurs deutsche Militärgeschichte, 3 Bd. München, 2006-2008.

Formulierung eines gemeinsamen Zieles zustande: „Der/die Offizieranwärter/Offizieranwärterin versteht die Konzeption der Inneren Führung als Konsequenz der deutschen Militärgeschichte und kann die Auseinandersetzung um sie vor dem gesellschaftlichen und politischen Hintergrund der Bundesrepublik einordnen und darstellen."[111] Selbst dieses Grobziel scheint noch nicht überall erreicht, beschrieb Heiner Möllers noch 2010, da in der Luftwaffe hauptsächlich die politische Geschichte des Militärs und dessen Rolle in Staat und Gesellschaft behandelt werde, sich das Heer an einer ganzheitlichen Vermittlung relevanter kriegs- und militärgeschichtlicher Entwicklungen versuche, währenddessen der militärgeschichtliche Unterricht bei der Marine hauptsächlich der Herausbildung eines „Esprit du Corps" diene.[112]

Wenn aber noch nicht einmal an den Offizierschulen das Minimalziel, also Begreifen der „Inneren Führung als Konsequenz aus der deutschen Militärgeschichte", konsequent verfolgt wird, so darf gemutmaßt werden, dass es um die historische Bildung in der Truppe noch schlechter bestellt ist, zumal die aktuelle ZDv 12/1 neben dem Themenkreis „Historische Entwicklungen und Ereignisse", welcher Unterrichtsinhalte von den preußischen Reformen bis zur deutschen Einheit vorschreibt, im Zusammenhang mit dem Themenkreis „Politische Bildung im Hinblick auf einen aktuellen Einsatz" auch noch Unterrichte zur Geschichte und Kultur von Einsatzländern und deren Beziehungen zu Deutschland vorsieht. Vor dem Hintergrund der stetig wachsenden Zahl deutscher Auslandseinsätze scheint auch diese Forderung sinnvoll und berechtigt. Auch an geeignetem Lehrmaterial dafür scheitert es nicht, denn bereits seit 2005 wird vom MGFA die Reihe „Wegweiser zur Geschichte" herausgegeben, welche sich in bündiger Form mit der Geschichte und teilweise auch Kultur von Regionen und Staaten auseinandersetzt, in welchen die Bundeswehr im Einsatz ist.

All diese Bemühungen „von oben" nutzen dabei aber wenig, wenn sie in großen Teilen der Truppe nicht ankommen, heißt: nicht oder nicht zielgerecht ebenenweise von oben nach unten vermittelt oder verstanden werden.[113] Dieses „nicht-Ankommen" schließt auch die Diskussionen um

---

[111] Zit. nach *Möllers*, Die politische und historische Bildung in der Luftwaffe, S. 141.

[112] *Möllers*, Die politische und historische Bildung in der Luftwaffe, S. 140–141.

[113] Nachfolgende Ausführungen spiegeln die Beobachtungen und eigene Meinung des Autors wider.

politische und historische Bildung und sogar um die Innere Führung im weiteren Sinne ein, denn diese wird vornehmlich auf hohem Niveau in akademischen, mit der Bundeswehr assoziierten Kreisen sowie der militärischen Führungsschicht in Forschungseinrichtungen und Fachzeitschriften geführt, die nur selten Verbreitung bei Nicht- oder Wenigerinteressierten finden und kaum in die Einheiten gelangen oder dort in den Regalen der Vorschriftenstellen und Bibliotheken verstauben. Aber selbst die in der Bundeswehr in höheren Auflagen verbreiteten Zeitschriften zur politischen und historischen Bildung, also etwa die „if – Zeitschrift für Innere Führung" oder die „Militärgeschichte" werden wohl kaum von Soldaten zur Hand genommen, die nur schwaches Wissen oder schlicht kein Interesse an der Inneren Führung oder Geschichte haben; auch dienen sie eher selten Vorgesetzten als Grundlage und zur Vorbereitung von Unterrichten zur politischen und historischen Bildung. Überhaupt scheint der Stellenwert, welche politische-historische Bildung in der Bundeswehr auch normativ hat, verkannt zu werden. Die ZDv 12/1 teilt sich damit gewisserweise das Schicksal mit der ZDv 10/1 „Innere Führung", von vielen Soldaten und den verantwortlichen Vorgesetzten eher als Richtschnur oder Leitlinie denn als verbindliche Vorschrift gesehen zu werden. Zumindest lässt die Praxis, wie sie gerade in Einheiten mit hoher Einsatzbelastung besteht, dies nicht selten vermuten. Es dürfte so z. B. eher die Ausnahme als die Regel sein, dass gemäß Vorschrift einmal wöchentlich für alle Soldaten eine aktuelle Information durchgeführt wird, für Unteroffiziere und Offiziere zusätzlich staatsbürgerliche Unterrichte im Umfang von mindestens drei vollen Ausbildungstagen im Jahr. Die Fülle von Unterrichtsthemen und die hochgesteckten Lernziele insbesondere für Offiziere und Offizieranwärter stehen darüber hinaus nicht im Einklang mit den in der ZDv 12/1 vorgegebenen Mindeststundenzahl, zumal diese Vorschrift alleine schon aus dem Grund der zahlreichen Bezugnahmen auf den Wehrdienst bzw. Wehrpflichtige einer Überarbeitung bedürfte. Das wichtigste Glied in der Kette der politischen und historischen Bildung war und ist immer noch der Disziplinarvorgesetzte. Nur wenn er selbst die Prinzipien der Inneren Führung verinnerlicht und die Wichtigkeit von Bildung erkannt hat, seine Kenntnisse auf aktuellem Stand hält oder zumindest für die Heranziehung von fachlich ausreichend qualifiziertem Personal und geeigneten Materialien sorgt und – vielleicht am wichtigsten – seine Untergebenen auch nachhaltig für die eigenständige Auseinandersetzung mit dem politischen Geschehen und wichtigen historischen Gegebenheiten gewinnen und qualifizieren kann, hat der Staatsbürger in Uniform auch im Angesicht der Einsatzrealität im engeren und der sich stctig verkomplizierenden nationalen und internationalen Strukturen im weiteren Sinne eine Chance. Dies selbst ist schon eine Herkulesaufgabe, die gleichberechtigt neben den anderen Aufgabenfeldern Ausbildung und Erziehung stehen muss und nicht nur stehen kann oder sollte. Vielleicht hilft dabei auch das Nachdenken über den Begriff der „geistigen Rüstung" und das Verständnis, welche die Reformer in der Frühzeit der Bundeswehr davon hatten. Überhaupt wäre auch die Beschäftigung mit der Geschichte der Inneren Führung und ihren Protagonisten ein Themenkreis, der in eine neubearbeite ZDv 12/1 aufgenommen werden sollte, ist doch die Geschichte der Bundeswehr selbst schon seit längerer Zeit als Traditionssäule aufgebaut worden. Trotz vieler kleiner Schritte in die richtige Richtung, dem heute im Vergleich zu Baudissins Zeiten unumstößlichen Bekenntnis zur Inneren Führung und ihren Prinzipien seitens der militärischen und politischen Führung, der Fülle an wissenschaftlich fundierten Materialien zur politischen und historischen Bildung, bleibt also viel zu tun, v. a. bezogen auf die gewissenhafte Ausführung und Umsetzung sowie das Füllen der einschlägigen Vorschriften mit Leben. Wie dies im Einzelnen bewerkstelligt werden könnte, soll aber nicht mehr Thema dieses Beitrags sein.

Literatur und Quellen

Abenheim, Donald, Bundeswehr und Tradition, Die Suche nach dem gültigen Erbe des deutschen Soldaten, München 1989.

Bald, Detlef, Günter Will, in: *Bald, Detlef/Hartmann, Uwe et al* (Hrsg.), Klassiker der Pädagogik im deutschen Militär, 1. Aufl., Baden-Baden 1999, S. 227–241.

Baudissin, Wolf Graf von/Will, Günter, Die schwere Geburt. Zur Entstehungsgeschichte von Truppeninformation, IFDT (62-64).

Baudissin, Wolf Graf von, Soldat für den Frieden. Entwürfe für eine zeitgemäße Bundeswehr, Herausgegeben und eingeleitet von Peter v. Schubert, München 1969.

Birk, Eberhard, Geschichte, Historische Bildung und Tradition, Information für die Truppe (2/2004), S. 40–47.

Bormann, Kai Uwe, Als "Schule der Nation" überfordert. konzeptionelle Überlegungen zur Erziehung des Soldaten in der Aufbauphase der Bundeswehr, in: *Lutz, Karl-Heinz/Rink, Martin/Salisch, Marcus von* (Hrsg.), Reform, Reorganisation, Transformation, Zum Wandel in deutschen Streitkräften von den preussischen Heeresreformen bis zur Transformation der Bundeswehr, München 2010, S. 345–368.

Bundesministerium für Verteidigung, Weißbuch 1979. Zur Sicherheit der Bundesrepublik Deutschland und zur Entwicklung der Bundeswehr, Im Auftrage der Bundesregierung herausgegeben vom Bundesminister der Verteidigunng, Bonn 1979.

Burdick, Charles B., Vom Schwert zur Feder. Deutsche Kriegsgefangene im Dienst der Vorbereitung der amerikanischen Kriegsgeschichtsschreibung über den Zweiten Weltkrieg. Die organisatorische Entwicklung der Operational History (German) Section, Militärgeschichtliche Mitteilungen (2/1971), S. 69–80.

Führungsstab der Streitkräfte (Fü S I 3), Richtlinien zum Traditionsverständnis und zur Traditionspflege in der Bundeswehr (20.09.1982).

Hansen, Ernst-Willi, Reichswehr und Republik. Die problematische Tradition des Konzepts "Staatsbürger in Uniform", in: *Kodalle, Klaus-Michael/Balke, Peter* (Hrsg.), Tradition als Last?, Legitimationsprobleme der Bundeswehr, Köln 1981, S. 37–55.

Hartmann, Uwe/Richter, Frank/Rosen, Claus Frhr. von, Wolf Graf von Baudissin, in: *Bald, Detlef/Hartmann, Uwe et al* (Hrsg.), Klassiker der Pädagogik im deutschen Militär, 1. Aufl., Baden-Baden 1999, S. 210–226.

Krüger, Dieter/Wiese, Kerstin, Zwischen Militärreform und Wehrpropaganda, Wolf Graf Baudissin im Amt Blank, in: *Schlaffer, Rudolf J./Schmidt, Wolfgang/Baudissin, Wolf von von* (Hrsg.), Wolf Graf von Baudissin, 1907 - 1993 ; Modernisierer zwischen totalitärer Herrschaft und freiheitlicher Ordnung ; [eine Publikation des Militärgeschichtlichen Forschungsamtes], München 2007, S. 99–109.

Meier-Welcker, Hans, Entwicklung und Stand der Kriegsgeschichte als Wissenschaft, Wehrwissenschaftliche Rundschau (1956), S. 1–10.

Meier-Welcker, Hans (Hrsg.), Soldat und Geschichte. Aufsätze, Freiburg/Br., 1976, S. 11–25.

Meier-Welcker, Hans, Unterricht und Studium der Kriegsgeschichte angesichts der radikalen Wandlungen im Kriegswesen, Wehrkunde (12/1960), S. 608–612, hier S. 608.

Messerschmidt, Manfred, Das Verhältnis von Wehrmacht und NS-Staat und die Frage der Traditionsbildung, in: *Kodalle, Klaus-Michael/Balke, Peter* (Hrsg.), Tradition als Last?, Legitimationsprobleme der Bundeswehr, Köln 1981, S. 57–77.

Militärgeschichtliches Forschungsamt (Hrsg.), Mitteilungen, Nr. 1, Januar 1959.

Militärgeschichtliches Forschungsamt/Rink, Martin (Hrsg.), 50 Jahre Militärgeschichtliches Forschungsamt, Eine Chronik, Berlin 2007

Möllers, Heiner, Die politische und historische Bildung in der Luftwaffe. Bildungsanspruch und Bildungsziele., in: *Wrochem, Oliver von/Koch, Peter* (Hrsg.), Gedenkstätten des NS-Unrechts und Bundeswehr. Bestandsaufnahme und Perspektiven, Paderborn 2010, S. 131-147

Nägler, Frank, Der gewollte Soldat und sein Wandel, Personelle Rüstung und Innere Führung in den Aufbaujahren der Bundeswehr 1956 bis 1964/65, München 2010

Nägler, Frank, Muster des Soldaten in der Aufstellungskrise, in: *Nägler, Frank* (Hrsg.), Die Bundeswehr 1955 bis 2005, Rückblenden - Einsichten - Perspektiven ; [47. Internationale Tagung für Militärgeschichte vom 12. bis 16. September 2005 in Bonn], München 2007, S. 81–99.

Nowosadtko, Jutta, Krieg, Gewalt und Ordnung, Einführung in die Militärgeschichte, Tübingen 2002

Rautenberg, Hans-Jürgen, Aspekte zur Entwicklung der Traditionsfrage in der Aufbauphase der Bundeswehr, in: *Kodalle, Klaus-Michael/Balke, Peter* (Hrsg.), Tradition als Last?, Legitimationsprobleme der Bundeswehr, Köln 1981, S. 133–151.

Rosen, Claus Frhr von, Frieden als Motiv, Günter Will - Schöpfer der Information für die Truppe, Information für die Truppe (8/1991), S. 67–70.

Rosen, Claus Frhr von, Tradition als Last, Probleme mit dem Traditionsangebot der Gruppe Inneres Gefüge (1951-1958) im Leitbild "Staatsbürger in Uniform" für die Tradition der Bundeswehr, in: *Kodalle, Klaus-Michael/Balke, Peter* (Hrsg.), Tradition als Last?, Legitimationsprobleme der Bundeswehr, Köln 1981, S. 167–181.

Schlaffer, Rudolf J., Der Aufbau der Bundeswehr: Reform oder Reformierung?, in: *Lutz, Karl-Heinz/Rink, Martin/Salisch, Marcus von* (Hrsg.), Reform, Reorganisation, Transformation, Zum Wandel in deutschen Streitkräften von den preussischen Heeresreformen bis zur Transformation der Bundeswehr, München 2010, S. 331-344..

Wegner, Bernd, Erschriebene Siege. Franz Halder, die "Historical Division" und die Rekonstruktion des Zweiten Weltkrieges im Geiste des deutschen Generalstabes, in: *Hansen, Ernst-Willi/Schreiber, Gerhard/Wegner, Bernd* (Hrsg.), Politischer Wandel, organisierte Gewalt und nationale Sicherheit, Festschrift für Klaus-Jürgen Müller, München 1995, S. 287–302.

Westdeutscher Rundfunk, Hauptabteilung Politik, Politische Literatur. Besprechung der "Schicksalsfragen" durch Dr. Rudolf Fiedler. Sendung vom 17.07.1959

Wette, Wolfram, Militärgeschichte zwischen Wissenschaft und Politik, in: *Kühne, Thomas* (Hrsg.), Was ist Militärgeschichte?, Paderborn 2000, S. 49–71.

Wette, Wolfram, Militarismus in Deutschland: Geschichte einer kriegerischen Kultur, Darmstadt 2008.

Wiggershaus, Norbert/Rautenberg, Hans-Jürgen, Die "Himmeroder Denkschrift" vom Oktober 1950, Politische und militärische Überlegungen für einen Beitrag der Bundesrepublik Deutschland zur westeuropäischen Verteidigung, 2. Aufl., Karlsruhe 1985.

Wiggershaus, Norbert, Die amtliche Militärgeschichtsschreibung in der Dienststelle Blank und im Bundesministerium für Verteidigung 1952-1956, Militärgeschichtliche Mitteilungen (1976), S. 115–121.

Will, Günter, Freiheit und Verantwortung. Die Grundsätze der Konzeption Innere Führung. Herausgegeben von Elisabeth Will, Egg 2002.

Wohlfeil, Rainer, Militärgeschichte. Zu Geschichte und Problemen einer Disziplin der Geschichtswissenschaft (1952-1967), Militärgeschichtliche Mitteilungen (1993), S. 323–344.

Wohlfeil, Rainer, Oberst i. G. Dr. Hans Meier-Welcker als Militärhistoriker, in: Ehlert, Hans (Hrsg.), Deutsche Militärhistoriker von Hans Delbrück bis Andreas Hillgruber, Potsdam 2010, S. 33-52.

Wohlfeil, Rainer, Wehr-, Kriegs- oder Militärgeschichte?, Militärgeschichtliche Mitteilungen, H. 1, 1967, S. 21–29.

Zimmermann, John, Vom Umgang mit der Vergangenheit. Zur historischen Bildung und Traditionspflege in der Bundeswehr, in: Nägler, Frank (Hrsg.), Die Bundeswehr 1955 bis 2005, Rückblenden - Einsichten - Perspektiven ; [47. Internationale Tagung für Militärgeschichte vom 12. bis 16. September 2005 in Bonn], München 2007, S. 115–129

Interkulturelle Kompetenz in der Bundeswehr – Entwurf einer funktionalen Analyse

Uwe Ulrich

Einleitung

Megatrends wie die fortschreitende Globalisierung, die wachsende Einbindung in internationale Strukturen oder Migrationsbewegungen verbunden mit dem demographischen Wandel, stellen postmoderne Gesellschaften zunehmend vor ernste Herausforderungen. Die Öffnung für Angehörige anderer Kulturen und die dazu erforderliche Entwicklung Interkultureller Kompetenz ist daher nicht nur für Deutschland eine gesamtgesellschaftliche Aufgabe, gleichsam ein Bildungsziel mit strategischer, insbesondere innen- und sicherheitspolitischer Bedeutung (Vgl. Berns 2006, Bachora 2012, Emmrich 2012). Folgerichtig findet diese Thematik mittlerweile in allen relevanten politischen Ressorts Berücksichtigung, sowohl in der Entwicklung Interkultureller Kompetenz des Personals als auch bei der Berücksichtigung des Faktors „Kultur" bei der Planung und Umsetzung von Einsätzen.[1] Auch die Bundeswehr ist von diesen Entwicklungen betroffen.

Ausgehend von einer begrifflichen Klärung sowie der Darstellung möglicher Funktionen bzw. Bedeutungszusammenhänge wird im Folgenden insbesondere die Umsetzung dieser Thematik in der Ausbildungslandschaft der Bundeswehr – auch als Voraussetzung für deren Anwendung – aufgezeigt. Hierzu wird auf die in der klassischen Soziologie zu verortende strukturfunktionale Theorie sozialer Systeme nach Talcott Parsons zurückgegriffen. Der dabei leitende Gedanke ist der, dass ein funktionaler Zugang gut geeignet erscheint, vermeintlich oder tatsächlich diametral gegenüberstehende Sichtweisen in einem Rahmen zusammenzuführen.

---

[1] Im Auftrag des Bundesamtes für Bevölkerungsschutz und Katastrophenhilfe werden derzeit auf der Basis einer breiten empirischen Untersuchung die Bedeutung von Interkultureller Kompetenz im Bevölkerungsschutz verdeutlicht und Handlungsempfehlungen (best practise) bis hin zu Ausbildungsmodellen entwickelt (vgl. Schmidt, Silke & Hannig, Christian, & Kietzman, Diana (2012).

Funktionale Analyse – Ein Exkurs in die Grundlagen der Soziologie

Der Gegenstand soziologischer Theoriebildung ist ganz allgemein das Verhältnis von Individuum und Gemeinschaft. Parsons fragt in diesem Zusammenhang in welcher Art und Weise Handlungen dem Zweck dienen, die gesellschaftlichen Strukturen zu erhalten. Dieser Ansatz entstand in den 1940er Jahren und gilt noch heute als eine der bemerkenswertesten und am weitesten verbreiteten Theorien. In ihr werden individuum- bzw. gesellschaftszentrierte Sichtweisen verknüpft.[2] Soziales Handeln von Einzelnen Personen stellt hier die kleinste Einheit dar, aus der immer größere und komplexere soziale Zusammenhänge (Systeme) aufbaut werden. Vereinfacht können drei Systemzusammenhänge unterschieden werden, nämlich das individuelle (Organismus und Persönlichkeit)[3], das soziale[4] und schließlich das kulturelle System[5] (vgl. Ulrich 2002, S. 121 f.).

---

[2] Max Weber geht vom Individuum aus und versteht Gesellschaft als wechselseitiges sinn- und zielorientiertes Handeln einzelner Menschen. Diesem Handeln liegt der subjektiv gemeinte Sinn zugrunde, den die Menschen den sozialen Gegebenheiten ihrer jeweiligen Lebenswelt beimessen. Emile Durkheim dagegen geht von der Gesellschaft aus, die er als Gerüst normativer Reglementierungen und Verhaltenserwartungen versteht, mit denen sich die Individuen täglich konfrontiert sehen. Durch Erziehung und Sozialisation erfolgt eine Verinnerlichung der Regeln, Normen und Werte des jeweiligen Umfeldes (Vgl. Ulrich 2002, S. 118 f.).

[3] Ebene 1: Im sog. Verhaltensorganismus, befinden sich die physiologischen Antriebsmomente des Einzelnen. Der menschliche Organismus bildet das Zentrum sozialer Handlungsprozesse, weil durch ihn die physiologischen Voraussetzungen für geistige und körperliche Tätigkeiten bestimmt werden. Auf dieser Basis entwickelt sich das Persönlichkeitssystem. Parsons geht vom Prinzip der Gratifikationsmaximierung aus. So bilden sich durch die Verinnerlichung von spezifischen Werten, Normen und Rollen schließlich individuelle Erwartungshaltungen und Bedürfnisdispositionen. Das psychische System wie alle anderen Systeme neigt außerdem dazu, in einem einmal eingenommenen Zustand solange zu verharren, bis ihn Umweltveränderungen dazu zwingen, sich bzw. seine kognitiven Strukturen zu ändern.

[4] Ebene 2: Erwartungshaltungen aus der umgebenden menschlichen Gesellschaft werden im Rahmen der Sozialisation, Erziehung und Bildung in sozialen Systemen an das psychische System herangetragen. Sie bilden das Bindeglied zwischen personalem System und der umgebenden Kultur.

[5] Ebene 3: Die Kultur bezeichnet bei Parsons ein System symbolisch vermittelter und handlungsleitender (Wert)-Orientierungsmuster, die das Handlungs- und Umweltgeschehen auf einen gemeinsamen Sinn hin auslegen. Gemeinsame Symbole sind eine Grundvorausset-

Grundsätzlich müssen solche Systeme stets das Problem ihrer Bestandssicherung und der internen Balance lösen. Dazu müssen auf allen drei Ebenen im Wesentlichen vier Funktionen bedient werden, nämlich Anpassung[6], Zielsetzung/Zielerreichung[7], Integration[8] und Strukturerhaltung[9]. Nach den Anfangsbuchstaben der englischen Begriffe wurde diese Systematik als **A-G-I-L-Schema** bekannt (vgl. Ulrich 2002, S. 123 f.). Somit ergibt sich grundsätzlich eine 3x4 Matrix innerhalb derer verschiedenste insbesondere humanwissenschaftliche Ansätze unter funktionalen Aspekten miteinander verknüpft werden können. Ein solcher interdisziplinärer Zugang ist – bei aller berechtigten Kritik[10] – gut geeignet, die im vorliegenden Zusammenhang zentralen Begriffe „Kultur" und „Interkulturelle Kompetenz" in einen umfassenden Rahmen zu stellen.

---

zung für die Integration sozialer und personaler Systeme. Die Träger solcher Systeme von Wertvorstellungen sind Individuen, die im Rahmen der Sozialisation innerhalb von sozialen Systemen die als verbindlich erachteten Werte und Normen im eigenen Persönlichkeitssystem verinnerlicht haben.

[6] Systeme müssen sich in vielfältiger Form an die äußere Situation anpassen, in der sie sich befinden. Das schließt die aktive Veränderung des umgebenden Milieus mit ein (Anpassung engl. Adaption).

[7] Alle Systeme haben bestimmte Ziele, die ihnen entweder gesetzt werden oder die sie sich selbst setzten. Dementsprechend werden sie als abhängige bzw. unabhängige Systeme bezeichnet (Zielsetzung/ Zielerreichung engl. Goal attaintment).

[8] Damit ein System stabil sein kann, ist ein Minimum an Integration der Mitglieder notwendig. Es muss ein gemeinsames „Grundverständnis" über Ziele, Werte und Normen des Gesamtsystems geben. Hier kommt dem Prozess der Enkulturation eine besondere Bedeutung zu (Integration engl. Integration).

[9] Trotz aller Integration wird es immer wieder zu Spannungen unterschiedlichster Art zwischen sozialen Systemen, handelnden Personen und auch innerhalb der Handlungssubjekte kommen. Um eine Desintegration zu vermeiden, ist es von großer Bedeutung, diese Spannungen auf erträglichem Niveau zu halten und Strategien zu ihrer Bewältigung bzw. zu ihrem Abbau zu entwickeln (Strukturerhaltung engl. Latent pattern maintenance).

[10] Die Kritik an der parsonschen Theorie sozialer Systeme setzt beim Verhältnis zwischen Individuum und Gesellschaft an. Soziale Systeme und ihre Strukturen sind der Ausgangspunkt seiner Betrachtungen. Die zwangsläufig vorgegebenen Rollenerwartungen, Normen und Werte einer Gesellschaft werden nicht thematisiert. Die Frage, wer in welchen Machtverhältnissen die Normen und Werte festlegt bzw. als richtig oder falsch kennzeichnet, wird nicht gestellt. Kritiker sprechen in diesem Zusammenhang von einem übersozialisierten Menschenbild. Das Subjekt werde ausschließlich als Mittel zum Zweck betrachtet (Vgl. Ulrich 2002, S. 124 f.).

Begriffsverständnis

Kultur – ausgewählte Aspekte

Menschliches Verhalten und Handeln wird durch situative und personale Faktoren bestimmt. Beide sind wiederum komplex verwoben mit den kulturellen Rahmenbedingungen. Auf der Basis der menschlichen Natur und gemeinsamer Kultur entwickelt sich aufgrund der unverwechselbaren biologischen Ausstattung und der individuellen Erfahrungen immer eine einzigartige Persönlichkeit. Beispielsweise Konflikte einseitig auf kulturelle Ursachen zurückführen zu wollen, verstellt den Blick auf andere Erklärungen (Vgl. Leenen u.a. 2005, S. 212). Vergleichbar einem Eisberg, verbergen sich unter der wahrnehmbaren Oberfläche einer Kultur stets Werte, Bedeutungen und Interpretationen. Probleme können entstehen, wenn beim Kontakt mit anderen Personen von den sichtbaren Anteilen (z.B. Verhalten) unreflektiert auf die darunter liegenden unsichtbaren Wertkonzepte geschlossen wird. Hier liegt ein Dilemma begründet, denn dies ist auch gleichzeitig ein fundamentaler mentaler Prozess, der es ermöglicht, Komplexität verstehbar zu machen und somit Handlungssicherheit zu erzeugen.

Weithin durchgesetzt hat sich der Kulturbegriff verstanden als ein, für eine Gesellschaft, Organisation und Gruppe notwendiges und typisches Orientierungssystem. Sie umfasst Werte, Normen und Überzeugungen, die sich in Strukturen und Systemen widerspiegeln. In diesem Sinne verstanden, vermittelt Kultur Zugehörigkeit und Verlässlichkeit (vgl. Thomas 2001, S. 149 ff., Thomas u.a., 2003, S. 21 ff.). Kultur letztlich zu definieren, erscheint jedoch nahezu unmöglich (vgl. Keller & Tomforde 2007, S. 163). Am ehesten zielführend ist es, verschiedene Kulturbegriffe nicht voneinander abzugrenzen, sondern eine holistische Perspektive einzunehmen und Kultur in einem funktionalen Zusammenhang etwa im Rahmen zwischen Homogenisierung und Differenzierung bzw. Struktur und Prozess zu betrachten (Vgl. Bolten 2012). In einer solchen Betrachtung finden sich auch emische (Innensicht) und etische (Aussensicht) ebenso wie hermeneutisch oder analytisch/empirisch orientierte Ansätze wieder. Erkenntnistheoretisch geht es darum, das Phänomen Kultur nicht nur zu erklären sondern auch zu verstehen.

Für die anwendungsbezogene „Operationalisierung" dieses Begriffes im Rahmen der Analyse und Beschreibung von Kulturen sind die klassischen Ansätze zur Formulierung von Kulturdimensionen und –standards wohl am bekanntesten. Diese sind für eine erste Analyse bzw. Beschreibung auch gut geeignet (vgl. Thomas 1997,S. 41 ff.). Jedoch birgt deren undifferenzierte Betrachtung stets die Gefahr einer Stereotypisierung (vgl. Zentrum Innere Führung 2011, S. 22). Die Einbeziehung des Faktors Kultur in der militärischen Einsatzplanung und Operationsführung sowie der Ausbildung ist inzwischen international – wenn auch in verschiedenen Ansätzen und Ausprägungen – anerkannte und gängige Praxis (vgl. Holmes-Eber & Salmoni 2008, S. 24 ff., Cimic Centre of Excellence 2011; Knorr 2012).

Interkulturelle Kompetenz – Verständnis in der Bundeswehr

Die Fähigkeit des angemessenen Umgangs mit dem Anderssein, dem Anderen, ist als soziale Grundkompetenz aufzufassen und wird in der Bundeswehr als Interkulturelle Kompetenz im weiteren – letztlich fast transkulturellen – Sinne verstanden.[11] In diesem Grundverständnis besteht Interkulturelle Kompetenz aus einem Bündel einzelner sozialer Teilfähigkeiten (z.B. Ambiguitätstoleranz, Empathie, Rollendistanz und Kommunikationsfähigkeit) in Bezug auf eine interkulturelle Situation. Im Wesentlichen geht es um die Entwicklung einer dem Menschen zugewandte und gegenüber der Vielfalt menschlicher Identitäten und Lebensweisen offenen Grundhaltung. Dies ist die Voraussetzung dafür, die Bereitschaft zu entwickeln, im Bewusstsein der eigenen kulturellen Orientierungsmuster, mit anderen auf „Augenhöhe" zu kommunizieren. So wiederum kann verhindert werden, dass andere Denk- und Handlungsweisen unbewusst negativ bewertet und im schlimmsten Falle stigmatisiert werden. Es geht darum, einen persönlichen Standpunkt zu entwickeln, ihn nicht der Beliebigkeit preiszugeben sondern mit innerer Überzeugung zu vertreten – einen solchen aber auch anderen zuzugestehen, zu akzeptieren und zu respektieren. (vgl. Keller & Tomforde 2007, S. 166 f.;

---

[11] Der Begriff „Interkulturalität" ist in etwa zwischen „Multikulturalität" und „Transkulturalität" zu verorten. Die Begegnung unterschiedlicher oder gar gegensätzlicher Kulturen in einer Gesellschaft führt im transkulturellen Sinne zu einer Verwischung bis hin zur Aufhebung der Kulturgrenzen auf der Ebene des Einzelnen so dass hier eine Kombination von verschiedenen Lebensformen, Wertehaltungen und Weltanschauungen entsteht. „Multikulturalität" hingegen beschreibt eine mosaikartige Gesellschaft, in der viele – in sich homogene – Kulturen nebeneinander existieren. „Interkulturalität" versucht das reine Nebeneinander von Kulturen zu durchbrechen und einen Dialog bzw. Austausch zwischen ihnen zu erreichen ohne aber zu einer Durchmischung zu führen.

Thormann 2008, Ulrich 2011, S. 102 f., Zentrum Innere Führung 2011, Kapitel 2.2).

Interkulturelle Kompetenz – Entwurf einer Funktionsanalyse

Kultur ist immer Teil des Rahmens, in dem auch Militär handelt. Bezogen auf die strukturfunktionale Theorie sozialer Systeme lassen sich drei, sich wechselseitig beeinflussende Bedeutungszusammenhänge erkennen – die einzelne Person, die Bundeswehr und schließlich die gesellschaftlich-kulturelle Ebene. Diese lassen sich auf den verschiedenen Ebenen mit Hilfe der in der **A-G-I-L** Systematik darstellen.[12]

Ebene des Einzelnen

Mit Blick auf die Einzelperson kann die Erfahrung kultureller Differenzen einen Stressfaktor darstellen. Vorgesetzte sollten ihr Personal auf Anpassungsprozesse und damit verbundene emotionale Spannungszustände vorbereiten (Vgl. Thomas 2001, Manz 2011).[13] Interkulturelle Kompetenz kann auf dieser individuellen Ebene insbesondere helfen, Frustrationen zu minimieren, so die Anpassung **(A)** an die sich ändernden Rahmenbedingungen erleichtern und letztlich die Einsatzbereitschaft unterstützen **(G)**. Sie kann helfen, andere Sichtweisen teilweise zu integrieren **(I)**, ohne die eigene Identität zu verleugnen **(L)**. Interkulturelle Kompetenz kann so dazu beitragen, psychische Stabilität, notwendiges (Selbst-)Vertrauen, innere Balance, Mut und Offenheit zu entwickeln – Fähigkeiten, die insbesondere in einem soldatischen Persönlichkeitsprofil kaum zu entbehren sind.

---

[12] Diese Einteilung weicht vom „klassischen" Drei-Ebenen-Modell ab, wie es durch Thomas beschrieben wird (Integration, Multinationalität, Einsätze im fremdkulturellen Umfeld). Vgl. Thomas u.a. 1997; Ulrich 2011 S. 105.

[13] Häufig kommt es nach einer anfänglichen positiven Grundeinstellung im Ausland aus unterschiedlichsten Gründen zu Verunsicherung oder Frust. Dieser Phase folgt meist der Versuch, die fremde Kultur zu akzeptieren und zu tolerieren, indem man beginnt, sich in der Fremde zurechtzufinden und sich im Idealfall als integriert wahrzunehmen. Diese Integration ist meist auf die Dauer des Einsatzes und auf Elemente beschränkt, die für das Zurechtfinden und Überleben notwendig sind. Das Phasenmodell der Anpassung wiederholt sich bei der Rückkehr in das Heimatland.

Ebene der Bundeswehr

Verschiedene gesellschaftspolitische Entwicklungen führen perspektivisch zu einer wachsenden sozialen, ethnischen, kulturellen und religiösen Vielfalt, auf die es sich einzustellen gilt **(A)**. Ein Thema nicht nur von nationaler Bedeutung, dem sich der gesamte Bereich des öffentlichen Dienstes in Deutschland stellt (vgl. Schmelz 2012). Diese Entwicklungen wirken sich unmittelbar und mittelbar auf die Bundeswehr aus. Hier gilt es im Sinne einer umfassenden Auftragserfüllung **(G)**, Soldatinnen und Soldaten bzw. Zivilpersonal unterschiedlichster Biographien zu integrieren **(I)**. Das Konzept der Inneren Führung bildet die formalen Voraussetzungen dafür. Kameradschaft und die Ausrichtung auf ein gemeinsames Ziel z.B. bieten gute strukturelle Voraussetzungen für eine gelingende Integration **(I)**. Es geht einerseits darum, Potentiale zu erkennen und sie dann entsprechend einzusetzen **(G)** andererseits aber vor allem auch darum, den Menschen als Individuum an- und ernst zu nehmen. Eine rein instrumentelle Betrachtung der Thematik ist daher nicht angemessen. In diesem Zusammenhang von Management, Humankapital, Humanressource zu sprechen, reduziert den Menschen auf das Mittel zum Zweck. Die Herausforderung besteht darin, die Vielfalt in einer Gruppe nicht durch Anpassung der Einzelnen zu minimieren, sondern diese Vielfalt zu akzeptieren, zu begrüßen und gleichzeitig ein gemeinsames Ziel anzustreben **(G & I)**. Betrachtet man die verschiedenen Dimensionen von Vielfalt (Weibliches und männliches, militärisches und ziviles Personal, Ältere und Jüngere mit unterschiedlichsten Erfahrungen, verschiedener Herkunft und – auch sexueller – Orientierung) können praktisch alle auch unter interkulturellen Aspekten gefasst werden (Vgl. Ulrich 2013). Die Entwicklung Interkultureller Kompetenz hat daher auch unter Diversity-Aspekten identitätsstiftenden Charakter für die Bundeswehr **(L)**.

Militärische Einsätze zur Konfliktprävention und Krisenbewältigung finden regelmäßig im Rahmen multinationaler Zusammenarbeit mit Verbündeten und Partnern statt. Zudem müssen Bundeswehrangehörige, darauf eingestellt sein, in einem für sie fremden Umfeld zu operieren und mit unterschiedlichen Menschen im Einsatzgebiet zu kommunizieren und zusammenzuarbeiten. Wird die Bedeutung von Kultur im Rahmen der strategischen Einsatzplanung und der operativen sowie taktischen Umsetzung ignoriert, erhöht sich das Risiko, dass das Ziel eines Auftrages oder Einsatzes nicht erreicht wird **(G)**. Dies gilt sowohl für Verwendungen im Bereich internationaler Kooperationen und Stäbe (Vgl. Klein 2001) als insbesondere auch im Einsatz. Zeigen Soldaten vor Ort mangelnde kulturelle Sensibilität, kann dies rasch von strategischer Relevanz sein und die Sicherheit der Truppe sowie den gesamten Einsatz bis hin zum Image einer ganzen Nation gefährden **(G)**. Anders herum ist aber auch davon auszugehen, dass die ernsthafte und durchgehende Berücksichtigung dieser Thematik in der Führungskultur **(I & L)** und auf der politisch-strategischen Ebene seine Wirkung auf den Einzelnen **(A & I)** und damit schließlich auch auf den Einsatzerfolg **(G)** nicht verfehlen wird (Vgl. Tomforde 2010, S. 262 ff.). Dazu gehört auch die Entwicklung eines Bewusstseins beim Führungspersonal für die Bedeutung der Thematik in der Einsatzplanung / Operationsführung und für die Zusammenarbeit mit entsprechend spezialisiertem Personal. Eine herausragende Rolle spielt hier die Interkulturelle Einsatzberatung. Interkulturellen Einsatzberater sind Soldaten /Soldatinnen oder Zivilangestellte der Bundeswehr, überwiegend mit einem abgeschlossenem Studium mit regionalem Schwerpunkt, zum Beispiel Orientalistik, Slawistik, aber auch Geschichte oder Politikwissenschaften. Militärische Entscheidungsträger und solches Personal, das im Einsatzgebiet primär mit der Bevölkerung im Kontakt steht, werden zu Fragen der Kultur des Einsatzraumes beraten (Vgl. Zentrum Operative Information 2013).

Bezogen auf diese Bedeutungszusammenhänge erscheint das zugegebenermaßen etwas martialische Motto *„Interkulturelle Kompetenz schont die Nerven, schweißt zusammen und spart Blut"* durchaus berechtigt (vgl. Ulrich 2013). Für die Bundeswehr stellt die Interkulturelle Kompetenz daher eine Schlüsselqualifikation des gesamten zivilen und militärischen Personals dar.

Ebene der Gesellschaft

Die Stärkung und Vermittlung Interkultureller Kompetenz ist wie schon eingangs erwähnt, eine gesamtgesellschaftliche Aufgabe, gleichsam als Bildungsziel mit strategischer, insbesondere innen- und sicherheitspolitischer Relevanz zu verstehen. Alle **A-G-I-L** Funktionen werden hier bedient. Die Anstrengungen um die Stärkung und Vermittlung Interkultureller Kompetenz, die Befassung mit Fragen des Diversity-Managements in Forschung und Lehre, der Beitritt der Bundeswehr zur „Charta der Vielfalt" sowie die Entwicklung eines gemeinsamen Leitbildes unter dem Motto „Wir. Dienen. Deutschland." sind konsequente Schritte auf dem Wege zur Verwirklichung eines inklusiven Ansatzes **(A)** (Ulrich 2013). Diese Anstrengungen sind auch im Lichte der vielfältigen gesellschaftlichen Rückbezüge der Bundeswehr und ihres Personals zu betrachten. Das hohe Integrationspotential der Streitkräfte kann sich – richtig verstanden – sehr positiv auf gesamtgesellschaftliche Integrationsprozesse **(I)** mit der Zielsetzung sozialen Friedens **(G)** auswirken (vgl. Bachora 2012). In

Das dargestellte Verständnis Interkultureller Kompetenz ist untrennbar mit dem umgebenden Wertesystem verbunden. Das Menschenbild im Grundgesetz der Bundesrepublik Deutschland und die Freiheitliche Demokratische Grundordnung im Allgemeinen sowie das daraus abgeleitete Konzept der Inneren Führung im Besonderen bilden dabei die normativen Konstanten und das ethische Fundament für die Bundeswehr **(L)**. Die Forderung nach Interkultureller Kompetenz wird folgerichtig beginnend von der Verpflichtung des zivilen Personals und der Soldaten der Bundeswehr gegenüber der Werteordnung des Grundgesetztes über die Erwähnung in einschlägigen strategischen Dokumenten bis hin auf die Vorschriftenebene abgeleitet (Vgl. Ulrich 2012, S. 46). Sie ist folgerichtig als Bestandteil einer gesamtgesellschaftlichen politisch-strategischen Bildungsaufgabe „Wider die Fremdenfeindlichkeit" **(I/L)** mit positiver Rückbindung in die Gesellschaft zu betrachten, wie sie letztlich wohl schon Graf von Baudissin in der frühen Phase der Bundeswehr im Sinn hatte.

Aspekte einer interkulturellen Didaktik in der Bundeswehr

Grundlagen

Soldaten und zivile Mitarbeiter kommen als erwachsene Menschen zur Bundeswehr – eine Tatsache mit weitreichenden Folgen. Aus-, Fort- und Weiterbildung in der Bundeswehr sind daher grundsätzlich als Erwachsenenbildung zu betrachten. Solche wird im Sinne des Ausschusses für das Deutsche Bildungswesen von 1966 verstanden, als die „ständige Bemühung des Erwachsenen, sich Selbst, Gesellschaft und Welt besser zu verstehen und gemäß dieses Verständnisses zu handeln". Bildung wird allgemein verstanden als Vorgang der Entfaltung der Individualität eines Menschen und seiner geistigen Formung in Auseinandersetzung mit den Gegenständen von Kultur und Umwelt. Bildung ist eine durch Erziehung zu unterstützende, jedoch von jedem einzelnen selbst lebenslang zu erlernende Fähigkeit und Bereitschaft zur individuellen und gesellschaftlichen Emanzipation und Mündigkeit. Dabei ist die Mündigkeit einerseits formalrechtlich vorauszusetzen andererseits ist sie, pädagogisch betrachtet, ein nie abgeschlossener lebenslanger Prozess (Vgl. Ulrich 2002, S. 18 f.). Bezogen auf den hohen selbstreflexiven Anteil Interkultureller Kompetenz erscheint es durchaus gerechtfertigt, hier von Interkultureller Bildung zu sprechen.

In diesem Verständnis entwickeln sich Interkulturelle Fähigkeiten im Rahmen eines ganzheitlichen Lehr- / Lern- und Erfahrungsprozess etwa entlang der Stufen Bewusstsein, Verständnis und schließlich Kompetenz. Der Begriff Interkulturelle Kompetenz kann zudem mitunter in die Irre führen, wenn damit automatisch die höchste Ausbildungsstufe verbunden wird – incl. Sprach- und Kulturkenntnisse spezieller Regionen. Interkulturelle Kompetenz wird als integraler Bestandteil eines umfassenden und interdisziplinären Ansatzes im Sinne einer modernen Erwachsenenbildung in der Bundeswehr verstanden.

Dabei ist die Aneignung von Wissen (z.B. Grundlagen der Kommunikation oder Landeskunde) relativ unproblematisch. Erfahrungsgewinn durch interkulturelle Begegnung und die Entwicklung oder gar Korrektur eigener Einstellungen hingegen ist ein ständiger und nicht immer bequemer Selbstbildungsprozess. Der Erwerb Interkultureller Kompetenz findet in affektiven, kognitiven und verhaltensbezogenen Dimensionen statt. „Kopf (Wissen), Herz (Wollen) und Hand (Handeln können)" werden gleichermaßen angesprochen. Grad und Ausprägung dieser Kompetenz sind abhängig vom Ausbildungsgang, den Verwendungen und somit von erworbenen Erfahrungen und Kenntnissen (Vgl. Langer 2012). Es geht also darum, das Thema emotional positiv zu besetzen, es mit Erfahrung zu untermauern, mit gutem Beispiel voran zu gehen und es in den gesamten Dienstalltag zu integrieren (Vgl. Zentrum Innere Führung 2011, Kapitel 2.2). Der Auswahl geeigneten Personals kommt dabei eine Schlüsselrolle zu. Dies gilt insbesondere für diejenigen, die mit Führungs-, Beratungs-, und Ausbildungsfunktionen ausgestattet werden sollen (Vgl. Thomas 2001).

Es handelt sich bei Interkultureller Kompetenz nicht nur um schnell erlernbare Fertigkeiten (Verhaltensregeln) und Wissensbestände sondern sie ist vielmehr als Teil der Bildung stabiler Persönlichkeiten zu verstehen (Vgl. Zentrum Innere Führung 2011 S. 45). Die inhaltliche Vermittlung erfolgt vorrangig in allen Bereichen, die sich mit Fragen des angemessenen Umgangs der von Vielfalt bestimmten menschlichen Lebenswelten befassen, d.h. an den Schnittstellen von Menschenführung, Politischer und Ethischer

Bildung. Die Ausbildung im Themenfeld Interkulturelle Kompetenz in der Bundeswehr wird grundsätzlich in drei Stufen eingeteilt.

Ziele, Inhalte – Ausbildungsstufen

Die „*Grundlagenausbildung*" umfasst eine kulturallgemeine Sensibilisierung aller Angehörigen der Bundeswehr zu Beginn ihrer jeweiligen Laufbahn. Es geht darum, sich der Bedeutung von Kultur als notwendigem Orientierungssystem bewusst zu werden, ein Bewusstsein für die eigene „kulturelle Brille" zu entwickeln und die Vielfalt kultureller Deutungsmuster zu akzeptieren. Das übergreifende Ziel im Sinne einer einsatzunabhängigen Basisqualifizierung ist es, sich mit unterschiedlichen Identitäten und Lebenswelten konstruktiv und reflektiert auseinanderzusetzen.

Die „*Vertiefungsausbildung*" ist sowohl auf den Grundbetrieb und auf Laufbahnlehrgänge zu beziehen als auch auf besondere Verwendungen und Funktionen sowie schließlich auf den Einsatz. Es geht darum, Interkulturelle Kompetenz als einen wesentlichen Faktor bei der Bewältigung des Auftrags zu begreifen sowie deren Bedeutung für erfolgreiches Führen zu erkennen und sein Handeln danach angemessen auszurichten. Bezogen auf den Einsatz werden kulturelle Aspekte des konkreten Einsatzgebietes vermittelt. Wo möglich, werden (inter-)kulturelle Aspekte auch in verwandte Themenfelder (z.B. Ethik) sowie in die praktische Ausbildung (z.B. Verhalten bei Check-Point oder Patrouille) integriert. Im Einsatz werden die Entscheidungsträger durch qualifizierte interkulturelle Einsatzberater in Fragen möglicher Auswirkungen der Kultur des Gastlandes auf die Auftragserfüllung beraten. Zudem besteht die Möglichkeit, kulturelle Erfahrungen durch Interkulturelle Einsatzberater und anderes Fachpersonal zu reflektieren und so nutzbar zu machen. Die Verarbeitung der im Einsatz gemachten Erfahrungen und das Einleben in der Heimat beinhalten ebenfalls kulturelle Aspekte (z.B. Wertekonflikte, Differenz-Erfahrungen) und werden in die Rückkehrerseminare einbezogen. Die hier gewonnenen Erfahrungen gehen dann im Idealfalle wiederum in die vorbereitende Ausbildung ein (Vgl. Thomas u.a. 1997, Kapitel 3, Thomas 2001 b).

Die „*Spezialisierungsausbildung*" dient grundsätzlich der Entwicklung von funktionsspezifischen Kompetenzen. Dabei hat die gezielte Personalauswahl und -entwicklung mit dem Ziel einer hohen fachlichen Qualifikation eine hohe Bedeutung. Dies gilt insbesondere für die Ausbildung und Weiterqualifizierung geeigneten Lehrpersonals, die in Verantwortung des Zentrums Innere Führung unter Einsatz von qualifizierten Trainern durchgeführt wird.

Methoden – Eine Auswahl

Für die genannten Ausbildungsabschnitte wurden eine Vielzahl von Methoden und Unterrichtskonzepte entwickelt (Vgl. Thomas, Alexander & Kammhuber, Stefan & Layes, Gabriel 1998) und flächendeckend bereitgestellt (vgl. Zentrum Innere Führung 2006; Zentrum Innere Führung 2011). Zu erwähnen ist insbesondere der „General Intercultural Sensizer" bei dem es um die diskursive Behandlung einer kritischen interkulturellen Situation geht (vgl. Evers 2001). Zudem wurde im Sinne einer mentalen Checkliste das S-P-A-T-E-N – Modell entwickelt, was die meisten der hier genannten Aspekte Interkultureller Kompetenz zusammenführt (vgl. Thomas 2001, S. 158).[14] Derzeit wohl am bekanntesten und weitesten ist „Dimension Kulturen", ein zentrales Projekt der Politischen Bildung in der Bundeswehr zur interkulturellen Sensibilisierung. Es basiert auf den Erfahrungen mit interaktivem, spielerischem Lernen. Dozenten des Zentrums Innere Führung treten in eintägigen Seminaren gemeinsam mit zivilen Moderatorinnen und Moderatoren in zumeist bi-kulturellen Teams auf (Vgl. Müller 2012).

In der jüngsten Vergangenheit wurden sowohl für die kulturallgemeine Sensibilisierung, als auch für die kulturspezifische Vorbereitung sogenannte Trainingsboards entwickelt, die in der Gesamtschau einen „missing link" im Methodenportfolio Interkultureller Trainings darstellen. Es handelt sich hierbei ganz allgemein um eine visuell ansprechend aufgearbeitete großformatige Ausbildungsunterlage sowie eine Vielzahl von Anlagen. Teams zu je fünf Personen folgen den Anweisungen und setzen sich dabei diskursiv mit den Inhalten auseinander. Der Vorteil dieser Methodik ist, dass in kurzer Zeit viele Personen standardisiert, nachhaltig und motivierend ausgebildet werden können. Es können sowohl kleine Gruppen als auch eine große Anzahl von Personen daran arbeiten. Die didaktische Kernsituation, nämlich die interaktive Diskussion und Erarbeitung eines Themas in Kleingruppen,

---

[14]Stoppt den automatischen Bewertungsprozess. Präzisierung der Irritation – Was irritiert mich eigentlich? Andere Einflussfaktoren isolieren – situativ oder individuell. Thematisieren der eigenen Erwartungen. Eigenkulturelle Standards reflektieren. Nach möglichen fremdkulturellen Standards suchen.

bleibt unverändert. Die Wirksamkeit der Methode ergibt sich nach derzeitigen Erfahrungen insbesondere aus dem Kleingruppenansatz, bei dem sich der Einzelne nicht „verstecken" kann und dem hohen Anteil von Eigenreflexion. Zudem bietet die Methode den Vorteil für den Moderator, in den Gruppendiskussionen sehr individuell auf Einzelfragen eingehen zu können. Die Erfahrung zeigt, dass dieses Ausbildungsmittel für die Grundsensibilisierung gut geeignet ist und sich in der Praxis bewährt hat. (Vgl. Bw aktuell 2011).

Entwicklungen und Ausblick

Auf der Basis der interkulturellen „Pioniere" in der Bundeswehr (vgl. Thomas & Kammhuber & Layes 1997) ist das Thema Interkulturelle Kompetenz seit Mitte der 1990er Jahre an vielen (Ausbildungs-)einrichtungen der Bundeswehr präsent und wurde ständig weiterentwickelt. Am Zentrum Innere Führung z.B. war es zunächst in den Fachbereichen Menschenführung und Politische Bildung verortet. Später (Ende 2008) wurde am Zentrum Innere Führung eine Zentrale Koordinierungsstelle Interkulturelle Kompetenz im Grundlagenbereich etabliert. Damit wurde sowohl der inhaltlichen Ableitung des Themas aus der Werteordnung des Grundgesetzes und der Inneren Führung als auch der Tatsache Rechnung getragen, dass es sich um ein interdisziplinäres Thema mit engen Bezügen zu ethischen Fragen handelt. Im Rahmen der jüngsten Reform wurde dieser Umstand auch dadurch berücksichtigt, dass die Themenfelder Ethik und Interkulturelle Kompetenz jeweils mit einer Zentralen Ansprech- bzw. Koordinierungsstelle innerhalb eines eigenständigen Dezernates am Zentrum Innere Führung abgebildet sind (vgl. Elßner 2011; Wilke 2011; Ulrich 2011). Deren Kernaufgaben für die Bundeswehr sind insbesondere ein Informations-, Wissens- und Qualitätsmanagement im Bereich Interkultureller und Ethischer Bildung. Kurz- und mittelfristig kommt hier der weiteren Harmonisierung von Zielen und Inhalten in der Ausbildungslandschaft der Bundeswehr, der Weiterentwicklung der Multiplikatorenausbildung sowie bereits bestehender netzgestützter Plattformen im Sinne einer Lern- und Informationsplattform besondere Bedeutung zu.

Die Stärkung und Vermittlung Interkultureller Kompetenz ist zudem eine gesamtgesellschaftliche Aufgabe, welche die Zusammenarbeit mit bundeswehrinternen und -externen Einrichtungen national wie international bedingt. Dies ist nur in einem engen Verbund im Sinne eines vernetzten, interdisziplinären Ansatzes zu leisten. Daher geht es auf weitere Sicht auch darum, ein ressortübergreifendes Netzwerk mit einer zentralen Koordinierungsfunktion zu bilden. Ziel ist es, in Fragen Interkultureller Kompetenz und ihrer sicherheitspolitischer Bedeutung auf strategischer Ebene einen Beratungsbeitrag zu leisten. Vieles wurde bereits implementiert (Vgl. Thorman 2008, S. 9 f.; Ulrich 2011, S. 100 ff.) – einiges ist noch offen. Es gilt den seit Mitte der 90 er Jahre beschrittenen Weg konsequent weiter zu gehen.

Literatur

Bachora (2012): Integration von Personen mit Migrationshintergrund beim Militär. Österreich im Ländervergleich mit Deutschland, Schweden und Großbritannien. Wien.

Berns, Andreas & Whörle-Chon, Roland (2006): Interkulturelles Konfliktmanagement. In: Garein, Sven Bernhard & Klein, Paul (Hrsg.): Handbuch – Militär und Sozialwissenschaft. 2. Auflage. Wiesbaden.

Bolten, Jürgen (2012): Reziprozität, Relationalität und Mehrwertigkeit. Ein Plädoyer für einen holistischen Kulturbegriff. Jena. (Manuskript)

Elßner, Thomas (2011): Praxisorientierte Ethikausbildung in den deutschen Streitkräften. In: Hans Christian Beck, Christian Singer (Hrsg.): Entscheiden Führen Verantworten. Soldat sein im 21. Jahrhundert. Berlin. S. 84 – 94.

Emmrich (2012): Cross Cultural Competence trainings in the German Armed Forces. Chance, Challenges and Limitations. Masterarbeit. Otto von Guericke Universität Magdeburg.

Evers, Sebastian (2001): Der General Intercultural Sensitizer: Interkulturelle Ausbildung in der Bundeswehr. In: Puzicha & Hansen & Weber (Hrsg.): Psychologie für Einsatz und Notfall. Bonn. S. 161 – 169.

Holmes-Eber & Salmoni (2008): Operational Culture for the warfighter. Principles and applications. Marine Corps University. Quantico / Virginia / USA.

Keller, Jörg & Tomforde, Maren (2007): Interkulturelle Kompetenz auf dem Prüfstein: Die Auslandseinsätze der Bundeswehr. In: Krysl, Ludwig (Hrsg.): Interkulturelle Kompetenz – Voraussetzung für erfolgreiche Aufgabenerfüllung postmoderner Streitkräfte. Schriftenreihe der Landesverteidigungsakademie. Wien.

Klein, Paul (2001): Zusammenwachsen mit Hindernissen. Deutsche und Niederländer im Deutsch-Niederländischen Korps. In: Puzicha & Hansen & Weber (Hrsg.): Psychologie für Einsatz und Notfall. Bonn. S. 170 – 178.

Knorr, Carsten (2012): Interkulturelles Bewusstsein und Interkulturelle Kompetenz. In: Hardthöhenkurier 2/2012. S. 13-18.

Langer, Phil C. (2012): Erfahrungen von Fremdheit als Ressource verstehen - Herausforderungen interkultureller Kompetenz im Einsatz. In: Anja Seiffert, Phil C. Langer, Carsten Pietsch (Hrsg.): Der Einsatz der Bundeswehr in Afghanistan. Sozial- und politikwissenschaftliche Perspektiven. Schriftenreiche des Sozialwissenschaftlichen Institutes der Bundeswehr. Band 11. Wiesbaden.

Leenen, Wolf Rainer & Grosch, Harald & Groß, Andreas (2005): Bausteine zur Interkulturellen Qualifizierung der Polizei. Münster.

Manz, Rolf (2011): Interkulturelle Kompetenz - Schlüsselqualifikation für Auslandseinsätze der Bundeswehr. In: Unterrichtsblätter 50 (2011).

Schmelz, Andrea (2012): Interkulturelle Öffnung in der Migrationsgesellschaft. Herausforderungen für Kommunen und Verwaltungen. In: Mondial 1/2012.

Thomas, Alexander (2001): Interkulturelle Kompetenz: Eine Schlüsselqualifikation für Fach- und Führungskräfte der Bundeswehr. In: Puzicha & Hansen & Weber (Hrsg.): Psychologie für Einsatz und Notfall. Bonn. S. 146 – 160.

Thomas, Alexander (2001 b): Informationsleitsystem zur Gewinnung und Verwendung kulturspezifischer Informationen. In: Puzicha & Hansen & Weber (Hrsg.): Psychologie für Einsatz und Notfall. Bonn. S. 391 – 403.

Thomas, Alexander & Kammhuber, Stefan & Layes, Gabriel (1997): Interkulturelle Kompetenz – Ein Handbuch für Auslandseinsätze der Bundeswehr. München.

Thomas, Alexander & Kammhuber, Stefan & Layes, Gabriel (1998): Sensibilisierungs- und Orientierungstraining für die kulturallgemeine und die kulturspezifische Vorbereitung von Soldaten auf Internationale Einätze. München.

Thomas, Alexander & Kinast, Eva & Schroll-Machl (2003): Handbuch Interkulturelle Kommunikation und Kooperation. Band 1: Grundlagen und Praxisfelder. Göttingen.

Tomforde, Maren (2010): Interkulturelle Kompetenz im Auslandseinsatz: Eine Anforderung an alle. In: MGFA (Hrsg.): Wegweiser durch die Geschichte. Auslandseinsätze. Potsdam.

Ulrich, Uwe (2002): Beteiligung in der Bundeswehr – Eine Funktionsanalyse im Rahmen der Inneren Führung. Dissertation. Hamburg.

Ulrich, Uwe (2011): Interkulturelle Kompetenz in der Bundeswehr. In: Hans Christian Beck, Christian Singer (Hrsg.): Entscheiden Führen Verantworten. Soldat sein im 21. Jahrhundert. Berlin.

Ulrich, Uwe (2012): Interkulturelle Kompetenz in der Bundeswehr – Verständnis und Perspektiven. Vortrag vom 24.Mai 2012. In: Helmut Schmidt Universität (Hrsg.): Der Offizier im Einsatz. Jahrgangsbuch 2012. Hamburg. S. 43 – 52.

Wilke, Mathias (2011): Überlegungen zur Gewinnung ethischer Handlungskompetenz. In: Hans Christian Beck, Christian Singer (Hrsg.): Entscheiden - Führen - Verantworten. Soldatsein im 21. Jahrhundert. Berlin. S. 95 – 99.

Zentrum Innere Führung (2006): Digitale Unterrichtshilfe (DUH) Interkulturelle Kompetenz. Koblenz.

Zentrum Innere Führung (2010): Deutsche Staatsbürger jüdischen Glaubens in der Bundeswehr. Arbeitspapier 2/2010. Koblenz.

Zentrum Innere Führung (2011): Deutsche Staatsbürger muslimischen Glaubens in der Bundeswehr. Arbeitspapier 1/2011. Koblenz.

Zentrum Innere Führung (2011): Interkulturelle Kompetenz in der Bundeswehr. Eine Einführung für Multiplikatoren. Arbeitspapier 3/2011. Koblenz.

Onlinequellen:

Bw aktuell (2011): Kompetenz vermitteln. Vorstellung des ISAF-Trainingsboards. verfügbar unter:
http://s337251796.online.de/2011/KW6/swf/10013.swf

Cimic Centre of Excellence (2011): Advanced cultural competence. Verfügbar unter: www.cimic-coe.org/content/scope/acc.php.

Müller, Albrecht (2012): Dimension Kulturen. Programm – Lebensweise verstehen. Verfügbar unter:

http://www.y-punkt.de/portal/a/ypunkt!/

Schmidt, Silke & Hannig, Christian, & Kietzman, Diana (2012): Rettung, Hilfe und Kultur – Informationsflyer. Verfügbar unter: www.rettung-hilfe-kultur.de/.

Thormann, Mandy (2008): Interkulturelles Lernen in der Bundeswehr. Reader Sicherheitspolitik 7/2008. Verfügbar unter: www.readersipo.de

Zentrum Operative Information (2013): Konflikte reduzieren, Vertrauen schaffen – mit kompetenter interkultureller Beratung. Verfügbar unter: www.streitkraeftebasis.de/portal/a/streitkraeftebasis/uleist/ieb

Ulrich, Uwe (2013): Diversity Management. Ausgabe 2/2013. Verfügbar unter: www.readersipo.de.

Wissenschaftliche Konzepte einsatzbedingter psychischer Störungen und deren Rezeption durch die militärische Führung – ein historischer Rückblick

Stefan Siegel / Jörn Ungerer

Einleitung

Militärische Führung hat ein genuines Interesse an der Gesundheit ihrer Soldatinnen und Soldaten[1]. In Zeiten großer infanteristischer Massenheere besteht dieses Interesse vor allem bezogen auf die körperliche Gesundheit. Es ist für den militärischen Erfolg entscheidend, dass eine möglichst große Anzahl von Kämpfenden in der Lage ist, den körperlichen Strapazen der militärischen Ausbildung und des Feldes zu widerstehen, einen Rucksack zu tragen und eine Handfeuerwaffe bedienen zu können. Mit zunehmender Technisierung der Kriegsführung und damit zunehmender Notwendigkeit spezialisierter Kräfte rücken auch Fragen der intellektuellen Eignung und der seelischen Gesundheit in den Vordergrund. Das Training auf verschiedensten modernen Waffensystemen kann langwierig und kostenintensiv sein. Die so ausgebildete einzelne Person kann nicht ohne weiteres ersetzt werden. Nicht zuletzt die Grundsätze Innerer Führung verpflichten die Gesundheit aller Anvertrauten, als Staatsbürgerinnen und Staatsbürger in Uniform, zu schützen und zu erhalten.

---

[1] Nach §1 und §2 des Bundesgleichstellungsgesetztes sind alle Beschäftigten des Bundes, insbesondere auch solche mit Vorgesetzten- und Leitungsaufgaben, verpflichtet, die Gleichstellung von Frauen und Männern zu fördern und dies insbesondere auch sprachlich zum Ausdruck zu bringen. Daraus ergibt sich die Forderung einer weitgehenden Vermeidung des generischen Maskulinums, welcher wir uns an dieser Stelle ausdrücklich verpflichtet fühlen. Die Tatsache, dass im weiteren Text mitunter dennoch allein die maskuline Wortformen Verwendung findet ist der historischen Ausrichtung unseres Textes und der Tatsache geschuldet, dass in dem betrachteten Zeitraum – nämlich vom ausgehenden 19. bis zum Ende des 20. Jahrhunderts – die betroffenen Personengruppen tatsächlich dem männlichen Geschlecht angehörten und diese in der wissenschaftlichen Diskussion auch eine gewisse Rolle spielte, z. B. in Bezug auf den Hysterie-Diskurs während des ersten Weltkrieges. Es handelt sich also gerade nicht um einen generischen sondern um einen spezifischen Gebrauch des Maskulinums. Für eine ausführlichere Darstellung in diesem Zusammenhang insbesondere auch für eine Übersicht der Literatur zum Gender-Diskurs kriegsbedingter Syndrome sei auf Köhne (2009) verwiesen.

Die Wahrscheinlichkeit eine Verwundung im Felde zu überleben war noch bis zum 2. Weltkrieg mit einem Verhältnis von nur einem Überlebenden je zwei Verwundeten extrem gering. Militärmedizinische Versorgung war im Wesentlichen Versorgung körperlicher Versehrtheit nach körperlicher Verletzung. Der zunehmende technische Fortschritt, damit einhergehende Verbesserungen in der Medizin, Logistik und im Bereich der persönlichen Schutzausrüstung des Soldaten haben seither zu einer immer größeren Zahl von nach Verwundung überlebenden Soldaten gesorgt. So erreicht man heute im Allgemeinen Überlebensquoten von über 90 Prozent auch nach schweren Kampfeinsätzen oder Angriffen durch Sprengeinrichtungen. Entsprechend häufiger begegnen heute die seelischen Folgen von Krieg und Verwundung.

Diese beiden Punkte, Bedeutung der umfassenden Gesundheit des einzelnen Soldaten und zunehmende Überlebenswahrscheinlichkeit des Soldaten, illustrieren, weshalb Fragen der psychischen Gesundheit, Fragen von mental fitness und mental health heutzutage nicht nur subjektiv einen (vermeintlich) überproportionalen Bedeutungszuwachs erfahren, sondern auch in Zukunft für die militärische Führung eine immer größere Rolle spielen werden.

Es gibt eine Vielzahl von Bereichen, in denen militärische Führung bei ihrer Aufgabenerfüllung auf Expertenwissen angewiesen ist. In besonderem Maße aber trifft dies auf die Beurteilung der Gesundheit ihrer Soldaten zu. Hier muss man sich weitgehend auf die professionelle Einschätzung von externen Experten, vornehmlich Ärzten bzw. Psychologen verlassen. Deren Expertise wiederum leitet sich aus der Anwendung zeitgenössischen wissenschaftlichen Wissens ab. Gerade das Wissen über seelische Vorgänge und deren krankhafte Veränderung hat in den letzten 100 Jahren jedoch entscheidende Veränderungen erfahren.

Im Folgenden soll der Versuch unternommen werden, anhand des Beispiels der „war syndroms"[2], sogenannter kriegsbedingter Syndrome, die

---

[2] Der Begriff „war syndroms" wurde durch einen Überblicksartikel von Hyams et al 1996 geprägt, bei dem es um die historische Analyse früherer kriegsbedingter Krankheitszustände vor dem Hintergrund möglicher Gemeinsamkeiten mit dem sogenannten Golfkriegssyndrom ging, erst Jones 2006 gebührt die Definition des Begriffs, der wir in unserem eigenen Aufsatz folgen wollen als „Groups of medical unexplained symptoms arising in servicemen during times of conflict"

Verbindungen zwischen wissenschaftlichen Konzepten und Vorstellungen einer Zeit, deren durch medizinische Experten vermittelte Rezeption durch die militärische Führung und den daraus resultierenden Konsequenzen zu erhellen. Fälschlicherweise wird häufig eine Kontinuität zwischen den ersten Beobachtungen von seelischer Belastung bei Soldaten im ausgehenden 19. Jahrhundert und heutigen psychischen Störungen wie der posttraumatischen Belastungsstörung (engl. posttraumatic stress disorder, PTSD) angenommen. Dem gegenüber soll hier versucht werden, eine differenzierte Geschichte kriegsbedingter Syndrome zu entwickeln, in dem diese jeweils in den Kontext des damaligen zeitgenössischen wissenschaftlichen Diskurses eingebettet werden. Aus Gründen der Anschaulichkeit wollen wir dabei versuchen, in vier Kapiteln vier unterschiedliche „Epochen" der letzten 150 Jahre mit jeweils spezifischen Vorstellungen über kriegsbedingte Syndrome abzugrenzen. Innerhalb der jeweiligen Kapitel beschäftigen wir uns wiederum in vier Schritten zunächst mit den vorwissenschaftlichen Beobachtungen, wagen dann eine Einbettung in den allgemeinen historischen Kontext, versuchen darauf aufbauend den medizinisch-wissenschaftlichen Diskurs jener Zeit zu erhellen und referieren abschließend die daraus abgeleiteten Konsequenzen. Es versteht sich von selbst, dass unser Text an dieser Stelle nur schlaglichtartig einen oberflächlichen Blick auf die erwähnten Punkte richten kann, eine solche nur kursorische Darstellung muss notwendigerweise simplifizierend voranschreiten und kann jeden einzelnen Aspekt der historischen Entwicklung in seiner Komplexität nicht annähernd erfassen; eine solche umfassendere Darstellung sei entsprechenden Monographien vorbehalten, von denen eine Auswahl sich in den Anmerkungen aufgeführt findet.

Vor dem ersten Weltkrieg: die somatisch-mechanische Betrachtungsweise, traumatische Neurosen

Es gibt vereinzelte Versuche einer historischen Beschreibung kriegsbedingter Syndrome vor dem ausgehenden 19. Jahrhundert. Die ersten medizinisch-wissenschaftlichen Auseinandersetzungen mit kriegsbedingten Syndromen bei Soldaten entstanden jedoch im Zuge der Aufarbeitungen der Erfahrungen aus den ersten modernen Stellungskriegen gegen Ende des 19. Jahrhunderts. Erwähnenswert sind hier vor allem die Beschreibungen von Herzstörungen bei Soldaten nach dem Krimkrieg (1853-1856) durch Harthshorne 1864, bei Soldaten des Amerikanischen Bürgerkriegs (1861-

1865) durch DaCosta 1871 und eine der ersten deutschsprachigen Publikationen über russische Offiziere des Russisch-Japanischen Krieges (1904-1905) durch Georg Honigmann. Die damals unerklärlichen Symptome der Soldaten bestanden vor allem in als unregelmäßig wahrgenommenen Herzaktionen (engl. Disordered action of the heart, DAH) oder Palpitationen, dem irritable heart oder Soldiers heart. Daneben fanden sich in dieser Zeit aber auch Beschwerden, die sich in Äußerungen von Muskel- und Gelenkschmerzen, Kopf- und Nackenschmerzen sowie rascher Erschöpftheit und Müdigkeit zeigten.[3]

Das ausgehende 19. Jahrhundert war eine Zeit des für die damaligen Menschen unvorstellbaren technisch-industriellen Fortschritts, der viele traditionelle Vorstellungen, z. B. von sozialen Gefügen und Gesetzmäßigkeiten, aber auch von Zeit und Raum sprengte. Es kam zu einer Mechanisierung fast aller menschlichen Lebensbereiche, der Landwirtschaft, den Fabriken, der Fortbewegung. Die Eisenbahnen aber auch später das Automobil waren eine der sichtbarsten Zeichen dieser industriellen Revolution. Diese zunehmende Technisierung, Bürokratisierung (als Versuch Gesellschaft technisch zu verwalten) und der Umbruch von einer feudal-aristokratischen Stände- zu einer modernen Massengesellschaft erfasste dabei auch die Bereiche militärischer Auseinandersetzungen. Es entstanden erstmalig riesige, nationale Wehrpflichtigenarmeen, die mit neuen, tödlichen Waffen (bessere Gewehre, Artillerie) ausgestattet waren und mit Eisenbahn und Schiffen verlegt wurden. Diese Entwicklungen führten zu bis dato unvorstellbaren Kriegszerstörungen, ungekannten Opferzahlen, Grauen und menschlichem Leid.

Medizingeschichtlich handelte es sich beim ausgehenden 19. Jahrhundert um das Zeitalter der fortschreitenden Ausdifferenzierung der uns heute bekannten medizinischen Gebiete. Der sprunghafte Anstieg medizinischen Wissens führte zur Entstehung von immer mehr Spezialfächern an den Universitäten. Der wissenschaftliche Diskurs fand immer mehr innerhalb dieser Spezialfächer und unter den universitären Experten statt. Experimente, Untersuchungen und immer genauere Möglichkeiten der Messung führten zu einem immer besseren physiologischen Verständnis von körperlichen Vorgängen. Auf dem Gebiet der Chirurgie machte die Erfindung der Äthernarkose (durch Morton) und der Antisepsis (durch Semmelweis und

---

[3] Eine Übersicht findet zu Fallschilderungen aus dem 17. und 18. Jahrhundert findet sich bei Jones (2006)

Lister) immer kompliziertere und ausgefallene Operationstechniken möglich. Entdeckungen an Unfallopfern und anatomische Untersuchungen ließen die neuroanatomische Lokalisationstheorie entstehen. Es kam zu der Entdeckung von Mikroorganismen, Bakterien, als Krankheitserregern. Bei unklaren Symptomkonstellationen wurde meist nach den möglichen Ursachen der Beschwerden innerhalb des eigenen medizinischen Gebietes gesucht. Entsprechend kann in dieser Zeit auch von keiner einheitlichen Theorie kriegsbedingter Syndrome gesprochen werden. Vielmehr wurden die einzelnen Symptomkonstellationen von unterschiedlichen Forschern auf je unterschiedliche Weise erklärt und zu beseitigen versucht. Für das „irritable heart syndrom" etwa wurden zunächst mechanische Belastungen des Herzens der Soldaten durch die ungünstige Verschnürung des Brustkorbes durch die militärische Ausrüstung verantwortlich gemacht – und auf die Überarbeitung der Packausrüstung der Soldaten hingewirkt. Von anderen Forschern wurden Mangelernährung, Schlafmangel und Erschöpfung angeführt, die zu einer Schwächung des Herzmuskels führe. Die oben angeführten Schmerzen von Muskeln und Gelenken wurden als rheumatisches Fieber (jedoch ohne Fieber!) klassifiziert, rasche Erschöpfung und Ermüdbarkeit als „Neurasthenie", einer energetischen Schwächung des Nervensystems bezeichnet. Die Neurasthenie war mit der Vorstellung einer allgemeinen nervlichen Überreizung eines eigentlich gesunden Nervensystems, einer Reizüberflutung des Menschen durch die immer schneller werdenden gesellschaftlichen Entwicklungen verbunden.[4] Ein für die Beurteilung von kriegsbedingten Syndromen über Jahre hinweg wegweisendes Konzept war das der „traumatischen Neurose"[5]. Diesem lag die Beobachtung des Londoner Chirurgen J. E. Erichsen zugrunde, dass bei manchen Patienten nach schweren Eisenbahnunfällen unerklärliche Symptome bestanden, ohne dass eine äußere organische Verletzung der Knochen und der Wirbelsäule feststellbar waren. Die Symptome waren dabei derart vielgestaltig und reichten von Schmerzen über Missempfindungen und Ohrgeräuschen bis hin zu affektiver Überreiztheit und Schlafstörungen, dass von ihm in diesem Zusammenhang von einer durch ein physikalisches Trauma verursachten Beeinträchtigung des Nervensystems, vor allem des Rückenmarks, ausgegangen und die Krankheit deswegen

---

[4] Zur Geschichte der Neurasthenie siehe für die Zeit vor dem ersten Weltkrieg z. B. Kury (2012) oder ausführlicher Hofer (2004)

[5] Die umfassende historische Aufarbeitung der traumatischen Neurose findet sich bei Fischer-Homberger (2004)

als „railway spine" bezeichnet wurde. Spätere Theoretiker, im deutschen Sprachraum namentlich der Berliner Neurologe Oppenheim, prägten den Begriff der „traumatischen Neurose" und glaubten fest an die durch direkte mechanische Einwirkung verursachte Verletzung also Traumatisierung des Zentralnervensystems, als organische Ursache für die mannigfachen Beschwerden der Patienten.

Die Konsequenzen in der Behandlung der Betroffenen und vor allem für die militärische Führung wurden entsprechend den vorherrschenden medizinisch-naturwissenschaftlichen Modellvorstellungen und in Bezug auf die akademischen Diskurse und Expertendiskussionen dieser Zeit gezogen. Dies bedeutete, dass man versuchte, die vermeintlichen Ursachen der kriegsbedingten Syndrome, z. B. Belastung des Herzens durch Ausrüstungs-gegen-stände, zu beseitigen. Freilich zeigten entsprechende Untersuchungen schon bald, dass dies nicht automatisch zu einem Verschwinden der Problematik kriegsbedingter Syndrome führte. Wo eine vermeintlich direkte Ursachenbekämpfung nicht möglich war, wurde den Betroffenen zusätzlich Ruhe und Rast zu teil. Wenn dies zu keiner Wiederherstellung der militärischen Leistungsfähigkeit des Soldaten führte, wurde dieser als kriegsdienstuntauglich aus dem Militär entlassen. Innerhalb des sich entwickelnden militärischen Sanitätswesens gab es nur vereinzelte Auseinandersetzungen mit genuin psychiatrischen Fragestellungen, Schwerpunkt blieb die Versorgung von Verwundeten. Zwar wurde z. B. schon während des amerikanischen Bürgerkrieges die Bedeutung von Ausfällen aufgrund rein psychischer Erkrankungen[6] diskutiert, und innerhalb der zivilen Psychiatrie kam es nach dem deutsch-französischen Krieg 1870/71 zu einer Diskussion über die sogenannte „Kriegspsychose" als eine nur durch die Eigentümlichkeiten des Kriegs ausgelöste Geisteskrankheit[7]. Jedoch reduzierte sich letztlich der Transfer psychiatrischen Wissens in das militärische System auf Fragen der Musterung und Tauglichkeitsbeurteilung.

---

[6] Die häufigste Diagnose in diesem Zusammenhang war die „Nostalgia", eine Art Heimwehsyndrom, das zur Entlassung vieler Soldaten aus dem aktiven Dienst führte.

[7] Vergleiche dazu „Aufstieg und Fall der Kriegspsychose" in Lengwiler (2000)

Während des ersten Weltkrieges: die psychologische Betrachtungsweise, die Entwicklung zur Hysterie

Während des ersten Weltkrieges kam es zu einem unerwartet hohen Anstieg an kriegsbedingten Syndromen. Bereits in den ersten Wochen zeigten sich bei einer hohen Anzahl von ursprünglich kriegsbegeisterten Freiwilligen teilweise massenhaft unerklärliche Symptome und Erscheinungen wie Zittern, Lähmungen, Blindheit, Taubheit, ohne dass dabei eine äußerlich sichtbare körperliche Verletzung oder Ursache zu erkennen war.

Der 1. Weltkrieg wird oft als der erste totale Krieg bezeichnet. Erstmalig standen sich nicht nur einzelne kriegerische Parteien als Heere mit ihren Soldaten gegenüber, sondern ganze Nationen waren mit einem Großteil ihrer Bevölkerung und auch ihrer gesamten Produktions- und Wirtschaftskraft in die kriegerische Auseinandersetzung involviert. Eine regelrechte Kriegsbegeisterung erfasste die Mehrheiten in allen Ländern. Diese Begeisterung wurde durch entsprechende Berichterstattung und Propaganda noch zusätzlich unterstützt. Zudem traf sie auf eine autoritäre Gesellschaft mit noch weitgehend traditionell-patriarchalischen Männlichkeitsvorstellungen, für die Tugenden wie Tapferkeit und Ehre sowie archaische Vorstellungen vom Kämpfen einen hohen Stellenwert hatten. Ihr stand dank des Prozesses der Industrialisierung nun aber zugleich für ihre kriegerischen Auseinandersetzungen nicht mehr nur Reiter, Schwert und Schild, sondern eine industriell gefertigte Vernichtungsmaschinerie mit Maschinengewehren, treffsicherer Artillerie sowie neuen B- und C-Waffen zur Verfügung.

Noch zu Beginn des Krieges war man sich über die Einordnung der unerklärlichen Symptome der Soldaten ohne sichtbaren körperlichen Befund nicht einig. Es existierte nach wie vor eine Vielzahl an ursächlichen Erklärungsversuchen für die beobachteten Phänomene. Eine weiterhin prominente Vorstellung war die von einer mechanisch-traumatischen Verursachung kriegsbedingter Syndrome, welche sich an die Vorstellungen der „railway spine" orientierten. Dies illustriert sich z. B. in dem englischen Begriff des „shell shock", der einen Zusammenhang zwischen den physikalischen Wirkungen der Granatenexplosionen und den Symptomen der Soldaten impliziert. Der Berliner Neurologe Oppenheim war einer der prominentesten und vehementesten Vertreter dieser organischen These. Er ging von nicht sichtbaren, molekularen Veränderungen des Zentralnervensystems aufgrund äußerer, physikalischer Einflüsse aus, die die Beschwerden erklären sollten.

Auch eine Verursachung durch Gas-Vergiftungen, insbesondere Kohlenmonoxid wurde diskutiert. Bei Offizieren aller Armeen wurde im Zusammenhang mit unerklärlichen Symptomen oft die oben bereits erwähnte Diagnose einer „Neurasthenie" gestellt. Das eigentlich gesunde Nervensystem der Offiziere soll in dieser Vorstellung durch die große Last der Verantwortung und anderer kriegsbedingter Zustände überreizt worden sein. Die Notwendigkeiten des 1. Weltkrieges selbst führten jedoch in dessen Verlauf zu einer Konsolidierung der verschiedenen, konkurrierenden wissenschaftlichen Konzepte und bis 1918 sollte sich eine psychologische Betrachtungsweise kriegsbedingter Syndrome im wissenschaftlichen Diskurs weitgehend durchgesetzt haben. Wegweisend in diesem Zusammenhang waren initial Vorstellung des französischen Neurologen Charcot, welcher diese im Zusammenhang mit seiner Theorie über die Krankheit der „Hysterie" entwickelte. Bei dem Phänomen der Hysterie handelte es sich bereits im ausgehenden 19. Jahrhundert um eines der meist diskutierten und zahlenmäßig bedeutendsten Krankheitsphänomene. Die überwiegend weiblichen Betroffenen zeigten eine Vielzahl unerklärlicher körperlicher Erscheinungen. Charcot selbst war überzeugt, dass es sich um eine neurologische Erkrankung handelte, eine Störung des Nervensystems, weshalb er die Erkrankung auch als Neurose, also chronische Krankheit der Nerven bezeichnete. Sigmund Freud, ursprünglich in Wien neurologisch ausgebildet, der einige Zeit bei Charcot in Paris hospitierte, vertrat zunächst ebenfalls diese Auffassung. Er entwickelte dann jedoch zusammen mit Josef Breuer die Vorstellung einer psychischen Verursachung der Symptome. Seither konkurierten die Vorstellung einer psychischen Verursachung hysterischer Beschwerden, insbesondere die Annahme einer starken emotionalen Erregung, eines Schrecks als Auslöser, mit der ursprünglichen Vorstellung einer nur nicht sichtbaren bzw. noch nicht lokalisierten organischen Verursachung. Dies führte insbesondere auch dazu, dass von einigen Wissenschaftlern die ursprünglich als organisch-traumatisch angesehene „traumatische Neurose" ebenfalls als eine Unterform der als psychisch verursachten „Hysterie" angesehen wurde. Der wissenschaftliche Streit zwischen den „Somatikern", z. B. dem oben bereits erwähnten Neurologen Oppenheim, auf der einen Seite und den „Psychikern" auf der anderen entschied sich letztlich im Lauf der sogenannten Kriegstagung des Vereins deutscher Nervenärzte 1917. Ab diesem Zeitpunkt wurden die „traumatischen Neurosen" der Soldaten als eine Form männlicher Hysterie und diese wiederum nun – im Gegensatz auch zu Charcots ursprünglicher Vorstellung – als rein psychisch verursacht angesehen.

Die veränderte medizinische Sichtweise auf die kriegsbedingten Syndrome während des ersten Weltkrieges führte auch zu entsprechenden Veränderungen im Umgang der militärischen Führung mit ihren Soldaten. Noch zu Beginn des ersten Weltkrieges wurden entsprechend symptomatische Soldaten mit kriegsbedingten Syndromen von der Front nach Hause zurückgeführt und man versuchte sie durch Kurmaßnahmen und Badeaufenthalte wieder körperlich zu stärken. Mit der Akzeptanz einer psychischen Verursachung der Beschwerden traten jedoch entsprechend psychologische Mittel der Therapie der Störung in den Vordergrund. Jedoch bekamen die wenigsten Soldaten eine Psychotherapie im heutigen Sinne, vielmehr standen sogenannte Suggestionsbehandlungen durch Militärpsychiater im Vordergrund. Sowohl in der zivilen Therapie bei Hysterikerinnen als auch bei entsprechend betroffenen Soldaten kam es auch immer wieder zum Einsatz sogenannter elektrischer Verfahren, welche man aus heutiger Sicht im Grunde als schmerzhafte Folter der Betroffenen bezeichnen würde. Dass die militärische Führung hier einzelnen Ärzten freie Hand ließ, was die Durchführung solcher Verfahren anging, spiegelt die Hilflosigkeit wider, mit der man dem Problem des Ausfalls von Soldaten aufgrund psychischer Beschwerden gegenüber stand.

Zweiter Weltkrieg, die sozial(darwinistisch)e Betrachtungsweise, Psychopathie

Während im 1. Weltkrieg es zu einem massenhaften Auftreten von sogenannten „Kriegszitterern" kam, mithin eine neurologische Symptompräsentation bei kriegsbedingten Syndromen vorrangig auftrat, konnte dies im 2. Weltkrieg zunächst nicht beobachtet werden. Vielmehr standen nun unerklärliche organische Beschwerden, etwa unklare Magenprobleme, im Vordergrund. Verschiedene Erklärungsansätze existieren für dieses beobachtbare Phänomen.[8]

Diese Veränderung ist eventuell auch mit der Entwicklung während der Zeit zwischen den Weltkriegen zu erklären. Der erste Weltkrieg gilt als

---

[8] Binneveld (1997) diskutiert z. B. eher Besonderheiten der neuen, mobileren Kriegsführung.

das einschneidende historische Ereignis, die „Ur-Katastrophe" des 20. Jahrhunderts. Nach ihm zerbrach in allen beteiligten Staaten die bis dato vorherrschende Ordnung. Nicht weniger als vier europäische Großreiche (das Deutsche Reich, Österreich-Ungarn, das zaristische Russland und das osmanische Reich) gingen im Zuge des ersten Weltkrieges unter. Es etablierte sich ein nur wenig stabiles System neuer nationaler Ordnungen. Auch innerhalb der Nationalstaaten kam es zu tiefgreifenden gesellschaftlichen Umbrüchen. Die Totalität des ersten Weltkrieges führte zu bisher nicht gekannten finanziellen Belastungen der Staatskassen. Da Deutschland von den Siegermächten die Hauptschuld am Kriege zugesprochen und entsprechende Reparation und finanzielle Entschädigung gefordert wurde, befand sich die neugegründete Weimarer Republik seit ihrer Gründung in einer finanziell prekären Situation. Vor diesem Hintergrund ist die medizinisch-wissenschaftliche Diskussion um die kriegsbedingten Syndrome nach dem ersten Weltkrieg als eine Diskussion zu verstehen, die – nachdem die psychologische Verursachung derselben sich als wissenschaftliches Standardmodell schon während des Krieges durchgesetzt hatte - von der individuellen Psychologie zunehmend abrückte und diese Krankheit nun in ihrer sozialen Bedeutung zu fassen suchte. Ein zentraler Aspekt war dabei die Gewährung von staatlichen Entschädigungsleistungen für Betroffene.[9] Vor dem Hintergrund leerer Staatskassen wurde von den meisten Ärzten in dieser Zeit diesbezüglich einer restriktive Haltung eingenommen. Die Ursache für das Ausbrechen der Krankheitssymptome wurde weniger in äußeren Faktoren und mehr in der Veranlagung der Betroffenen gesehen. Eine fundamentale Stütze für diese Sichtweise auf das Problem der kriegsbedingten Syndrome war die zu diesem Zeitpunkt den psychiatrisch-universitären Diskurs dominierende Degenerationslehre im Zusammenhang mit psychischen Erkrankungen. Eine psychische Erkrankung war zu dieser Zeit stets Ausdruck einer minderwertigen Veranlagung. Nachdem nun aber kriegsbedingte Syndrome im Laufe des 1. Weltkrieges der Gruppe der psychischen Krankheiten zugeordnet waren, konnte man nun entsprechend der Modellvorstellungen der Degeneration den Einzelnen für seine Erkrankung selbst verantwortlich machen und nicht die Umstände der Entstehung. Parallel gestaltete sich eine Entwicklung des

---

[9] Die Diskussion des Zusammenhanges psychotraumatischer Erkrankungen und Gewährung von Entschädigungsleistungen ist fokussiert erarbeitet im Artikel von Thomann and Rauschmann (2003)

ärztlichen Selbstverständnisses weg von einer personenzentrierten Individualmedizin zu einer auf größere Gruppen bzw. abstrakte Entitäten wie „Volk" oder „Nation" gerichteten Sozialmedizin.[10] In einer fatalen Weiterentwicklung dieser Denkansätze und getragen durch die auch im wissenschaftlichen Diskurs zwischen den Kriegen sich bahnbrechende sozialdarwinistische Ideologie wurden dann die so betroffenen als für die Gesamtgesellschaft, den „Volkskörper", „minderwertig" eingestuft und entsprechend behandelt.[11] So kam es, um einen erneuten Ausbruch der Massenhysterie unter den Soldaten wie im 1. Weltkrieg zu vermeiden, zur Etablierung eines umfangreichen Apparates der Militärpsychiatrie in der Wehrmacht. Die grauenvollen und aus heutiger Sicht als Folter zu bezeichnenden Methoden mit denen die Wehrmachtspsychiatrie dabei die als „Kriegsneurotiker" eingestuften Soldaten behandeln durfte, waren den Soldaten und der militärischen Führung allgemein bekannt. Es ist unklar, ob diese „abschreckende Wirkung" der militärpsychiatrischen Behandlung dazu beigetragen haben könnte, dass es im Laufe des 2. Weltkriegs deutlich weniger Fälle von „Kriegszitterern", also Soldaten mit primär neurologischer Symptompräsentation, gab als noch 25 Jahre zuvor.

Die militärische Führung stand der Militärpsychiatrie dabei zunächst nicht uneingeschränkt zustimmend gegenüber. Einige „Behandlungsmethoden" wurden als so kritisch betrachtet, dass sich offizieller Widerstand gegen deren Anwendung an Soldaten zunächst etablierte.[12] Auch die sich als neues akademisches Fach etablierende Psychologie versuchte vergeblich, Einfluss auf die Behandlung der Soldaten zu nehmen.[13]

---

[10] Diese Entwicklung des ärztlichen Selbstverständnis, dessen Wurzeln in die wilhelminische Zeit hineinreichen ist z. B. dargestellt bei Schwoch (2001)

[11] Die erschreckenden Fehlentwicklungen der zu dieser Zeit aufs engste verzahnten universitären und militärischen Psychiatrie sind in mehreren Monographien umfangreich beleuchtet worden, unter anderem in Komo (1992), Komo (1992); Riedesser and Verderber (1985), Riedesser and Verderber (2004); Siemen (1982); Müller (2001)

[12] Vgl. dazu z. B. Riedesser and Verderber (1985)

[13] Zur aufschlussreichen berufspolitischen Auseinandersetzung zwischen Psychiatrie und Psychologie während des 2. Weltkrieges siehe den Aufsatz von Schröder (1993)

Nach dem zweiten Weltkrieg, endokrinologische Betrachtungsweise, Stress und Stressreaktionen

Die weiteren kriegerischen Auseinandersetzungen unmittelbar nach dem 2. Weltkrieg, der Indochinakrieg, der Korea-Krieg, der Palästinakrieg, zeigten auch wieder kriegsbedingte Syndrome bei den teilnehmenden Soldaten. Man sprach von sogenannter „battle exhaustion" oder auch schon von „combat stress reactions". Diese wurden nun jedoch vor einem anderen wissenschaftlich-theoretischen Hintergrund betrachtet und entsprechend anders nominiert. Am Ende des zweiten Weltkrieges lagen weite Teile Europas und Asiens in Trümmern, noch weit mehr Menschen als im 1. Weltkrieg ließen ihr Leben. Während noch zu Beginn des 20. Jahrhunderts Deutschland als eine der wissenschaftlich und medizinisch führenden Nationen angesehen werden konnte, hatte man nach der nationalsozialistischen Vernichtungspolitik bzw. der Vertreibung führender Wissenschaftler ins Exil über Jahrzehnte jeden Anschluss an die aktuellen Entwicklungen in der Forschung verloren. So kam es in Deutschland zunächst auch nur zu einer rudimentären Rezeption aktueller endokrinologischer Forschungsergebnisse und deren Anwendung auf Situationen, in denen sich Menschen in außergewöhnlichen Belastungssituationen befinden. Demgegenüber hatten sich im angloamerikanischen Raum einige neue Konzepte entwickelt. Schon während des 1. Weltkrieges tauchte erstmalig der Begriff Stress im medizinischen Kontext auf.[14] Insbesondere der Endokrinologe Walter B. Canon prägte diesen erstmalig in Zusammenhang mit reflexartigen Reaktionsweisen in Momenten großer emotionaler Erregung (Canon 1914). Als Canon jedoch in den 20er Jahren des letzten Jahrhunderts die ersten wissenschaftlichen Stresshypothesen formulierte fand er in der damals deutschsprachig geprägten Wissenschaftswelt wenig Beachtung, der modernere Stressansatz hatte sich nicht bis zur Front durchgesetzt. Erst nach dem 2. Weltkrieg änderte sich diese eindimensionale Sichtweise und zwar zeitlich parallel mit Forschungsarbeiten zum Thema Stress- und Stressreaktionen von Hans Selye

---

[14] Das Wort „Stress" wurde erstmals im mittelalterlichen Englisch als Alltagsbegriff verwendet – allerdings weniger auf den Menschen bezogen, sondern eher auf physikalische Aspekte (u.a. „Druck", „Spannung"). Von Canon wurde der Terminus „Stress" letztendlich in die psychophysiologische Fachliteratur eingeführt und von Selye (1950) popularisiert. Siehe Cooper and Dewe (2004)

und der Veröffentlichung „Men under Stress" der Militärpsychiater Grinker und Spiegel (Grinker and Spiegel 1945).

Als Pionier der Stressforschung kann der Sohn eines habsburgischen Militärarztes und ursprünglich in Prag arbeitende Mediziner Hans Selye gelten, der jedoch 1933 nach Amerika emigrierte. Er prägte nicht nur die Vorstellung eines Allgemeinen Anpassungssyndroms des Körpers, sondern stellte dieses auch in Beziehung zu äußeren Faktoren, die er als Stress bezeichnete. Ein zentraler Aspekt dieses Modells war, dass das allgemeine Anpassungssyndrom eine Reaktion war, mit welcher jeder menschliche Körper gleichförmig auf äußere Belastungen reagierte, indem er bestimmte hormonelle Stoffwechselprodukte produzierte.[15] Diese Vorstellung von der Bedeutung äußerer Faktoren für die Entstehung kriegsbedingter Syndrome begann sich in den Vereinigten Staaten nach dem 2. Weltkrieg auch vermehrt im wissenschaftlichen Diskurs durchzusetzen.[16] Dies hatte für die militärische Führung die Konsequenz, dass erstmalig eine holistische Sichtweise auf das Problem der Belastungen im Einsatz entwickelt wurde. Aufgrund seiner hohen Bedeutung bis in unsere Gegenwart hinein soll es daher im Folgenden als wissenschaftstheoretisches Konstrukt in einem Exkurs eingehender Vorgestellt werden.

Exkurs: Das Stresskonzept nach Selye und der Weg über kognitive Stresstheorien zum psychischen Trauma

Obwohl Stress heutzutage ständig in aller Munde ist – sowohl im Alltag als auch bei Wissenschaftlern aller Disziplinen – steht eine verbindliche, konsensfähige Begriffspräzisierung bis heute aus. Umgangssprachlich werden viele Prozesse als Stress bezeichnet. Generell wird mit Stress das bezeichnet,

---

[15] Die akuten psychophysischen Reaktionen, die dem Stress zugeordnet werden, gibt es schon so lange, wie es die Menschheit gibt. Als vor zehntausenden von Jahren der Homo Neanderthalensis von einem Bären überrascht wurde, wurde als körperliche Reaktion Adrenalin in die Blutbahn geschossen, der Puls ging schlagartig nach oben und die Muskulatur wurde auf Aktion eingestellt. Das alles sind körperliche Reaktionen, die dem Überleben gedient haben. Der Neandertaler hatte sich entweder dazu entschlossen zu fliehen oder den Bären anzugreifen bzw. zu bekämpfen. Beides verlangt enorme Kräfte. Der Neandertaler kannte aber mit großer Wahrscheinlichkeit noch nicht den Terminus „Stress".

[16] Eine umfangreiche Geschichte zur Entstehung des Stresskonzepts aus den Erfahrungen des 2. Weltkrieges findet sich in Kury (2012)

was den Menschen insgesamt hetzt, aufregt, überfordert und auch krank machen kann. Stress ist in solchen Situationen vorzufinden, in denen besondere physische, psychische und mentale Anforderungen an ein Individuum gestellt werden. Stress wird derzeit meistens noch derart willkürlich gebraucht, dass Missverständnisse unausweichlich sind. Zumindest versucht Stressforschung präzise zwischen den Termini „Stressor", „Stressreaktion" und „Stress" zu differenzieren. Dieser Sachverhalt soll im Folgenden erläutert werden. Auch die Unterscheidung in Eu- und Distress hat nach (Richter and Hacker 1998) nicht zur konzeptionellen Schärfung des Begriffs beigetragen. Eustress umfasst bekanntlich angenehmen und Distress unangenehmen und leistungsmindernden Stress. Diese Differenzierung ist praxeologisch allerdings hilfreich.

Nach dem Stresskonzept von Selye (Selye 1950) soll es Stressoren geben. Stressoren werden danach als endogene oder exogene Stimuli verstanden, die die Stressreaktionen im Körper auslösen. Diese beinhalten eine Veränderung der biochemischen, funktionellen und strukturellen Prozesse, welche die Anpassung an neue Situationen gewährleisten sollen. D.h., wirkt ein Stressor auf einen Organismus ein, wird unspezifisch, also unabhängig von Art und Herkunft des Stressors, die Stressreaktionskette in Gang gesetzt. (Selye 1936) Dabei wird nicht zwischen angenehmen und unangenehmen Stimuli unterschieden. Unter Stress wird die Interaktion zwischen Stressor und Stressreaktion verstanden. Es können auch die Termini „Stresssituation" oder „Stressempfindung" als Synonyme für Stressor verwendet werden (Greif et al. 1991). Nach (Selye 1981) wird der fortwährende Stress außerdem in verschiedene Stadien unterteilt, die der Organismus durchläuft. In diesem Zusammenhang wird auch vom allgemeinen Adaptionssyndrom gesprochen (Abb. 1).

In der Abbildung 1 sind Anfangsstadium oder Alarmreaktion, Widerstandsstadium und Erschöpfungsstadium dargestellt. Im ersten Stadium weist der Organismus die für die erste Einwirkung des Stressors charakteristischen Merkmale auf. Es kommt z.B. zu einer Vergrößerung der Nebennierenrinde und damit einhergehend zu einer vermehrten Ausschüttung der Nebennierenrindenhormone. Das bekannte Stresshormon Adrenalin wird beispielsweise ausgeschüttet. Der Organismus ist nun auf Kampf oder auf Flucht eingestellt. Das Widerstandsstadium wird erreicht, wenn sich die anhaltende Einwirkung des Stressors mit einer Anpassung vereinbaren lässt. Die Widerstandsfähigkeit gegenüber neuen Stressoren reduziert sich. Die

Symptome sind häufig genau entgegengesetzt von denen, die für die erste Phase der Alarmreaktion charakteristisch sind. Der Widerstand geht so über die Normallage hinaus. Hält die Einwirkung des gleichen Stressors, an den sich der Organismus anpasst, über einen längeren Zeitraum an, stellen sich die Symptome bzw. Merkmale der Alarmreaktion wieder ein. Sie sind aber nun irreversibel. Hier wird dann vom Erschöpfungsstadium gesprochen. Im Extremfall endet diese Phase mit dem Tod des Organismus.

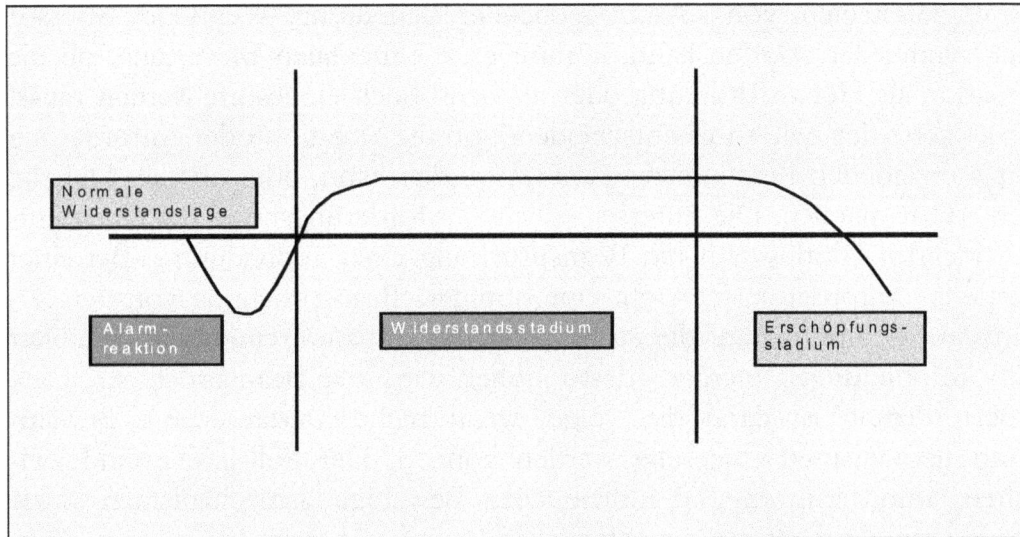

Abb. 1: Allgemeines Adaptionssyndrom (Selye 1981)

Die dargestellten u.a. physiologischen (biochemischen) Prozesse lassen erkennen, dass Stress regulierenden Funktionen unterworfen ist. Geraten diese Funktionen außer Kontrolle oder überschreiten sie ihre Grenzwerte, dann wird von Dysfunktionalität gesprochen. Daher wird der aus diesem Funktionskomplex generierende Stress auch dysfunktionaler Stress genannt. Über diesen regulierenden Ansatz gehend war der Weg zu moderneren kognitiven Konzepten (kybernetische Systemtheorien) nicht mehr weit.

Kognitive Theorien postulieren nämlich, dass hauptsächlich das Individuum aufgrund seiner Momentan-Disposition und seiner Situations-Bewertung bestimmt, was ein Stressor ist. Ein aufschlussreicher Ansatz in der Stressforschung ist daher die Differenzierung zwischen psychischer Bedrohung und Herausforderung (Lazarus and Launier 1978). Aufgrund kognitiver Bewertungsprozesse kann ein Individuum ein Ereignis oder eine Situation als irrelevant, günstig/positiv und stressend einstufen. Kommt es zu einer stressauslösenden Bewertung, wird das Ereignis entweder als Verlust oder Bedrohung oder Herausforderung kogniziert. Ob bei einer Bewertung die potentielle Schädigung oder die schwer erreichbare, aber mit positiven Folgen verbundene Meisterung im Vordergrund steht, hängt von mehreren Faktoren ab. Einerseits spielt die Konfiguration der Umweltereignisse eine bestimmte Rolle, andererseits ist die Überzeugung des Individuums über seine speziellen Bewältigungsfähigkeiten, wie z.B. seine Ressourcen oder Coping-Strategien, von ausschlaggebender Bedeutung. Wenn der Stressor nicht vermieden werden kann, kommt es zur mentalen Bewertung, ob die Situation als Herausforderung oder als bedrohlich eingestuft werden muss. Ist letzteres der Fall, ist es entscheidend, ob die Situation oder Anforderung mit vorhandenen Ressourcen bewältigt werden kann, oder ob sich Defizite bemerkbar machen. Die unterschiedliche Anforderungshöhe hat einen entscheidenden Einfluss auf die Beanspruchung eines Individuums. Bei einer mittleren Anforderung herrscht eine optimale Beanspruchung vor, der Organismus ist optimal auf die zu bewältigende Situation eingestellt. Je höher die Anforderungen werden, desto höher wird die Beanspruchung. Eine Überforderung ist dann die Folge, wenn nicht stressresistente Bewältigungsmechanismen eingesetzt werden können. Der Soll-Ist-Zustand zwischen Anforderungen und individuellen Bewältigungsmechanismen sowie der Ressourcen-Verfügbarkeit stimmt nicht mehr überein. Unerwartete Zwischenfälle während einer Patrouille in Afghanistan beispielsweise können dann zu einer empfundenen Extremanforderung beitragen und bis zu einem psychischen Trauma führen. Was bedeutet dies aber konkret? Trauma bedeutet Wunde oder Verletzung. Diese kann physisch oder psychisch sein. Hier interessiert das psychische Trauma. Ein psychisches Trauma bedeutet eine seelische Verletzung. Einige Stressoren sind so stark, dass sie kurz- und langfristig gesundheitliche Folgen nach sich ziehen. Gehäuft treten nach Kriegen oder zivilen Katastrophen jeglicher Art bei einzelnen Einsatzkräften spezielle Belastungsschäden auf, die vorwiegend die psychische Gesundheit beeinträchtigen. Im Soldatenberuf sind derartige extreme und außergewöhnliche Belastungen häufiger und oft höher als in den meisten anderen Berufen.

Vietnamkrieg und die Posttraumatische Belastungsstörung

Die Posttraumatische Belastungsstörung (PTSB, engl. PTSD) ist in der klinischen Forschung eine verhältnismäßig junge Begriffskombination. Eine Konzeptionalisierung als psychische Erkrankung und Aufnahme in gängige Diagnosesysteme erfolgte erst 1980. Grund für diese relativ neue psychiatrische Diagnose ist deren erstmaliges gehäuftes Auftreten nach dem Vietnamkrieg. Die Prävalenzrate psychischer Erkrankungen war sehr hoch und zwar 30.9% bei männlichen und 26% bei weiblichen Vietnamveteranen (Kulka et al. 1990). In Folge extrem belastender Kriegserfahrungen von Vietnamveteranen wuchs das Interesse an diesem Forschungsgebiet in den siebziger Jahren beachtlich.

Im Allgemeinen reagieren Menschen in einer traumatischen Situation mit folgendem Verhaltensmuster: Es kommt – wie beim normalen Stress auch (s. Selye) – zum Anstieg der Herzfrequenz und Ausschüttung von Stresshormonen (Adrenalin, Cortisol etc.). Diese sollen den Organismus auf die Bewältigung des extremen Stressors (Kampf oder Flucht) vorbereiten – wie auch schon beim Homo Neanderthalensis. Extreme traumatische Situationen zeichnen sich nun aber dadurch aus, dass Kampf oder Flucht objektiv und/oder subjektiv gar nicht oder nur eingeschränkt möglich sind. Dies führt zum psychischen Erleben von Ohnmacht und Hilflosigkeit bei jedoch gleichzeitigem erhöhten physiologischen Erregungszustand. Weil diese Erregung nicht in Aktionen des Angriffs oder der Flucht umgewandelt werden kann, sucht sich der Organismus andere Wege. Sie äußern sich durch Veränderungen in den Wahrnehmungs- und Handlungsfunktionen. Dieser Zustand (akute Belastungsreaktion) wird in der Alltagssprache auch „Schock" genannt. Dieser Schockzustand kann bis zu 72 Stunden nach dem Ereignis anhalten. Beim einen länger und intensiver, bei anderen kürzer und nicht so intensiv. In der nächsten Phase versuchen die Betroffenen, mit dem Erlebten fertig zu werden. Von Trauma-Verarbeitung wird gesprochen, wenn es dem Betroffenen möglich ist, an die traumatische Situation zu denken, ohne von den extremen Emotionen, die mit der Erfahrung verbunden sind, überschwemmt zu werden. Allerdings kann es aber auch sein, dass das Erlebte nicht so rasch verarbeitet wird. Die traumatisierenden Ereignisse waren zu heftig. Unter Umständen ist auch die Verarbeitung durch externe Faktoren gestört, wie z.B. Beziehungsprobleme, Unverständnis der Umgebung oder finanzielle Sorgen. Die Symptome wollen nicht abklingen, ein normales Leben ist nicht mehr möglich. Wenn Symptome weiter fortbestehen, spricht man frühestens nach einem Monat von einer PTBS. Die Gefahr besteht, dass jetzt die seelischen Folgen einen chronischen Verlauf nehmen.

Der dysfunktionale „Stress"-Terminus erfährt somit eine inhaltliche Erweiterung. Neben einer fehlgesteuerten Adaption nach einem belastenden Ereignis oder nach belastenden Ereignissen kommt die psychische Verwundung (Trauma) mit pathologischer Entwicklung nach einer extremen, traumatisierenden Situation hinzu.

In den letzten Jahren hat sich die Zahl deutscher Soldaten und Soldatinnen, die sich wegen einer einsatzbedingten psychischen Erkrankung in psychiatrisch-psychotherapeutischer Behandlung begeben, sehr erhöht (Kowalski et al. 2012). Auf der Grundlage von 2.370 Untersuchungen von Soldaten und Soldatinnen der Bundeswehr kommen Wittchen et al. 2012 zu interessanten Ergebnissen. Etwa 2-3% der im Rahmen der ISAF-Mission eingesetzten deutschen Soldaten und Soldatinnen weisen eine klassische PTBS auf. Dies entspricht im Vergleich zum PTBS-Risiko von Bundeswehrsoldaten ohne Auslandseinsatz (0.3%) einem 6-10-fach erhöhtem PTBS-Risiko.

Über das psychische Trauma wurde in den letzten 30 bis 40 Jahren sehr viel geschrieben. Daher sei hier auf eine einschlägige Literaturauswahl verwiesen[17].

Der Umgang mit Stress und einsatzbedingten Belastungen in unterschiedlichen Epochen der Bundeswehr

Während des Kalten Krieges wurde noch in den auslaufenden 70er Jahren und besonders in den 80er Jahren des letzten Jahrhunderts von „Menschenführung im Gefecht - kriegsnahe Ausbildung" gesprochen. Da dieser Gegenstand in besonderem Maße den Gebieten Erziehung, Ausbildung und Führung zugeordnet war, musste eine didaktische Zu- und Einordnung erfolgen, die insbesondere im Zentrum Innere Führung in Koblenz verankert war. Dabei zeigte es sich als besonders wichtig, dass „Menschenführung unter Gefecht" mit ihren Erziehungs- und Ausbildungselementen nur als integraler Bestandteil der gesamten militärischen Ausbildung und Führung sinnvoll vermittelbar war. In der Forderung nach einer diesem Anspruch

---

[17] Theoretischer Überblick z. B. bei Fischer and Riedesser (2009)

genügenden Organisation der Ausbildung wurde über alle Führungsebenen hinweg nach dieser Prämisse gestrebt. Die ersten wissenschaftlichen Untersuchungen wurden an und mit Soldaten und Soldatinnen durchgeführt, einsatznahe Belastungen definiert, internationale Kontakte geknüpft (z.B. Walter Reed Institut of Research), Ideen und Vorschläge formuliert und in der kriegsnahen Ausbildung umgesetzt. Eine etwas tiefergehende – nicht nur militärische – Fürsorge und Betreuung, z.B. durch Militärpsychologen etc., gab es allerdings noch nicht.

In den 90er Jahren des letzten Jahrhunderts und mit dem Ende des Kalten Krieges wurden die kriegsnahen Termini als auch die Konzepte aufgeweicht. Nicht mehr die Menschenführung im Gefecht oder die kriegsnahe Ausbildung stand im Focus sondern die „Menschenführung unter Belastung". Dazu gehörten Grundlagen der Stress- und Stressbewältigung oder die psychische Selbst- und Kameradenhilfe. Die ersten Psychologen gingen in die Truppe und berieten die Vorgesetzten zum Thema „Stress". Die Vorgesetzten sollten noch mehr in Verantwortung genommen werden, um die Betreuung und Fürsorge der Soldaten und Soldatinnen weiter zu verbessern. Zu dieser Zeit sprießen auch Schulungen zu Themen wie Kommunikation, soziale Kompetenz, Stress und Stressbewältigung oder Umgang mit Tod und Verwundung am Zentrum Innere Führung aus dem Boden. So mancher Vorgesetzte fragte sich damals, was er in einem Sitzkreis mit anderen Stabsoffizieren zu suchen hätte. Auf jeden Fall wurde die Basis für eine facettenreichere Betrachtungsweise als auch der professionelle Umgang mit Stress in den Streitkräften in dieser Zeit gelegt.

Diese Strömungen und Entwicklungen mündeten dann im letzten Jahrzehnt in konkreten Hinweisen, Konzepten, Weisungen und Befehlen. Als Beispiel sind hier nur das Medizinisch-Psychologische Stresskonzept der Bundeswehr (BMVg FüSan I/PSZ III 2004), das Rahmenkonzept zur Bewältigung psychischer Belastungen von Soldaten (2004), G1-Hinweise (2009) oder der Befehl Nr. 17 Bewältigung psychischer Belastungen bei Soldaten im Zusammenhang mit Besonderen Auslandseinsätzen (2007) genannt. Die Unterstützung bei der Stressbewältigung von Soldaten und Soldatinnen ist ein wesentlicher Teilbereich der psychosozialen Betreuung geworden. Sie ist Aufgabe eines jeden Soldaten und insbesondere eines jeden Vorgesetzten und dort, wo dies nicht ausreicht, eine medizinisch-psychologische Aufgabe. Sie wird durch den Sanitätsdienst der Bundeswehr und den Psychologischen Dienst der Bundeswehr jeweils fachspezifisch wahrgenommen. Hierbei kommt dem Zusammenwirken mit Vorgesetzten, Militärseelsorge und Sozialdienst besondere Bedeutung zu. 2005 wurde mit der Einrichtung sog. Psychosozialer Netzwerke an Bundeswehrstandorten begonnen. Absicht aller Maßnahmen ist es, die psychische Belastbarkeit der Soldaten und Soldatinnen im Rahmen der einsatzvorbereitenden Ausbildung zu stärken, die psychische Belastbarkeit der Soldaten und Soldatinnen während eines Einsatzes zu erhöhen und nach Einsatzende im Rahmen u.a. von Einsatznachbereitungsseminaren die Aufarbeitung und Reintegration zu ermöglichen und Folgeschäden zu verhindern. Die militärische Führung ist dabei für die Vorbereitung, Durchführung und Kontrolle aller Maßnahmen zuständig. Das fängt im Grunde genommen bei den Gruppenführern an und endet bei den Chefs bzw. Kommandeuren.

Heute und Ausblick

Insbesondere die Auswertungen der Einsatzerfahrungen aus Afghanistan (ISAF) haben zur Weiterentwicklung der Betreuung und Fürsorge sowie zur Verbesserung der Bewältigung psychischer Belastungen bei Bundeswehrsoldaten angeregt. Militärische Einsätze, die heute geprägt sind durch häufig rasche Operationen gut ausgebildeter, oft jahrelang trainierter Spezialkräfte, die durch Luftstreitkräfte weltweit verlegt, durch Drohnen unterstützt und durch vollelektronische Operationsführung mit Informationen versorgt werden, machen die ständige Einsatzbereitschaft und mentale Leistungsfähigkeit der hochspezialisierten Kräfte zur unabdingbaren Voraussetzung des militärischen Einsatzes. Dies bedeutet, dass bereits in Friedenszeiten die Widerstandsfähigkeit der Soldaten und Soldatinnen gestärkt werden muss, um eventuellen psychischen Belastungen vorzubeugen. Drohende kriegsbedingte Syndrome müssen durch Führung und Sanität rechtzeitig identifiziert werden.

Dabei steht eine umfassende, ganzheitliche und nachhaltige Betreuung durch eine stärkere Ausrichtung auf der psychischen Fitness im Vordergrund. Die medizinisch-wissenschaftlichen Theorien zur Gesundheit heute sind mehr denn je gekennzeichnet durch einen ganzheitlichen Ansatz, der immer mehr auch präventive Aspekte betont. Die noch bis zur Mitte des 20. Jahrhunderts vorherrschende, defizitorientierte Betrachtungsweise eines entweder körperlich oder psychisch bedingten Leidens wird heute abgelöst durch ein integratives, bio-psycho-soziales Krankheitsmodell und der Vorstellung, das erst das Zusammenspiel verschiedenster Faktoren (Veranlagung, Entwicklung, Umwelt) im individuellen Fall zu Zusammenbruch oder Erkrankung führen (multifaktorielle ätiologische Theorien). Ein daraus abgeleitetes Modell, welches den im militärischen Bereich besonders erwünschten trainierbaren Charakter der menschlichen Psyche beschreibt, wird unter dem Terminus Technikus der „psychischen Fitness" (engl. mental fitness) diskutiert. Damit sind im Großen und Ganzen die psychische Energie und Ressourcen, Fähigkeiten, Fertigkeiten, Eigenschaften oder aber die Motivation gemeint, die den Soldaten/die Soldatin dazu befähigen, einen militärischen Auslandseinsatz positiv, d.h. psychisch gesund zu bewältigen. Im Forschungskonzept Psychische Gesundheit (BMVg FüSan I 2008) wurde bereits das Erkennen und Vermeiden psychischer Belastungsreaktionen als Führungsaufgabe formuliert. 2012 wurde das Konzept zum Erhalt und zur Steigerung der psychischen Fitness in der Bundeswehr durch den Generalinspekteur erlassen. Das vorliegende Konzept gründet noch mehr auf der gesetzlich verankerten Fürsorgepflicht des Vorgesetzten (§ 10 Soldatengesetz) und der aus § 31 Soldatengesetz resultierenden Verpflichtung des Dienstherrn zu Betreuung und Fürsorge gegenüber den Soldaten und Soldatinnen sowie der Familien. Eine Arbeitsgruppe des BMVg befasst sich z.Z. mit der Umsetzung dieses neuen Konzeptes.

Literatur

Binneveld, H. (1997), From Shell Shock to Combat Stress. A Comparative Hiatory of Military Psychiatry. University Press, Amsterdam

BMVg FüSan I (2008), Forschungskonzept Psychische Gesundheit

BMVg FüSan I/PSZ III (2004), Medizinisch-psychologisches Stresskonzept der Bundeswehr

Canon, WB. (1914), The interrelations of emotions suggested by recent physiological researches. American Journal of Psychology 25:256–282

Cooper, CL., Dewe, P. (2004) Stress. A Brief History. Blackwell, Malden

Fische,r G., Riedesser, P., (2009), Lehrbuch der Psychotraumatologie, 4th edn., Ernst Reinhardt, München

Fischer-Homberger, E. (2004), Die traumatische Neurose. Vom somatischen zum sozialen Leiden. Psychosozial-Verlag, Gießen

Greif, S., Bamberg, E., Semmer, N. (1991), Psychischer Stress am Arbeitsplatz. Hogrefe, Göttingen

Grinker, RR., Spiegel, JP. (1945), Men under Stress. Blakiston, Philadelphia

Hofer, H. (2004), Nervenschwäche und Krieg. Modernitätskritik und Krisenbewältigung in der österreichischen Psychiatrie 1880-1920. Böhlau Verlag, Wien

Jones, E. (2006), Historical approaches to post-combat disorders. Phil Trans R Soc B 361:533–542

Köhne, JB. (2009), Kriegshysteriker. Strategische Bilder und mediale Techniken militärpsychiatrischen Wissens (1914-1920). Abhandlungen zur Geschichte der Medizin und der Naturwissenschaften, vol 106. Matthiesen, Husum

Komo, G. (1992), Für Volk und Vaterland. Die Militärpsychiatrie in den Weltkriegen. Lit, Hamburg

Kowalski, J., Hauffa, R., Jacobs, H., Hölmer, H., Zimmermann, P. (2012) Deployment-related stress disorder in german soldiers: Utilization of psychiatric and psychotherapeutic treatment. Dtsch Arztebl Int

Kulka, RA., Schlenger, WE., Fairbank, JA. (1990), Trauma and the Vietnam War Generation. Report of findings from the National Vietnam Veterans Readjustment Study. Brunner & Mazel, New York

Kury, P. (2012), Der überforderte Mensch. Eine Wissensgeschichte vom Stress zum Burnout. Campus, Frankfurt am Main

Lazarus, LS., Launier, R. (1978), Stress-related transactions between person and environment. In: Pervin, LA., Lewis, M. (eds), Perspectives in interactional Psychology. Plenum, New York, pp 287–324

Lengwiler, M. (2000), Zwischen Klinik und Kaserne. Die Geschichte der Militärpsychiatrie in Deutschland und der Schweiz 1870-1914. Chronos, Zürich

Müller, R. (2001), Wege zum Ruhm. Militärpsychiatrie im Zweiten Weltkrieg. Das Beispiel Marburg. Hochschulverlag, Marburg

Richter, P., Hacker, W. (1998), Belastung und Beanspruchung. Asanger, Heidelberg

Riedesser, P., Verderber, A. (1985), Aufrüstung der Seelen. Militärpsychiatrie und Militärpsychologie in Deutschland und Amerika. Dreisam Verlag, Freiburg im Breisgau

Riedesser, P., Verderber, A. (2004), Maschinengewehre hinter der Front. Zur Geschichte der deutschen Militärpsychiatrie. Reihe Wissenschaft, Band 75., vol 75. Mabuse, Frankfurt am Main

Schröder, C. (1993), Die berufspolitische Auseinandersetzung von Psychiatern, Psychotherapeuten und Psychologen in der Wehrmacht zwischen 1938 und 1945. Zeitschrift für medizinische Psychologie 3:132–142

Schwoch, R. (2001), Ärztliche Standespolitik im Nationalsozialismus. Julius Hadrich und Karl Haedenkamp als Beispiele. Abhandlungen zur Geschichte der Medizin und der Naturwissenschaften. Matthiesen, Husum

Selye, H. (1936), A Syndrome produced by diverse nocuous agents. NATURE 138:32

Selye, H. (1950), The Physiology and Pathology of Exposure to Stress. A Treatise Based on the Concepts of General-Adaption-Syndrome and the Disease of Adaption, 1st edn. Acta, Montreal

Selye, H. (1981), Geschichte und Grundzüge des Stresskonzepts. In: Nitsch JR (ed) Stress. Hans Huber, Bern, pp 163–187

Siemen, H. (1982), Das Grauen ist vorprogrammiert. Psychiatrie zwischen Faschismus und Atomkrieg. Focus-Verlag, Gießen

Thomann, K., Rauschmann, M. (2003), Die „posttraumatische Belastungsstörung" - historische Aspekte einer „modernen" psychischen Erkrankung im deutschen Sprachraum. Medizinhistorisches Journal 38(2): 103–120

Wittchen, H., Schönfeld, S., Kirschbaum, C., Thurau, C., Trautmann, S., Steudte, S., Klotsche, J., Höfler, M., Hauffa, R., Zimmermann, P. (2012), Traumatic Experiences and Posttraumatic Stress Disorder in soldiers following deployment abroad: how big is the hidden problem? Dtsch Arztebl Int 109(35-36): 559–569

Wissenschaft im und für den Einsatz

Uwe Hartmann

Dies ist ein persönlicher Bericht über meinen sechsmonatigen Einsatz in Afghanistan im Jahre 2012/13. Die Erfahrungen habe *ich* gemacht; andere mögen Einsätze der Bundeswehr ganz anders erlebt haben. Fragen, die sich mir aufdrängten, mögen manche als irrelevant erachten. Mir selbst sind sicherlich einige wichtige Problemstellungen gar nicht in den Sinn gekommen. Zudem war mein Dienstposten[1] an der Schnittstelle zwischen militärischen und zivilen Stabselementen im Regionalkommando Nord der Internationalen Unterstützungstruppe ISAF etwas ungewöhnlich; er gehört jedenfalls nicht zur „Standardausstattung" eines militärischen Stabes. Meine Überlegungen sollten daher mit einer gewissen Vorsicht bedacht und mit anderen Erfahrungen abgeglichen werden, bevor daraus Schlussfolgerungen gezogen und in konkrete Maßnahmen umgesetzt werden. Gleichwohl glaube ich, dass die Gedanken, die ich mir über die Rolle der Wissenschaften in meinem Einsatz gemacht habe, Anregungen geben könnten für die Aus- und Weiterbildung von Offizieren sowie für die Organisation von Wissenschaft innerhalb der Bundeswehr.

Schon zu Beginn meiner Einsatzvorbereitung hatte ich mir vorgenommen, etwas über die Bedeutung der Wissenschaft für die Auslandseinsätze der Bundeswehr zu schreiben. Hier liegt auch der Ursprung für die thematische Ausrichtung des diesjährigen Jahrbuchs Innere Führung. Dass wissenschaftliches Denken, insbesondere die Methodik wissenschaftlichen Arbeitens, dabei helfen kann, komplexe Aufgabenstellungen auch im militärischen Handeln zu lösen, steht weithin außer Frage. Meine Erwartungen gingen aber darüber hinaus. Ich glaubte – und soviel sei an dieser Stelle vorweggenommen: ich bin heute erst recht davon überzeugt – , dass wissenschaftliche Erkenntnisse Offizieren helfen können, ihrer Verantwortung in den Einsätzen besser gerecht zu werden. Bei meinem Lebenslauf, der durch regelmäßige Studien- und Ausbildungsgänge an Universitäten und Akademien gekennzeichnet ist, erscheint dies auch kaum verwunderlich. Er ermöglicht mir aber auch, Defizite und verpasste Chancen deutlich herauszustellen.

---

[1] DCOS STAB (**D**eputy **C**hief **of S**taff **Stab**ility)

Unmittelbar nach Bekanntgabe der Einplanung für den Dienstposten eines Stellvertretenden Chefs des Stabes für Stabilität im Hauptquartier des Regionalkommandos Nord der Internationalen Unterstützungstruppe ISAF habe ich nach Literatur gesucht, die mir helfen könnte, mich auf meine Aufgabe in der verbliebenen Zeit bestmöglich vorzubereiten. Für mich sollte es der erste Einsatz in Afghanistan sein. Auch wenn ich in anderen Verwendungen teilweise recht intensiv mit dem Einsatz von NATO und Bundeswehr in diesem Land beschäftigt war, so hatte ich doch von den strategischen Konzepten und operativ-taktischen Herausforderungen kaum konkrete Vorstellungen. Selbst mit dem Land, seiner Geschichte, seiner Kultur und seinen Menschen hatte ich mich über die regelmäßige Lektüre von Zeitungen und Zeitschriften hinaus nur wenig beschäftigt. Ich kannte einiges über die Informationstechnologie der NATO, um die Führungsfähigkeit sicherzustellen; als Redenschreiber im BMVg hatte ich viel über die Ziele des Einsatzes nachgedacht. Das Buch „Der Drachenläufer" von Khaled Husseini, das ich ein Jahr zuvor gelesen hatte, bildete mein historisch-kulturelles Hintergrundwissen über dieses Land. Mir war aber klar, dass dies bei weitem nicht genug war. Ich musste also noch einiges tun, und das sehr schnell.

Einsatzvorbereitung

Die Bestätigung meines Einsatzes erfolgte so spät, dass ich bereits wenige Tage danach im Flugzeug nach Masar-e Sharif saß, um am Key Leader Training für das neue Einsatzkontingent teilzunehmen. Diese gut zweiwöchige Ausbildung des künftigen Führungspersonals durch den damaligen Stab war äußerst wertvoll, um die Aufgaben des Regionalkommandos und seiner unterstellten Truppenteile sowie des vorgesetzten Hauptquartiers, des ISAF Joint Command (IJC) in Kabul, zu verstehen. Dabei darf ich nicht verhehlen, dass sich bei mir schnell das Gefühl von Demut einstellte – die Komplexität der Herausforderungen und die komplizierten Handlungskonzepte einer Vielzahl militärischer und auch ziviler Akteure verdeutlichten mir, welche Herkulesaufgabe vor uns lag. Clausewitz hatte schon recht, wenn er das militärische Handeln als „Handeln im erschwerenden Mittel" bezeichnete.

Nahezu überwältigt von der Informationsflut machte die geflügelte Redewendung „Death by Powerpoint" schnell die Runde unter den rund zwanzig Teilnehmern am Key Leader Training. Vielleicht war dieser Zynismus aber auch nur unser Versuch, die Ursachen für die Komplexität der

Aufgaben weniger in der realen Welt als vielmehr in deren mehr oder weniger geschickten didaktischen Aufbereitung zu suchen. Es war also eine Art von Komplexitätsreduktion, die uns frei machen sollte für konstruktive Kritik und pragmatischen Optimismus. Denn trotz der Sättigung mit kreativ gestalteten, aber inhaltlich völlig überladenen Power Point Folien entwickelten wir schnell eigene Vorstellungen, wie wir unsere künftigen Aufgaben anpacken wollten. In den Gesprächen mit den noch in der Verantwortung stehenden Vorgängern war es nicht opportun, diese Ideen vorschnell zu äußern. Zu leicht konnte dies als Kritik oder überhebliche Besserwisserei von „Zaungästen" verstanden werden und die künftige Übergabe des Dienstpostens belasten. In den Gesprächen untereinander, also innerhalb der neuen Führungscrew, gab es indessen eine intensive Diskussion darüber, wie man es später selbst anders machen würde. Schon früh war damit eine Art „Diskurs" unter den künftigen Führungskräften des Regionalkommandos Nord etabliert, in dem – zumindest für die Phase der Einsatzvorbereitung – Rangunterschiede kaum eine Rolle spielten.

Während der Reise nach Afghanistan las ich ein Buch, das ich auch im Nachhinein als sehr nützlich bewerte. Dies ist der Wegweiser zur Geschichte Afghanistan, herausgegeben vom Militärgeschichtlichen Forschungsamt.[2] Leider habe ich das Gefühl, dass nur wenige dieses Buch intensiv studiert haben, auch wenn es vielen Offizieren durchaus bekannt war und sie es wahrscheinlich – da kostenlos erhältlich – auch irgendwo in ihrem Dienstzimmer stehen hatten. Das darin vermittelte Hintergrundwissen hat mir jedenfalls dabei geholfen, die während des Key Leader Trainings vermittelten Informationen der vor Ort Handelnden besser in die politischen, historischen und kulturellen Entwicklungslinien des Landes einzuordnen. Ich empfand meine Lektüre des Buches zwar als nicht zu spät, aber sicherlich doch recht spät. Und ich fragte mich, warum ich dieses Buch nicht schon viel eher gelesen hatte. Gehörte dies nicht zur Einsatzorientierung des Soldaten dazu? Und was könnte die Bundeswehr tun, dass dieses Buch auch tatsächlich gelesen wird, wenn sie es schon kostenlos zur Verfügung stellt?

Während des Key Leader Trainings habe ich viel mitgeschrieben und die Abendstunden genutzt, um meine Aufzeichnungen aus den zahlreichen Briefings mit den Kenntnissen aus Büchern abzugleichen oder in Verbin-

---

[2] Chiari, Bernhard (Hrsg.), Wegweiser zur Geschichte Afghanistan, 3. Auflage, Paderborn/München 2009.

dung zu setzen. Ich hatte also schon früh eine eigene Mappe mit wichtigen Erkenntnissen, mit denen ich dann in den zweiten Teil der Einsatzvorbereitung, einer dreiwöchigen Ausbildung am Joint Force Training Centre (JFTC) in Bydgoszcz/Polen, gehen konnte.

Dieser Lehrgang war in zwei große Ausbildungsblöcke geteilt: in einen academics genannten Teil, in dem in Seminaren über die strategischen, operativen und taktischen Herausforderungen des Einsatzes unterrichtet, vor allem aber diskutiert wurde. Diese Phase hatte tatsächlich einen akademischen Charakter, weil es hier nicht nur um Wissensvermittlung ging, sondern ein Rahmen geschaffen wurde, in dem sich die Teilnehmer mit Experten oder in der Moderation von Lernprozessen erfahrenen Dozenten ein Reflexionswissen über Afghanistan aneignen konnten. Daran schloss sich als zweiter Teil eine Stabsübung an, in welcher der gesamte Stab auf der Grundlage von Lageeinspielungen die Verfahren der Lagebeurteilung übte und sich in den „Battle Rythm", also die regelmäßige Abfolge von Briefings, Lagevorträgen usw. eingewöhnte.

Diese Ausbildung war insgesamt so intensiv, dass kaum Zeit blieb für die inhaltliche Vertiefung der in den academics diskutierten Inhalte oder deren reflektierte Nutzung in den Lageeinspielungen. Mehr Zeit oder eine Beschränkung der Lehrinhalte wäre wünschenswert gewesen, um Gelegenheiten für die persönliche Vertiefung zu ermöglichen. Es fehlte zudem die wissenschaftliche Tiefe. Während der gesamten Ausbildung habe ich nicht ein einziges Mal einen Hinweis auf nützliche Literatur gehört. Ich wüsste auch nicht, ob es an dieser Ausbildungseinrichtung überhaupt eine Bibliothek gibt. Wir hätten auch kaum die Zeit gehabt, überhaupt mal ein Buch in die Hand zu nehmen. Dennoch war diese Ausbildung am JFTC hilfreich für das Verständnis der Lage und Herausforderungen in Afghanistan. Als sicherlich erwünschte „Nebeneffekte" stärkte sie das Vertrauen der künftigen Stabsoffiziere in die Leistungsfähigkeit des Stabes und ermöglichte das persönliche Kennenlernen der Akteure, die ja nicht nur aus unterschiedlichen Dienststellen, sondern auch aus anderen Ländern stammten. Hier wurde ein Teamgeist entwickelt, der den Einzelnen durch die schwierigen Phasen des Einsatzes tragen sollte.

In weiteren, insgesamt ebenfalls mehrwöchigen Ausbildungsabschnitten ging es um die Verbesserung des infanteristischen Handwerkszeugs. Diese Ausbildungen sind für alle Einsatzsoldaten, unabhängig von Dienstgrad und Funktion, verpflichtend. In der Regel gehört dazu auch eine mehrstündige Einweisung in die kulturellen Besonderheiten im Einsatzgebiet. Besonders hilfreich waren Handlungstrainings, in denen kulturelle Besonderheiten mit taktischem Handeln in Verbindung gebracht wurden. Die Kenntnis von kulturellen Verhaltensweisen half hier, Gefahren zu erkennen und angemessen zu reagieren.

Zwischendurch hatte ich zahlreiche „Expertengespräche" mit Mitarbeitern von BMVg, Auswärtigem Amt und BMZ sowie mit Dienststellen der Bundeswehr wie beispielsweise dem Einsatzführungskommando in Potsdam und dem CIMIC Center in Nienburg organisiert, die ich auch im Nachhinein als sehr hilfreich bewerte.

Mir blieb dann noch ein dreiwöchiger Sommerurlaub, um die bisher gewonnenen Kenntnisse abzurunden mit Literatur, die über Afghanistan verfügbar war. So hatte ich im Internet recherchiert und mir folgende Bücher bestellt, die ich dann auch durchgearbeitet habe:

- Arthur Schwitalla, Afghanistan, wenn ich nur gewusst hätte, Berlin 2010: Oberst Schwitalla war im Jahre 2007 Kommandeur des Provincial Reconstruction Teams (PRT) in Feysabad im Nordosten Afghanistans. Er beschreibt nicht nur das Land und seine Einwohner, sondern gibt dem Leser auch einen guten Einblick in seine Aufgaben als Kommandeur und in die Herausforderungen, die er zu meistern hatte. Diese Publikation gehört zu den seltenen Veröffentlichungen, in denen hohe Stabsoffiziere offen über ihre Einsatzerfahrungen sprechen. Besonders beeindruckend fand ich seine Hinweise auf die kulturellen Besonderheiten, die er in seinem Führungshandeln beachten musste.

- Ahmed Rashid, Sturz ins Chaos. Afghanistan, Pakistan und die Rückkehr der Taliban, Düsseldorf 2010. Der pakistantische Journalist Rashid stellt die Gründe für das Wiedererstarken der Taliban dar und geht dabei neben der kurzsichtigen Politik des Westens vor allem auf die wichtige Rolle Pakistans bei der Lösung der Konflikte ein.

- Marco Seliger, Sterben für Kabul. Aufzeichnungen über einen verdrängten Krieg, Hamburg 2011. Dieses Buch des mittlerweile wohl aktivsten deutschen Journalisten über sicherheitspolitische und militärische Themen ist gewissermaßen das „Schwarzbuch" deutscher

Afghanistanpolitik. Es lieferte mir auch einen guten Einblick in die Herausforderungen auf der taktisch-operativen Ebene.

- Berit Bliesemann de Guevara und Florian P. Kühn, Illusion State-building. Warum sich der westliche Staat so schwer exportieren lässt, Hamburg 2010. Dieses Buch diente mir als eine zu überprüfende „Ausgangsthese" für meine Arbeit als DCOS STAB: dass der afghanische Staat nur eine Fassade ist, eine Art Potemkin'scher Staat, der dem Westen vorspiegelt, seine Politik wäre erfolgreich. Das Militär wäre dann lediglich ein Instrument, um die Fassade vor dem Einstürzen zu bewahren.

Das Buch „Einsatz ohne Ziel. Die Politikbedürftigkeit des Militärischen" von Klaus Naumann hatte ich bereits früher gelesen. Seine Thesen über die Strategiedefizite der politischen Institutionen und militärischen Eliten in Deutschland erschienen mir von Anfang an sehr plausibel. Sie helfen zu verstehen, wo die Grenzen des deutschen Engagements in Afghanistan liegen und warum sich die vernetzte Sicherheitspolitik in der Praxis deutlich schwieriger gestaltet als die Ausführungen im Weißbuch 2006 vermuten lassen.

Hilfreich waren auch die Auswertungen aus den Einsätzen („lessons learned"), die einen guten Überblick über die Gefahrenlage sowie angemessene soldatische Verhaltensweisen bieten.

Ich hätte mich sicher noch intensiver vorbereiten können und müssen – bei mir war nicht mehr Zeit verfügbar wegen der relativ späten Einplanung für den Einsatz. Gleichwohl muss ich selbstkritisch die Frage stellen, wie ich meine eigene berufliche Weiterbildung organisiert hatte. Habe ich mich selbst bzgl. des Einsatzes in Afghanistan oder anderen Einsatzgebieten der Bundeswehr so weit auf dem Laufenden gehalten, dass ich mit klaren Kenntnissen und Vorstellungen in die Einsatzvorbereitung und sogar kurzfristig in den Einsatz gehen konnte? Warum habe ich mich selbst nicht darum bemüht, wenigstens ein wenig eine der Landessprachen zu lernen? Die Notwendigkeit lebenslangen Lernens gerade im Hinblick auf mögliche Einsätze fällt einem dann, wenn man erkennt, nur suboptimal vorbereitet in einen Einsatz zu gehen, wie Schuppen von den Augen.

Im Einsatz

Wenn man erst einmal im Einsatz angekommen ist und nach der knapp einwöchigen Übergabephase selbst in der Verantwortung steht, ist man vom ersten Tag an einem extremen Zeitdruck ausgesetzt. Als Führungskraft ist man – unabhängig von der Größe des Stabselements – in zahlreiche Planungs- und Entscheidungsprozesse eingebunden; hier kommt es darauf an, seinen Sachverstand und seine Arbeitsergebnisse mit der bestmöglichen Qualität einzubringen. Es finden zahlreiche Treffen statt, in denen kontrovers diskutiert wird, ja sogar Kreativitätstechniken finden Anwendung. Gleichwohl kann man nicht davon sprechen, dass wissenschaftliche Erkenntnisse eine größere Rolle in den Planungs- und Entscheidungsprozessen spielten. Zum einen gibt es wahrscheinlich nicht allzu viele wissenschaftliche Publikationen, die für die anstehenden Stabsaufgaben relevant wären; zum anderen bestünde auch kaum die Zeit, umfangreichere Studien auszuwerten und für die Stabsarbeit fruchtbar zu machen.

Gleichwohl gibt es in größeren Stäben durchaus Stellen, die sich wissenschaftlich mit Problemstellungen beschäftigen. Im Regionalkommando Nord war dies ein Stabsoffizier, der sich mit Operations Research beschäftigte. Er stieß aber regelmäßig an seine Grenzen, wenn nicht ausreichend Daten verfügbar waren. Sodann gab es noch ein amerikanisches „Human Terrain Analysis Team" (HTAT"), das empirische Untersuchungen, meistens als Feldstudien angelegt, durchführte. Ihre Aufträge erhielt dieses Team durch die Stabsabteilung, die für die Analyse der Lage zuständig war („Intelligence"). Meinungsumfragen in bestimmten, für die Operationsführung relevanten Regionen waren genauso hilfreich für die Lagebeurteilung wie Studien über die Motivation von Insurgenten für die Weiterführung ihres Kampfes. Die Mitarbeiter des HTAT waren auch eine Brücke zu vorhandenen empirischen Datenbänken und wissenschaftlichen Publikationen. Um wirklich Relevanz für die Arbeit innerhalb des Stabes zu erreichen, musste das HTAT passgenaue Arbeitsergebnisse liefern, d.h. die Erkenntnisse mussten zur richtigen Zeit an die richtige Person übermittelt werden, was angesichts des hohen Zeitdrucks, der Dynamik der immer neuen Fragestellungen sowie der Fluktuation des militärischen Führungspersonals nicht einfach ist. Ganz entscheidend für die Rolle der Wissenschaften ist zweifelsfrei, dass das Führungspersonal wissenschaftliche Erkenntnisse überhaupt als relevant ansah.

Wissenschaft spielt also selbst im Einsatz eine gewisse Rolle; das militärische Führungspersonal sollte dafür aufgeschlossen sein. Es wäre wünschenswert, wenn die wesentlichen Erkenntnisse bereits in der Vorausbildung angesprochen würden. Die Vorbereitung eines Einsatzstabes am JFTC wäre dafür ein geeigneter Ort. Hier könnte auch eine Datenbank mit den wichtigsten wissenschaftlichen Erkenntnissen über den Einsatz in Afghanistan erstellt werden, zu der jeder auch im Einsatzgebiet Zugriff haben sollte.

Braucht man dafür den wissenschaftlich gebildeten Offizier? Ja, ein absolviertes Studium hilft dabei, mit der Komplexität der Aufgaben in einem Einsatzstab effizienter umzugehen. Dabei denke ich weniger an wissenschaftliches Fachwissen, sondern vor allem an die im Studium gelernten und eingeübten methodischen Kompetenzen im Umgang mit Informationen. Denn im Kern geht es in der Stabsarbeit darum, Informationen zu sammeln, ihren Wahrheitsgehalt zu prüfen, zu einem sinnvollen Ganzen zusammen zu fügen und daraus Schlussfolgerungen für das eigene Handeln im Sinne des politisch-strategischen Zwecks des Einsatzes und der operativ-taktischen Absicht des kommandierenden Generals abzuleiten. Dass Informationen nicht auf das Militärische beschränkt sind, sondern in zunehmendem Maße auch das gesamte zivile Umfeld in dem Einsatzgebiet umfassen, muss hier nicht mehr unterstrichen werden.

Überhaupt hat die Arbeit in einem Einsatzstab durchaus Ähnlichkeiten mit einem universitären Studium. Der Arbeitsrhythmus ist bestimmt durch einen beständigen Wechsel von Meetings (Vorlesungen und Seminaren), Lagevorträgen (Referaten), Berichten (Hausarbeiten) sowie Beiträgen zur Vorbereitung von Entscheidungen der Generalität (Prüfungen). Nun mögen nicht alle Studenten sieben Tage in der Woche von früh morgens bis spät abends arbeiten, und erst recht nicht über sechs oder mehr Monate hinweg. Dennoch, ohne zynisch klingen zu wollen: Wer als Student den Trimesterbetrieb einer der Universitäten der Bundeswehr erlebt und über Monate hinweg hart gearbeitet hat, der ist eigentlich ganz gut vorbereitet auf einige der intellektuellen Belastungen in einem Einsatzstab, vor allem was Zeitmanagement und Selbstorganisation betrifft.

Es zeigte sich auch sehr schnell, welche Offiziere den hohen geistigen Anforderungen nicht genügen konnten. So kam es nicht selten vor, dass Offiziere zwar zeitgemäß Arbeitsergebnisse vorlegten, danach aber für mehrere Stunden „verschwunden" waren. Oftmals wurde als Grund angeführt, man müsse nationalen Verpflichtungen („national business") nachkommen.

Der Psychologe Dietrich Ungerer hat dieses Phänomen als „mentales Fremdgehen"[3] bezeichnet: man entflieht der schwierigen Aufgabe, indem man sich etwas Leichteres sucht – auch wenn dies in keinem Zusammenhang mit der eigentlichen Aufgabe steht oder recht eigentlich auch gar nicht erforderlich ist. Auch Fälle von „Schrotschussverhalten" kamen vor: Weil Offiziere nicht genau wussten, worum es eigentlich im Kern ging, haben sie alles Mögliche an Informationen zusammengetragen und es dann den Vorgesetzten überlassen, daraus ein stimmiges Ganzes zu machen. Normalerweise würden Führungskräfte darauf mit Qualifizierungsmaßnahmen reagieren. Im Einsatz ist dies kaum möglich; die Zeit ist trotz der langen Arbeitstage zu gering. Zudem ist der „Nutzwert" bei einer Stehzeit des Offiziers von in der Regel sechs Monaten einfach zu gering. Ein Offizier in einem Stab muss also schnell viel lernen, sich selbst in Themen hineinknien, neugierig mit immer neuen Fragen der Sache tiefer auf den Grund gehen und die Ergebnisse seiner Arbeit überzeugend gegenüber Vorgesetzten vertreten. Wer ein Studium absolviert hat, verfügt in der Regel über diese Kompetenzen. Gemeint ist hier ein Masterstudiengang, weil erst hier das wissenschaftliche Arbeiten im Vordergrund steht und mit der Masterarbeit eingeübt wird.

Fußnoten

Fußnoten sind ein wichtiger Ausweis für das wissenschaftliche Arbeiten. Die öffentliche Reaktion auf Plagiatsfälle selbst bei Dissertationen hat die Wichtigkeit dieses Kriteriums noch einmal untermauert. Nun sind Soldaten ja nicht als Wissenschaftliche Mitarbeiter eingestellt. Gleichwohl war ich erstaunt, als meine Abhandlung über die Frage, weshalb Aufständische sich für die Reintegration in die afghanische Gesellschaft bewarben, von einem Mitarbeiter aus dem Intelligence-Bereich vor allem dafür kritisiert wurde, dass ich keine Fußnoten verwendet hatte. Er hatte ja auch recht: Für die weitere Nutzung meiner Abhandlung im Stab wares wichtig, dass Daten und Feststellungen nachweisbar waren und die Quelle eingeschätzt werden konnte.

Tatsächlich lernte ich im Laufe der Zeit, dass auch in einem militärischen Stab „geistiges Eigentum" mit Haken und Ösen verteidigt wurde. Hierbei ging es nicht um die persönliche Reputation (Texte wurden unter

---

[3] Dietrich Ungerer, Der militärische Einsatz, Potsdam 2003.

298

dem Dienstposten stabsintern veröffentlicht und ohne Angabe des Namens des Dienstposteninhabers zitiert). Wenn Stabsabteilungen „geistiges Eigentum" einer anderen Abteilung benutzten, ohne diese zu erwähnen oder zu kennzeichnen, dann führte dies zu Verärgerung.

Fehlende Neugierde

Was nicht selten fehlte, war aber die Neugierde. Die klare Orientierung an gegebenen Aufträgen mit der strikten Hierarchisierung und Regelung von Zuständigkeiten führte dazu, dass Eigeninitiative kaum gefördert wurde. Junge Offiziere, die kritisch tiefer denken wollten, fanden kaum Akzeptanz, da die vorgegebene Auftragslage gerade bei höheren Offizieren ein Schauen nach links und rechts, geschweige denn das Einholen einer zweiten Meinung, kaum zulässt.

Fehlende Neugierde bei den Mitarbeitern ist nun kein typisch militärisches Phänomen. Tom Koenigs beschreibt in seinem Buch über seine Zeit als Chef von UNAMA seine Überraschung über die geistige Genügsamkeit mancher Mitarbeiter und wundert sich, da doch alle mal studiert hätten.[4] Vielleicht hat dies mit dem Stress und Zeitdruck zu tun; Mitarbeiter sind froh darüber, endlich eine Lösung gefunden zu haben, die sie Vorgesetzten präsentieren können – was die Neugierde auf Alternativen eher schwinden lässt.

Natürlich gab es auch Beispiele für Neugierde, die zu sehr klugen Überlegungen und Analysen führten. So hatte ein Mitarbeiter des BMZ eine kurze Abhandlung über die Korruption in Afghanistan sowie über die Gründe für die weitverbreitete Armut geschrieben, die dieser allerdings nur an ausgewählte Mitarbeiter innerhalb des Stabes verteilte – nämlich solche Mitarbeiter, von denen er wusste, dass sie für solche Überlegungen zu haben waren.

Für die Organisation der Arbeitsprozesse in einem Stab kommt es also darauf an, Freiräume für das selbständige Forschen einzuräumen und Gelegenheiten für die Präsentation von Erkenntnissen zu geben. Vorgesetzte sollten die individuelle Neugierde ihrer Mitarbeiter gezielt fördern.

---

[4] Koenigs, Tom, Machen wir Frieden oder haben wir Krieg. Auf UN-Mission in Afghanistan, Berlin 2011.

Andere Meinungen organisieren

Nun ist nicht jeder der Offiziere eines Stabes zum Forschen da. Gleichwohl sollte jeder neugierig sein und versuchen, den Dingen auf den Grund zu gehen oder außerhalb der bisherigen Pfade zu denken.

Die US-Streitkräfte haben für dieses Forschen oder „*Thinking out of the box*" organisatorisch Freiräume innerhalb der ISAF-Stäbe eingerichtet. So gibt es beim COMISAF ein sog. *RED Team*, dessen explizite Aufgabe es ist, Handlungsalternativen zu entwickeln, also anders als der Stab zu denken. Dieses Team war also eine Art *think tank* für den höchsten militärischen Vorgesetzten von ISAF. Es hatte tatsächlich operative, ja sogar strategische Relevanz. Als einige Fälle auftraten, in denen Dorfgemeinschaften sich gegen die Taliban zur Wehr setzten, beschäftigte sich das RED-Team mit der Frage, ob diese Fälle Potenzial für eine größere Bewegung haben könnten.

Reachback

Die Qualität der Arbeitsergebnisse in einem Stab muss möglichst hoch sein, weil die verantwortlichen militärischen Führer Entscheidungen treffen, die das Handeln der Truppe im Einsatz und damit auch deren Überleben im Gefecht bestimmen.

Angesichts des enormen Zeitdrucks und der Komplexität der Aufgabenstellungen stellt sich für die Offiziere in einem Einsatzstab die Frage, wer dabei helfen kann, die Qualität der Arbeit zu verbessern. Aus meiner Sicht hat sich hierbei das Reach Back-Verfahren, also der Rückgriff auf Arbeitskapazitäten von Einrichtungen in der Heimat, bewährt. Wenn es beispielsweise um die Bearbeitung von Grundsatzfragen oder die Auswertung von Studien ging, konnten Mitarbeiter zuhause sehr gut unterstützen. Wurden Fragestellungen frühzeitig beauftragt, konnten die Ergebnisse auch rechtzeitig geliefert werden. Auf diese Weise wurde zugleich sichergestellt, dass es einen regen Informationsaustausch zwischen dem Einsatzstab und der jeweiligen Dienststelle im Inland gab. So bot sich für die Erarbeitung des zivilen Lagebildes die enge Zusammenarbeit mit dem CIMIC-Zentrum in Nienburg an. Ausbildungs- und Bildungseinrichtungen der Bundeswehr eignen sich dafür weniger, da sie stark in den Lehrbetrieb eingebunden sind. Die Universitäten der Bundeswehr könnten hier eine wichtige Rolle spielen.

Fragestellungen, die vor dem Einsatz geklärt werden müssten

Vor allem mit den zivilen Mitarbeitern von AA und BMZ in dem Einatzstab kam es teilweise zu sehr kontroversen Diskussionen. Kann man mit Entwicklungsprojekten zu mehr Sicherheit beitragen? Ist es sinnvoll, dass sich ISAF-Generale in den Aufbau von Staat und Gesellschaft einschalten, indem sie mit den verantwortlichen afghanischen Ministern und Politikern reden? Wie stark wird die Wirtschaft vom Militär abhängig? Es war äußerst interessant, darüber zu diskutieren. Wenn aber keine einvernehmlichen Antworten gefunden werden, erschweren unterschiedliche Auffassungen die Zusammenarbeit und damit die Vernetzung der vorhandenen Mittel. Solche Grundsatzfragen sollten möglichst vorher abgeklärt werden. Aus meiner Sicht ist dies eine Aufgabe auch für die Wissenschaften. Vielleicht gibt es darüber bereits eine wissenschaftliche Debatte; in unseren stabsinternen Diskussionen habe ich allerdings keine Hinweise darauf gefunden. Während meines Einsatzes lud mich ein Wissenschaftlicher, der über die Auswirkungen des ISAF-Abzugs auf die afghanische Wirtschaft forschte, zu einem Expertengespräch ein. Wie vielleicht nicht anders zu erwarten, kam dieser von einer US-amerikanischen Universität.

Grundsätzliche Überlegungen

Ein Studium mit Masterabschluss ist eine wichtige Hilfe, um mit den Fragestellungen in einem Einsatzstab einigermaßen komplexitätsangemessen umgehen zu können und eine Überwältigung durch psychisch verursachte „Ausweichstrategien" zu vermeiden. Zudem sind Offiziere mit abgeschlossenem Studium eher „Partner auf Augenhöhe" für die Mitarbeiter ziviler Institutionen. Auch sollte nicht unberücksichtigt bleiben, dass Offiziere der wichtigsten Partner in NATO und EU ebenfalls über akademische Abschlüsse verfügen. Zudem verfügen nicht wenige Offiziere der Armeen von Ländern, in denen deutsche Soldaten zum Einsatz kommen, über im Ausland erworbene akademische Abschlüsse.

Gleichwohl könnte der Einwand erhoben werden, dass ein Studium zwar für ältere Stabsoffiziere wichtig sei, jedoch nicht für jüngere Offiziere, die Züge und Kompanien führen. Ein solches Argument ist allerdings kurzsichtig; denn die in einem Stab erarbeiteten Befehle und Weisungen müssen vom Führungspersonal in den unterstellten Einheiten verstanden und im Sinne der Absicht der übergeordneten Führung umgesetzt werden. Hier besteht eine Aufgabe, die künftig immer wichtiger werden wird. Hier sehe ich eine Entwicklung, die es in allen Kriegen gegeben hat, die mittelfristig aber das Vertrauen in die Führung der Bundeswehr nachhaltig schädigen kann: dass nämlich unterstellte Verbände nicht mehr wissen, was ihre Führung will. Junge Offiziere nehmen hier eine wichtige Mittlerfunktion ein: Sie müssen die Absicht der übergeordneten Führung verstehen und diese ihren Soldaten verständlich machen. Eine gemeinsame wissenschaftliche Ausbildung aller Offiziere erleichtert das Verstehen über Hierarchieebenen hinweg ebenso wie das taktische Handwerkzeug als weiteres wesentliches Element der Ausbildung zum Offizier.

Berechtigt ist allerdings die Frage, ob das Studium der Offiziere der Bundeswehr ein ziviles Studium sein sollte. Für die zivilberufliche Verwertbarkeit ist ein solches Studium zweifelsohne hilfreich. Hier liegt ein wichtiger Attraktivitätsfaktor des Offizierberufs; die zivilberufliche Qualifizierung ist zudem Teil der Fürsorgeverantwortung des Dienstherrn, da nur ein geringer Teil der Angehörigen eines Offizierjahrgangs zum Berufssoldaten übernommen werden kann Technische Studiengänge sind zudem auch für die Bundeswehr unverzichtbar. Die Komplexität der militärischen Aufgaben vor allem im Einsatz legt jedoch die Frage nahe, ob sicherheitspolitisch und militärisch relevante Themen nicht stärker in den Curricula berücksichtigt werden sollten – beispielsweise in Studiengängen wie Politikwissenschaften, Staats- und Sozialwissenschaften oder Pädagogik und vor allem in dem interdisziplinären Zusatzstudium (ISA oder Studium plus), an dem die Studierenden teilnehmen müssen. Hilfreich wäre wohl auch ein militärwissenschaftlicher Studiengang, den vor allem diejenigen Offizieranwärter studieren könnten, die eine Zusage zur Übernahme zum Berufssoldaten haben. Offiziere benötigen heute eine interdisziplinäre wissenschaftliche Beschäftigung mit den Anforderungen ihres Berufes – mit Moskos, Huntington und Naumann, um das Verhältnis von Politik, Gesellschaft und Militär besser zu verstehen, mit Clausewitz, Manstein und Petraeus, um die Möglichkeiten und Grenzen von Strategie und operativer Führung zu erkennen, mit der Theorie und Praxis von Staatsaufbau, wirtschaftlicher Entwicklung sowie von Reintegrations- und Versöhnungsprozessen, aber auch mit den Auswirkungen moderner Technologie auf die Operationsführung.

Grundsätzlich sollte mehr in die wissenschaftliche Weiterbildung auch älterer Stabsoffiziere investiert werden. Universitäten – nicht nur die beiden Universitäten der Bundeswehr, sondern auch Landesuniversitäten –

könnten hierfür Weiterbildungsmodule mit besonderer Einsatzrelevanz, wie beispielsweise für die interkulturelle Einsatzberatung oder die Zusammenarbeit mit den Mitarbeitern ziviler Einrichtungen im Rahmen der vernetzten Sicherheitspolitik anbieten. Solche Module könnten auch die Idee der Transformation der Bundeswehruniversitäten zu Bundesuniversitäten für die vernetzte Sicherheitspolitik befördern. Denn wer als Angehöriger anderer Ministerien an einer der beiden Universitäten der Bundeswehr studiert, will und soll sicherlich auch Verständnis für das militärische Denken entwickeln.

Es ist auch die Frage berechtigt, ob die Ressourcen der Ressortforschung der Bundeswehr so eingesetzt werden, dass sie möglichst passgenaue Hilfestellungen für die Einsätze liefern können. Für das neue Zentrum für Militärgeschichte und Sozialwissenschaften der Bundeswehr bieten sich hier vielfältige Möglichkeiten.

Auch das Zentrum Innere Führung könnte stärker auf wissenschaftliche Expertise zurückgreifen. Die Konzeption der Inneren Führung war von Anfang an als eine geistes- und sozialwissenschaftlich begründete Führungsphilosophie angelegt. Wenn einsatzerfahrene Offiziere der Bundeswehr die Relevanz der Inneren Führung zunehmend in Frage stellen, liegt das nicht nur an den „blinden Stellen" in der Vorschrift ZDv 10/1, was den Einsatz und seine Realitäten betrifft, sondern auch an der kaum wahrnehmbaren wissenschaftlichen Bearbeitung der psychologischen und soziologischen Situationen, in denen der Soldat vor, während und nach seinem Einsatz steht. Innere Führung könnte sonst zu einem bloßen Erfahrungsaustausch verkommen, der gerade von der jüngeren Offiziersgeneration als eher unergiebig erlebt wird.

Die Revitalisierung der geistes- und sozialwissenschaftlichen Forschung über den Soldaten, seine Einsätze, seine Stellung in Politik und Gesellschaft ist auf ein zentrales Publikationsorgan angewiesen. Die Zeitschrift IF kann diese Funktion genauso wenig erfüllen wie Y. Vielleicht hilft der Blick auf andere Partnerstaaten, um hier Anregungen zu erhalten.

Schlussendlich muss die Bundeswehr auch über ihre Informationspolitik nachdenken. Der Slogan „Share to win" aus dem Bereich der Informationstechnologie trifft auch auf das Verhältnis zu den Wissenschaften zu.

IV. Zur Diskussion gestellt

Quo vadis – Überlegungen zu Militärinterventionen der Bundeswehr

Jens Warburg

Auch wenn alle NATO-Staaten für die kommenden Jahren Einsparungen in ihren Militärbudgets planen, kann kein Zweifel daran bestehen, dass für die meisten NATO-Staaten Interventionen in andere Staaten und in Regionen jenseits der Grenzen des Bündnisgebietes *das* Einsatzszenario für ihre Streitkräfte sind. Die Erwartungen, die noch in der 1. Dekade des 21. Jahrhunderts an solche Militäreinsätze geknüpft wurden, sind allerdings geringer geworden, weil die beiden großen Militärinterventionen des vergangenen Jahrzehnts, Afghanistan und Irak, in summa gescheitert sind. Als gescheitert gelten vor allem die Operationsziele, die eine langfristige Stationierung von umfangreichen Truppen verlangten. Nicht die Zerschlagung der gegnerischen militärischen Streitkräfte und die Eroberung der jeweiligen Hauptstädte erwiesen sich als schwierig, sondern die dauerhafte Absicherung der jeweils installierten Regime. Deshalb darf es als unwahrscheinlich gelten, dass die NATO-Staaten in absehbarer Zeit abermals Einsatzbefehle erteilen, die von Beginn an, auf eine territoriale Besetzung dieser Staaten abzielen.

Die geringeren Erwartungen werden sich, so die zentrale These, in veränderten politischen Zielsetzungen ausdrücken und auch den Charakter der militärischen Interventionen erheblich beeinflussen. Diese These verfolgend, sollen im Folgenden einige Aspekte ausgeleuchtet werden, die sich aus diesem Wandel ergeben können. Der Fokus der Betrachtung wird dabei auf der Bundeswehr liegen.

Als erstes soll der Frage nachgegangen werden, in welchen Staaten und Regionen die Bundeswehr zukünftig vermutlich eingesetzt wird. Anschließend soll nach den Zielen und Formen dieser Militärinterventionen gefragt werden. Wie sich diese Einsatzszenarios auf die Soldaten im Hinblick auf ihre Beziehung zu ihren politischen Auftragsgebern auswirken könnten, dazu sollen im Schlussteil dieses Aufsatzes eingegangen werden.

Wo werden die zukünftigen Einsatzgebiete der Bundeswehr sein?

Obwohl bereits in den 80er Jahren über Auslandseinsätze der Bundeswehr debattiert wurde, konnten bis Ende dieses Jahrzehnts Bundeswehr-Soldaten davon ausgehen, dass sie, wenn überhaupt, ausschließlich oder doch hauptsächlich in Europa kämpfen werden. Mit Beginn der 90er Jahre sollte sich dies grundlegend ändern. Nun wurde verstärkt über Auslandseinsätze diskutiert und mit den Einsätzen in Kambodscha (1991-3) und vor allem in Somalia (1993/4) wurden erstmals größere Truppenkontingente in ‚Übersee‘, um diesen etwas antiquierten Begriff zu verwenden, eingesetzt. Dagegen wurde ab dieser Zeit eine militärische Konfrontation im Rahmen des Ost-West-Gegensatzes in Europa immer unwahrscheinlicher. Wie aber gerade die Kriege auf dem Gebiet des ehemaligen Jugoslawiens zeigten, konnten vielleicht gerade deshalb Militärinterventionen innerhalb Europas nicht mehr kategorisch ausgeschlossen werden. Für heutige Bundeswehr-Soldaten, aber auch für zukünftige Rekruten, ist damit unklar, wo sie mit welchem Auftrag eingesetzt werden. Die Geschichte der Auslandseinsätze der vergangenen 20 Jahre kann sie vor allem eines lehren: Überraschungen sind wahrscheinlich. Solche Überraschungen wiederum, mögen Soldaten nicht sonderlich. Soldaten auf Auslandseinsätze vorzubereiten ist schwierig, wenn noch nicht einmal eine konkrete Aussage zum Einsatzort getroffen werden kann. Wenngleich sich auch keine konkreten Aussagen zum Ort möglicher Interventionen formulieren lassen, so lassen sich aber doch einige prognostische Überlegungen anstellen:

Die Bundeswehr wird bis auf Ausnahmesituationen, wie Geiselbefreiungen, auch zukünftig vor allem im Rahmen des Militärbündnisses NATO eingesetzt werden. In diesen Rahmen wird stets eine arbeitsteilige Abstimmung zwischen den Bündnispartnern vorgenommen werden. Für einige Weltregionen kann der Einsatz europäischer Truppen derzeit aber als unwahrscheinlich gelten bzw. wäre allenfalls im Falle eines globalen Kriegseinsatzes denkbar. So gilt auch nach dem Aufweichen der Monroe-Doktrin in der 2. Hälfte der 80er Jahre, dass der Einsatz europäischer Truppen auf dem amerikanischen Kontinent, also in Mittel- oder Südamerika, nur in Ausnahmefälle, wie der sogenannten Stabilisierungsmission der UN in Haiti, erfolgen wird. Bei dem Konflikt zwischen Argentinien und Großbritannien um die Falkland-Inseln handelt es sich ebenfalls um eine Ausnahme, die auf eine koloniale Besiedlungsgeschichte im 19. Jahrhundert gründet und in der sich die europäischen Partner Großbritanniens weitgehend neutral verhalten.

Als militärische Einsatzgebiete für die NATO-Staaten sind Europa sowie die ehemaligen Staaten der Sowjetunion, insbesondere im Kaukasus, und die nordafrikanische Staaten zu nennen. Europäische Staaten als mögliche Einsatzorte von NATO-Verbänden zu nennen wird öffentlich vermieden, sie können aber deshalb nicht kategorisch ausgeschlossen werden. Als Jean-Claude Juncker im März 2013 erklärte[1], dass sich die Frage von Krieg und Frieden auch in Europa stellen könne, meinte er damit zum einen die Möglichkeit eines sich verschärfenden Antagonismus zwischen den Staaten, zum anderen ventilierte er zugleich die Gefahr sozialer Unruhen in den einzelnen Staaten. Selbstverständlich handelt es sich dabei um Worst-Case-Szenarien. Zugleich ist festzuhalten, dass Worst-Case-Szenarien grundsätzlich die Folie für Militärinterventionen bilden. Ähnliche Szenarien lassen sich für nordafrikanische Staaten und für ehemalige Staaten der Sowjetunion entwickeln. Solche Szenarien beruhen jeweils auf dystopischen Entwürfen zukünftiger Entwicklungen, die gegenwärtige Tendenzen aufgreifen und dramatisieren. Dies gilt auch, wenn man den Blick weiter in Richtung Süden und Osten schweifen lässt. Je weiter man sich umschaut, desto mehr geraten Regionalmächte, gar Atommächte sowohl als mögliche Verbündete, aber auch als Gegner einer Militärintervention europäischer Truppen ins Blickfeld. Im Süden Afrikas ist beispielsweise Südafrika als eine starke Regionalmacht auszumachen. Im Osten ist Russland ein wichtiger Akteur, ohne dessen Zustimmung ein militärisches Engagement in den Nachfolgestaaten der Sowjetunion, hier wäre beispielsweise an den Konflikt zwischen Armenien und Aserbaidschan zu denken, schwer zu kalkulierende Folgen haben würde. Ähnliches lässt sich für einen Militäreinsatz auf der arabischen Halbinsel sagen. Als Regionalmächte wäre hier neben Israel Saudi-Arabien und im weiteren Umfeld vor allem der Iran zu nennen, deren Positionierungen erhebliche Folgen für den Verlauf einer Militärintervention haben würde. Für noch weiter entfernte Regionen gelten ähnliche Überlegungen, nur dass hier auch noch Indien und China als relevante Akteure ins Kalkül einbezogen werden müssen.

Auffallend ist, dass sich für jedes denkbare Szenario entschieden einfacher Gründe benennen lassen, die gegen eine Militärintervention sprechen.

---

[1] Siehe Spiegel Online. Online: http://tinyurl.com/d8s4ol5.

Schwieriger sind dagegen solche Umstände darzulegen, die für ein Szenario sprechen. Weshalb? Weil zu den Voraussetzungen für Militärinterventionen ein tiefgreifender Bruch mit den gegenwärtig vorherrschenden Verhältnissen gehört. Die Entscheidungen für eine Intervention beruhen selten auf einer simplen Fortschreibung einer zuvor klar erkennbaren Logik gegenwärtiger Prozesse. Dies ist aber nicht den besonderen Verhältnissen zu Beginn des 21. Jahrhunderts anzulasten, denn wie bereits die Geschichte deutscher Militärinterventionen vor dem 1. Weltkrieg lehrt, konnten sich bereits damals deutsche Soldaten plötzlich auf einem Schiff wieder finden, das sie nach China transportierte. Der Befehl zur Einschiffung dürfte für die damaligen Soldaten letztlich nicht weniger überraschend gewesen sein, als für Bundeswehr-Soldaten heute der Befehl, malische Truppen in der Sahelzone auszubilden.

Kurzes Fazit dieser Betrachtungen: Auch diese Überlegungen ändern für die Bundeswehr-Soldaten nichts daran, dass es für sie ungewiss ist, wo, gegen wen sie out of area kämpfen werden.

Ziele der Militärinterventionen

Vor dem 1. Weltkrieg waren zivilisatorisches Sendungsbewusstsein, die Konkurrenz Deutschlands um den Platz an der Sonne bei der imperialen Aufteilung Afrikas und Asiens, sowie Rache, im Falle Chinas für die Ermordung eines deutscher Diplomaten, Zielbestimmungen deutscher Militäreinsätze. Von solchen eindeutigen Zielbestimmungen kann heute nicht ausgegangen werden. Gemessen an den Erwartungen, die in der 1. Dekade des 21. Jahrhunderts an Militärinterventionen geknüpft wurden, kann man feststellen, dass sie sich auf das Kerngeschäft reduziert haben.

Die Streitkräfte der NATO sollen in der Lage sein, Gegner, die von der Politik als bedrohlich eingestuft werden, militärisch zu bekämpfen. Weitergehende Ziele, die noch in den vergangenen Jahren formuliert wurden, sind in den Hintergrund getreten. Termini wie Demokratie und Menschenrechte, die in den vergangenen Jahren stets verwendet wurden, wenn es galt, Militärinterventionen zu rechtfertigen, haben an Relevanz verloren. Nationbuildung findet nun, wie US-Präsident Obama 2012 betonte, bevorzugt zu

Hause statt.[2] Übrig bleiben die Termini: Stabilität und Sicherheit. Die derzeit weltweit herrschenden Verhältnisse stabil zu halten, kann als das bestimmende Ziel für die Außenpolitik der westlichen Industriestaaten bezeichnet werden. Die Bewahrung der derzeitigen Verhältnisse steht zugleich für Sicherheit. Sicherheit bedeutet nicht 'Frieden'. Es geht um „Risikomanagement" (Spreen 2008: 28). Ziele wie die Durchsetzung demokratischer Grundrechte widersprechen dem Ziel, möglichst keine Ressourcen und Personal langfristig und in zuvor kaum zu quantifizierendem Umfang vor Ort einzusetzen. Deshalb orientiert sich das Risikomanagement an mehr oder minder kurzfristigen Nutzen- und Machtkalkülen der intervenierenden Staaten. Das Kriterium Gefahrenabwehr kann hier als Schlüsselbegriff erachtet werden. Es tritt derzeit vor allem in der Gestalt terroristischer Gruppen auf, die direkt bekämpft werden sollen. Als Grund für eine Intervention kann auch angeführt werden, dass es gelte, einen Regimewechsel bzw. eine neue Staatsgründung zu verhindern, weil man befürchten muss, dass das neue Regime Basen für terroristische Gruppen einrichten könnte, aus denen heraus Anschläge gegen westliche Industriestaaten geplant würden.

Als stabil und sicher gelten solche sozialen und politischen Verhältnisse, die keine regionale Erschütterung auslösen und auf diese Weise die Sicherheit der Bündnisstaaten gefährden. Als instabil und damit gefährlich gelten dagegen alle Ereignisse, die dazu führen könnten, dass Handelswege gekappt und Flüchtlingsströme ausgelöst werden, die also die Verhältnisse in den Nachbarstaaten destabilisieren und die dazu führen könnten, dass der Zugang zu natürlichen Ressourcen reduziert oder gar abgeschnitten wird.

Freie Handelswege und gesicherte Rohstoffversorgung haben den Verteidigungspolitischen Richtlinien vom 27.5.2011 zufolge vitale Bedeutung für Europa und Deutschland (Bundesministerium für Verteidigung 2011: 3). Sie gehören damit, auch wenn dies ebenfalls öffentlich nicht betont wird, zu den Motiven zukünftiger Militärinterventionen.

Aus diesen Ausführungen ergibt sich, dass in den politischen Administrationen der deutschen und der europäischen Staaten der politische Gestaltungswille sehr gering ausgeprägt ist. Die Vorstellungen zur räumlichen, sozialen und politischen Ausgestaltung jenseits der eigenen Territorien sind letztlich defensiv bestimmt. Durch die defensive Ausrichtung vergrößert

---

[2] Rede Obamas vom 22.6.2012, Remarks by the President on the Way Forward in Afghanistan. Online: http://tinyurl.com/6goqcuf.

sich freilich abermals die Bedeutung von mehr oder minder kurzfristigen Nutzen- und Machtkalkülen bei den Entscheidungsträgern. Wenn auch nur kursorisch, sei hier auf den gering ausgeprägten Gestaltungswillen eingegangen, der keineswegs nur als ein Problem der politischen Administrationen der westlichen Industriestaaten zu benennen ist.

Exkurs zum Gestaltungswillen

Der Kolonialismus hat zu Recht ein denkbar schlechtes Image. Deshalb müssen die intervenierenden Staaten, um nicht als Kolonialmacht aufzutreten, Kooperationspartner vor Ort finden. Allgemeiner Konsens zwischen den politischen Administrationen und auch in den demokratischen Öffentlichkeiten der intervenierenden westlichen Staaten herrscht darüber, dass nach einer Intervention in den möglicherweise neu formierten Staaten politische Verfassungen existieren sollen, die rechtstaatliche Verhältnisse sicherstellen. Der Bevölkerung soll möglichst das allgemeine Wahlrecht zugebilligt, die staatliche Exekutive soll durch freie Wahlen bestimmt und die Menschenrechte sollen in dem Staat anerkannt werden. So mangelhaft die zuletzt genannten Punkte im Einzelnen für die Bürgerinnen und Bürger umgesetzt werden, ein Mindestmaß an rechtstaatlichen Verhältnissen gilt als unverzichtbar, weil sie einen über den Markt vermittelten Kapital- und Warenverkehr zwischen den Staaten gewährleisten. Inwieweit weitere formierende Eingriffe in die ökonomischen, sozialen und damit verbunden kulturellen Verhältnisse und Praktiken in die Regionen für die intervenierenden Staaten, aber auch für Nichtregierungsorganisationen, als zulässig gelten dürfen, ist strittig. Diese Fragen drängen sich umso dringlicher in den Vordergrund, wenn die Kooperationspartner, jenseits all ihrer öffentlichen Bekundungen, elementaren Grundelementen einer demokratischen Verfasstheit ihrer Gesellschaft ablehnend gegenüber stehen. Kurz, wenn die Kooperationspartner unwillig sind.

Euphorischen Bestimmungen, wie die Welt zukünftig aussehen soll, und ein entsprechendes Engagement in den Zivilgesellschaften, wird derzeit zum einen durch die ökonomische Dauerkrise der Boden entzogen. Zum anderen kann man aber auch feststellen, dass positive Bestimmungen der globalen Zukunft durch das Wissen um die Begrenztheit der Ressourcen schwer fallen. Dass es zukünftig einen überschießenden Reichtum an Gütern und Gestaltungsmöglichkeiten geben wird, an dem alle Menschen partizipieren könnten, ist derzeit angesichts der Diskurse über Umweltzerstörungen, dem Ende der fossilen Brennstoffe und stets knapper werdenden Rohstoffen aller Art, inklusive des Wassers, kaum vorstellbar. Technische Innovationen[3] aber auch eine neue soziale und politische Kooperationsform, die die sich abzeichnenden Knappheiten und die Zerstörung der menschlichen Lebensgrundlagen abwenden könnte, ist nicht auszumachen. Dies führt dazu, dass aufgrund der scheinbaren Begrenztheit der zu verteilenden Güter für die Lebensbedürfnisse tendenziell die Prosperität in anderen Gesellschaften als bedrohliche Entwicklung wahrgenommen werden kann. So wird in zahlreichen Studien und Reportagen über den sich verbessernden Lebensstandard, vor allem der Mittelschichten in China, Indien und Brasilien von vermehrtem Fleischkonsum in diesen Staaten berichtet[4]. Wenn bereits nur ein Teil der in diesen Staaten lebenden Menschen ähnliche Konsumgewohnheiten entwickelt, wie sie in den westlichen Industriestaaten üblich sind, tauchen Befürchtungen von sich verknappenden Futtermitteln, Umweltzerstörungen und möglichen Verteilungskämpfen um Rohstoffe auf.

All dies erhöht die Akzeptanz, die das Stabilitätskriteriums in der Zivilgesellschaft hat. Für die westlichen Industriegesellschaften soll alles so bleiben wie es ist. Eine Außen- und Sicherheitspolitik, die sich aber einer konservierenden Zielsetzung verschreibt, dürfte im Kern fehlschlagen. Es würde sich um einen Kampf handeln, in dem und den die westlichen Demokratien nur verlieren können.

Formen der Militärinterventionen

Zukünftig werden die politischen Exekutiven der europäischen Staaten *versuchen*, nur Befehle für Militäreinsätze mit limitierten Zielen zu erteilen. Zur Umsetzung dieser Ziele werden

---

[3] Damit soll nicht behauptet werden, dass es keine technischen Innovationen gibt. Doch, dass beispielsweise zukünftig die Photovoltaik die Energieversorgung sichergestellt werden könnte, scheint derzeit ein zu gewagter Gedanke zu sein.

[4] Stellvertretend für die zahlreichen Publikationen, auf die in diesem Zusammenhang hingewiesen werden könnte, sei hier eine Studie im Auftrag von Greenpeace genannt, die sich mit den klimatischen Auswirkung der Tierhaltung auseinandersetzt (Online: http://www.greenpeace.de/fileadmin/gpd/user_upload/themen/klima/Landw-Klima.pdf).

1. möglichst keine Bodentruppen eingesetzt werden. Falls dies doch unvermeidlich sein sollte, werden die Interventionen bevorzugt nach dem Prinzip hit and run konzipiert werden.

2. Deshalb ist grundsätzlich davon auszugehen, dass der Anteil von verdeckten Operationen an Militärinterventionen wachsen wird. Dies wird dazu führen, dass es für eine interessierte Öffentlichkeit schwieriger werden wird, die Geschehnisse zu beurteilen, weil verdeckte Operationen stets auf der Manipulation von Informationen basieren. Zu den verdeckten Operationen gehören auch Einsätze von Drohnen. Charakteristisch für verdeckte Operationen ist, dass sie keine demokratische Legitimierung für sich beanspruchen können, weil sie jenseits einer demokratischen Öffentlichkeit beschlossen werden. Der Vorteil von verdeckten Operationen für die politische Exekutive ist, dass sie keine Verantwortung für die Geschehnisse übernehmen müssen. Wenn überhaupt, erfahren verdeckte Operationen lediglich nachträglich eine demokratische Legitimierung.

3. Die politischen Entscheidungsträger werden versuchen, eine verbesserte regionale Stabilität zu erreichen, in dem sie lokale Akteure und regionale Militärmächte als Bündnispartner vor Ort suchen. Bei der Wahl solcher Bündnispartner waren die NATO-Staaten schon bislang nicht wählerisch, wie sich anhand der Militärintervention in Afghanistan zeigen lässt, und sie werden es zukünftig noch weniger sein. Diese Bündnispartner werden, wie bereits in den vergangenen Jahren praktiziert, durch die Bereitstellung von Aufklärungsdaten, Ausbildungshilfen und Nachschub- sowie Waffenlieferungen bis hin zu begrenzten Waffeneinsätzen unterstützt werden. In all diesen Feldern wurden in den vergangenen Jahren neben Spezialeinheiten auch verstärkt private Sicherheits- und Militärunternehmen (Private Military Company oder Private Military Contractors) eingesetzt, und es deutet nichts darauf hin, dass dieser Trend gebrochen wäre.

4. Die Aufrüstung von regionalen Militärmächten ist ebenfalls konstitutiver Bestandteil einer solchen Strategie. Rüstungsexporte haben freilich nicht nur Vorteile für die eigene Industrie. Sie beinhalten auch das Risiko, dass die exportierten Waffen gegen die eigenen Soldaten eingesetzt werden, wenn die belieferten Bündnispartner die Seiten wechseln bzw. die Regierung gestürzt und damit die Waffen in die Hände von Gegnern geraten.

Aus der Perspektive der USA sind die europäischen NATO-Staaten lediglich eine Regionalmacht, die für die Bewahrung des Ist-Zustands in Europa, in Nordafrika und einem sehr unscharfen Bereich im östlichen Mittelmeer und auf der arabischen Halbinsel möglichst viele Ressourcen bereitstellen. Unter der Überschrift ,ungerechte Lastenverteilung' versuchen die USA seit Jahrzehnten, ihre europäische Bündnispartner zur stärkeren Beteiligung an militärischem Engagement zu drängen. Angesichts der fiskalischen Situation der USA könnte es in den kommenden Jahren, im Unterschied zu den vorangegangenen Jahren, zu einer spürbareren Zurückhaltung der USA bei Militärinterventionen kommen. Für die NATO-Partner wird sich deshalb einmal mehr die Frage stellen, wie und in welchem Umfang sie selber in der Lage sind, militärisch in weit entfernten Regionen zu intervenieren.

Skeptisch darf man im Hinblick auf die Frage sein, ob es tatsächlich immer gelingen wird, Militäreinsätze so zu begrenzen, dass der Einsatz von Bodentruppen bzw. ihre dauerhafte Stationierung vermieden werden kann. Die Intention zu einem begrenzten Militäreinsatz kann an Prozessen scheitern, die sowohl unabhängig voneinander als auch im Zusammenspiel schwer vorhersehbare Dynamiken anstoßen können, die eine Begrenzung erschweren, wenn nicht gar verhindern. Initiatoren dieser Dynamiken können die Gegner, die Bündnispartnern und nicht zuletzt die eigene Zivilgesellschaft sein. Zum letzten Punkt: Aus den Zivilgesellschaften heraus können Forderungen nach einer umfassenderen Intervention erhoben werden, als sie anfänglich von den politisch und militärisch Verantwortlichen konzipiert wurde.[5] Und es könnten Situationen entstehen, in denen es einer amtierenden Regierung nicht mehr opportun erscheint, diese abzuweisen.

Dissonanzen zwischen der Politik und Soldaten

Das Verhältnis der Politik zu den Soldaten und vice versa ist grundsätzlich ein Schwieriges. Gerade weil das Betreiben von Politik die Möglichkeit einschließen muss, Auffassungen und Entscheidungen zu ändern, kann sie in Widerspruch geraten zu dem existenziellen Bezug, den Soldaten notwendigerweise zur eigenen Tätigkeit im Kriegseinsatz haben. Soldaten, die im

---

[5] Im Detail ließen sich solche Forderungen nach militärischen Interventionen bzw. ihrer Ausweitung anhand der Diskussionen in Frankreich im Zusammenhang mit der Militärintervention gegen Libyen (2011) und den Forderungen nach einer Intervention gegen das syrische Regime unter Assad untersuchen.

Kriegseinsatz ihr Leben einsetzen, sind für Umwertungen des Vergangenen und des Gegenwärtigen durch die Politik wenig empfänglich, und sie verlangen von der Politik etwas, was diese ihnen nicht unbedingt geben kann: Konsistenz in den Entscheidungen. Dies führt zu Verstimmungen und zu Enttäuschungen.

Sich diesem Phänomen nochmals auf eine andere Weise nähernd, kann man feststellen: Soldaten und Politiker entscheiden und handeln vor dem Hintergrund unterschiedlicher Zeithorizonte. Das alltägliche Handeln von Soldaten im Kriegseinsatz kann *unmittelbar* für den eigenen Leib und das eigene Leben, aber auch für das Leben anderer Menschen, schwerwiegende Konsequenzen haben. Diese Unmittelbarkeit kennen die politischen Entscheidungsträger einer demokratischen Gesellschaft im Grunde nicht. Fehler, die sie in ihrem Handlungsfeld machen, können ihre politische Karriere beenden, sie sterben aber nicht an ihnen.

In demokratischen Gesellschaften ist das Verhältnis zwischen Militär und Politik eindeutig bestimmt. Das Militär soll ein Instrument der Außen- und der Sicherheitspolitik sein. Soldaten sollen folglich das tun, was ihnen von Seiten der Politik befohlen wird. Gerade wenn eine Vielzahl von Soldaten im Kriegseinsatz verletzt oder getötet wird, wird offenkundig, dass die Vorstellung, das Militär ließe sich quasi wie ein Instrument einsetzen, falsch ist. Sie ist irrig, weil die eingesetzten Menschen sich nicht einfach wie Maschinen an- und wieder abstellen lassen (siehe hierzu auch Warburg 2008: 40f.). In den vergangenen Jahren reklamierten in der Bundesrepublik immer häufiger Soldaten für sich den Status als anerkennungswürdige Subjekte.[6]

Wenn der gegenwärtige Trend anhält und die politischen Administrationen der europäischen NATO-Staaten versuchen, ihre Militärinterventionen zu begrenzen und deshalb eher auf solche Legitimationen verzichten, die in der Zivilgesellschaft allgemeine Anerkennung genießen, wie wirkt sich das auf das Verhältnis zwischen der Politik und den Soldaten aus? Gerade

---

[6] Bei dieser Beobachtung könnte es sich freilich auch um ein Übergangsphänomen handeln. Wenn sich Soldaten stärker an einem professionellem Berufsverständnis orientieren, das auf eine Abgrenzung von den Normen und Werte der Zivilgesellschaft abzielt, könnte für sie im Gegenzug das Ringen um Anerkennung durch die Zivilgesellschaft an Bedeutung verlieren. Mit diesem spezifischen professionellen Selbstverständnis würden sich die Soldaten an einer Subkultur orientieren.

die entsendeten Soldaten werden feststellen können, inwieweit die großen Legitimierungen mit denen eventuell ihr Einsatz begründet wird, zu der Realität passt, die sie vor Ort vorfinden. Sollten die politischen Administrationen mit solchen Legitimierungen die Einsätze begründen und gleichzeitig, wie oben geschildert, die Einsätze limitieren, könnte dies zu einer Verschärfung der Dissonanzen zwischen Politik und Soldaten führen. Das proklamierte Engagement für Demokratie und Menschenrechte würde im Widerspruch zu einer Praxis geraten, die von ihnen verlangt, mit undemokratischen Bündnispartnern zu kooperieren und hört nicht mit dem Umfang der eingesetzten Ressourcen und des Personals auf.

Eindeutige Erfolge, militärisch gesprochen also Siege, werden die Soldaten am Ende ihres Einsatzes immer wieder schwer ausmachen können. Zugleich werden sie aber auch nicht unbedingt von Niederlagen berichten können. Militärinterventionen mit limitierten Zielen bieten für die politischen Administrationen den Vorteil, dass die Legitimierungen der Einsätze und damit der Bezugsrahmen, anhand dessen über den Erfolg einer Mission entschieden wird, sich flexibler gestalten lassen. Auch wenn ein Ziel nicht erreicht wurde, zum Beispiel die Absicherung eines Regimes, kann man verstärkt betonen, dass durch die Intervention terroristische Gruppen zerschlagen und ihre Basen zerstört wurden.

Auf der politischen Bühne wird es vermehrt zu Streitigkeiten über das Pro und Contra eines Einsatzes kommen, wenn die Militärinterventionen, wie prognostiziert, begrenzt sein sollen.[7] Ein umfassender politischer Konsens, wie er in der Bundesrepublik bislang zu den jeweiligen Einsätzen angestrebt wurde, wird unwahrscheinlicher werden. Auch werden die jeweiligen Mehrheiten schmäler und brüchiger sein, als dies bislang üblich war. Und das wiederum bedeutet, dass Militärinterventionen grundsätzlich in einem politischeren Kontext gestellt sein werden.

Für den einzelnen Bundeswehr-Soldaten bedeutet dies, dass er weniger als bisher auf allgemeine politische Zustimmung im Parlament hoffen kann. Für politische Streitigkeiten haben Soldaten dann kein Verständnis, wenn von ihnen verlangt werden wird, dass sie Leib und Leben riskieren und sich nicht sicher sein können, ob ihr Opfer gegenwärtig und zukünftig anerkannt und nicht hauptsächlich als ein Fehler betrachtet wird. Besonders kon-

---

[7] Geiselbefreiungen und ähnliche Szenarios sind von diesen Überlegungen ausgenommen.

fliktreich wird es für die Soldaten, wenn sie sich an zivilgesellschaftlichen Werten und Normen orientieren. Wenn sie dagegen ein professionelles Selbstverständnis entwickeln, das einen geringeren Bezug zum gesamtgesellschaftlichen System hat, wird es für sie erst einmal leichter, mit den Spannungen zwischen ihrer „Einsatzrealität" und dem Geschehen und Haltungen „zu Hause" zurecht zu kommen.[8] Dies würde bedeuten, dass innerhalb der Streitkräfte die Zahl sogenannter heroischer Gemeinschaften (siehe Münkler 2007) zunehmen wird, die sich auf einen selbstreferenziellen Kanon an Werte und Normen beziehen. Für die Sphären des Politischen würde ein solches Selbstverständnis bedeuten, dass die Zahl der Soldaten zunehmen würde, die den politischen Prozessen bestenfalls gleichgültig bis desinteressiert gegenüberstehen. Durch das Auseinanderdriften „militärischer und ziviler Sinn- und Wertewelten" (Seiffert 2005: 231) könnten zwar kurz- bis mittelfristig politische Konflikte mit den Einstellungen der Soldaten in den Hintergrund treten, langfristig können die Folgen außerordentlich schwerwiegend sein.

Wie gravierend die Folgen der Kluft zwischen Soldaten und den politisch Verantwortlichen tatsächlich sein wird, hängt vom Verlauf der Militärinterventionen und der Zahl der eingesetzten Soldaten ab, die mit Elend, Verlust und Tod konfrontiert werden. Sicher ist auch, dass Ausbildungsprogramme und verbesserte Rahmenbedingungen - von der Ausrüstung bis hin zur Höhe des Soldes - die Zufriedenheit der Soldaten verbessern können. In diesem Zusammenhang ist auch von herausragender Bedeutung, wie der Staat und die Gesellschaft mit den zurückkehrenden Kriegsteilnehmer umgeht. In Deutschland sind sie bislang noch fast unsichtbar. Aber das wird sich ändern.[9] Vor dem Hintergrund zweier verlorener Weltkriege wird es in Deutschland keine einfache Anerkennungsform für ehemalige Kriegsteilnehmer geben können. Und sicher wird eine weitere Kranzabwurfstelle dem Anerkennungsbedürfnis der ehemaligen Soldaten nicht gerecht werden.

Eine tiefgreifende Verstimmung unter Bundeswehr-Soldaten zu konstatieren, wäre sicher derzeit überzogen. Aber die Zufriedenheit der Soldaten wird sinken, wenn sich ihre Rahmenbedingungen verschlechtern und

---

[8] Beobachtungen, die in diese Richtungen weisen, hat unter anderen Anja Seiffert bei ihren Feldforschungen im Verlauf der verschiedenen Bundeswehr-Einsätze gemacht.

[9] Ein Hinweis auf eine derartige Entwicklung ist die Gründung der Organisationen "Bund deutscher Veteranen" und "Deutsche Kriegsopferfürsorge" im Jahr 2009.

die Soldaten den Eindruck gewinnen, dass ihr Einsatz vergeblich war und nicht anerkannt wird.

Die Familie sowie der Freundes- und Bekanntenkreis der einzelnen Soldaten werden in aller Regel zuerst die Folgen dieser Unzufriedenheit und Enttäuschung zu spüren bekommen. Im Falle weiterer Zuspitzungen könnten sich allerdings innerhalb und außerhalb der Streitkräfte auch militärische Subkulturen entwickeln, die zu Gruppen und Organisationen führen, die sich von der sie umgebenden Zivilgesellschaft abgrenzen und jedwedem demokratischen Politikverständnis feindlich gegenüberstehen.

Literatur

Bundesministerium für Verteidigung (2011): Verteidigungspolitische Richtlinien vom 27.5.2011. Online: http://tinyurl.com/c9mtdx2.

Münkler, Herfried (2007): Heroische und postheroische Gesellschaften, in: Merkur, Heft 8/9, 2007, S. 742-752.

Seiffert, Anja (2005): Soldat der Zukunft. Berlin: Verlag Dr. Köster.

Seiffert, Anja (2012): 'Generation Einsatz' - Einsatzrealitäten, Selbstverständnis und Organisation. In: Seiffert, Anja/Langer, Phil C./Pietsch, Carsten (Ed./Eds.) (2012): Der Einsatz der Bundeswehr in Afghanistan. Wiesbaden: VS Verlag, 79-99.

Spreen, Dierk (2008): Krieg und Gesellschaft. Berlin: Dunker & Humboldt.

Warburg, Jens (2008): Das Militär und seine Subjekte. Zur Soziologie des Krieges. Bielefeld: Transcript.

„Where is the common sense?" Zur Inneren Führung der „Neuausrichtung" der Bundeswehr

Klaus Naumann

Jede Reform der Instrumente, Apparate und Verfahren der Sicherheitspolitik hat, insbesondere wenn sie sich auf die politisch-militärisch-zivilen Kernstrukturen bezieht, mit verschiedenen Grundproblemen zu kämpfen, die bis in die Abläufe und Zielhorizonte hineinwirken. Die nicht eben geringe Anforderung einer Reform wie der aktuellen „Neuausrichtung" der Bundeswehr besteht darin, die komplexen Rahmen- und Wirkungsbedingungen von Sicherheitspolitik einzubeziehen (und nicht nur als Störfaktor zu betrachten), um daraus die entsprechenden konzeptionellen und kommunikativen Schlussfolgerungen zu ziehen. In Frage stehen damit nicht allein die Buchstaben, sondern vor allem auch der „Geist" der angestoßenen Veränderungsprozesse.

Sicherheitspolitik trifft auf eine gesellschaftliche Disposition, die sicherheitspolitische Leistungen (die ohnehin schwer zu qualifizieren oder zu beziffern sind) als Rahmengarantien ihrer gewohnten Lebensform begreift und als selbstverständlich voraussetzt. Dabei hat sich die Legitimations- und Begründungsstruktur dieser Leistungen mit dem Fortfall des Ost-West-Gegensatzes und dem Abschied vom Primat der Landesverteidigung verkompliziert. Mit anderen Worten, „Sicherheit" ist voraussetzungsreicher geworden, aber die sicherheitspolitischen Vorhaben, die ins Werk gesetzt werden, sind nicht von gleicher Evidenz und Plausibilität wie die damalige Landesverteidigung – und auch die war schon in ihrem Sinn und Nutzen immer wieder heftig umstritten. Hinzukommt, dass die verabreichten Mittel militärischer Gewaltanwendung zwar in akuten Krisensituationen, Nothilfen oder Geiselbefreiungen akzeptiert werden, diese Zustimmungsbereitschaft sich jedoch aufzulösen beginnt, wenn langwierige, ergebnisoffene, robuste und kostspielige Militäreinsätze durchgeführt werden. Daraus ergibt sich das Paradox, dass „die Bundeswehr umso mehr geschätzt (wird), je weniger ihre Missionen einen genuin militärischen Charakter besitzen."[1] Dieser Befund

---

[1] Wilfried von Bredow, Der Afghanistan-Schock. Über die deutschen Schwierigkeiten mit einer kognitiven Lücke in der Sicherheitspolitik, in: Carlos Collado Seidel (Hg.), Geheim-

enthält zwei Implikationen. Zum einen macht sich darin eine anhaltende Aversion gegen den Einsatz militärischer Gewalt geltend, zum anderen aber gewinnt diese Haltung ihre Überzeugungskraft auch daraus, dass der Nutzen militärischen Eingreifens umso unklarer erscheinen muss, je weniger die komplementären zivilen Aktivitäten, die dem Unternehmen Dauer und den Ergebnissen im Einsatzraum Stabilität und Nachhaltigkeit verleihen sollen, den gesteckten Zielmargen entsprechen. Die öffentliche Ablehnung speist sich also nicht allein aus Affekten oder Aversionen, sondern auch aus begründeten (rationalen) Einwänden. Der zuletzt genannte Aspekt ist politischer Argumentation zugänglich – und enthält ein beträchtliches Aufforderungspotential an die Gestaltung der Sicherheits- und Militärpolitik.

Die Pointe dieses Arguments besteht darin, dass sich in den Akzeptanzproblemen der Sicherheits- und Einsatzpolitik sachlogische Probleme der Ausrichtung der Streitkräfte, der Gestaltung der Führungs- und Leitungsstrukturen, der politisch-militärischen Vernetzung, des gesamtstaatlichen Zusammenhandelns oder der strategischen Kommunikationsfähigkeit spiegeln. Es hat also wenig Sinn, von einer Strukturreform des Ministeriums und der Streitkräfte zu sprechen, wenn diese Struktur- und Wirkungsbedingungen künftiger Sicherheitspolitik nicht mitbedacht werden. Das setzt jedoch die Bereitschaft voraus, den eigenen institutionell fixierten und beglaubigten Denk- und Handlungsstil selbst einer „Neuausrichtung" zu unterziehen. Verkürzt gesagt, die anhaltende Skepsis der Öffentlichkeit gegenüber den Auslandseinsätzen informiert über vieles mehr als nur über labile „Meinungsmehrheiten". Zieht man die vorliegenden Befunde der SOWI-Umfragen zu Rate, so entwerfen sie – gegen den Strich gelesen – ein recht differenziertes Bild von den Defiziten der offiziell vertretenen „erweiterten", „vernetzten" und „gesamtstaatlichen" Sicherheitspolitik.[2]

Aktuelle Komplikationen der „Neuausrichtung"

Da der große Wurf einer sicherheitspolitischen Reform – trotz des beeindruckenden Ausmaßes der in Angriff genommenen Doppelreform von Mi-

---

dienste, Diplomatie und Krieg. Das Räderwerk der Internationalen Beziehungen. Münster 2013, S. 280.

[2] Vgl. die jährlichen „Bevölkerungsbefragungen" des Sozialwissenschaftlichen Instituts der Bundeswehr (jetzt Teil des Zentrums für Militärgeschichte und Sozialwissenschaften der Bundeswehr).

nisterium und Streitkräften – einmal mehr ausgeblieben ist, können die aktuellen Komplikationen der „Neuausrichtung" nicht verwundern. Dabei fallen drei Gesichtspunkte ins Auge.

Zum einen bemüht sich der Minister engagiert, eine gesellschaftliche Debatte über die Bundeswehr und Sicherheitspolitik in Gang zu bringen. Das scheint nicht so recht zu gelingen, und einer der Punkte, der im Zusammenhang mit dem weiteren Schicksal der „Neuausrichtung" beunruhigt, liegt genau in dem bereits skizzierten Befund: Die Gesellschaft, die Öffentlichkeit, auch die Medien, verbuchen die Sicherheitspolitik unter ferner liefen. Auf diese Ausgangslage zu reagieren, ohne den notwendigen inneren Zusammenhang von Sicherheitspolitik und Sicherheitskommunikation genau so in Rechnung zu stellen wie – so eine der Forderungen des Ministers[3] – den Zusammenhang von Sicherheitspolitik und „Neuausrichtung", hieße eine entscheidende Voraussetzung für das Gelingen der Reform preiszugeben.

Zum zweiten ist für den, der es noch nicht wusste, durch zwei Befragungen unter Führungskräften und Angehörigen der Bundeswehr deutlich geworden, dass der angeschobene Strukturwandel zwar für unausweichlich gehalten wird, seine Dimension, Richtung und „Vision" (die Ausrichtung der Ausrichtung) aber unklar geblieben sind, die Erfolgschancen skeptisch bewertet werden und die Mitwirkungsmöglichkeiten als gering veranschlagt werden.[4] Auch dieser Befund lässt sich auf die einleitenden Überlegungen zur den politisch-militärisch-zivilen Dimension der Sicherheitspolitik zurückprojizieren: Wenngleich unter anderen Voraussetzungen und mit anderer Perspektive klagen die Befragten über vergleichbare Missstände wie die Öffentlichkeit. Intern signalisiert das eine ziemliche Katastrophe für das Change Management, zumindest aber einen unüberhörbaren Warnschuss. Jedenfalls erledigt sich die formulierte Kritik und Skepsis nicht als ein quasi normales Begleitgeräusch, das man nur „hinzunehmen" hätte, um dann „Weiter so!" zu verkünden.

---

[3] Rede des Bundesverteidigungsminister Thomas des Maizière vor der Deutschen Gesellschaft für Außenpolitik. Berlin, 14. Juni 2012.

[4] Strohmeier, Gerd/John, Christoph, Militärische Führungskräfte bewerten die Neuausrichtung der Bundeswehr. Zielgruppenbefragung der TU-Chemnitz im Auftrag des Deutschen Bundeswehr-Verbandes. September 2012; Richter, Gregor, Veränderungsmanagement zur Neuausrichtung der Bundeswehr. Sozialwissenschaftliche Begleituntersuchung. Ergebnisse der Befragung 2012. Kurzbericht. SOWI, August 2012.

Zum dritten ist die „Neuausrichtung" bereits in die Phase der Fein-ausplanung eingetreten, während gleichzeitig die ersten Stimmen laut geworden sind, die eine „Reform der Reform" anmahnen oder für unausweichlich halten.[5] Das nervt vor allem die mit der Umsetzung Betrauten, denn ihre Aufmerksamkeit richtet sich nun – ganz automatisch – auf die „Mühen der Ebenen", das heißt darauf, die „Stellschrauben" des Wandels zu justieren, aber nicht darauf, die Werkzeugmaschinen neu einzurichten. Wenn es aber an strategischer Kommunikation nach innen wie außen fehlt, kann es zu einer Zerreißprobe werden, Umsetzung, Nachsteuern und Zielklärungen unter einen Hut zu bringen.

Kurzum, das alles passt schlecht zueinander. Einerseits geht's ans Detail der Umsetzung, andererseits sind Grundfragen ungeklärt, zum dritten herrscht offenbar eine nervöse Unzufriedenheit in den eigenen Reihen und schließlich klafft eine beachtliche Lücke zwischen den Überzeugungen der sicherheitspolitischen Elite und den Auffassungen der Bevölkerung. Was man fürs Erste festhalten kann, ist der folgende Befund: Sowohl die Außen- wie die Binnenkommunikation der „Neuausrichtung" bzw. der Sicherheits-politik sind gestört! Wenn das so ist, steht die Bundeswehr und ihre Führung vor mehr und anderem als einem bloßen Implementierungsproblem der beschlossenen Maßnahmen.

Rahmenbedingungen der Dauerreform

Für den gegenwärtigen Zustand gibt es Gründe, die im Operativen (oder Prozeduralen), im konzeptionell-politischen Zuschnitt und im Führungsstil liegen. Der erste Aspekt ist durchaus erklärlich. Seit nunmehr zwanzig Jah-ren bewegt sich die Bundeswehr (genauer: die Sicherheitspolitik insgesamt) in Reformsprüngen vorwärts, ohne jedoch den Grundbestand an Struktur-problemen (die Erblasten der vorhergehenden Ära) gänzlich aufgelöst zu haben.[6] Insofern kann man trotz eines Übermaßes und Überdrusses an Re-

---

[5] Vgl. SPD-Bundestagsfraktion, AG Außen- und Sicherheitspolitik, De Maizières „Neuaus-richtung" der Bundeswehr muss dringend nachgesteuert werden. Berlin, September 2012.

[6] Vgl. Franz-Josef Meiers, Zu neuen Ufern? Die deutsche Sicherheits- und Verteidigungs-politik in einer Welt des Wandels 1990 – 2000 Paderborn 2006; aktuell vgl. Ders., Aufbau, Umbau, Abbau: Die Neuausrichtung der Bundeswehr, in: Österreichische Militär-Zeitschrift, 3/2012, S. 286-295; vgl. auch die skeptische Prognose von Tom Dyson, „Con-demned forever to becoming and never to being?" The Weise Commission and German

formen, paradox genug, von einem verdeckten Reformstau sprechen. Sichtbar geworden ist das beim Auftakt der 2010/11 in Angriff genommenen neuerlichen Reformwelle. Husarenstreich und Herkulesarbeit lagen dabei dicht nebeneinander. Das eine besorgte der frühere Minister, das andere schulterte der Amtsinhaber (und in beiden Fällen die Angehörigen der Streitkräfte). Die Wehrpflicht wurde handstreichartig (mit viel politisch-taktischem Geschick) abgeräumt, aber leider ohne den langen Atem einer grundsätzlichen Verständigung, was dieser Wandel impliziert – nach innen wie nach außen. Bei der „Neuausrichtung" wurde dann das Großexperiment gewagt, Ministerium, Truppe und Zivilverwaltung gleichzeitig zu verändern. Dabei riskierte man zweierlei. Zum einen konnte der Führungs- und Ruhepunkt des Ganzen verloren gehen, zum anderen konnte man beim Tempo der forcierten Umsetzung den Aufschluss von Gefolge und Öffentlichkeit aufs Spiel setzen. Beides ist dann eingetreten, und das ging umso besser und umso leichter, weil der konzeptionell-politische Zuschnitt – der zweite Aspekt – der „Neuausrichtung" unzureichend geblieben war.

Dafür sind wiederum zwei Indikatoren zu benennen. Obwohl die Sicherheitspolitik – schon seit Jahren – zur „gesamtstaatlichen" und „ressortgemeinsamen" Aufgabe, zum „gemeinschaftlichen Projekt" erklärt und unter das Vorzeichen des „vernetzten Ansatzes" gestellt worden ist, erscheint die aktuelle „Neuausrichtung" in vielerlei Hinsicht wie ein Torso im sicherheitspolitischen Umfeld[7] – und so wird sie im Übrigen von 81% der befragten Führungskräfte auch wahrgenommen. Hinzu kommt jedoch, dass die strategischen Rahmenvorgaben des Ministeriums (Weißbuch 2006, bisher ohne Nachfolger; Verteidigungspolitische Richtlinien vom Mai 2011) von einem Allgemeinheitsgrad sind, mit dem sich zwar vieles begründen lässt und auch etliches an Strukturentscheidungen begründet wird (das ist nicht zu verkennen, dazu später mehr). Der gesamte Rest, der dann noch übrig bleibt, wird jedoch dem Tagesgeschäft überantwortet. Mit anderen Worten, es gibt keine strategische Kommunikation („mittlerer Reichweite") über die

Military Isomorphism, in: German Politics, 4/2011, S. 545-567; als Übersicht vgl. jetzt Ulf von Krause, Die Bundeswehr als Instrument deutscher Außenpolitik. Wiesbaden 2013.

[7] Einen Sicherheitspolitischen Gipfel hat es beispielsweise niemals gegeben. Vgl. den Vortrag des Landesvorsitzenden Nord des Deutschen Bundeswehr-Verbandes, Dieter Petersen. Flensburg, 30.10.2012.

Ziele, Zwecke, Aufgaben und Leistungen des laufenden sicherheitspoliti-schen Geschäfts.

In diesem Defizit bildet sich ein problematisches Handlungskonzept (der dritte Aspekt) ab, in dem sich ein (militär-)bürokratischer Politikstil und ein deduktiver militärischer Führungsstil unvorteilhaft verbinden. Wenn das gewählte Top-down-Verfahren bei der „Neuausrichtung" innerorganisato-risch beklagt wird, so gilt ähnliches mit Blick auf die politische Öffentlich-keit. Die wiederholten Debattenaufrufe des Ministers bestätigen indirekt diesen Mangel. Aber machen wir uns nichts vor, es kann sinnvoller Weise gar nicht um die große(n) Debatte(n) gehen, sondern um das Wie und Wor-über eines strukturierten Dialogs zwischen Politik, Militär, den diversen Öf-fentlichkeiten, den Medien und dem Publikum. Es nützt wenig, mit den fer-tigen Dokumenten in der Tasche nach öffentlichen Meinungsbekundungen zu rufen, ganz so als ob man mit dem Lehrstoff vor eine Schulklasse tritt und nun rege Beteiligung und Mitarbeit einfordert.[8]

Es mag ja so sein, dass wir über aussagekräftige Rahmendokumente der Sicherheitspolitik verfügen, aber sie sind weit entfernt davon, den ge-samten Strategiezyklus der unterschiedlichen Einzelvorhaben und Einsätze abzudecken geschweige denn zu synchronisieren. Das Zielkonzept der Re-form, ihre „Vision" bleibt nicht deshalb unscharf, weil es an großen Worten, Werten oder Interessendefinitionen fehlt, sondern weil diese Richt- und Zielwerte in den konkreten Verläufen und im Handlungsstil der verantwort-lichen Eliten nicht nachvollziehbar eingelöst werden und erkennbar bleiben. Sicherheitspolitik, wie andere Politiken auch, bedeutet „dilemma manage-ment" oder „navigation of dilemmas" (Paris/Sisk)[9] – aber das wird in der praktischen Umsetzung der Reform wie der Sicherheitspolitik insgesamt nicht nachvollziehbar ausbuchstabiert.

Die „Neuausrichtung" leidet unter operativen Defiziten, strategisch-politischen Lücken und einem wenig „responsiven" Führungsverständnis, das den selbst verordneten Maximen der Bundeswehr, der Inneren Führung, keinen Gefallen tut. Es ist ein Alarmzeichen ersten Ranges, wenn mehr als

---

[8] Vgl. Klaus Naumann, Jetzt bloß keine falsche Debatte. Die deutsche Sicherheitspolitik braucht weder Frontalunterricht noch Frontalangriff, in: Frankfurter Rundschau 6.12.2012.

[9] Vgl. Roland Paris/Timothy Sisk (Hg.), The Dilemmas of Statebuilding. Confronting the Contradictions of Post War Peace Operations. London-New York 2008, bes. das Schlusskapitel.

70% der Führungskräfte ihre mangelnde Einbindung in den Umsetzungsprozess bemängeln, aber nur 28% Handlungsbedarf in Sachen Innere Führung anmahnen. Was bedeutet das? Damit wird zu Protokoll gegeben, dass das ureigene Instrument, mit dem Einbindung zu gewährleisten, ja zu fordern ist, als solches gar nicht mehr wahrgenommen wird. Demgegenüber bleiben die Äußerungen des Ministers, die Grundsätze der Inneren Führung gelten für „alle Führungskräfte", sowohl für die militärischen wie für die zivilen Angehörigen der Streitkräfte, zunächst einmal folgenlose Appelle, weil sich der gewünschte Handlungsstil im Reformprozess schwerlich auffinden lässt.[10]

Soviel zu den Rahmenbedingungen der laufenden „Neuausrichtung". Der bisher zu beobachtende Befund lässt sich indessen noch erhärten, wenn man einmal die Binnen- und die Außenperspektive mit dem Reformprozess konfrontiert. Mit Blick auf die Binnen- oder Ablaufperspektive wird der exekutive (und militärische) Handlungs- und Problemstrang nachvollzogen, mit Blick auf die Außen- oder Kontextperspektive die eher gesellschafts- und staatspolitische Wahrnehmung des gleichen Vorgangs. Unter beiden Vorzeichen lassen sich Reibungspunkte (Zielkonflikte usw.) beobachten, in denen sich bei genauerer Betrachtung einige Schnittmengen und konvergierende Aspekte zeigen.

Der institutionelle Denk- und Handlungsstil

Ausgangs- und Ablaufpunkte sind hier weniger die Lageanalyse, die Bestimmung von Auftrag und Aufgabe, die strategische Rahmung und die entsprechende Kongruenz von Zwecken, Zielen und Mitteln. Das ist zwar so auf dem Papier,[11] und gewiss ist das auch nicht frei erfunden; aber neu sind viele der – bspw. in den Verteidigungspolitischen Richtlinien – Rahmendaten und -überlegungen jedenfalls nicht. Die entscheidenden Determinanten bzw. Treiber des Prozesses liegen auf anderen Ebenen. Dabei geht es zunächst um das Dreigespann aus Einsatzfähigkeit, Finanzierbarkeit und Demografiefestigkeit. Diese Parameter sind immer wieder hervorgehoben worden, insbesondere vom Minister. Aber auch sie sind letzten Ende der Aus-

---

[10] Vgl. Rede des Bundesverteidigungsministers Thomas de Maizière auf der Bundeswehrtagung in Strausberg, 22. Oktober 2012.

[11] Vgl. zuletzt die BMVg-Broschüre „Die Neuausrichtung der Bundeswehr", März 2012.

druck von vor- und übergeordneten politischen Primärentscheidungen. Diese kreisen um Schlüsselkonzepte wie „Sicherheitsvorsorge" oder „Sicherheitsgestaltung", „Selbstbehauptung", „Bündnis-" und „Handlungsfähigkeit".

Das sind die eigentlich starken politischen Prämissen der Auftragsdefinition, der Aufgabenbeschreibung und der „nationalen Zielvorgabe". Aus ihnen ergeben sich die politischen Zielvorgaben sowie die politischen Zahlen (wie die Stärkeziffer „170.000+") und andere Daten des Gesamtprozesses. Mit anderen Worten, im Mittelpunkt der „Neuausrichtung" der Bundeswehr steht ein ganz bestimmtes Bild von der wünschenswerten (oder unumgänglichen) deutschen Rolle als Mittel-, Bündnis- und Handelsmacht im europäischen und globalen Kontext. Insofern sind die Anstrengungen des Ministers völlig plausibel, die gewachsene Erwartung an und die gestiegene Verantwortung von Deutschland hervorzuheben. Aber das hat seinen Preis. Denn das politische Kalkül geht notwendigerweise in die Neuausrichtung ein und macht sie zu einer Rechnung mit diversen Unbekannten – und das hat Auswirkung auf alle drei genannten Parameter.[12]

Die Realisierung einer so begründeten *Einsatzfähigkeit* verlangt eine politisch gewünschte Truppen- und Einsatzstärke, ein spezifisches Einsatzprofil der Streitkräfte insgesamt („Breite vor Tiefe") und die Steigerung der Durchhaltefähigkeit im Einsatz. Besonders an dem zuletzt genannten Ziel sind, auch unter den Führungskräften der Bundeswehr, starke Zweifel laut geworden (vgl. SOWI-Studie: 79% der Befragten). Der Führung des Hauses ist diese Problematik offenbar nicht verborgen geblieben, denn inzwischen wird die Befähigung zur Übernahme von Führungsverantwortung als Rahmennation bei multilateralen Einsätzen offensiv als ein Hebel propagiert, die – ansonsten fragliche – Durchhaltefähigkeit extern bei den übrigen Truppenstellern künftiger Einsätze einzuwerben.[13] Damit glaubt man, die gewünschte Orientierung „Breite vor Tiefe" durchhalten zu können. Mit anderen Worten, die Kernformel der Umstrukturierung ist alles andere als eine technische oder militärfachliche Größe; sie ist vielmehr eine durch und

---

[12] Informativ im Detail vgl. Franz-Josef Meiers, Aufbau, Umbau, Abbau, a.a.O. (Anm. 6).

[13] Vgl. Rede des Bundesverteidigungsministers Thomas de Maizière vor der Deutschen Gesellschaft für Auswärtige Politik, 14.6.2012; zur Problematik vgl. grundsätzlich Christian Mölling, Deutsche Verteidigungspolitik. Eckpunkte für eine überfällige Debatte, SWP-Aktuell 18, März 2012.

durch politische Setzung. Diese ist nun gewiss nicht leichtfertig oder willkürlich, aber sie beschreibt ein sicherheits- und militärpolitisches Handlungs-
programm, dessen Ausführung bislang wenig nachvollziehbar geblieben ist.

Einen vergleichbaren Problemfaktor enthält der Parameter *Finanzierbarkeit*. Bekannt ist der allgegenwärtige Zusatz des sog. Haushalts- oder besser gesagt: Finanzkrisenvorbehalts. Hier bewegt sich die „Neuausrichtung"
im Teufelskreis zwischen den schon vorhandenen und noch möglichen Ein-
sparvorgaben, der gewünschten Personalstärke und dem sicherheitspolitischen Rollenbild. Keiner kann mit gutem Gewissen über das Jahr 2015 hin-
ausblicken, während die Konsolidierung der runderneuerten Streitkräfte
erheblich mehr Zeit beanspruchen wird. Den *deus ex machina* in diesem Un-
terkapitel liefert zum einen die Stabilitäts- oder Konjunkturhoffnung, zum
anderen – wiederum – der Ausbau der Arbeits- und Lastenteilung im Bündnis, der durch die amerikanische Zurückhaltung noch dringlicher wird. Trifft
jedoch auch nur eine dieser beiden Erwartungen nicht ein, schlagen die
Auswirkungen unmittelbar auf die Personalstärke, die Einsatzstärke und das
Credo „Breite vor Tiefe" durch. Unter diesen Bedingungen wird Deutschland seinen Bündnisbeitrag umgehend neu definieren müssen; zumal dann,
wenn angesichts ähnlicher Auswirkungen auch unter den Partnerstaaten eine
neue Runde im down-grading der nationalen Bonsai-Armeen eingeleitet
wird.[14] Die sicherheitspolitischen Definitionsaufgaben, die daraus entstehen,
sind beträchtlich; Ziele, Zwecke, Mitteleinsatz – alles wird neu durchdacht
und justiert werden müssen.

Mit der Vorhersehbarkeit in Sachen *Demografiefestigkeit* sieht es, trotz
aller anders lautenden Bekundungen, nicht sehr viel besser aus. Vielleicht
gelingt es, das Kontingent der Freiwillig Wehrdienstleistenden einigermaßen
aufzufüllen – aber gilt das auch für die dringend notwendige Anwerbung
und Verpflichtung von qualifizierten Zeit- und Berufssoldaten? Ein ausge-
feiltes Attraktivitätsprogramm der Bundeswehr lässt ebenso sehr auf sich
warten wie ein zufrieden stellendes Reformbegleitgesetz oder ein ausgearbei-
tetes und abgestimmtes Konzept der Freiwilligendienste in Deutschland. Ist
das alles nicht gewährleistet, bleibt es bei den bekannten Personalengpässen
und dem Beförderungsstau, der wiederum für die Attraktivität der Bundeswehr negativ zu Buche schlägt. Für Ende 2014 ist eine Zwischenbilanz der

---

[14] Die nächste magische Zahl für die Bundeswehr heißt dann vermutlich 140.000.

einschlägigen Maßnahmen angekündigt, also – freiwillig oder unfreiwillig – erst nach den im September 2013 anstehenden Bundestagswahlen.[15]

Das eigentlich Interessante an dieser Gemengelage vermeidbarer wie unvermeidbarer Probleme liegt in Folgendem. Die „Neuausrichtung" unterliegt politischen Umweltbedingungen und Ungewissheiten. Von den verantwortlichen Akteuren, ob mit oder ohne Uniform, können diese nicht als externe Wirkbedingungen abgebucht werden, die „hinzunehmen" oder zu „ertragen" sind, wie es gern im militärischen Verhaltenskanon heißt. Vielmehr verlangt der Transfer von Politik in Taktik, von exekutivem Willen in militärische Fähigkeiten mit- und miteinander redende Partner – und das bei einem Elitensegment, das wie kaum ein anderes über eine nur geringe horizontale Vernetzung im Elitenspektrum der Bundesrepublik verfügt. Mit anderen Worten, wollen die Akteure der Sicherheitspolitik, nicht zuletzt auch das Militär, die ihnen angetragene Rolle im erweiterten Sicherheitskonzept tatsächlich ausfüllen, sind sie mit dem Problem konfrontiert, ihren eigenen Denk- und Handlungsstil zu überprüfen. Was den laufenden Reformprozess betrifft, wäre ein erster (kleiner) Schritt in diese Richtung die kollektive Erarbeitung und Vorlage einer Zwischenbilanz, die mehr ist als ein selbstzufriedenes Abhaken. Gerade um Akteursqualität zu beweisen, wäre es geboten, die Unwägbarkeiten des eingeschlagenen Kurses als das zu nehmen und benennen, was sie (auch) sind – nämlich als Gestaltungsaufgaben eines gemeinsamen Vorhabens, das nur dann gelingen kann, wenn seine Nachvollziehbarkeit nach innen wie nach außen gewährleistet ist.

Die gesellschafts- und staatspolitische Perspektive

Wie stellt sich die „Neuausrichtung" unter dem Vorzeichen einer gesellschafts- und staatspolitischen Betrachtung dar? Der Ausgangspunkt und die Prozesswahrnehmung ist hier eine andere. Geht es in der Ablaufperspektive, wie verschränkt und verkantet auch immer, um die Deduktion von Maßnahmen, Größen und Strukturen aus vorgegebenen Leitvorstellungen, so denkt die gesellschafts- und staatspolitische Perspektive in Balancemodellen. Ausgangspunkt ist hier die ganz elementare Wahrnehmung, dass sich die Klammer zwischen Landesverteidigung, Wehrform und Staatsbürgerlichkeit

---

15 Vgl. Löwenstein, Bundeswehrverband sieht den Erfolg der Reform in Gefahr, FAZ 16.2.2012.

gelöst hat.[16] In der Wehrverfassung der „alten" Bundesrepublik garantierte sie ein vielleicht ungeliebtes, aber stimmiges Gesamtkonzept, in dem sich die drei Eckwerte gegenseitig trugen und bekräftigten. Diese Hintergrundgewissheit besteht nicht mehr. Sicherheitspolitik muss nun begründen und strukturieren, wie globale Sicherheitsvorsorge, Professionalismus und Staatsbürgerlichkeit (das neue Dreigespann) zusammenklingen. – Wie antwortet die „Neuausrichtung" auf diese Herausforderung?

1. Die politische Rhetorik der aktuellen Umstrukturierung ist hochgradig auf Effizienz und Effektivität abgestellt, während das öffentliche Unbehagen primär danach fragt, was diese Richtgrößen im konkreten Fall – siehe Afghanistan – tatsächlich an „Sicherheit" erwirtschaften. Dieses Ziel *Sicherheit* ist schwer zu beschreiben, aber in einem unterscheidet es sich grundsätzlich von den Zielwerten der Landesverteidigung. Vereinfacht gesagt, diese richtete sich auf die Wiederherstellung des *Status quo ante*, Sicherheitsvorsorge unter den gegebenen Bedingungen der Konflikt- und Krisenbewältigung stellt hingegen immer auf einen *Status quo post* ab, d.h. sie will erst noch einen tragfähigen Sicherheitszustand herstellen. Was aber im konkreten Fall wünschenswert und machbar ist (für „uns", für „sie"), bedarf aufwändiger Begründung – zumal dann, wenn es dabei immer nur um zweitbeste Lösungen gehen wird: Wie gut ist gut genug? Wie sicher ist sicher genug? Und dazu gehören die Gegenfragen: Hat es sich dafür gelohnt? War der Preis zu hoch? – Es ist zu bezweifeln, dass die erkennbaren Formen der Sicherheitskommunikation dem bisher gewachsen sind.

Sicherheit ist aber nicht nur legitimatorisch herausgefordert. Der Griff nach dem „erweiterten" Sicherheitskonzept relativiert ausdrücklich den militärischen Faktor, obwohl diesem, wie jeder sehen kann, das größte Ressourcenpotential zuerkannt wird. – Es ist kein Beitrag der „Neuausrichtung" erkennbar, dieses Missverhältnis auszugleichen. Auch wenn die „Schnittstellen" zu den Nachbarressorts strukturiert werden und der Wille zum Zusammenhandeln besser erkennbar geworden ist,[17] in den Verlautbarungen

---

[16] Vgl. jetzt Klaus Naumann, Monopolisierung der Gewalt und Praxen des Vertrauens. Zum stillen Wandel der deutschen Sicherheitsinstitutionen, in: Heinz Bude u.a. (Hg.), Gesellschaft – Gewalt – Vertrauen. Jan Philipp Reemtsma zum 60. Geburtstag. Hamburg 2012, S. 610-631.

[17] Vgl. die „Ressortübergreifende Richtlinien" zur Politik gegenüber fragilen Staaten, September 2012.

der „Neuausrichtung" schlägt sich das kaum nieder, am meisten noch als Klage über den fehlenden Beitrag der anderen. Und noch ein Drittes. Wenn das Militär in der Sicherheitsvorsorge zu einem (mit)gestaltenden Akteur in Prozessen mit offenem Ausgang wird, wenn es also hochgradig kontextbewusst und flexibel handeln muss, wie schlägt sich das in den Organisations- und Führungsstrukturen nieder? Sind „Schnittstellen", „Module", teilgemeinsame Einsatzvorbereitungen und ähnliches bereits die ausreichende Antwort? Welche Schlussfolgerungen legen die Einsatzerfahrungen in Afghanistan, speziell bei der Aufstandsbekämpfung und mit den Provincial Reconstruction Teams (PRTs) nahe?[18] Wie müssen sich Denk- und Handlungsstil des Militärs verändern, um einsatz- und kooperationsfähig zu sein?[19] Davon ist nicht viel zu erfahren. – Kurzum, aus der Außenperspektive betrachtet fehlt es an einem ausbalancierten Sicherheitskonzept.

2. Sicherheit ist – mehr als je zuvor – zu einer Angelegenheit von Politik und Sicherheitsakteuren geworden. Die Politik hat sich der *Wehrpflicht*, wie gesagt, handstreichartig entledigt, nun hat sie damit zu tun, die Folgen zu bewältigen. Die Klammer zwischen Gesellschaft und Militär ist dadurch erst einmal gelockert worden. Was das heißt, lässt sich in drei Punkten zusammenfassen. Wehrpflicht war eine Form der Bürgerverpflichtung, die voraussetzen konnte, dass es bei Landesverteidigung um die Sache („Heim&Herd") eines jeden einzelnen Bürgers ging. Zugleich war sie Ausdruck einer gemeinsamen Verantwortung, die auf der Erfahrung einer existenziellen Risiko- oder Schicksalsgemeinschaft zwischen Gesellschaft und Militär beruhte, und daher einen Kollektivbeitrag zum Schutz des Gemeinwesens rechtfertigte. Und schließlich enthielt die Wehrpflicht auch eine – modern gesprochen – Kompetenzvermutung, denn man konnte mit guten Gründen der Ansicht sein, der Bürger selbst sei der beste Kämpfer für die gemeinsame Sache.[20]

---

18 Vgl. Klaus Naumann, Paradoxe Intervention. Deutschland im afghanischen Transformationskrieg, in: Mittelweg 36, 1/2011, S. 81-108; ders., Der blinde Spiegel. Deutschland im afghanischen Transformationskrieg, Hamburg (Hamburger Edition) 2013.

19 Hier steht das Modell „Athen" gegen das Modell „Sparta". Vgl. dazu ElmarWiesendahl, Athen oder Sparta – Bundeswehr quo vadis? Bremen 2010.

20 Ausführlicher vgl. Klaus Naumann, Einsatz ohne Ziel? Die Politikbedürftigkeit des Militärischen. Hamburg 2008, Kap. III.

Der Stellenwert der damit angesprochenen politisch-symbolischen Güter ist unklar geworden: Welcher Eigenbeitrag ist dem Bürger für das Kollektivgut Sicherheit zuzumuten? Welche Beteiligungschancen gewährt die neue Ausrichtung auf globale Sicherheitsvorsorge? Welche Kompetenzen gesteht man dem Bürger in Sicherheitsfragen zu? – Auf diese Fragen der Balanceordnung zwischen Bürgern und Sicherheit müssen die „Neuausrichtung" und die Sicherheitspolitik antworten. Andernfalls riskieren sie, den Bürger auf den Steuerbürger, den Meinungsbürger und oder gar den Wutbürger zu reduzieren, anstatt ihn als aktiven Staatsbürger anzusprechen. Aber das ist nur die eine Seite der Medaille; auf der anderen steht der uniformierte Staatsbürger.

3. Folgt man den Verlautbarungen der „Neuausrichtung", ist das *Konzept des „Staatsbürgers in Uniform"* einer der wenigen unverrückbaren Felsen in den Brandung. Da heißt es dann: Das Konzept habe sich bewährt, an ihm werde festgehalten, Zweifel seien gegenstandslos, es werde weiter geführt usw. Dem ist insoweit zuzustimmen, als der rechtlich-vertragliche Status des Soldaten so bleiben wird, wie er zentral im Soldatengesetz fixiert worden ist. Soweit, so gut. Gleichwohl ist davon auszugehen, dass sich die Sozialfigur und das Akteursprofil dieses Staatsbürgers beträchtlich verändert – und verändern muss. Davon findet sich in der „Neuausrichtung" nichts. Werden Einwände in dieser Richtung erhoben, zieht man sich zurück aufs Normativ-Gültige und redet über den stillen Wandel des Balanceverhältnisses zwischen Staat/Politik, Soldaten und Gesellschaft hinweg, denn es kann nicht sein, was nicht sein darf.

Tatsächlich aber rückt der Soldat im Zuge der optionalen Einsätze (wars of choice), die man tut oder lässt, automatisch enger an Staat/Politik heran, während sich gleichzeitig der Abstand zur Gesellschaft vergrößert. Die Stichworte für diesen Prozess sind – die Verkleinerung der Streitkräfte, der Rückzug aus der Fläche, die Dauereinsätze, die Pendlerfrage und viele andere mehr. Andererseits werden die Soldaten zu militärischen Repräsentanten der Staatspolitik einer europäischen Mittel- und Bündnismacht; ihr Einsatzbeitrag – man muss nicht gleich von „Kabinettskriegen" sprechen – ist oft nur mittelbar einem erkennbaren Gewinn an Sicherheit zuzurechnen und oft sind es indirekte und sekundäre Zwecke (Bündnissolidarität), die den Ausschlag zum Einsatz geben. Die Angewiesenheit der Politik auf ihren Rat, ihre Erfahrung und ihre Interpretationsleistungen nimmt zu. Doch es fragt sich, ob der Gegenseitigkeit, die sich in dieser Entwicklung abzeichnet, tatsächlich schon Genüge getan wird. Im Vordergrund stehen organisatorisch-administrative Lösungen (wie die gemischten Abteilungen im Ministerium), aber es wird, man muss schon sagen: ausdrücklich vermieden, die Anregungen des vormaligen Bundespräsidenten Horst Köhler aufzunehmen, nach dessen Worten sich die Generalstabsoffiziere offensiv in der sicherheitspolitischen Debatte zu Wort werden sollen, um „Klartext nach innen und außen" zu reden. Doch um die Rederechte ist es schlecht bestellt, so dass man sich an die Formel des britischen Premiers David Cameron erinnert fühlt, der seinen Offizieren beschied „You do the fighting, I do the talking."[21]

„Where is the common sense" – Herausforderungen an die Staatsbürgerlichkeit

So gibt es Anlass, sich an die amerikanische Historikerin Barbara Tuchman zu erinnern, die auf die zentrale und entscheidende Rolle der Staatsbürgerlichkeit aufmerksam machte. In einer Rede an der Militärakademie West Point (1972) entwickelte sie den folgenden Gedanken. Zu den Auslandseinsätzen, Tuchman sprach hier von den „politischen Kriegen", bemerkte sie, „das bedeutet, dass er (der Soldat) mehr für politische und ideologische Zwecke eingesetzt werden wird als in der Vergangenheit."[22] Daraus aber ergäben sich zwei Herausforderungen – eine veränderte Haltung des Militärs zum Staat sowie ein verändertes Verhältnis zur Zivilgesellschaft. Die Einsätze, Tuchman bezog sich hier auf Vietnam, drängten den Soldaten die simple, aber folgenreiche Frage auf: „Where is the common sense?" Diese Frage sei die Quittung dafür, das Grundprinzip der Selbstverteidigung als exklusiven Kriegsgrund aufgegeben zu haben. Aber ihr Effekt bestehe darin, mit ihr eine zivile Perspektive des Urteilens eingenommen zu haben. Damit aber entfalle eine wesentliche Bedingung für die – jedenfalls in den Vereinigten Staaten – gepriesene Distanz des Militärs von der Zivilgesellschaft. Denn wenn „der Militär jetzt beginnen muss, sich die gleichen Fragen zu stellen und die gleichen moralischen Entscheidungen zu riskieren wie der Zivilist, kann er seine Distanz dann noch aufrechterhalten?"[23] Kurzum, folgerte

---

[21] Vgl. Klaus Naumann, Primat der Politik – Thesen zur Strategiefähigkeit der politischen Klasse und zur Elitefähigkeit des Militärs, in: Jahrbuch 2011 der Clausewitz-Gesellschaft. Hamburg 2011, S. 48-58.

[22] Barbara Tuchman, Generalship, in: Parameters, 4/2010, S. 18.

[23] Ebenda, S. 22.

Tuchman, „es war immer eine Herausforderung, General (bzw. Offizier; KN) zu sein; seine Rolle wird nicht einfacher, aber diejenige des Bürgers auch nicht."[24]

Damit schließt sich der Kreis der hier vorgetragenen Argumentation. In einem entscheidenden Punkt konvergieren die beiden hier vorgetragenen Perspektiven: Politik, Ministerium, Behörden und Militär sind dabei, die uniformierte wie die nicht-uniformierte Staatsbürgerlichkeit sträflich zu unterschätzen und zu unterfordern – innerinstitutionell und innermilitärisch, indem die Zweckbestimmungen („Vision") und die Bedingungen ihrer Realisierbarkeit, die Mitsprache- und Mitwirkungsmöglichkeit und die Nachvollziehbarkeit der laufenden Sicherheits- und auch Reformpolitik unzureichend bleiben; und politisch-gesellschaftlich, indem die Plausibilisierung dessen, was „Sicherheit" im jeweils konkreten Fall bedeuten kann, wie der Staat daher eine verantwortbare „Sicherheitsvorsorge" betreibt, wie ein responsiver, d.h. informationshaltiger, meinungs- und beteiligungsfreundlicher Bürgerdialog aussehen und was das alles für eine gemeinsame, auf das Sicherheitsproblem bezogene Staatsbürgerlichkeit bedeuten könnte, unscharf und unentschlossen bleibt. Insofern zieht sich ein roter Faden von den Schwächen der beanspruchten „erweiterten" Sicherheitspolitik über die Defizite des vernetzten Ansatzes zu den Mängeln strategischer Kommunikation bis hin zur Vernachlässigung jener Leitbilder des Führungs- und Handlungsstils, die – für das Militär – in den Maximen der Inneren Führung zum Ausdruck gebracht worden sind. Während die Handbücher des Chance Managements versichern, dass es im Strukturwandel entscheidend darauf ankäme, die Handlungsfähigkeit („agency") zu stärken, lässt gerade diese Bedingung erfolgreichen Wandels zu wünschen übrig.[25] Eine Regierungskunst der Sicherheit, die es vermag, die Klammer zwischen Regierung, Streitkräften und Gesellschaft neu schließen, sieht anders aus.[26]

---

[24] Ebenda, S. 22.

[25] Vgl. Ralph Thiele, Eliten und strategisches Change Management, in: Elmar Wiesendahl (Hg.), Eliten in der Transformation von Gesellschaft und Bundeswehr. Paderborn 2007, bes. S. 150f.

[26] Anregend in politiktheoretischer Perspektive vgl. Pierre Rosanvallon, Demokratische Legitimität. Unparteilichkeit – Reflexivität – Nähe. Hamburg 2010, S. 222-229; zum Problem responsiver Führung vgl. Grit Strassenberger, Politische Führung bei Robert Michels, Max Weber und Joseph Schumpeter, in: Harald Bluhm/ Skadi Krause (Hg.), Robert Mi-

chels' „Soziologie des Parteienwesens". Oligarchien und Eliten – die Kehrseite moderner Demokratie. Wiesbaden 2012, S. 192-213.

Extremerfahrungen als Zerreißprobe. Zum Wandel der Streitkräftekultur durch den Einsatz in Afghanistan

Marcel Bohnert

Prolog

Provinz Kunduz, Afghanistan, Oktober 2010

„Ob es uns politisch gefällt oder nicht, so ist die Lage. Ob wir es so nennen oder nicht, so ist die Lage. Die Lage so zu nennen, sind wir all denen schuldig,
die sich vor Ort den Gefahren aussetzen".[1]

Diese Worte, mit denen der deutsche Außenminister den Afghanistan-Einsatz erstmals als nicht-international bewaffneten Konflikt qualifiziert hatte, liegen noch in meinen Ohren, als ich schweißgebadet in einer Bundeswehr-Transall sitze, die im Sturzflug das Airfield in Kunduz ansteuert. Während es auf dem Lufttransport von Termez zum Zwischenstopp nach Mazar-E-Sharif noch recht heiter zuging, hängen die Teilnehmer dieses Fluges in bedrückender Stille ihren Gedanken nach. Die Gesichter der sich eng an eng gegenüber sitzenden Soldatinnen und Soldaten sprechen Bände. Einige haben ihren Helm unter den Sitz geschoben, um bei möglichem Feindbeschuss geschützt zu sein. Es geht nach Kunduz, in den *Kessel*, wie die Region mittlerweile von den deutschen Truppen vor Ort bezeichnet wird. Die Zeiten von *Bad Kunduz* waren lange vorbei. Es ist 2010, das Jahr, in dem die Bundeswehr hier die schwersten Gefechte ihrer Geschichte führt. Ich befinde mich mit meinem Kommandeur und einigen weiteren Kompaniechefs auf einer Erkundungsreise. In knapp acht Monaten übernehmen wir hier die Verantwortung.

---

[1] Bundesminister Guido Westerwelle während einer Rede vor dem Deutschen Bundestag am 10. Februar 2010

Nach einer harten Landung öffnet sich die Laderampe der Transall. Die glühende Sonne durchflutet den Frachtraum, die Soldatinnen und Soldaten booten in zwei Reihen nach hinten aus und ein beißender Geruch aus Benzin und Staub kriecht sofort in meine Nase. Vorbei an russischen Hubschrauberwracks und bewaffneten *Guards* geht es ohne viel Zeit zu verlieren zu aufgefahrenen Patrouillenfahrzeugen, die uns in zügiger Fahrt in das deutsche Feldlager, das *Provincial Reconstruction Team* (PRT) Kunduz, bringen.

Einige Stunden später befinden wir uns im *Tactical Operations Centre*, von dem aus das Gesamtgeschehen des neu aufgestellten deutschen Gefechtsverbandes, der *Task Force Kunduz*, koordiniert wird. Von hier kann die Situation der im Raum befindlichen Kräfte mit Drohnen überwacht werden, es gibt Spezialisten für Steilfeuer und Luftnahunterstützung. Der Kommandeur funkt mit dem Kompaniechef der 2. Kompanie, der in den frühen Morgenstunden mit der Gesprächsaufklärung in einer Ortschaft im Unruhedistrikt Chahar Darreh begonnen hat. Nach wenigen Minuten hört man ihn schreien: „Stehen im Feuerkampf, ich wiederhole, stehen im Feuerkampf, melde mich in Kürze, Ende!". Wir werden des Raumes verwiesen. Es gilt sich nun zu konzentrieren und den »Tourismus« zu unterbinden, der in der Operationszentrale einzusetzen droht, sobald sich sicherheitsrelevante Zwischenfälle ereignen. Die Zeit vergeht, ohne dass wir ein klares Lagebild erhalten können. Fragmente lassen uns erahnen, was sich »draußen« gerade ereignet: Die Panzerhaubitze 2000, ein im Feldlager Kunduz befindliches Artilleriegeschütz, beginnt zu feuern, eine Drohne wird gestartet, amerikanische Rettungshubschrauber heben ab. Wir erfahren erst später, dass ein feindlicher Scharfschütze während des Gefechtes einen jungen deutschen Fallschirmjäger schwer verwundet hat. Ein Schulterdurchschuss. Nicht der erste und auch nicht der letzte Angehörige der Kompanie, dessen Einsatz durch eine Verletzung vorzeitig beendet werden muss.

Afghanistan-Einsatz als Prägestempel

Als drittgrößter Truppensteller in Afghanistan wurde die Bundeswehr in den letzten elf Jahren enorm geprägt und verändert. Sie wurde mit einer Vielzahl neuer Anforderungen und Szenarien konfrontiert und hat als *Lernende Organisation* einen rasanten Entwicklungsprozess durchlaufen.[2] Die politische,

---

[2] Vgl. Bohnert 2013a

militärische und wissenschaftliche Analyse der Erfahrungen, Lehren und Folgen des Einsatzes für die Streitkräfte hat bereits begonnen und wird den Abzug der deutschen Kampfverbände bis Ende 2014 überdauern. In diesem komplexen und vielschichtigen Prozess ist auch die Frage zu klären, inwieweit der Einsatz am Hindukusch sich nachhaltig auf das innere Gefüge der Bundeswehr und das berufliche Selbstverständnis ihrer Soldatinnen und Soldaten ausgewirkt hat und noch auswirkt. Die radikale Veränderung der Einsatzrealität und das damit verbundene Auseinanderdriften der Erfahrungswelten bergen sowohl das Potential für innermilitärische Verwerfungen als auch neue Herausforderungen für die Integration der Bundeswehr in die Gesellschaft.[3]

Im Folgenden soll ein kurzer Umriss über die im Rahmen der aktuell unter dem Terminus *Zwei-Welten-Problematik*[4] diskutierten Entwicklungen gezeichnet und einige neue Aspekte beigetragen werden. Diese beziehen sich teilweise auf sozialwissenschaftliche Analysen, sind aber auch durch die eigene Einsatz- und Truppenerfahrung geprägt. Der Beitrag erhebt daher weder den Anspruch einer vollumfänglichen Reflexion, noch einer abschließenden Klärung der Debatte. Vielmehr sollen Impulse für einen weiteren Diskurs geliefert und weiterführende Forschung angeregt werden.

Multiple Einsatzrealitäten als Spannungsfeld

Klimatisierter Container, Schreibtisch, Feldlager.

Staub und Hitze, Stellungsgraben, Außenposten.

Diese Bilder könnten unterschiedlicher kaum sein. Und doch sind sie Realität ein und desselben Berufes. Die Realität ein und derselben Armee. Die Realität deutscher Soldatinnen und Soldaten im Ausland. Mehr denn je in der Geschichte teilen unterschiedliche Erfahrungs- und Werthorizonte heute die Bundeswehr. Der Grund hierfür ist insbesondere die seit spätestens 2008 drastisch verschärfte Einsatzrealität in Nordafghanistan und die damit verbundene Gefechtserfahrung deutscher Kräfte.

Die Ausprägung stark unterschiedlicher Lebensrealitäten von Soldatinnen und Soldaten dürften erhebliche Auswirkungen auf die Kultur unse-

---

[3] Vgl. Meier 2012, S. 4

[4] Vgl. Bohnert / Schröder 2011, S. 6; Seiffert / Heß, 2012, S. 24; Bohnert 2013a; Bohnert 2013b

rer Streitkräfte haben. Wie andere formale Organisationen weist auch die Bundeswehr eine Binnendifferenzierung mit pluralen Teilkulturen und -kollektiven auf, die nicht immer auf Harmonie, Kooperation und Synergie geeicht sind.[5] Einsatzsoldatinnen und -soldaten in Afghanistan unterscheiden bspw. sehr klar zwischen den vorrangig im Feldlager verbleibenden und der Minderheit der im Felde operierenden Kräfte.[6] Entsprechend solcher Differenzierungen entwickeln sich auch Selbstwahrnehmung sowie Selbstverständnis und damit die militärische Organisationskultur. Sich daraus ergebende interne Spannungen zeigen sich insbesondere in Phasen, in denen individuelle Bedrohungslagen stark variieren. Es existieren zahlreiche, teils skurrile Beispiele für das Aufeinandertreffen der verschiedenen Lebenswelten. Inzwischen populär gewordene Debatten über Regularien für Geschwindigkeitsbegrenzungen in Feldlagern, Anweisungen zur Mülltrennung sowie Abgas- und TÜV-Untersuchungen von Gefechtsfahrzeugen im Auslandseinsatz sind nur die Spitze des Eisberges. Wenn sich im Gästebuch der Lagerkantine des PRT Kunduz Wünsche wie „Kaba-Fit auch mit Erdbeergeschmack" oder „mehr Salz und Pfeffer am Salat"[7] nachlesen lassen, während Kampftruppen über Wochen unter widrigsten Bedingungen aus Vorposten im Feindgebiet operieren und schwere Gefechte führen, ist auch dies nur ein winziges Indiz für die fundamental unterschiedliche Wahrnehmung der Einsatzrealität durch Soldatinnen und Soldaten im Innen- und Außendienst. Beschwerden über wackelnde TV-Bildschirme beim Schießen der Panzerhaubitze 2000, »Wie war's im Urlaub?«-Begrüßungen von Patrouillenrückkehrern oder heitere Gruppenfotos auf ausgebrannten Dingo-Wracks sind schon weniger amüsant und sorgen bei der kämpfenden Truppe für Frustration und tiefes Unverständnis. Die Wiedergabe weiterer Episoden würden den Rahmen dieses Beitrages überschreiten, sie lassen sich aber zu

---

[5] Vgl. Hellmann 2011, S. 182

[6] Vgl. Bohnert / Schröder 2011, S. 6ff.; Seiffert / Heß 2012, S. 22; Meier 2012, S. 4; Chauvistré / Bangert 2012, S. 29; Deutscher Bundestag, 2012, S. 21; auf die Anwendung der diesbezüglich im Sprachgebrauch der Truppe verbreiteten Terminologie *Drinnies* und *Draußies* wird in diesem Beitrag verzichtet, da sie inzwischen mitunter abschätzig konnotiert und ideologisch aufgeladen ist. Weitere durch Soldatinnen und Soldaten vorgenommene Spezifizierungen erfolgen auf Grundlage verschiedener Einsatzgebiete und konkreter Bedrohungssituationen (Vgl. Bohnert 2013a).

[7] Schmidt 2010

genüge in themenbezogenen Texten[8] und im Erfahrungsaustausch mit Einsatzkräften finden.

In einem asymmetrischen Einsatzumfeld, in dem die *Counterinsurgency*-Strategie Anwendung findet, die Bundeswehr hochkomplexe *Operationen verbundener Kräfte* durchführt und im *System vernetzter Sicherheit* nur einen Akteur unter vielen anderen darstellt, gibt es über das Patrouillieren und Kämpfen hinaus sehr wichtige Handlungsfelder von Soldatinnen und Soldaten. Viele von ihnen durchleben einen stark inländisch geprägten Einsatz, erkennen allerdings die Last der außerhalb der Lager operierenden Kräfte an und tun alles dafür, deren Leben erträglicher zu machen. Einsatzerfahrungen zeigen immer wieder, dass eine Unmenge von selbst nicht übermäßig bzw. nicht regelmäßig gefährdeten Unterstützungskräften kontinuierlich und mit aller Kraft darauf hinarbeitet, »die Sache« gemeinsam voran zu bringen[9] – sei es bei der kontinuierlichen Analyse der Bedrohungslage, der nächtlichen Bergung und Instandsetzung beschädigter Gefechtsfahrzeuge, dem Steuern von Drohnen oder der Landung von Rettungshelikoptern in *heißen Zonen*. Es ist klar, dass es ohne die Infrastruktur und die Unterstützung aus den Feldlagern außerhalb nicht funktionieren würde. Die Monotonie eines mehrmonatigen Lagerlebens und der immense *Workload* in einem Stab wie dem *Regional Command North* sollten zudem keinesfalls unterschätzt werden. Auch wenn sie zu Recht im Schwerpunkt stehen, müssen deshalb auch im Raum operierende Kräfte stets sensibel dafür bleiben, dass im Hintergrund äußerst engagierte und gewissenhaft arbeitende Personen tätig sind.

Resultierend aus multiplen Erfordernissen des modernen Einsatzumfeldes ergibt sich im Ausland häufig ein prozentuales Missverhältnis von *Kämpfern* und Unterstützungskräften. Bundeswehrintern wird zahlreichen Möglichkeiten zur Verbesserung dieser ungünstigen *tooth-to-tail-ratio* nachgegangen. Als Beispiel hierfür ist das Prinzip der *Abstützung auf den Standort* zu nennen, bei dem die Versorgung der Einsatzkräfte mit Produkten und Dienstleistungen direkt aus Deutschland heraus erfolgt. Verbände, Einheiten und Teileinheiten werden zudem nicht zwingend organisch, sondern im *Task Force-Prinzip*, also für den jeweiligen Auftrag gegliedert in Missionen entsendet. Im diesbezüglichen Diskurs ist generell zu beachten, dass bestimmte Grunderfordernisse in Einsatzgebieten nicht unterschritten werden

---

[8] Vgl. u.a. Friedrichs 2011; Weigelt, 2012, S. 83f.

[9] Vgl. u.a. Hecht 2013, S. 13f.

dürfen. Etwa existiert auf Grund des fähigkeitsorientierten Planungsansatzes im Sanitätsdienst ab einer bestimmten Grenze keine Möglichkeit mehr zur weiteren Reduzierung des im Einsatz befindlichen Personals. Dies ist zur Sicherstellung von Versorgungskapazitäten bei Anschlägen oder Gefechten unverzichtbar, führt aber eben auch zu Situationen, in denen der Anteil der Sanitätskräfte am Einsatzkontingent bei zehn, zwanzig oder gar dreißig Prozent liegen kann.

Enorm wichtig erscheinen trotz aller Unverzichtbarkeit von Dienstleistern für die kämpfende Truppe eine allgemeine Anerkennung des offenkundigen Unterschiedes zwischen »drinnen« und »draußen« und das Finden einer entsprechenden Ausgleichsregelung. Wer außerordentliche Härten und Entbehrungen in Kauf nimmt und unmittelbar sein Leben riskiert, hat eine besondere Wertschätzung seiner Leistungen verdient. Angesicht der Gefallenen-, Verwundeten- und Traumatisiertenzahlen in Afghanistan lassen sich gravierende Differenzen in persönlichen Gefährdungsgraden nicht bestreiten. Der Wehrbeauftragte des Deutschen Bundestages formuliert in seinem 2012 erschienenen Jahresbericht dringenden Handlungsbedarf. Er kennt die nahe liegende Forderung vieler Soldatinnen und Soldaten nach einer finanziellen Lösung durch die weitere Ausdifferenzierung des *Auslandsverwendungszuschlages*, empfiehlt allerdings einen Ausgleich auf immaterieller Basis. Dieser könnte z. B. durch die höhere Anrechnung von Einsatztagen außerhalb von Feldlagern auf die Gesamtdienstzeit erfolgen.[10] In der praktischen Umsetzung von konkreten Maßnahmen gäbe es unbestritten eine Vielzahl an Fragen zu klären, um eine Gefährdung des *sozialen Friedens* innerhalb der Bundeswehr weitgehend ausschließen zu können.

Weitere Spannungsfelder

Die „Zwei-Welten-Wahrnehmung"[11] von Soldatinnen und Soldaten ist auf mehreren Ebenen zu verorten. Sie entsteht nicht nur aus dem eben dargestellten, durch (a) ungleiche Gefährdungs- und Belastungssituationen erzeugten Unmut[12], sondern weiterhin durch (b) wechselnde und sich teilweise diametral gegenüberstehende Anforderungen an den Einzelnen im Einsatz,

---

[10] Vgl. Deutscher Bundestag 2012, S. 21
[11] Meier 2012, S. 4
[12] Vgl. Deutscher Bundestag 2012, S. 21

(c) den fundamentalen Unterschied zwischen dem Dienst im Einsatz und am Heimatstandort, (d) einen potentiellen Generationenkonflikt zu der im *Kalten Krieg* sozialisierten Soldatengeneration sowie (e) die mangelnde Würdigung soldatischer Leistungen in Politik und Gesellschaft.[13] Zu den beiden letztgenannten Aspekten im Folgenden noch einige Ausführungen:

Zu (d): Stromlinienförmig durch ihre Dienstzeit gleitende und im Karrieredenken verhaftete Vorgesetzte sehen sich einer durch Pragmatismus geprägten Soldatengeneration gegenüber, die oft nur noch in Teilbereichen vom Erfahrungswissen ihrer übergeordneten Führung profitieren kann.[14] Der *Ost-West-Konflikt* hat die Denkmuster in den Streitkräften über Jahrzehnte geprägt und führt stellenweise noch immer zu einem verzerrten Bild der heutigen Einsatzrealität. Als Ende 2011 Helmkameras nach Afghanistan geliefert wurden, um der deutschen Öffentlichkeit einen besseren Eindruck vom dortigen Tages- und Kampfgeschehen vermitteln und die Akzeptanz des Einsatzes in der Bevölkerung steigern zu können, sahen sich gefilmte Soldatinnen und Soldaten dienstlicher Kritik aus dem Heimatland ausgesetzt, weil sie bei Patrouillen keine vorschriftsmäßige Kleidung trugen.[15] Nun gibt es zahlreiche gute Gründe dafür, sich auch im Auslandseinsatz innerhalb vernünftiger Grenzen an die vorgeschriebene Anzugordnung zu halten.[16] Die Wirkung einer solchen Rüge von höchstgefährdeten Soldatinnen und Soldaten aus der friedlichen Heimat ist allerdings ein nicht zu unterschätzender Fauxpas und schädigt das Vertrauen der Truppe in »die da oben«. Dem durch die *Innere Führung* eingeforderten partnerschaftlichen Umgang zwischen Vorgesetzten und Untergebenen entspricht diese Vorgehensweise in jedem Falle nicht. Entscheidend ist in solch einem sensiblen Kontext vermutlich vor allem die Art und Weise der Kommunikation. Es gilt, überkommene und streng hierarchische Denkstrukturen zumindest zeitweise durch eine Verständigung auf Augenhöhe zu ersetzen. Militärische Hierarchien und ein kooperativer Führungsstil stellen keine unauflöslichen Gegensätze dar und ein Hinweis auf kameradschaftlicher Ebene hätte die Verärgerung über eine derartige Einmischung vermutlich in Grenzen halten können. Die Akzeptanz und Anerkennung von Vorgesetzten und entspre-

---

13 Vgl. Meier 2012, S. 4

14 Vgl. Shea 2012, p. 16; Meier 2012, S. 4; Seiffert / Heß 2012, S. 23f.

15 Vgl. Bauer 2012, S. 27

16 Vgl. Bohnert 2012, S. 64

chender Befehle waren ohnehin noch nie allein durch Dienstgrad, Dienststellung oder ein formales Vorgesetztenverhältnis zu erreichen. In im Auslandseinsatz dienenden Kampfeinheiten ist ein genereller Trend zu flacheren Hierarchien zu beobachten, ohne dass hierbei Illoyalität zu einem Problem würde. Was wenigstens nötig erscheint, ist das grundlegende Eingeständnis, unabhängig von Ausbildung, Dienstalter und Dienstposten voneinander lernen zu können. Sollte dies nicht gelingen, besteht innerhalb der Bundeswehr die Gefahr eines echten Generationenkonfliktes.[17]

Zu (e): Soldatisches Selbstverständnis wird auch in Wechselwirkung mit Politik und Gesellschaft geprägt. Natürlich sind Soldatinnen und Soldaten selbst Teil der Gesellschaft, für deren Verteidigung sie ausgebildet und eingesetzt werden. Ebenso existieren neben dem durch die parlamentarische Kontrolle bestimmten Verhältnis auch auf individueller Ebene zahlreiche Verbindungen zwischen Politik und Militär. Beispielsweise stehen einige politische Mandatsträger den Streitkräften temporär als Reservisten zur Verfügung und einige Angehörige der Streitkräfte engagieren sich wiederum politisch. Allerdings scheinen diese Stränge lange nicht für ein echtes Gemeinschaftsgefühl auf breiter Basis auszureichen. Gerade Politikern lässt sich häufig ein generelles Unwohlsein beim Umgang mit dem Militär anmerken.

Auch die deutsche Bevölkerung scheint der rasant gewandelten Einsatzrealität etwas ratlos gegenüberzustehen. Ungeachtet zahlreicher Meldungen über Anschläge und komplexe Hinterhalte war ihr zunächst lange nicht bewusst, in welcher Intensität deutsche Truppen in Nordafghanistan Gefechte führten. Ein öffentliches Erwachen erfolgte wohl erst mit dem unverhofften *Paukenschlag* im September 2009, als der damalige PRT-Kommandeur Oberst Georg Klein die Bombardierung zweier in der Furt des Kunduz-Rivers feststeckender Tanklastzüge befahl.[18] Trotz aller Tragik des Ereignisses war es vor allem dieser Zwischenfall, der wesentlich zu einer sukzessiven Korrektur des Afghanistan-Bildes in Deutschland beigetragen hat.

Obgleich die generelle verteidigungs- und sicherheitspolitische Medienberichterstattung durchaus umfangreich ist, gelingt es auch ihr offenkundig nicht, ein ehrliches Interesse für militärische Belange zu wecken.

---

[17] Vgl. Meier 2012, S. 4; Seiffert / Heß 2012, S. 23f.; Friedrichs, 2011
[18] Vgl. Hellmann 2011, S. 169; Seiffert / Heß 2012, S. 21

Exemplarisch hierfür steht die 2012 vom Bundesminister der Verteidigung angestoßene Debatte über den Veteranenbegriff, die weder in Politik noch in Gesellschaft eine nennenswerte Resonanz hervorgerufen hat. Wie soll sie auch, wenn Politiker jahrelang hiermit verbundene Ausdrücke wie *Verwundung*, *Kampfeinsatz* und *Kriegsgebiet* vermieden haben. Nach wie vor haben derlei Begriffe keinen umfassenden Einzug in den gesellschaftlichen Sprachgebrauch gefunden. Die strenge, formaljuristisch korrekte Begriffsnutzung schien wichtiger, als die Nähe zu Soldatinnen und Soldaten sowie deren Familien. Gerade für sie ist es aber eben ein Unterschied, ob jemand »einsatzbedingt ums Leben gekommen« oder »gefallen« ist. Es ist ein Verdienst unseres ehemaligen Bundesministers der Verteidigung, Karl-Theodor zu Guttenberg, dass er die offizielle, verklausulierte Verdrängungsrhetorik durch eine klare und vor allem verständlichere Wortwahl ersetzte.

Nun darf nicht unerwähnt bleiben, dass auch die militärische Führung eine Mitschuld an der beschriebenen Situation trifft. Die Jahrzehnte lang praktizierte mediale Zurückhaltung auch da, wo keine nachvollziehbaren Geheimhaltungszwänge als Begründungen herangezogen werden konnten, hat die Kluft zwischen Militär und Zivilgesellschaft mitverursacht. Wo öffentliche Aufmerksamkeit eingefordert wird, muss auch die Bereitschaft zur Einbindung von Medienvertretern vorhanden sein. Der militärische Grundsatz »Wirkung geht vor Deckung« wurde hier allzu oft ins Gegenteil verkehrt.[19] Nervöse Presseoffiziere, die aus Furcht vor dem rauen Sprachjargon einfacher Landser selbst mit seriösen Journalistinnen und Journalisten nur *guided tours* unternahmen, anstatt ihnen einen Zugang zur *Schlammzone* zu gewähren, und damit nichts als die ausgeprägte *Bunkermentalität* der Streitkräfte vermitteln konnten, waren in der Vergangenheit des Öfteren Grund für verzerrte und auch peinliche Berichterstattungen. Erfahrungen zeigen, dass ein vernünftiger Umgang mit Journalistinnen und Journalisten in aller Regel auch zu fair formulierten Beiträgen führt.[20] Und wenn das mal nicht der Fall ist, wird die Bundeswehr das wohl aushalten können und müssen.

Durch das wahrgenommene gesamtgesellschaftliche Grundmisstrauen und einen permanenten Rechtfertigungskampf in der Heimat erhöht sich das Desintegrationsrisiko deutscher Soldatinnen und Soldaten. Von offizieller und teilweise auch sozialwissenschaftlicher Seite wird die gute Akzeptanz

---

[19] Vgl. Böcker 2011, S. 8
[20] Vgl. Bohnert / Schreiber 2013

der Bundeswehr in der Bevölkerung zwar zunehmend betont, sie ist jedoch kaum allgegenwärtig spürbar, und gerade die Klage von in existentiellen Kämpfen befindlichen Kräften über die mangelnde Anerkennung ihrer Leistungen in der Heimat ist ein „Lamento in der Dauerschleife".[21] Dabei geht es weder um das von Bundesminister der Verteidigung Thomas de Maizière artikulierte unbegründete »Gieren nach Anerkennung«, noch um übertriebene Wehleidigkeit. Für ein souverän gelebtes soldatisches Selbstverständnis ist der soziale Rückhalt und die Anteilnahme von Familie, Gesellschaft und Politik unverzichtbar.[22] Wenn Soldatinnen und Soldaten sich zunehmend als heroische und unverstandene Sondergemeinschaft verstehen, werden sie sich durch *Selbstextraktion* auch zunehmend willentlich ausgrenzen.

Stellenwert der Inneren Führung

Das Konzept der *Inneren Führung* erhebt den Anspruch, das Selbstverständnis und die Führungskultur der Bundeswehr abzubilden und ist als Idee und Theorie für alle Angehörigen unserer Streitkräfte bindend. Es entstand unter den Vorzeichen des *Kalten Krieges* und musste sich bis vor wenigen Jahren nicht im Kontext von Kampfeinsätzen bewähren. Seine Übertragbarkeit auf extreme Szenarien gestaltet sich zweifelsohne schwierig. Es bedarf jedoch auch unter neuen Rahmenbedingungen eines tragfähigen Gesamtkonzeptes, aus dem heraus deutsche Soldatinnen und Soldaten ihr Selbstverständnis ableiten können. Inzwischen scheint die *Innere Führung* nicht mehr überall gleichermaßen Beachtung zu finden und teilweise nur noch als Theorie begrenzter Reichweite wahrgenommen zu werden. Es lässt sich zwar durchaus annehmen, dass sie auch unter extremen Einsatzbedingungen noch eine latente Wirkung entfaltet und viele Soldatinnen und Soldaten intuitiv durch sie gelenkt werden, man wird aber wohl davon ausgehen müssen, dass viele Streitkräfteangehörige ihr bestenfalls indifferent gegenüberstehen.

Angesichts verschärfter Einsatzszenarien muss der *Inneren Führung* zu neuer Geltung verholfen werden. Beteuerungen unveränderter Gültigkeit oder die einfache Fortschreibung klassischer Formeln führen möglicherweise an der gelebten Kultur vorbei und können damit zu einem ernsthaften Glaubwürdigkeits- und Legitimierungsproblem des Konzeptes führen. Um

[21] Schmidt 2010
[22] Vgl. Birkhoff 2014

zukünftig nicht in die Bedeutungslosigkeit zu entgleiten, erscheint eine Anpassung an streitkräfteinterne Entwicklungen und sicherheitspolitische Veränderungen unbedingt erforderlich. Die verdrängte Auseinandersetzung mit Selbstverständnis und Motivation von Soldatinnen und Soldaten kann zu allgemein als unerwünscht empfundenen Konsequenzen, wie dem mentalen Rückzug auf das Idealbild des *Kämpfers* oder erhöhtem Streben nach Reglementierung und Absicherung führen.[23] Es gilt, die zweifelsfrei vorhandenen Unterschiede zwischen Zivilgesellschaft und Militär anzuerkennen[24], aber ebenso zu berücksichtigen, dass wohl gerade das der *Inneren Führung* innewohnende Leitbild des *Staatsbürgers in Uniform* die Akzeptanz und den Grad der Verankerung der Bundeswehr in der deutschen Bevölkerung positiv moderiert.

Ausblick

Bundeswehrsoldatinnen und -soldaten haben sich inzwischen im gesamten Spektrum möglicher Aufgaben bewährt. Im modernen Einsatzumfeld werden sie mit einer Vielzahl von Ambiguitäten und Widersprüchen konfrontiert, die sich auf das im Ausland vorherrschende Normen- und Wertesystem, die eigene hybride Rolle als Aufbauhelfer, Vermittler und Kämpfer in asymmetrischen Szenarien oder die spätere Rückkehr in den verregelten und technokratisch anmutenden Heimatdienst beziehen können. Auch wenn die Bundeswehr in den letzten Jahren immer wieder eine enorme Strapazierfähigkeit bewiesen hat, können interne Zerwürfnisse zu einer Zerreißprobe werden.

Es ist kein Geheimnis, dass ein großer Teil der Bundeswehrführung nicht das erlebt und durchgemacht hat, was sie ihren eigenen Soldatinnen und Soldaten abverlangt. Das liegt in der Natur der Sache und stellt für sich betrachtet auch keine unüberwindliche Schwierigkeit dar. Zukunftsweisend erscheint in dieser Situation eine weitgehend offene Kommunikationskultur auf Augenhöhe, wie sie bereits in vielen Bereichen unserer Streitkräfte gelebt wird. Dazu zählen die Annahme der geänderten Realität, die Akzeptanz unterschiedlicher Erfahrungen sowie der ehrliche Austausch über eigene Fähigkeiten, Grenzen und Möglichkeiten. Gute Vorgesetzte werden Ressour-

---

[23] Vgl. Schilling 2011, S. 242
[24] Vgl. von Uslar / Walther 2012, S. 78ff.

cen und Potenziale ihres unterstellten Bereiches erkennen, nutzen und gewinnbringend fördern. Zu Gunsten des Einzelnen und zu Gunsten der militärischen Gemeinschaft.

Das Wissen um den gemeinsamen Auftrag sollte das wechselseitige Verständnis zwischen Soldatinnen und Soldaten mit unterschiedlichsten Aufgaben-, Tätigkeits- und Erfahrungshorizonten stärken können und einer Versöhnung im Geiste zuträglich sein. Unterschiedliche Perzeptionen der militärischen Realität sind per se gegeben und werden sich nie vermeiden lassen, jedoch ist ein Modus ihrer Verträglichkeit anzustreben. Insbesondere im Einsatz ist zu erwarten, dass Unterstützungskräfte ihren Bedarfsträgern aus Überzeugung und mit allen zur Verfügung stehenden Kräften und Mitteln zuarbeiten. Die kämpfende Truppe, zu der bei Weitem nicht nur die klassischen Kampftruppen zählen, muss auch im *Ansatz vernetzter Sicherheit* im Fokus eines jeden Einsatzkontingentes bleiben. Alle handelnden militärischen Akteure sollten ihre Tätigkeit ohne überzogene Befindlichkeiten vorrangig an deren Erfordernissen ausrichten. Ein solches Verständnis hat das Potential, auf der Arbeitsebene im umfassenden Sinne sinnstiftend zu wirken und eine Entschärfung der Debatte herbeizuführen.

Durch die zugespitzte Einsatzrealität haben sich neben Verbesserungen im Bereich der Ausrüstung, Struktur und Versorgung[25] auch auf kultureller Ebene eine Reihe positiver Entwicklungen vollzogen. Gemeinsam durchlebte Strapazen und Extremerfahrungen haben viele Gefechtsverbände weitgehend unabhängig von Schulterklappe, Geschlecht, Barettabzeichen und Litzenfarbe zusammengeschweißt. In Afghanistan versehen Mannschaftssoldaten wie Offiziere, Frauen wie Männer und Infanteristen wie Panzergrenadiere, Artilleristen, Fernmelder, Pioniere, Instandsetzer, Kampfmittelsucher oder Aufklärungskräfte ihren Dienst weit außerhalb der schützenden Lagerzäune. Selbst Angehörige von Marine und Luftwaffe agieren unter höchster Gefährdung in afghanischen Unruhedistrikten.[26] Hierdurch hat in verschiedenen Organisationsbereichen und Truppengattungen ein positiver Mentalitätswandel eingesetzt. Als Beispiele lassen sich die Feldjäger- oder die Sanitätstruppe nennen, deren generelle Kultur sich nach weitläufiger Meinung durch die Afghanistan-Erfahrung spürbar gewandelt und professionalisiert hat. Unter der gemeinsamen Außenbedrohung ist eine

---

[25] Vgl. Bohnert 2013a
[26] Vgl. Bohnert / Schreiber 2013

Solidarisierung mit anderen Truppengattungen erfolgt, die augenscheinlich auch über den Einsatz hinaus ihre kulturprägende Wirkung entfaltet. Hier liegt eine große Chance für die zukünftige Gestaltung des Miteinanders in unseren Streitkräften.

Durch die zuletzt zu beobachtende, sukzessive Verbesserung der Sicherheitslage im deutschen Verantwortungsbereich in Afghanistan und einer damit einhergehenden, geringer werdenden Einsatzintensität werden sich im Laufe der Zeit womöglich einige Symptome der *Zwei-Welten-Problematik* relativieren. Bundeswehr, Politik und Gesellschaft sollten allerdings auch mental auf einen erneuten Kampfeinsatz vorbereitet sein. Selbst nach dem Abzug der Kampftruppen und dem offiziellen Übergang in eine ausschließliche Ausbildungs- und Beratungsmission[27] sind noch direkte Angriffe auf Bundeswehrangehörige denkbar und eine latente Gefährdung durch Selbstmordattentäter sowie Innentäter allgegenwärtig. Auch andere Einsätze können als »Blaupause« des Afghanistan-Engagements einen ähnlichen Entwicklungsprozess durchlaufen. Die Abgrenzung von ausschließlich zu logistischer, medizinischer und humanitärer Unterstützung stattfindenden Missionen zu Kampfeinsätzen ist in asymmetrischen Szenarien nur schwierig zu verwirklichen. Angesichts diffuser, räumlich und zeitlich entgrenzter sowie unzureichend operationalisierbarer Risiken kann sich eine allmähliche Auftragserweiterung vollziehen, die immer auch in schweren Gefechten, begleitet von Tod und Verwundung münden kann.

Um sich langfristig für diese Realität zu wappnen, müssen sich die veränderten Einsatzbedingungen auch in den Kriterien zur Personalgewinnung und -auswahl wiederfinden. Es ist gewagt, in der Nachwuchswerbung vor allem Bewerberinnen und Bewerber anzusprechen, deren vorrangiges Interesse der vermeintlichen Sicherheit des öffentlichen Dienstes gilt.[28] Die Ausprägung einer innermilitärischen Kluft ist damit von Beginn an programmiert. Neben Tests zur kognitiven und fachspezifischen Leistungsmessung sollte Prädiktoren wie der physischen und psychischen Belastbarkeit, der Selbst- und Sozialkompetenz, der Motivierungsfähigkeit sowie der Bereitschaft, sich in eine militärische Gemeinschaft einzufügen, in der Personalselektion besondere Aufmerksamkeit geschenkt und eine entsprechend

---

[27] Nachfolgemission der International Security Assistance Force (ISAF) ab Januar 2015: »Resolute Support«

[28] Vgl. Schilling 2011, S. 231f.; Bohnert 2013a

hohe Gewichtung eingeräumt werden. Für Offiziere erscheint der Regelfall eines akademischen Studiums auch weiterhin sinnvoll und erstrebenswert. Analytisch-wissenschaftliche Herangehensweisen erleichtern das ganzheitliche Denken, fördern die kritische Reflexionsfähigkeit und sind gute Voraussetzungen für das Erfassen und Durchdringen des hochkomplexen und dynamischen Einsatzumfeldes. Auf Ebene der Unteroffiziere und Mannschaften ist neben der Kernbefähigung zum Kampf ebenfalls ein handlungsbestimmendes Reflexionsvermögen gefordert, das gerade im Vorfeld von Auslandseinsätzen durch politische und interkulturelle Schulungen gesteigert werden kann. Das als *Ambiguitätstoleranz* bezeichnete Ertragenkönnen von Mehrdeutigkeiten und Kontrasten lässt sich zusätzlich als wichtige Schlüsselqualifikation moderner Soldatinnen und Soldaten betrachten. Sie könnte bereits in der Personalauswahl Berücksichtigung finden[29], sollte aber zumindest in der Ausbildung thematisiert und gestärkt werden. Die sozialwissenschaftliche Begleitforschung kann in Bezug auf aktuelle und zukünftige Anforderungen an den militärischen Nachwuchs weiterführende Erkenntnisse generieren, aus denen Handlungsbedarf aufgezeigt und konkrete Empfehlungen abgeleitet werden können.

Die Wahrnehmung zweier Welten durch viele Soldatinnen und Soldaten unserer Streitkräfte lässt sich kaum bestreiten. Anstatt sie zu dementieren oder herunterzuspielen wird letztlich ein offensives Thematisieren von Diskrepanzen und Konflikten immer auch zu deren Beruhigung beitragen können. Es bedarf mehr militärischen Führern, die Widersprüche beim Namen nennen, dadurch Vertrauen generieren und so in die Lage versetzt werden, die zerrissene Truppe zu einen. Allein die glaubhafte Vermittlung, dass vorherrschende Ambiguitäten erkannt und ernst genommen werden, wird eine positive Wirkung auf Motivation und Einsatzbereitschaft unserer Soldatinnen und Soldaten haben.

Epilog
Airfield Termez, Usbekistan, Juni 2011
Geschafft sitze ich mit anderen Soldatinnen und Soldaten am Airfield der usbekischen Grenzstadt Termez. Den hiesigen Bundeswehr-Stützpunkt steuern alle deutschen Kontingentangehörigen an, bevor sie nach Afghanis-

---

[29] Vgl. Schilling 2011, S. 224ff.

tan eingeflogen werden und wenn sie das Land wieder Richtung Heimat verlassen. Hinter uns liegt eine weitere Erkundungsreise, die wir wenige Wochen vor unserem Einsatzbeginn als *Task Force Kunduz III* zu unseren direkten Vorgängern unternommen haben. Wir wurden in aktuelle taktische Entwicklungen eingewiesen und haben letzte Informationen über die Situation im Einsatzland eingeholt. Unser Aufenthalt wurde durch den Tod von Hauptmann Markus Matthes überschattet, der einige Tage vor unserer Ankunft durch einen *IED-Strike*[30] im Chahar Darreh sein Leben verlor. Die beschädigten Gefechtsfahrzeuge wurden geborgen und waren noch für einige Tage am Lagerzaun des Feldlagers sichtbar. Das war nun die neue Taktik der Aufständischen im Norden Afghanistans. Noch im letzten Jahr hatten sie sich offenen Gefechten mit ISAF[31] gestellt, jetzt gingen sie mehr und mehr zu perfiden Angriffen mit versteckten Sprengfallen über. Eine veränderte Bedrohungslage, die es auch meinen Soldatinnen und Soldaten in den letzten Tagen ihrer Ausbildung noch einmal aufzuzeigen galt. In Gedanken versunken gleiche ich Notizen ab und stelle mir vor, wie es hier wohl in weniger als einem Monat mit meiner Kompanie aussehen würde. Währenddessen betritt ein älterer Stabsoffizier den Warteraum und fordert alle Anwesenden dazu auf, am Rande des Flugfeldes anzutreten. Wir schauen uns etwas verwundert an, verpacken dann aber zügig unsere Ausrüstung und folgen wie alle Anderen seiner Aufforderung. Einige Minuten später erscheint er erneut und teilt uns mit, dass er uns nun auf das Rollfeld führen würde. Wir sind noch immer verwundert, marschieren aber wie befohlen einige hundert Meter auf das offene Gelände hinaus. Als ich dort zwei sich gegenüberstehende Flugzeuge sehe, wird mir plötzlich klar, warum wir uns gerade in einer Formation aus über 100 Soldatinnen und Soldaten befinden, die sich in Richtung dieser Flugzeuge bewegt. Offenbar bemerken dies auch die meisten Anderen, denn es wird plötzlich bedrückend still. Die Erkenntnis, dass wir in Kürze das Ehrenspalier bei einer Totenüberführung stellen würden, steigt in uns auf. Anfang Juni hatte ein gewaltiges *IED* mit über 200 kg Sprengstoff einen Schützenpanzer Marder in der Provinz Baghlan zerrissen und dabei den dreiundzwanzigjährigen Kraftfahrer, Oberstabsgefreiten

---

[30] IED: Improvised Explosive Device, versteckte Sprengfalle; IED-Strike: Anschlag mit versteckter Sprengfalle

[31] ISAF: International Security Assistance Force, Bezeichnung der internationalen Schutztruppe in Afghanistan

Alexej Kobelew, getötet sowie fünf weitere Besatzungsmitglieder zum Teil schwer verwundet. Nun stehen wir in Termez und erweisen dem Gefallenen die letzte Ehre. Wir heben unsere Hand zum militärischen Gruß, als sein Sarg von einer Transall in eine Airbus-Maschine überführt wird. Er wird mit uns zurück nach Deutschland fliegen. Wir verlassen den Flughafen in Köln-Wahn auf der einen Seite. Aufgeregt winkende Angehörige nehmen hier freudig strahlend ihre Rückkehrer in die Arme. Sein Sarg wird den Flughafen an einer anderen Stelle verlassen. Abseits von Öffentlichkeit und Medienrummel werden ihn dort Hinterbliebene in Empfang nehmen.

Literatur

Bauer, Markus (2012). Kameradenschwein. Focus, 10, S. 27.

Birkhoff, Jan-Phillip (2014). Führen trotz Auftrag. Die Rolle des militärischen Führers in der postheroischen Gesellschaft. In: Marcel Bohnert (Hrsg.): Armee im Aufbruch. Zur Gedankenwelt junger Offiziere in den Kampftruppen der Bundeswehr (in Erstellung).

Böcker, Martin (2011). Wirkung geht vor Deckung. Campus. Zeitschrift des Studentischen Konvents der Universität der Bundeswehr München, 2, S. 7-9.

Bohnert, Marcel / Schreiber, Björn (2013). 200 Tage Kunduz. Erfahrungen einer Kampfkompanie in Afghanistan. Vortrag, Fotopräsentation, Diskussion. Video-Doppel-DVD. Helmut-Schmidt-Universität /Universität der Bundeswehr Hamburg: Hamburg.

Bohnert, Marcel / Schröder, Friedrich (2011): Ein Einsatz, zwei Welten. »Drinnies« und »Draußies« in Afghanistan. Zu Gleich. Zeitschrift der Artillerietruppe, 2, S. 6-9.

Bohnert, Marcel (2012). Die multiformierte Truppe. Pioniere. Magazin der Pioniertruppe und des Bundes Deutscher Pioniere, 6, S. 63-65.

Bohnert, Marcel (2013a). Armee in zwei Welten. In: Martin Böcker / Larsen Kempf / Felix Springer (Hrsg.): Soldatentum. Auf der Suche nach Identität und Berufung der Bundeswehr heute. Olzog: München (in Druck).

Bohnert, Marcel (2013b). Multiple Realitäten in Kunduz. Erfahrungswelten in Bildern. Univok. Zeitschrift des Studentischen Konvents der Helmut-Schmidt-Universität/Universität der Bundeswehr Hamburg, 1 (in Druck).

Chauvistré, Eric / Bangert, Christoph (2012): Auf Montage. NEON, 1, S. 20-30.

Deutscher Bundestag (Hrsg.) (2012): Unterrichtung durch den Wehrbeauftragten. Jahresbericht 2011 (53. Bericht). Drucksache 17/8400.

Friedrichs, Hauke (2011): Die Kämpfer schimpfen auf die Lagerbürokraten. Zeit Online, 14.02.2011, Download unter: http://www.zeit.de/politik/deutschland/2011-01/bundeswehr-afghanistan-feldlager (letzter Abruf: 11.04.2013).

Hecht, Jan (2013): Das Wertvollste an der Front. Loyal. Magazin für Sicherheitspolitik, 3, S. 12-15.

Hellmann, Kai-Uwe (2014): Wenn der Nebel des Krieges aufzieht… Anmerkungen zur Transformation der Bundeswehr. In: Maja Apelt / Konstanze Senge (Hrsg.): Organisation und Unsicherheit. Springer: Berlin (in Erstellung).

Hellmann, Kai-Uwe (2011): Bewährungsprobe. Die Innere Führung im Einsatz. In: Uwe Hartmann / Claus von Rosen / Christian Walther (Hrsg.): Jahrbuch Innere Führung 2011. Ethik als geistige Rüstung für Soldaten. Hartmann-Miles: Berlin, S. 178-200.

Meier, Ernst-Christoph (2012): Das Selbstverständnis der „Generation Einsatz". Wie die Einsätze das Selbstbild der Soldaten verändern. if. Zeitschrift für Innere Führung, 3, S. 4.

Rogge, Ronald / Rippl, Jan (2011): Trügerische Idylle. Y – Das Magazin der Bundeswehr, 11, S. 28-35.

Schilling, Nicole (2011): Die Rolle des Militärs in komplexen Friedensmissionen – Ambiguitätstoleranz als Schlüsselqualifikation des Soldaten, um in diesem Umfeld zu bestehen. In: Uwe Hartmann / Claus von Rosen / Christian Walther (Hrsg.): Jahrbuch Innere Führung 2011. Ethik als geistige Rüstung für Soldaten. Gedanken zur Weiterentwicklung der Inneren Führung. Hartmann-Miles: Berlin, S. 222-249.

Schmidt, Michael (2010): Leben am Limit. Der Tagesspiegel, 19.12.2010, Download unter: http://www.tagesspiegel.de/politik/bundeswehr-in-afghanistan-leben-am-limit/3636474.html (letzter Abruf: 11.04.2013).

Seiffert, Anja / Heß, Julius (2012). Afghanistan: Ein Einsatz verändert die Bundeswehr. Erkenntnisse aus dem Einsatz des 22. deutschen ISAF-Kontingents. If. Zeitschrift für Innere Führung, 2, S. 20-24.

Shea, Neil (2012): Ready for a fight. German soldiers' Afghan Mission shifts from Reconstrucion and Training to Engaging Enemy. Stars and Stripes, 09.01.2012, p. 16-17, Download unter: http://www.stripes.com/ready-to-fight-german-soldiers-afghan-mission-shifts-from-reconstruction-and-training-to-engaging-enemy-1.165410# (letzter Abruf: 11.04.2013).

von Uslar, Rolf / Walther, Marc A. (2012): Kampfmoral: Voraussetzung für das Bestehen im Einsatz. In: Uwe Hartmann / Claus von Rosen / Christian Walther (Hrsg.): Jahrbuch Innere Führung 2012. Der Soldatenberuf im Spagat zwischen gesellschaftlicher Integration und sui generis-Ansprüchen. Gedanken zur Weiterentwicklung der Inneren Führung. Hartmann-Miles: Berlin, S. 73-89.

Weigelt, Julia (2013). Der einsame Kämpfer. Loyal. Magazin für Sicherheitspolitik, 3, S. 6-11.

Weigelt, Julia (2012). Unsere Stärke: Kameradschaft. Y – Das Magazin der Bundeswehr, 12, S. 80-85.

Wofür kämpfen Soldaten? Eine militärsoziologische Einordnung neuerer Studien zur Motivation von Wehrmachtssoldaten

Heiko Biehl

Innere Führung, die Auslandseinsätze der Bundeswehr und die Schatten der deutschen Geschichte

Die Innere Führung hat sehr genaue Vorstellungen davon, wodurch Bundeswehrsoldaten in Dienst und Einsatz motiviert sein sollen. In Ziffer 401 definiert die einschlägige Vorschrift soldatische Motivation als einen Zielprozess – neben politischer Legitimation, gesellschaftlicher Integration und innerer Ordnung. Demnach ist es Ziel der Inneren Führung, „die Bereitschaft der Soldatinnen und Soldaten zur gewissenhaften Pflichterfüllung, zum gewissensgeleiteten Gehorsam, zur Übernahme von Verantwortung und zur Zusammenarbeit zu stärken sowie die Disziplin und den Zusammenhalt der Truppe zu bewahren (Motivation)" (ZDv 10/1: Zi. 401). In Zusammenschau mit den anderen Zielen der Inneren Führung kommt zum Ausdruck, dass die Soldatinnen und Soldaten der Bundeswehr ihre Motivation aus der Einsicht in die politischen Dimensionen ihres Tuns und aus der gesellschaftlichen Unterstützung für ihren Dienst schöpfen sollen. Verstärkt wird diese Lesart durch die Ausführungen der Vorschrift zur Rolle der politischen Bildung:

> „**Vor, während und nach dem Einsatz** sollen die Vorgesetzten aller Ebenen durch **politische Bildung** dazu beitragen, dass die ihnen anvertrauten Soldatinnen und Soldaten die notwendigen Kenntnisse über den aktuellen Einsatz, das Einsatzland und die jeweiligen besonderen Bedingungen erwerben. Damit unterstützen Vorgesetzte das Handeln der ihnen untergebenen Soldatinnen und Soldaten im Sinne der übergeordneten Führung, stärken deren Motivation und bestätigen sie als ,Staatsbürger in Uniform'". (ZDv 10/1: Zi. 628; Hervorh.i.O.)

Diese Absichten kontrastieren mit einem binnenorientierten Selbstverständnis, demzufolge Soldaten, aufgrund eines – mit der Inneren Führung nicht kompatiblen – Professionalitätsbegriffs, die politischen und gesellschaftlichen Bezüge ihres Tuns weitgehend ausblenden (grundlegend:

Huntington (1981 [1957]). Statt dessen beziehen sie ihre Motivation in erster Linie aus innermilitärischen Größen wie Kohäsion, Kameradschaft, Korpsgeist und militärischem Pflichtethos und folgen einer Berufsauffassung, die sich abhebt von den jeweiligen politisch-sozialen Zusammenhängen und sich vermeintlich zeitlos gültigen militärischen Tugenden und Werten verpflichtet fühlt.

In den letzten Jahren sind vermehrt Überlegungen aufgekommen, ob die Innere Führung angesichts der aktuellen Herausforderungen der Auslandseinsätze noch zeitgemäß sei. Vereinzelt wurde vorgeschlagen, innermilitärischen Identifikations- und Motivationsgrößen eine wichtigere Rolle zukommen zu lassen (s. die Beiträge im Jahrbuch Innere Führung 2012, etwa von Uslar/Walther 2012). Demzufolge sei es zu Zeiten des Ost-West-Konflikts unter Verweis auf den Schutz der Heimat, die Sicherung der Freiheit und die Bewahrung des Friedens (so die Trias einer Plakatserie aus den 1960er Jahren, vgl. Loch 2008: 195) noch möglich gewesen, kongruente, kontinuierliche und überzeugende Inhalte für die Motivation der Bundeswehrsoldaten zu vermitteln. Angesichts der „sich wandelnden Zielen und Interessen der Sicherheitspolitik" (Verteidigungspolitische Richtlinien 2011: 10) sei der Anspruch, Bundeswehrsoldaten aufgrund ihres Auftrages und ihrer Einsatzziele zu motivieren, jedoch zu ambitioniert. Alle Versuche, in diese Richtung zu wirken, etwa durch den Transfer des Verteidigungsbegriffs auf den Einsatz am Hindukusch, seien kaum überzeugend und wirkten wenig motivierend für die eingesetzten Soldatinnen und Soldaten, sondern lösten Unklarheiten und Konfusion aus. Angesichts der Vielfalt und Heterogenität der laufenden Aufgaben und Missionen sei, nach dem Dafürhalten einiger Beobachter, Abschied zu nehmen von der Vorstellung ‚politischer' Soldaten. Stattdessen sollten die Soldaten die Motivation für ihr Tun aus traditionellen soldatischen Größen, Normen und Werten beziehen. Dies mache sie unabhängig gegen Zweifel an ihrem Einsatz, die sich mit ausbleibenden Erfolgen, fortschreitender Dauer, zunehmenden Kosten des Einsatzes und einer steigenden Opferzahl fast unweigerlich einstellten.

Eine solche Position wird von verschiedenen Stimmen mit unterschiedlichen Nuancen und unterschiedlicher Vehemenz eingebracht. Für einige sind die laufenden Einsätze der willkommene Anlass, nachdrücklich den Abschied von der ohnehin nie mitgetragenen Inneren Führung zu fordern (Zwicknagl 2007, 2010; etwas differenzierter: Trull 2007). Andere erkennen Defizite in der Überzeugungsarbeit der Soldatinnen und Soldaten und wollen diese in verantwortbarer Art und Weise durch die (Re-)Aktivierung traditioneller soldatischer Konzepte füllen. Gemeinsam ist diesen Beiträgen aber, dass ihnen unter normativen Perspektive und aus vorwiegend normativen und politischen Impulsen eine Revision der bisherigen leitenden Prinzipien der Inneren Führung vorschwebt (Wiesendahl 2007: 13-16).

Auch die nachstehenden Ausführungen setzen sich mit den Prämissen der Inneren Führung auseinander, genauer: mit ihren Prämissen zur soldatischen Motivation. Dabei stehen jedoch nicht normative Überlegungen im Mittelpunkt, sondern es wird betrachtet, inwiefern die Konzentration auf traditionelle innermilitärische Größen unter militärsoziologischer Perspektive überhaupt *funktional* ist. Es geht mithin um die Frage, ob militärinterne Größen geeignet und ausreichend sein können, Soldaten zum Dienen, zum Einsatz und zum Kampf zu bewegen: Sind Soldaten alleine durch Kameradschaft, Pflicht, Treue, Korpsgeist, Befehl und Gehorsam zu motivieren? Oder braucht es inhaltliche Überzeugungen, politische Bezüge und gesellschaftlichen Rückhalt, damit Soldaten kämpfen und sich für einen Auftrag einsetzen? Die Militärsoziologie hat sich über die letzten Jahrzehnte intensiv mit dieser Frage beschäftigt und dabei unterschiedliche Antworten gegeben. Im Folgenden stehen zwei neuere Beiträge der militärgeschichtlichen Forschung zur Diskussion, die die Motivation deutscher Soldaten im Zweiten Weltkrieg untersuchen sowie deren Motive für Handlungen, Unterlassungen und Verfehlungen. Sönke Neitzel und Harald Welzer legten im Jahre 2011 ihr Werk „Soldaten. Protokolle vom Kämpfen, Töten und Sterben" vor, Felix Römer im vergangenen Jahr sein Buch „Kameraden. Die Wehrmacht von innen".

Eine Auseinandersetzung mit den Einflussfaktoren soldatischer Motivation und der künftigen Ausrichtung der Inneren Führung anhand dieser beiden Studien mag auf den ersten Blick überraschend, wenn nicht unangemessen erscheinen: Ist die Innere Führung nicht in bewusster Abgrenzung zu den Erfahrungen des Zweiten Weltkrieges und zu den Verfehlungen, Fehlern und Verbrechen der Wehrmacht entstanden (hierzu sehr differenziert: Nägler 2010: 41-45)? Was haben die Frauen und Männer, die heutzutage auf dem Balkan, in Afghanistan, im Indischen Ozean oder in Mali an der Seite der internationalen Partner ihren Dienst verrichten, mit den Wehrmachtsoldaten des nationalsozialistischen Eroberungskrieges gemein? Inwiefern sind generell historische Erkenntnisse zur Motivation auf andere Zeiten und Streitkräfte übertragbar? Dies sind berechtigte und zu berücksichtigende Fragen und Einwürfe und dennoch liegen den historischen Studien und den aktuellen militärsoziologischen Untersuchungen die gleichen Forschungsfragen zugrunde: Was hält Soldaten – und mittlerweile ebenso Soldatinnen – zum Kampf an? Weshalb riskieren sie in Einsätzen und Missionen ihr Leben und sind bereit, in die Gefahr hinein zu wirken? Es ist zumindest einen Versuch wert, die Befunde der historischen Forschung mit dem gegenwärtigen militärsoziologischen Erkenntnisstand in Bezug zu setzen. Schließlich ist es der Anspruch der sozialwissenschaftlichen Disziplinen, verallgemeinerbare Handlungs- und Wahrnehmungsmuster zu identifizieren, die – mit den gebotenen Modifikationen – auf verschiedene und damit auch auf historisch unterschiedliche Kontexte übertragbar sind.

Dies gilt für die Werke von Neitzel und Welzer sowie Römer umso mehr, als diese auf sozialwissenschaftliche Modelle und Erklärungsansätze zurückgreifen und in der Folge zu unterschiedlichen, in Teilen gar gegensätzlichen Erklärungen für die Motivation deutscher Soldaten im Zweiten Weltkrieg gelangen. Für Neitzel und Welzer ist entscheidend, dass die Soldaten sich im Krieg sahen und von daher Gewalt grundsätzlich als legitim erachtet wurde, nach dem Motto: „Krieg ist Krieg" (Neitzel/Welzer 2011: 34). Wesentlich ist demnach die Situation oder genauer deren definitorische Rahmung als Krieg. Römer sieht hingegen größere individuelle Spielräume und betont die Wirkweise von ideologischen, politischen und inhaltlichen Überzeugungen – und somit stärker die Intentionen der Individuen. Die abweichenden Sichtweisen sind nicht nur aus historischer wie sozialwissenschaftlicher Perspektive von großem Interesse, sie lassen auch unterschiedliche Bewertungen sowie Rückschlüsse für die Innere Führung zu. Gemäß den Befunden von Neitzel und Welzer ist der Anspruch der Inneren Führung, Soldaten über politische Inhalte zu motivieren, wenig realistisch. Stattdessen entfalten militärische Organisationen in Kriegs- und Einsatzszenarien Eigendynamiken, die die Motivation der Soldaten und ihr Handeln bestimmen. Demgegenüber legt die Studie von Römer Wirkungsmechanismen individueller Prägungen und die daraus erwachsenden Handlungsoptionen frei, die mit den Annahmen der Inneren Führung zur soldatischen Motivation durchaus korrespondieren.

Nachfolgend wird die These entwickelt, dass die divergierenden Einschätzungen in den explizit oder implizit zugrunde liegenden sozialwissenschaftlichen Konstrukten und Ansätzen beider Werke begründet sind. Es geht folglich nicht um eine geschichtswissenschaftliche Bewertung der Studien, wozu andere eher berufen sind und die bereits vielfach vorgenommen wurde (u.a. Koch 2012; Leleu 2011; Schneider 2011; Töppel 2011). Vielmehr erfolgt eine Fokussierung auf die militärsoziologischen Annahmen, Ansätze und Befunde. Alleine unter dieser Perspektive werden die Analysen mit Blick auf die daraus erwachsenden Konsequenzen für die Innere Führung betrachtet. Die Studien liefern einen wichtigen Beitrag zur Frage, ob der Anspruch der Inneren Führung angemessen ist und Soldatinnen und Soldaten über die politischen Bezüge ihres Tuns zu motivieren sind oder ob die Hinwendung zu innermilitärischen Vorstellungen und Bezügen ausreicht.

Dazu werden zunächst die methodischen Herangehensweisen und die Quellenbasis der beiden historischen Arbeiten vorgestellt (Abs. 2). Daran anknüpfend werden die wesentlichen Befunde mit den Kenntnissen der vorliegenden (militär-)soziologischen Literatur abgeglichen und einige Kernfragen soldatischer Motivation detaillierter beleuchtet (Abs. 3). Abschließend wird diskutiert, inwiefern die historischen Untersuchungen Hinweise für eine Weiterentwicklung der Inneren Führung geben können (Abs. 4).

Militärsoziologische Anmerkungen zum Quellenmaterial

Die Studien von Neitzel und Welzer sowie von Römer sind in mehrfacher Hinsicht bemerkenswert. Erstens sind sie im gleichen Forschungszusammenhang unter der Leitung von Sönke Neitzel entstanden und neben den beiden Monographien liegen noch weitere Analysen vor (u.a. Welzer/Neitzel/Gudehus 2011). Auf den ersten Blick mag es erstaunen, dass die beiden Arbeiten, die sich in ihren Befunden teilweise entgegenstehen, dem gleichen Forschungskontext entstammen. Für gewöhnlich weisen die Arbeiten aus ‚einer wissenschaftlichen Schule‘ eine größere Homogenität auf. Aber es spricht für die beteiligten Wissenschaftler, ihre Offenheit und Diskursfähigkeit, dass sie ihre unterschiedlichen Einschätzungen nicht im Projektzusammenhang ‚klären‘ und mit uniformen Ergebnissen in den akademischen Diskurs eintreten, sondern diese vor einem breiteren Publikum zur Diskussion stellen.

Zweitens fußen beide Werke auf einer exklusiven Quellen- bzw. Datenbasis. Sönke Neitzel stieß bei Archivrecherchen auf Abhörprotokolle von kriegsgefangenen Wehrmachtssoldaten. Die britischen und US-amerikanischen Streitkräfte richteten im Zweiten Weltkrieg eigens Lagern ein, in denen deutsche Soldaten in offiziellen Verhören befragt wurden. Zusätzlich wurden die Zellen der Kriegsgefangenen abgehört und ihre, scheinbar ungestörten, Gespräche untereinander aufgezeichnet und protokolliert. Beide Werke diskutieren die Qualität, die Möglichkeiten und Grenzen dieser Quellen sowohl in grundsätzlicher Manier als auch im Konkreten kritisch und gelangen dabei zu dem überzeugenden Urteil, dass diese sehr wohl einen geeigneten Einblick in die Handlungs- und Motivwelten der Wehrmachtssoldaten liefern (Neitzel/Welzer 2011: 423-430; Römer 2012: 21-26). So spekulieren die Wehrmachtssoldaten zwar darüber, ob sie abgehört werden, einige gehen sogar davon aus. Das hält sie aber nicht davon ab, sehr freimütig und offen miteinander zu sprechen und dies über die gesamte Themenpalette hinweg (auch der Holocaust wird dabei, wenngleich er nur einen geringen Teil der aufgezeichneten Gespräche ausmacht, nicht ausgespart). Zum Teil belasten sich die Soldaten mit ihren Aussagen gar selbst. An der Art und Weise sowie an den Inhalten der Aussagen ist bereits erkennbar, dass soziale Erwünschtheit mit Blick auf ihre US-amerikanischen und britischen Befrager nicht der Maßstab war, an dem die Wehrmachtssoldaten ihre Aussagen ausrichteten. Eher schon sind es die Erwartungen ihrer Wehrmachtskameraden. So betont Römer (2012: Kap. IV) die eigenen Wertemaßstäbe der Wehrmacht (Härte, Gewalt, Gehorsam etc.), die sich in vielen der Aussagen widerspiegeln.

Nicht nur aus historischer Sicht handelt es sich bei den Abhörprotokollen um einen besonderen Fundus. Die militärsoziologische Forschung zu Einsatzmotivation und Kampfmoral bedient sich verschiedener Datentypen, die in Forschungsprojekten oftmals kombiniert und aufeinander bezogen werden (Biehl/Tomforde 2005). Am stärksten verbreitet sind mittlerweile quantitative Erhebungen. Dabei füllen Soldaten Fragebogen aus, die ihr Verhalten, ihre Erfahrungen, ihre Einstellungen und ihr Sozialprofil erfassen. Mittels statistischer Auswertungen werden dann Fragen nach der Einsatzmotivation, deren Voraussetzungen sowie deren Relevanz für das soldatische Handeln und die militärische Effektivität analysiert. Die Dominanz quantitativer Verfahren ist darin begründet, dass es sich um ein etabliertes Forschungsfeld handelt, das eine große Breite und Tiefe an Studien, Methoden und Befunden vorzuweisen hat. Die Ursprünge reichen bis in den Zweiten Weltkrieg zurück, als die US-Streitkräfte unter den eigenen Soldaten, aber eben auch unter deutschen Kriegsgefangenen mittels Fragebogenerhebungen erste Analysen durchführten (Neitzel/Welzer 2011: 347; Römer

2012: 37-41, 212-216). Diese Studien bilden den Grundstock militärsoziologischer Forschungen (Shils/Janowitz 1948) und werden in der Folge intensiv rezipiert, kritisiert und weiterentwickelt. Neben den quantitativen Verfahren finden sich in den militärsoziologischen Untersuchungsprojekten qualitative Ansätze, die von Tiefeninterviews und Fokusgruppengesprächen bis hin zu innovativen Dokumentenanalysen reichen, wenn etwa Memoiren ausgewertet werden (Vaughan/Schum 2001). Als dritter Pfeiler der Forschung ist die teilnehmende Beobachtung zu nennen, bei der sich Forscher vor Ort einen eigenen Eindruck vom Geschehen machen und mit der Ethnologie entlehnten Ansätzen das soldatische Handeln und die Interaktion von Streitkräften und Gegnern, einheimischer Bevölkerung, (internationalen) Organisationen und anderen Akteuren analysieren (King 2013; Tomforde 2006).

Die von Neitzel und Welzer sowie Römer verwendeten Quellen finden in der aktuellen Forschung keine direkte Entsprechung. Es ist leicht nachvollziehbar, dass gegenwärtige Streitkräfte das Abhören ihrer Soldaten zu Forschungszwecken nicht erlauben. Es wäre wissenschaftsethisch auch nicht zu vertreten. Methodisch entsprechen die Abhörprotokolle aus dem Zweiten Weltkrieg am ehesten den diversen Interviewarten. Allerdings haben die älteren Quellen einen entscheidenden Vorteil: Sozialwissenschaftliche Interviews sind stets induzierte Ereignisse zur Produktion verwertbarer Daten. Die Gespräche unter den Soldaten sind jedoch ohne entsprechende Anreize und Anstöße entstanden. Sie sind Teil des Alltags der Kriegsgefangenen und weisen eine größere Authentizität auf. Von daher können die Quellen, die den beiden Arbeiten zugrunde liegen, als erstklassige Materialen gelten, die einmalige Einblicke in die Sichtweise der Soldaten geben. Damit steht der historischen Forschung eine Datenqualität zur Verfügung, die selbst aktuelle Projekte kaum erreichen. Dessen ungeachtet ist bei der Interpretation darauf zu achten – und beide Werke tun dies selbstverständlich –, dass es sich bei den Quellen letztlich um kommunikative Akte handelt. Die Soldaten reden über ihr Handeln, sie handeln nicht. Die Quellen geben Auskünfte über Meinungen, Einstellungen, Vorstellungen und Mentalitäten, sie sind kein unverzerrtes Abbild soldatischen Verhaltens im Kriege.

Da sich die beiden Werke auf den gleichen Quellenkorpus beziehen, aber zu unterschiedlichen Einschätzungen kommen, ist die Frage umso dringlicher, worauf die Differenzen zurückzuführen sind. Im Folgenden wird gezeigt, dass die verwendeten sozialwissenschaftlichen Konzepte, auf denen die Arbeiten basieren, eine Ursache für die abweichenden Befunde sind. Dabei erweist sich im Vergleich die Studie von Römer als differenzierter, stärker am Stand der (militär-)soziologischen Forschung orientiert und letztlich überzeugender als das Buch von Neitzel und Welzer.

Von Soldaten und Kameraden. Die Studien von Neitzel/Welzer und Römer

Neitzel/Welzer und Römer verfolgen dieselben Forschungsfragen: Was treibt Soldaten an? Welche Motive hat ihr Handeln? Wie viel Spielraum haben sie im Krieg? Mit ihren Antworten liefern die Arbeiten zugleich Hinweise auf weitergehende Fragen: Wie ist das Verhalten der Wehrmachtssoldaten zu beurteilen? Wie sind Soldaten zu motivieren: Braucht es die Orientierung an politischen Zielstellungen, wie die Innere Führung annimmt, oder genügt der Bezug auf innermilitärische Aspekte? Die beiden Werke geben auf diese Fragen unterschiedliche Antworten. Neitzel und Welzer argumentieren mit der Prägekraft der Situation Krieg. Diese bestimme das Verhalten der Soldaten, die ihre Motivation zuvorderst aus militärischen Größen bezögen. Soldaten verfügten im Krieg und erst recht im Gefecht kaum über Handlungsspielraum, weshalb die Vorstellungen der Inneren Führung überambitioniert seien. Römer hält dem entgegen, dass Soldaten sehr wohl über politisch-ideologische Vorstellungen zu motivieren seien, die auch auf ihr Handeln durchschlügen. Schließlich besäßen Soldaten auch im Krieg gewisse Handlungsspielräume. Römers Analyse stützt mithin die Prämissen der Inneren Führung. Im Mittelpunkt der nachstehenden Ausführungen steht die Darstellung und Kritik der sozialwissenschaftlichen Konstrukte, die zu den abweichenden Befunden der beiden militärgeschichtlichen Arbeiten führen.

Referenzrahmen Krieg, Militär und Drittes Reich – Situationen bestimmen soldatisches Handeln

Neitzel und Welzer stützen ihre Untersuchung auf die Referenzrahmenanalyse. Die Referenzrahmen des Krieges und des Dritten Reiches seien die zentralen Erklärungsgrößen für das Verhalten der Wehrmachtssoldaten. Der Referenzrahmenansatz ist in den Sozialwissenschaften vor einigen Jahrzehnten maßgeblich durch Erving Goffman etabliert, auf den sich Neitzel und Welzer (2011: 20-23) vornehmlich beziehen, und seitdem entscheidend weiterentwickelt worden. Der Grundgedanke dabei ist, dass Individuen ihr Handeln an Situationen ausrichten. Unterschiedliche Situationen sind mit verschiedenartigen Anforderungen und Erwartungen verbunden und setzen abweichende Anreize und Restriktionen. Individuen handeln bzw. verhalten sich in der Folge situationsadäquat. Situationen sind jedoch nicht objektiv vorgegeben, sondern Individuen definieren diese, d.h. sie legen fest, in welchen situativen Rahmen neue Ereignisse und Geschehnisse einzuordnen sind. Hierbei kommt das Thomas-Theorem zum Tragen, demgemäß Situationen dann real sind und reale Konsequenzen zeitigen, wenn Individuen sie als real definieren – ganz gleich ob die Definition objektiven, rationalen und nachvollziehbaren Kriterien folgt oder nicht (Neitzel/Welzer 2011: 20f.; Esser: 1990, 1996: 3f.). Mithin handeln Individuen gemäß den in Handlungsrahmen adäquaten Maßstäben und nehmen eine bzw. ihre Rolle ein, die sie in den verschiedenen Handlungsrahmen innehaben.

Die Handlungsmaßstäbe bzw. die Rollen, an denen sich das Individuum orientiert, sind zum Teil sozial bedingt und bilden gesellschaftliche Erwartungen ab. Zugleich sind Handlungsrahmen aber stets auch individuell ausgestaltet. Dabei kommen die Dispositionen des Einzelnen, seine Sozialisation und Präferenzen, seine Normen und Werten, seine Interessen und Identitäten zum Tragen. Neben die gesellschaftlichen Erwartungen an Rollenmuster treten individuelle Akzente: Was ist dem Einzelnen wichtig? Welche Interessen verfolgt er? Welchem Rollentyp und Rollenmuster will er entsprechen?

Neitzel und Welzer (2011: 19) differenzieren vier Ebenen von Referenzrahmen aus, wobei für ihre Analyse die Referenzrahmen ‚Drittes Reich‘ und ‚Krieg‘ wesentlich sind. Dabei weisen sie in ihren einleitenden konzeptionellen Ausführungen darauf hin, dass in pluralen Gesellschaften die Differenziertheit der Referenzrahmen besonders ausgeprägt sei (Neitzel/Welzer 2011: 23). So könne jemand als Vater, Soldat, Vereinsmitglied und Angehöriger einer Glaubensgemeinschaft in unterschiedlichen Situationen mit teils gegensätzlichen handlungsleitenden Erwartungen konfrontiert sein. Aber, so Neitzel und Welzer weiter, das Militär und erst recht der Krieg schränkten die Rollen, situativen Optionen und Handlungsspielräume entscheidend ein. In der Folge blieben den Individuen kaum noch Handlungsalternativen (Neitzel/Welzer 2011: 32): „In totalen Institutionen ist…der gegebene Referenzrahmen nahezu alternativlos“ (Neitzel/Welzer 2011: 33). Entsprechend fokussierten sich die Soldaten auf ihre (Primär-)Gruppe (Neitzel/Welzer 2011: 34) und blendeten weitergehende soziale, politische und ideologische Bezüge weitgehend aus. In Streitkräften dominierten simplifizierende Deutungsmuster, zumal militärischer Kampf und Gefechtssituationen den Handlungsspielraum nochmals radikal reduzierten (Neitzel/Welzer 2011: 38). In den Mittelpunkt rücke immer mehr die Nahwelt der militärischen Vorgesetzten und Kameraden, die ein dichtes Klima aus gemeinsamen Erwartungen, Konformität, Gruppendruck und geteilten Normen schafften (Neitzel/Welzer 2011: 40f., 391, 393). Die engen kameradschaftlichen Bindungen folgen dabei einer kühlen Logik militärischer Notwendigkeit und erhöhten für den einzelnen Soldaten die Chancen zum Überleben. Damit knüpfen Neitzel und Welzer (2011: 41, 415) an die instrumentell-funktionale Lesart der Kameradschaft an, die bereits Charles Moskos bei seinen Untersuchungen unter US-amerikanischen Soldaten in Vietnam herausgearbeitet hat.[1]

Für Neitzel und Welzer sind folglich die militärische Situation, der Krieg und die Kameraden die entscheidenden Größen, die das Verhalten der Wehrmachtssoldaten bestimmen. Deshalb bestünde auch nur ein lockerer Zusammenhang zwischen Einstellungen und Handlungen, die Situation sei für die Wehrmachtssoldaten wesentlicher als die Intention (Neitzel/Welzer 2011: 44). Persönliche Dispositionen sollten daher nicht überschätzt werden (Neitzel/Welzer 2011: 45f.). Daran anknüpfend diskutieren Neitzel und Welzer die Referenzrahmen Drittes Reich und Krieg. Das Dritte Reich sei keine monolithische Gesellschaft gewesen, sondern durchaus pluralistisch und ausdifferenziert. Diese Differenz habe der sozialen Integration aber nicht im Wege gestanden, sondern sei geradezu ihre Voraussetzung gewesen (Neitzel/Welzer 2011: 54ff.). Ein weithin geteilter Antisemitismus und die auch innerhalb der Wehrmacht einflussreiche Vorstellung der Volksgemeinschaft hätten integrativ gewirkt. Dies sei aber nicht über Ideologisierung, sondern über Beteiligung und Mobilisierung erfolgt. In Anlehnung an die Position von Götz Aly sprechen Neitzel und Welzer von der „partizipativen Ausgrenzungsgesellschaft" (Neitzel/Welzer 2011: 66).

Für den Referenzrahmen Krieg sei wiederum entscheidend gewesen, dass der Militarismus tief in der deutschen Gesellschaft verankert und auch durch den Ersten Weltkrieg nicht grundlegend erschüttert worden sei (Neit-

---

[1] Neitzel/Welzer (2011: 42) verweisen in ihren Ausführungen jedoch auf Shils und Janowitz (1948) und nicht auf Moskos (1968). Auch Römer (2012: 151f., 356) bietet, ebenfalls ohne Bezug auf Moskos, eine instrumentelle Interpretation der Kameradschaft, die eben nicht nur für die Soldaten, sondern auch für die Streitkräfte funktional sei, da sie zur Ausrichtung der Soldaten auf das militärische Ziel beitrage.

zel/Welzer 2011: 66ff.). Daran konnte der Nationalsozialismus anknüpfen und mit seinen Aufrüstungsmaßnahmen den Militarismus weiter stärken. Neitzel und Welzer schließen hier an die auch von van Creveld vertretene These der konsequenten Ausrichtung der Wehrmacht am Kampf an, die egalitäre Züge aufwies (Neitzel/Welzer 2011: 79-81). Dabei gehen sie davon aus, dass der Blick der Soldaten auf die großen Zusammenhänge der Wehrmacht, des Reiches und des Krieges kaum relevant für ihre Entscheidungen und Handlungen gewesen sei (Neitzel/Welzer 2011: 240, 266). Ebenso wenig habe die nationalsozialistische Idee eine Rolle, in dem, was sie beschäftigte, gespielt (Neitzel/Welzer 2011: 289). Diese Einschätzung steht im Widerspruch zu den Daten einer quantitativen Analyse, die im Forschungsprojekt erstellt wurde und die die Autoren referieren. Demnach bezieht sich etwa ein Fünftel der erfassten Gespräche unter den Soldaten auf ideologische und politische Aspekte (Neitzel/Welzer 2011: 291). Dieselbe Untersuchung taxiert den Anteil der nationalsozialistisch überzeugten „Weltanschauungskrieger", zu denen vor allem junge Soldaten zählten, auf maximal 30 Prozent (Neitzel/Welzer 2011: 295). Trotz dieses beachtlichen Umfangs ist für Neitzel und Welzer (2011: 296) unklar, was aus diesen Einstellungen für die Handlungen folgte, wenn sie urteilen, der verbreitete Antisemitismus sei eine „Grundierung, aber kein Motiv" (Neitzel/Welzer 2011: 296, s.a. 298) gewesen.

Aus den Sozialwissenschaften ist bekannt, wie schwierig es ist, den exakten Einfluss ideologischer Überzeugungen auf konkretes Handeln in bestimmten Situationen nachzuweisen. Dies mag nochmals stärker für Kriege und erst recht für unmittelbare Kampf- und Gefechtssituationen gelten. Aber sowohl die militärsoziologische Forschung (zum Forschungsstand mit weiteren Belegen: Biehl 2012: 454-457) als auch die Studie von Römer (2012: 273, 282f.) zeigen auf, dass sich Überzeugungen auf das Verhalten von Soldaten niederschlagen. Und so finden sich auch im Werk von Neitzel und Welzer Hinweise, die Zweifel an ihrer These der Wirkmacht der Referenzrahmen Drittes Reich und Krieg aufkommen lassen. Ihre Ausführungen lassen an verschiedenen Stellen darauf schließen, dass es *den* Referenzrahmen für die Wehrmachtssoldaten gar nicht gegeben hat. Die Referenzrahmenanalyse impliziert, dass sich individuelle Akteure an sozial gegebenen Strukturen orientieren. Dieses Erklärungsmuster stößt mit Blick auf die Singularitäten des Zweiten Weltkrieges an seine Grenzen. Selbst Neitzel und Welzer konstatieren, dass der Referenzrahmen des rassischen Vernichtungskrieges erst geschaffen werden musste. So heißt es mit Blick auf die Wehrmachtssoldaten, dass diese nicht erwarteten, „dass im Rahmen dieses Krieges systematisch Personengruppen vernichtet würden, die mit dem Kriegsgeschehen im engeren Sinne gar nichts zu tun hatten. Der Referenzrahmen ‚Krieg‘ sah das nämlich bis dato überhaupt nicht vor." (Neitzel/Welzer 2011: 28). Insbesondere im Feldzug gegen die Sowjetunion sei ein neuer Rahmen definiert worden: „In den ersten Wochen des Russlandkrieges etablierte sich ein neuer Kriegsbrauch jenseits aller völkerrechtlichen Regeln". (Neitzel/Welzer 2011: 138, zum Referenzrahmen der Massenerschießungen s. 171, 192). Referenzrahmen sind folglich nicht starr und für alle Zeit festgeschrieben, sie sind formbar und werden von Akteuren gestaltet. Damit stellt sich die Frage, welche Rolle in diesem Zusammenhang die Soldaten und ihre Intentionen spielen, der Neitzel und Welzer jedoch nicht konsequent nachgehen. Immerhin gestehen sie zu, dass die Massenerschießungen von Kriegsgefangenen an der Ostfront von „rassistischen Überlegenheitsvorstellungen begünstigt" worden seien (Neitzel/Welzer 2011: 143).

Neben der Konstruktion von Referenzrahmen spricht auch deren interne Differenzierung gegen das knackige „Krieg ist Krieg" (Neitzel/Welzer 2011: 34). So gab es wohl kaum den einen Referenzrahmen Krieg, sondern die Kämpfe an der West- und der Ostfront wurden von den Soldaten unterschiedlich wahrgenommen und bewertet (Neitzel/Welzer 2011: 119, 127, 140ff., 225f., 377), wie Römer (2012: 271f., 280ff., 414-416) nochmals ausführlicher nachweist. Es war weithin Konsens, dass an beiden Fronten verschiedene Standards galten. Auch die in der Wehrmacht verbreiteten Stereotypen über Partner und Gegner fallen differenziert aus (Neitzel/Welzer 2011: 35, 333-337, s.a. 355ff.). Dabei korrespondierten die Bewertungen und Wertschätzungen mit dem Umgang mit Verbündeten und Gegnern – auch dies ein Beleg, wie Wahrnehmungen und Intentionen das soldatische Handeln beeinflussen. Bemerkenswerte Unterschiede bestanden darüber hinaus in den Erfahrungswelten der Teilstreitkräfte, die beide Werke thematisieren (Neitzel/Welzer 2011: 78f., 102f., 129, 213f., 229-240, 249-267, 323-333; Römer 2012: 111ff., 230ff., 265f., 305, 323ff.). Heer, Luftwaffe und Marine unterschieden sich nicht nur hinsichtlich ihrer Ausrüstung, ihrer Struktur und ihres Beitrags zur Kriegführung. Auch die Art und Weise, wie ihre Angehörigen den Krieg wahr- und an ihm teilnahmen, wich erheblich voneinander ab (vgl. die gegenteilige Einschätzung bei Neitzel/Welzer 2011: 390f.). Hinzu kommen Hitlers politische Soldaten der Waffen-SS, denen selbst

Neitzel und Welzer (2011: 361-391, Zitat S. 390) bescheinigen, dass deren Handlungen und ideologische Überzeugungen im Vergleich zur Wehrmacht einem „anderen normativen Referenzrahmen" folgten.

Die Festlegung auf die Referenzrahmenanalyse führt mithin systematisch dazu, dass Neitzel und Welzer nicht nur die aufgezeigten Differenzierungen, sondern auch den Spielraum, den die Soldaten und insbesondere die militärischen Truppenführer hatten, unterschätzen. Wie Römer in überzeugender Manier nachweist, kam es auch auf die konkrete Führungspersönlichkeit vor Ort an, wenn es darum ging, wie gekämpft wurde, wie lange Widerstand geleistet wurde und ob sich Truppenteile an Verbrechen beteiligten (Römer 2012: 298, 321f., 479). Sicherlich sind die individuellen Handlungsspielräume in den heutigen Freiwilligenarmeen, die in Konflikten agieren, in denen Soldaten bereits auf taktischer Ebene mitunter die Wahl haben, in Gefechte einzutreten oder diese in der ein oder anderen Form zu umgehen, größer als in den Wehrpflichtarmeen des 20. Jahrhunderts. Aber auch im Zweiten Weltkrieg gab es Wege, über die Meldung zu Eliteverbänden oder zur Waffen-SS seine ideologischen Überzeugungen mit persönlichen Entscheidungen in Einklang zu bringen. Neitzel und Welzer setzen den Einfluss von Intentionen jedoch durchweg als gering an. Es sei an der „Zeit, mit der Überbewertung des Ideologischen aufzuräumen" (Neitzel/Welzer 2011: 394). Dabei ist die Frage zu stellen, ob die von ihnen herausgearbeitete konsequente Ausrichtung der Wehrmachtssoldaten an Krieg und Militär (Neitzel/Welzer 2011: 299f., 391), die auf einem breiten gesellschaftlichen Konsens ruhte, nicht an sich schon Ausdruck ideologischer Überzeugungen gewesen ist: Sind Gehorsam und Pflichterfüllung militärische Tugenden (Neitzel/Welzer 2011: 304) oder selbst Ausdruck bestimmter Ideologien? Auch Römer (2012: 309) hebt die besondere Bedeutung militärischer Pflichten hervor. Für viele Wehrmachtssoldaten war das Bekenntnis zur Tapferkeit und zum Kampf bis zum Letzten eine Selbstverständlichkeit (Römer 2012: 314ff.). Die nationalsozialistische Ideologie konnte mithin auf gesellschaftlich verbreitete Vorstellungen und Werte zurückgreifen und sich diese zunutze machen.

Mit ihrer Studie setzen Neitzel und Welzer einen provokanten Kontrapunkt in der Debatte um die Motivation von Wehrmachtssoldaten. Während in den zeitgenössischen Studien von Shils und Janowitz (1948) noch die Vorstellung dominierte, dass Kameradschaft, soziale Kohäsion und die militärische Primärgruppe Hauptfaktoren der Motivation von Wehrmachtssoldaten gewesen seien, ist spätestens mit der Untersuchung von Bartov (2001 [1992]) eine Gegenbewegung festzustellen, die auf die Wirkmacht ideologischer Überzeugungen hinweist. Ungeachtet des Verdienstes, die Debatte belebt zu haben, ist gegen die Verwendung des Referenzrahmenansatzes bei Neitzel und Welzer einzuwenden, dass dieser dazu beiträgt, die vorhandenen Differenzen in den Handlungen, in den individuellen Dispositionen und Motiven und letztlich auch in der zurechenbaren Verantwortung der Soldaten zu nivellieren. Es ist richtig, dass der Krieg Möglichkeitsräume zur Entfaltung von Gewalt und auch für Gewaltexzesse öffnet, aber dies geschieht nicht in jedem Krieg in gleicher Art und Weise. Von daher überzeugen die Bezüge die Neitzel und Welzer (2011: 395-404) zu den aktuellen Kriegen im Irak und in Afghanistan nicht. Der Zweite Weltkrieg war in vielerlei Hinsicht exzeptionell – und auch in ein und demselben Krieg nutzen Nationen, militärische Einheiten und einzelne Soldaten die sich bietenden Gewaltoptionen im unterschiedlichen Maße, wovon Neitzel und Welzer in ihrem Werk durchaus berichten. Referenzrahmen stecken den Raum ab, innerhalb dessen Handlungen möglich sind. Krieg, Gewalt und Militär lassen dem Einzelnen einen geringeren Handlungsspielraum als andere, insbesondere friedliche und zivile, Kontexte. Dies herausgearbeitet zu haben, ist das Verdienst der Studie von Neitzel und Welzer. Aber selbst im Militär und in Kriegen bleiben individuelle Handlungsoptionen bestehen und werden von den Soldaten unterschiedlich genutzt – wie, wann und warum, zeigt Römer in seiner Studie.

Soziale Strukturen, kulturelle Prägungen, militärische Zwänge und individuelle Handlungsspielräume – Intentionen beeinflussen soldatisches Handeln

Das Werk von Römer ist in bewusster Auseinandersetzung, zum Teil gar in dezidierter Abgrenzung, zum Buch von Neitzel und Welzer entstanden und hebt sich in zwei wesentlichen Punkten ab: Römer stellt erstens seinem Werk keinen sozialwissenschaftlichen Ansatz voraus, anhand dessen er die Quellen sichtet, einordnet und auslegt. Vielmehr entwickelt er induktiv aus den Abhörprotokollen ein Analysemodell für die Motivation und Handlungen der Wehrmachtssoldaten. Zweitens arbeitet Römer entschieden den Entscheidungsspielraum heraus, der Wehrmachtssoldaten im Zweiten Weltkrieg offen stand, und weist nach, dass und wie inhaltliche, d.h. politische

365

und ideologische Überzeugungen die soldatischen Handlungen beeinfluss-ten.

In seiner Studie entwickelt Römer ein vierstufiges Modell der Ein-flussfaktoren soldatischer Motivation. Die unterste Ebene bildet die genuine Kampfsituation, auf der Römer (2012: 469) kaum Einflüsse von Kultur und Gesellschaft erkennen kann. Darüber gebe es die Militärkultur, die sich zum einen abgrenze vom zivilen Umfeld und die Besonderheiten des Militäri-schen hervorhebe, zum anderen aber in verschiedenen Armeen ähnlich aus-geprägt sei (Römer 2012: 469). Wesentlichere Differenzen beständen auf der dritten, der gesellschaftlich-kulturellen Ebene (Römer 2012: 469f.). So sind die nationalen Charakteristika von deutschen, japanischen und italienischen Soldaten anhand der Quellenlage gut erkennbar (Römer 2012: 471-473; s.a. Neitzel/Welzer 2011: 355-361). Auf gleicher Ebene sind die Binnendifferen-zen im Militär anzusiedeln, insbesondere die zwischen den Teilstreitkräften, die bereits Neitzel und Welzer thematisieren. Im Einfluss der vierten, der individuellen Ebene bestehen die größten Abweichungen zwischen beiden Werken. Während Neitzel und Welzer den individuellen Dispositionen und Intentionen eine zu vernachlässigende Bedeutung zuschreiben, spielt für Römer (2012: 474f.) auch in Kriegen und Streitkräften das Individuum mit seinen Präferenzen, Ressourcen, seiner Sozialisation und seinen Eigenheiten eine wesentliche Rolle. Hierbei kommt auch den Wehrmachtssoldaten ein Akteurstatus zu, da sie zu bewussten Handlungen fähig waren und dabei u.a. von ideologischen Überzeugungen geleitet wurden.

Sein Vier-Ebenen-Modell präsentiert Römer erst als Fazit seiner Stu-die. Es wäre hilfreich gewesen, dieses – analog zu Neitzel und Welzer – ein-gangs einzuführen, dezidierter in den Stand der historischen und militärso-ziologischen Forschung einzuordnen und den Leser entlang des Modells durch das Quellenmaterial und die diversen Befunde zu führen. Ungeachtet dieser Kritik ist der Ansatz von Römer kompatibel mit dem aktuellen For-schungsstand der Militärsoziologie. Diese differenziert in ähnlicher Art und Weise zwischen individuellen Einflussfaktoren soldatischer Motivation und Handlungen, innermilitärischen Größen wie dem Vertrauen in Vorgesetzte und dem kameradschaftlichen Zusammenhalt, sozialen Bezügen, worunter u.a. die Familie und der gesellschaftliche Rückhalt zu zählen sind, sowie in-haltlichen Überzeugungen, d.h. der Identifikation des einzelnen Soldaten mit dem Ziel und Zweck seiner Mission. Aber auch in der Militärsoziologie ist die Wirkweise inhaltlicher Überzeugungen umstritten. In der Nachfolge von

Shils und Janowitz (1948) bestreiten einige Forscher bis in die Gegenwart die Relevanz politischer und ideologischer Größen für Soldaten im Krieg (exemplarisch: Wong u.a. 2003). Allerdings gehen die entsprechenden Arbeiten oftmals von einem zu engem Verständnis inhaltlicher Überzeugungen aus. Ihnen gilt oftmals alleine das flammende Bekenntnis – etwa von Wehrmachtssoldaten zum Nationalsozialismus – als Beleg für den Weltanschauungskämpfer. Legt man die Messlatte entsprechend hoch, können nur wenige Soldaten als Überzeugungstäter gelten (so bereits Shils und Janowitz (1948: 286), die in ihrer Untersuchung lediglich auf einen Anteil von 10-15 Prozent ‚hard-core Nazis' kamen). Der Rest seien Mitläufer, Unpolitische und reine Soldaten. Zwar gab es in der Wehrmacht und erst recht in der Waffen-SS unstrittig die politischen Weltanschauungskrieger (Römer 2012: 377f.), deren Fanatismus entscheidend für ihre Kampfmoral war. Wie Römer (2012: 454) aber nachweist, können Einstellungen auch weitaus subtiler wirken:

> „Für rangniedrige Soldaten war solche geringe weltanschauliche Gefestigtheit durchaus charakteristisch. Selbst wenn sie explizit nach Begründungen gefragt wurden, erwiesen [sie sich] kaum als fähig, die antisemitischen Theorien aus den Traktaten der führenden Nationalsozialisten herunterzubeten…Ideologische Überzeugungen waren keine unverzichtbare Vorbedingung für die Mitwirkung an Massenmorden. Ohne sie lässt sich das Verhalten der Täter jedoch genauso wenig erklären. Zweifelsohne begünstigten sie die Taten, und sei es nur dadurch, dass linientreue Soldaten…umso selbstverständlicher hinnahmen, was die NS-Führung vorgab, und auch keinerlei Empathie mit den Opfern verspürten."

Mit diesen Ausführungen schließt Römer – allerdings ohne entsprechenden Beleg – an eine Konzeption an, die Charles Moskos in seinen richtungsweisenden Studien bei US-Soldaten in Vietnam entwickelt hat. Moskos weist differenziert die sublime Wirkweise inhaltlicher Überzeugungen nach. So führt er kollektive Orientierungen und Werthaltungen als bedeutenden Faktor für die Kampfmoral (wieder) in die wissenschaftliche Debatte ein. In diesem Zusammenhang verwendet Moskos (1968: 209ff.) den Begriff „latente Ideologie", womit die innere Überzeugung des Soldaten von der Richtigkeit seines Auftrages gemeint ist. Diese muss kein Ausfluss detaillierter Reflexionen sein. Entscheidend sei vielmehr, dass der Soldat grundlegend das Gefühl hat, einer ‚guten Sache' zu dienen: „Diese Überzeugung muss nicht förmlich artikuliert, vielleicht nicht einmal bewusst erkannt werden. Doch in einem gewissen Grade muss der Soldat, wenn auch nicht das spezifische Kriegsziel, dann doch wenigstens den Zustand des Sozialsystems, dem der angehört, als gerecht und annehmbar empfinden." (ebd.: 210) Die historische Analyse von Römer und die militärsoziologische Untersuchung von Moskos gelangen beide zu der Einsicht, dass soldatisches Verhalten und soldatische Motivation nur zu erklären sind, wenn die inhaltlichen Überzeugungen und politischen Bezüge, denen sie unterliegen, mit in Betracht gezogen werden. Beide Analysen stützen mithin das Konzept des ‚politischen Soldaten', wie es auch der Inneren Führung zugrunde liegt (Nägler 2010: 42f., 485f.).

Eine wesentliche Bedingung dafür, dass ideologische Überzeugungen sich in konkretes Verhalten niederschlagen können, ist die Existenz von Entscheidungsspielräumen. Nur wer Optionen zum Handeln hat, kann seinen Überzeugungen Folge leisten. Neitzel und Welzer unterschätzen die (Wahl-)Möglichkeiten der Wehrmachtssoldaten, wie die von Soldaten in Krieg und Gefecht generell. Römer hingegen zeigt auf, dass in bestimmten Situationen – selbst bei Kriegsverbrechen – Soldaten vor Ort Entscheidungen treffen konnten und Truppenführer das Verhalten ihrer unterstellten Soldaten anleiteten (Römer 2012: 262f., 433). Deshalb kam es nicht zuletzt auf die konkrete Führungspersönlichkeit vor Ort an, wenn es darum ging, wie gekämpft wurde, wie lange Widerstand geleistet wurde und ob sich Truppenteile an Verbrechen beteiligten (Römer 2012: 298, 321f., 479). Römer steckt den Handlungsspielraum ab, den Soldaten im Krieg haben. Dieser ist zweifelsohne situationsspezifisch ausgeprägt und Truppenführer verfügen über mehr Handlungsoptionen als einfache Soldaten. Auch ist der Spielraum bei Entscheidungen zur Führung eines Gefechtes oder in Gefechtspausen größer als im eigentlichen Feuerkampf. Dennoch legt die Studie von Römer dar, dass und wie Soldaten die vorhandenen Optionen in unterschiedlicher Art und Weise nutzten. Dabei gilt grundsätzlich: Je größer der Handlungsspielraum, desto stärker wirken ideologische Aspekte (Römer 2012: 298, 321f.). Römer porträtiert Soldaten, die länger in der Wehrmacht dienten, sich stärker mit ihr und dem Krieg identifizierten und als echte Krieger das Gefecht geradezu suchten (Römer 2012: 404-412). Dem stehen oftmals etwas ältere Männer gegenüber, die spät im Krieg aus ihren zivilen Berufen herausgelöst und in die Streitkräfte eingezogen wurden, die eine merkliche Distanz zur militärischen Gewalt an den Tag legen, eher Gefahren vermeiden und in der Folge auch schneller kapitulierten (Römer 2012: 368-

371). Dabei werden die Effekte der Sozialisation ebenso sichtbar wie Identifikationen mit dem Militär, dem Krieg als solchen und politischen Überzeugungen. Zugleich treten unterschiedliche Vorstellungen von der Rolle als Soldat zutage. All diese Größen schlagen durch auf das soldatische Handeln. Dieses wird keineswegs durch einen einheitlichen Referenzrahmen bestimmt, an dem sich alle Soldaten unterschiedslos orientieren: „Die Performance der Soldaten hing auch von ihrem persönlichen Kampfeswillen ab." (Römer 2012: 365) Dieser Befund stellt für die militärsoziologische Forschung eine militärgeschichtlich begründete Rückversicherung dar, den Akteurstatus von Soldaten weiterhin ernst zu nehmen und deren Einsatzmotivation sowie die dahinter stehenden Größen unter der Prämisse individueller Handlungsspielräume zu analysieren.

Vom Nutzen der Militärgeschichte (und der Militärsoziologie!) für die Innere Führung

Die Werke von Neitzel und Welzer sowie Römer sind in mehrfacher Hinsicht verdienstvoll: Sie geben faszinierende Einblicke in die Gedankenwelt und Lebenswirklichkeit der Wehrmachtssoldaten. Es sind lesbare und packende Bücher, die authentisch von der Geschichte erzählen. Hier sprechen die einfachen Wehrmachtssoldaten zu uns – nicht in der verzerrten, instrumentalisierten und interessengeleiteten Art und Weise, die den Kameradschaftsdiskurs der Nachkriegszeit geprägt hat (Kühne 2006), sondern in der lebendigen Form, in der sie in den Gefangenenlagern miteinander gesprochen haben. Die exklusive Datenquelle, die relevanten Fragestellungen sowie die zugängliche Aufbereitung der Forschung wecken eine Aufmerksamkeit für die Studien, die weit über die engen Grenzen der Fachwissenschaften und über den nationalen Rahmen hinausgeht. Das Buch von Neitzel und Welzer liegt bereits in 6 Sprachen vor, die Übertragung in 13 (!) weitere Sprachen wird vorbereitet. ‚Soldaten' wurde im Nachrichtenmagazin ‚Der Spiegel' auf 8 Seiten besprochen, ‚Kameraden' im Focus und in der Zeit sowie auf Spiegel-Online mit einem eigenen Beitrag präsentiert. Diese Resonanz und der Umstand, dass beide Bücher als Lizenzausgaben der Bundeszentrale für politische Bildung einem breiteren Publikum zur Verfügung stehen, belegt, wie groß das Interesse an der Wehrmacht und ihren Soldaten sowie an der wissenschaftlichen Debatte dazu trotz zunehmender zeitlicher Distanz noch ist – zumal es sich bei der Thematik nicht um einen Detailaspekt handelt. Die Frage, wofür und warum Wehrmachtssoldaten kämpften, zielt vielmehr direkt in den Kern der gesellschaftlichen Auseinandersetzung mit dem Zweiten Weltkrieg und dem Nationalsozialismus: Waren die Wehrmachtssoldaten Überzeugungstäter oder ergaben sich Gewaltanwendung und Gewaltexzesse aus den situativen Notwendigkeiten des Krieges? Von der Antwort auf diese Frage hängt die moralische Bewertung des Handelns der Soldaten ab, die seit den Ausstellungen zu den Verbrechen der Wehrmacht in einem größeren öffentlichen Kontext diskutiert wird. Beide Werke bringen neue Dynamik in diese wichtigen und weit über die Fachöffentlichkeit interessierenden Debatten.

Zugleich zeigen sie, wie gewinnbringend historische und sozialwissenschaftliche Forschung verknüpft werden können. Bedingung für ein Gelingen ist, dass sich die Sozialwissenschaftler auf den Fundus geschichtlicher Quellen einlassen und die historische Vielfalt an- und ernstnehmen. Umgekehrt kann die geschichtswissenschaftliche Forschung gewinnen, wenn sie sich noch bewusster mit den sozialwissenschaftlichen Konzepten und Ansätzen auseinander setzt, auf denen ihre Analysen bewusst oder unbewusst basieren. Die Gegenüberstellung der beiden Arbeiten verdeutlicht, dass dasselbe Material abweichende Antworten geben kann, wenn man es mit verschiedenen (sozial-)wissenschaftlichen Ansätzen befragt. Denn wie die vorstehenden Ausführungen belegen, sind die disparaten Befunde beider Werke zu einem erheblichen Teil den unterschiedlichen sozialwissenschaftlichen Konstrukten geschuldet, derer sie sich bedienen.

Schließlich liefern die Studien neue Impulse für die Weiterentwicklung der Inneren Führung. Sie eröffnen die Möglichkeit – im Bewusstsein der fundamentalen historischen, politischen, gesellschaftlichen und militärischen Unterschiede –, die historischen Erfahrungen der Wehrmachtssoldaten zu reflektieren und mit den gegenwärtigen Bedingungen deutscher Soldatinnen und Soldaten in den Auslandseinsätzen in Bezug zu setzen. Neitzel und Welzer stellen solche Bezüge bereits her, wenngleich es weiterer Differenzierungen bedarf. Wesentlich ist ihre Einsicht, dass Kriege bestimmte Handlungsoptionen öffnen und andere verschließen. Genau dies ist ein Grund, weshalb mit einiger Heftigkeit hierzulande jahrelang um die Etikettierung des Afghanistaneinsatzes als Krieg gerungen wurde. Und dennoch unterschätzt die lapidare Festlegung ‚Krieg ist Krieg‘ die Komplexität und die Handlungsfreiräume, die Soldatinnen und Soldaten in jedem Krieg, aber erst recht in den aktuellen Einsätzen haben. Inwiefern sie die sich bietenden

Optionen nutzen, welche Entscheidungen sie treffen und welche Handlungen sie vollziehen, wird nicht nur von innermilitärischen Größen bestimmt. Es sind nicht alleine Tugenden, Pflichtgefühl, Kameradschaft, Vorgesetzte oder militärischer Ethos, die soldatisches Verhalten prägen. Zu einem wesentlichen Teil hängt soldatische Motivation stets von Überzeugungen, Inhalten und latenten Ideologien, von politischen und gesellschaftlichen Einflüssen, letztlich von den Intentionen der Soldaten ab. Damit erweist sich der Anspruch der Inneren Führung als realistisch. Es ist nicht nur *wünschenswert*, dass sich Soldaten an den politischen Aspekten ihres Tuns orientieren, es ist *auch funktional geboten*. Denn Soldaten sind nicht alleine durch militärische Größen zu motivieren. Wer eine solche Reduktion fordert, verkennt die Komplexität soldatischer Handlungen und Motivationen. Militärgeschichtliche und militärsoziologische Studien zeigen wiederholt den Einfluss politischer, inhaltlicher und ideologischer Bezüge. Dem wird die Innere Führung mit dem Staatsbürger in Uniform als politischem Soldaten durchaus gerecht. Dieser Anspruch der Inneren Führung verpflichtet Bundeswehr, Gesellschaft und Politik, das Tun der Soldaten mit Sinn zu füllen. Inwiefern dies gegenwärtig gelingt, steht auf einem anderen Blatt.

Literatur

Bartov, Omer (2001 [1992]): Hitlers Wehrmacht. Soldaten, Fanatismus und die Brutalisierung des Krieges. Reinbek.

Biehl, Heiko/Maren Tomforde (2005): Quantitative und qualitative Methoden in der Militärsoziologie am Beispiel von Einsatzbefragungen. In: Nina Leonhard/Ines-Jacqueline Werkner (Hg.): Militärsoziologie. Eine Einführung, Wiesbaden, S. 310–329.

Biehl, Heiko (2012): Kampfmoral und Einsatzmotivation. In: Nina Leonhard/Ines-Jacqueline Werkner (Hg.): Militärsoziologie. Eine Einführung, 2. aktualisierte und ergänzte Aufl., Wiesbaden 2012, S. 447-474.

Esser, Hartmut (1990): „Habits", „Frames" und „Rational Choice". Die Reichweite von Theorien der rationalen Wahl am Beispiel der Erklärung von Befragtenverhalten. In: Zeitschrift für Soziologie, 19: 4, S. 231-247.

Esser, Hartmut (1996): Die Definition der Situation. In: Kölner Zeitschrift für Soziologie und Sozialpsychologie, 48: 1, S. 1-34.

Huntington, Samuel (1981 [1957]): The Soldier and the State. The Theory and Politics of Civil-Military Relations. Cambridge, Mass./London.

King, Anthony (2013): The Combat Soldier: Infantry Tactics and Cohesion in the Twentieth and Twenty-First Centuries. Oxford.

Koch, Magnus (2012): Rezension zu Neitzel/Welzer 2011. In: Zeitschrift für Geschichtswissenschaft, 60: 4, S. 391.

Kühne, Thomas (2006): Kameradschaft. Die Soldaten des nationalsozialistischen Krieges und das 20. Jahrhundert. Göttingen: Vandenhoeck & Ruprecht.

Leleu, Jean-Luc (2011): Rezension zu Neitzel/Welzer 2011. In: Francia-Recensio 2012/1 19./20. Jahrhundert – Histoire contemporaine. (perspectivia.net/content/publikationen/francia/francia-recensio/2012-1/ZG/neitzel_leleu)

Loch, Thorsten (2008): Das Gesicht der Bundeswehr. Kommunikationsstrategien in der Freiwilligenwerbung der Bundeswehr 1956-1989. München.

Moskos, Charles C. (1968): Eigeninteresse, Primärgruppen und Ideologie. In: René König (Hg.): Beiträge zur Militärsoziologie. Kölner Zeitschrift für Soziologie und Sozialpsychologie, Sonderheft 12. Köln/Opladen, S. 201-220.

Nägler, Frank (2010): Der gewollte Soldat und sein Wandel. Personelle Rüstung und Innere Führung in den Aufbaujahren der Bundeswehr 1956-1964/65. München.

Neitzel, Sönke/Harald Welzer (2011): Soldaten. Protokolle vom Kämpfen, Töten und Sterben. 2. Aufl. Frankfurt a.M.

Römer, Felix (2012): Kameraden. Die Wehrmacht von innen. München/Zürich.

Schneider, Michael (2011): Rezension zu Neitzel/Welzer 2011. In: Archiv für Sozialgeschichte 52 (fes.de/cgi-bin/afs.cgi?id=81274).

Shils, Edward A./Janowitz, Morris (1948): Cohesion and Disintegration in the Wehrmacht in World War II. In: Public Opinion Quarterly, 12: 2, S. 280-315.

Töppel, Roman (2011): Rezension zu Neitzel/Welzer 2011. In: Militärgeschichtliche Zeitschrift, 70: 2.

Tomforde, Maren (2006): "Einmal muss man schon dabei gewesen sein…" Auslandseinsatz als Initiation in die ‚neue‘ Bundeswehr. In: Ulrich vom Hagen (Hg.): Armee in der Demokratie. Zum Verhältnis von zivilen und militärischen Prinzipien. Wiesbaden, S. 101-122.

Trull, Christian (2007): Bildet die Bundeswehr zur Kriegstüchtigkeit aus? In: Schwarzes Barett, Heft 37, S. 7-10.

von Uslar, Rolf/Marc-André Walther (2012): Kampfmoral. Voraussetzung für das Bestehen im Einsatz. In: Uwe Hartmann/Claus von Rosen/Christian Walther (Hg): Jahrbuch Innere Führung 2012 – Der Soldatenberuf im Spagat zwischen gesellschaftlicher Integration und sui generis-Ansprüchen. Gedanken zur Weiterentwicklung der Inneren Führung. Berlin, S. 73- 89.

Vaughan, David/Schum, William (2001): Motivation in U.S. Narrative Accounts of the Ground War in Vietnam. In: Armed Forces & Society, 28: 1, S. 7-31.

Verteidigungspolitische Richtlinien (2011): Nationale Interessen wahren – Internationale Verantwortung übernehmen – Sicherheit gemeinsam gestalten. Bundesministerium der Verteidigung. Berlin.

Welzer, Harald/Sönke Neitzel/Christian Gudehus (Hg.) (2011): „Der Führer war wieder viel zu human, viel zu gefühlvoll“. Der Zweie Weltkrieg aus der Sicht deutscher und italienischer Soldaten. Frankfurt a.M.

Wiesendahl, Elmar (2007). Zur Aktualität der Inneren Führung von Baudissin für das 21. Jahrhundert. Ein analytischer Bezugsrahmen. In: ders. (Hg.): Innere Führung für das 21. Jahrhundert. Die Bundeswehr und das Erbe Baudissins. Paderborn, S. 11-28.

Wong, Leonard/Kolditz, Thomas A./Mille, Raymond/Potter, Terence (2003): Why They Fight. Combat Motivation in the Iraq War. U.S. Army War College. Carlisle Barracks.

ZDv 10/1 (2008): Innere Führung. Selbstverständnis und Führungskultur der Bundeswehr. Bundesministerium der Verteidigung. Berlin.

Zwicknagl, Fritz (2007): Die Bundeswehr an der Schwelle zum Ernstfall. Innere Führung, soldatisches Selbstverständnis und Tradition. Dringender Anstoß zur Diskussion. In: Schwarzes Barett, Heft 37, S. 11-13.

Zwicknagl, Fritz (2010): Lehrmeister Krieg. In: Junge Freiheit, Nr. 43, 22. Oktober 2010.

Wunderwaffe der Inneren Führung: Politische Bildung. Eine Replik auf Angelika Dörfler-Dierken

Peter Buchner[1]

In ihrer konzeptionellen Analyse „Bildung in der Bundeswehr: politisch, historisch, ethisch" beschreibt Angelika Dörfler-Dierken das Soldatenbild der Inneren Führung und setzt der gängigen Ausgestaltung ein integratives Bildungsverständnis entgegen. Unterschiedliche Bildungsforderungen und -angebote zielen dabei auf eine Persönlichkeit als Individuum und müssen dazu einen gemeinsamen Fokus haben (ADD: 105). Das so gewonnene weite Bildungsverständnis ist im abendländischen Bildungskanon verankert und prägt sich aus in einem Additiv von Kenntnissen und Fertigkeiten neben Haltungen und Einstellungen. Diese Art der Herzensbildung steigert das Vermögen, sich immer neu auf den Umgang mit ungewohnten Situationen einzustellen. Insofern verbindet diese Bildung die handwerklichen Befähigungen mit Nachdenklichkeit und Orientierung als eine lebenspraxisbezogene Verbindung.

Das daran sich anschließende didaktische Arrangement stärkt Menschen, Probleme zu identifizieren und zu antizipieren, und regt an, selbständig Lösungen zu erarbeiten. Ganz im Gegensatz zu einem klischeehaften kommissgeprägten Soldatenbild entsteht damit am Ende der Lernprozesse statt des Instruments Soldat die verantwortlich handelnde, sittlich gegründete und gewissensgeleitete Persönlichkeit. Belehrung ist von selbsttätigem Engagement abgelöst.

Dies ist mehr denn je erforderlich, weil sich das klassische Einsatzspektrum der Bundeswehr und der deutschen Soldaten in den letzten zwanzig Jahren stark verändert hat. Heutzutage ist die Befähigung zur durchaus konfliktbehafteten Zusammenarbeit unverzichtbar. Dies erfordert Empathie und eine mentale Prägung als Teamplayer, der auch kooperativ mit denjenigen zusammenarbeitet, die ihren Sinn aus anderen als den rein politischen Quellen schöpfen. Konkret also ist die Kooperation gefordert zwischen den unterschiedlichen Vorstellungen einer Sicherheitslogik auf der einen und der Friedenslogik vieler nichtmilitärischer Helfer in einem Auslandseinsatz auf

---

[1] Bewertungen spiegeln die persönliche Auffassung des Autors wider.

der anderen Seite, verschärft um ethnische Vielfalt und die damit Hand in Hand gehenden Denk- und Handlungsweisen. Beide Seiten lassen sich nicht unbedingt zur Deckung bringen. Das ist jedoch genau gemeint, wenn der Ruf nach zivilberuflichen Kompetenzen erschallt, wie sie sich auch aus der Analyse der Aufgaben ergeben, die die Soldaten anpacken müssen (Naumann 2008: 89).

Dies wird im Bild des Fingers deutlich, der die Rolle der Soldaten charakterisiert in einem gemeinsamen Einsatz – also die ganze Hand, mit anderen Helfern, Hilfsorganisationen und Institutionen. Genaugenommen allerdings sind Soldaten eigentlich nur der Daumen. Dieses Körperteil, anatomisch gesehen und evolutionstechnisch begründet kein Finger im eigentlichen Sinne, leistet bei nochmaligem Hinsehen zwar einen unverzichtbaren, aber gewöhnlich eher geringen Beitrag zur Produktivkraft der ganzen Hand. Der erste und stärkste der fünf Finger nimmt mit seinen Bewegungsmöglichkeiten eine Sonderstellung ein. Die sog. Oppositionsstellung, d.h. die Gegenüberstellung des Daumens zu den anderen Fingern, ermöglicht den Faustschluss und verbessert die Greiffunktion entscheidend. Evolutionsgeschichtlich wird dies als Entwicklungssprung der Primaten gegenüber den sog. `Nicht-Altweltaffen´ und anderen Säugetieren bewertet, die nicht opponieren können.[2] Gerade die deutsche Sprache hat diesen Entwicklungssprung aufgenommen. Begriffe wie Handeln oder Handhaben drücken den besonderen Status der Hand aus.

Im Gegensatz zum Evolutionserfolg macht der Volksmund aber auch deutlich, dass filigrane Handarbeit eigentlich nicht Sache des Daumens ist. Der Begriff Daumenregel – auch Faustregel – macht deutlich, dass die Arbeit auf Schätzungen oder Annahmen beruht und von Erfahrung geleitet ist genauso wie die Angabe "Pi mal Daumen" nur ein ungefähr zutreffendes Ergebnis liefert. Einfachheit – wissenschaftlich gesprochen Komplexitätsreduktion – liegt dann vor, wenn statt des geometrischen Strahlensatzes die Entfernungsschätzung mit Daumensprung[3] vorgenommen wird.

---

[2] Quelle: Wikipedia. Stichworte: Daumen, Hand, Oppositionsstellung, Opposition, Adduktion.

[3] Die Regel besagt, dass die Breite, um die der Daumen auf dem beobachteten Objekt beim Augenwechsel „springt" (beispielsweise der Abstand zwischen zwei Infanteriestellungen), ein Zehntel des Abstandes zum Objekt beträgt.

Außerdem kennt der Volksmund das Sprichwort der linken Hände für die Ungeschicklichkeit von Personen, wenn jemand nichts auf die Reihe bringt. Dies wird gesteigert als „zehn linke Daumen haben", wenn „zwei linke Hände" allein nicht mehr ausreichen, um den vorliegenden Grad an Ungeschicklichkeit zu charakterisieren.[4]

Faustschluss und -schlag sowie Kraft- oder Präzisionsgriff als spezifische Daumenfunktionalitäten können somit – um im Bild der Hand zu bleiben – die Aufgabe der Soldaten charakterisieren. Gefühlvolle Opposition setzt voraus, dass die gegenüberliegenden Finger erstens überhaupt vorhanden sind und zweitens ins händische Orchester einstimmen. Die evolutionsgeschichtliche Entwicklung der menschlichen Hand als Metaphorik für den Wandel der Ausprägungen der Einsätze der Bundeswehr zeigt ein Bild für die damit verbundenen intellektuellen Entwicklungsschritte. Es reicht vom Faustschlag über den sprichwörtlichen Affengriff, bei dem sich die zivilgesellschaftliche Orientierung an die militärischen Erfordernisse – das ist der totale Krieg - bis zum Kraftgriff, der differenzierte Funktionalitäten voraussetzt. Gekrönt wird die evolutionäre Entwicklung vom Präzisionsgriff. Um Daumen und Zeigefinger funktionsfähig gegenüber zu stellen, ist hoher Steuerungsaufwand erforderlich. Nur so wird man damit gewinnbringend arbeiten.

Ein Daumen ist nicht mehr als ein Daumen!

Jeder Auslandseinsatz der Bundeswehr heute ist wie die Funktion der Hand eine Gemeinschaftsleistung aller Finger. Soldaten sind der Daumen. Ihre Aufgaben reichen vom Faustschlag zum Affengriff und weiter über den Kraft- hin zum Präzisionsgriff. Soldaten gestalten ein sicheres Umfeld. Der Kern der meisten Zielsetzungen jedoch, eine funktionierende Staatsordnung zu schaffen und zivilgesellschaftliche Orientierung zu verankern, bleibt anderen vorbehalten. Trotzdem müssen die verschiedenen Finger in ihrem Handeln miteinander koordiniert werden und aufeinander abgestimmt sein. Dies birgt hohen intellektuellen Anspruch. Gefunden wird dieser als ganzheitlicher Ansatz im Zusammenspiel der von Angelika Dörfler-Dierken aus-

---

[4]   http://mundmische.de/bedeutung/18045-10_linke_Daumen_haben   [abgerufen: 10.02.2013]

gemachten Ansprüche der Inneren Führung nach einem politisch, historisch und ethisch gebildeten Soldaten.

Das entworfene Bildungsverständnis soll hier in 3 Perspektiven weiter problematisiert und ergänzt werden. Dabei geht es nicht darum, zweifellos vorhandene Defizite schönreden zu wollen: weder die defizitäre Praxis noch wie sie – zweifellos nur als Eindruck und keinesfalls repräsentativ – spotlichtartig manche Einblicke in den Dienstalltag der Truppe nahelegen. Und genauso wenig sollen bestehende unzureichende Ausbildungskonzepte gerechtfertigt werden, die zwar wohlfeil im ersten Zugriff den terminologischen Rahmen abstecken, beim genaueren Hinsehen leider nicht immer überzeugende didaktische Arrangements beinhalten[5].

Dies kommt als Defizitvermutung noch zu den unterschiedlichen Vorstellungskreisen zum soldatischen Leitbild dazu (ADD: 107), in denen Angelika Dörfler gravierende Dilemmata und Widersprüche im Berufsbild konstatiert.

Dazu soll hier eine vermittelnde Position bezogen werden zwischen der unzureichend reflektierten dienstlichen Praxis einerseits, die die Soldatenmentalität unter den Schlagworten "Praxis und Erfahrung" (Martin Kutz) bedingt, und dem ausgeklügelten, wissenschaftlich anschlussfähigen Vorschlag des integrativen Bildungskonzepts andererseits. Bezogen wird eine soldatenfreundliche, vermittelnde Position, die in der Argumentation an bestehende militärische Strukturen anschließt. Der zurecht skeptische Hinweis auf das in der Leitvorschrift ZDv 10/1 beschriebene traditionelle Soldatenethos - der weniger Wert- als Tugendlehre ist – mit den Eigenschaften tapfer, treu und gewissenhaft, kameradschaftlich und fürsorglich, diszipliniert, [fachlich befähigt und lernwillig], wahrhaftig gegenüber sich und anderen, [gerecht, tolerant und aufgeschlossen gegenüber anderen Kulturen und moralisch urteilsfähig][6] wird dazu als Film interpretiert, der dem soldatischen Daumenkino entspringt. Das ist der Ideenvorrat, der sich pragmatisch aus

---

[5] Im Grunde genommen ist das Bildungskonzept, das ADD hier implizit zugrunde legt, mit geringfügigen terminologischen Nuancen mit dem nach wie vor gültigen Lernzielkatalog Innere Führung der festgelegte Bildungsanspruch.

[6] Die in Klammer gesetzten Tugenden wurden von ADD ausgelassen und werden hier der Vollständigkeit halber mit aufgenommen.

den zu leistenden Anforderungen[7] ergibt und somit genealogisch wirkt und für die Ausbildung archäologisch[8] fruchtbar gemacht werden muss. Dahinter steckt die von Hans Geser übernommene Erkenntnis, dass es sich bei Militär um einen Organisationstypus handelt, "der sich in fast allen Ländern der Erde in durchaus ähnlicher Weise vorfindet" und der Streitkräfte mit dem ebenso weltweit verbreiteten Typus der bürokratischen Zivilorganisation vergleicht.

„Weit über eine bloß beschreibende Aufzählung von auffälligen Gemeinsamkeiten und Unterschieden hinaus verlangt eine derartige vergleichende Analyse die Beantwortung der kausalen Fragestellung: auf Grund welcher äußerlichen und innerer Ursachen Armeen die für sie kennzeichnenden Eigenheiten ihrer Struktur ausgebildet haben; bzw. der funktionalen Fragestellung: warum es aus Gründen der Leistungssicherung unerläßlich oder wenigstens sehr nützlich ist, daß man Armeen anders als z.B. Wirtschaftsunternehmen organisiert" (Geser 1983: 140).

Dies kann zwar dysfunktional anmutende Gepflogenheiten nicht rechtfertigen, jedoch aus ihrer historischen Genese heraus erklären. Es macht deutlich, dass ein antiquiert anmutendes Soldatenethos als historische Einprägung akzeptiert werden muss. Es darf aber nicht dazu führen, dass man weg sieht, wo über die Stränge geschlagen, also die gesellschaftlich verhandelten, im zivil-militärischen Verhältnis akzeptierten Grenzen überschritten sind. Und es eröffnet in diesem Verständnis die Möglichkeit, die Ankerpunkte und Widerlager zu identifizieren, mit denen der Zugriff auf die Seele der Soldaten zur Vorbereitung auf die neuen Aufgaben erfolgt und wo die Gefahr ungerechtfertigter politischer Instrumentalisierung besteht.

Diese drei Perspektiven sind einerseits die Frage nach dem bereits Vorhandenen, den Anteilen, die ein integratives Bildungsverständnis bereits charakterisieren, auch wenn sie es vielleicht nicht expressis verbis so benen-

---

[7] Hierfür bietet sich der Begriff Handlungslogik an. Er rückt die Effizienz der Funktionserfüllung in den Fokus und grenzt damit vom geistigen Überbau ab.

[8] Die Begriffe "archäologisch" und genealogisch" habe ich mir bei Michel Foucault entliehen, der in seinen komplexen philosophischen Suchprozessen die Rolle der geschichtlichen Symbolsysteme im Zwischenraum zwischen dem Denken und den Dingen und Phänomenen, aber mehr noch das Einbezogensein der Körper in Handlungszusammenhänge und soziale Spielfelder betont. (Keller 2008: 44). Das erscheint mir in kompliziert-treffender Weise auszudrücken, worin der Unterschied zwischen Daumen als Ding bzw. Phänomen und Hand als Denken liegen könnte.

nen. Es ist andererseits der Zugriff auf die Soldaten in der ethischen Ausprägung und in seiner bewussten wie unbewussten diskursiven Verkürzung. Das wird problematisch, wo eine Entscheidung zwar ethisch konnotiert ist, dahinter jedoch die einschlägige Entscheidungsregel nicht genannt ist. Es schließt mit der methodischen Einordnung dessen, was – altbacken klingend – alles im Begriff ‚historisch' zum Bildungsideal stilisiert wird.

Die unsichtbare Hand der Politischen Bildung

Einiges von dem was gefordert wird, liegt bereits mit Politischer Bildung zu Füßen. Man kann es quasi einfach ergreifen. In der Hand hält man dann ein integratives Bildungsprogramm, das die Grenzen des Handelns verdeutlich, die für die "totale Institution" Militär (Goffman) gezogen werden müssen. Dies ist sowohl in der Zielperspektive als auch thematisch zu zeigen.

Politische Bildung ist eine verpflichtende Vorgabe aus § 33 Soldatengesetz für alle Soldaten. Was dort als staatsbürgerlicher Unterricht vorgegeben ist, wird in der ZDv 12/1 als Politische Bildung in ihrem Gehalt, ihren Zielen und Inhalten sowie thematisch, didaktisch und organisatorisch konkretisiert. Außerdem gibt die Dachvorschrift selbst, die ZDv 10/1, Hinweise zu Politischer Bildung als hauptsächliches Gestaltungsfeld und verbindet Gesetz und Vorschrift untrennbar miteinander, wenn sie feststellt:

„Nach § 33 des Soldatengesetzes ist [P]olitische Bildung in der Bundeswehr verpflichtende Aufgabe" (10/1, Nr. 625).

Das Zielformulierung ist hierarchisch strukturiert.

„Ziel der [P]olitischen Bildung in der Bundesrepublik Deutschland ist die auf eigenständigem Urteil beruhende Bejahung des demokratischen Staates und das Eintreten für die freiheitliche demokratische Grundordnung" (12/1, Nr. 201).

Dies hat die Bundesregierung in 12 Lernzielen operationalisiert. Sie lassen sich zusammenfassen als Vermittlung von demokratischem Bewusstsein und der Befähigung zur aktiven Teilnahme an politischen Prozessen, nämlich beispielsweise (Deutscher Bundestag, Ds 12/1773 vom 10.12.1991):

• möglichst objektiv über Faktoren und Funktionszusammenhänge politischer, gesellschaftlicher und ökonomischer Prozesse zu informieren;

- zur Akzeptanz der Grundwerte der freiheitlichen und pluralen Demokratie beizutragen oder

- das Wesen demokratischer Spielregeln bewusst zu machen und demokratische Verfahrensweisen einzuüben, Konfliktfähigkeit und Konsensbereitschaft auszubilden.

Darin eingebettet sind besondere Ziele der Politischen Bildung in der Bundeswehr, nämlich:

1. die Schutz- und Verteidigungswürdigkeit der freiheitlichen demokratischen Grundordnung der Bundesrepublik Deutschland verdeutlichen,

2. den Auftrag der Bundeswehr auch angesichts weltweiter sicherheitspolitischer Risiken und sich ändernder Bedrohungen sowie gewachsener internationaler Verantwortung Deutschlands begründen,

3. die Bereitschaft und Fähigkeit entwickeln und fördern, Grundfragen des Soldatenberufs – besonders auch seine ethische und moralische Dimension – zu reflektieren,

4. die Rolle der Soldatin bzw. des Soldaten in Staat und Gesellschaft bewusst machen und die Fähigkeit fördern und ausbilden, sich mit ihr auseinander zusetzen,

5. den verantwortungsvollen und sachgerechten Gebrauch der staatsbürgerlichen Rechte fördern und die Fähigkeit entwickeln, die gesetzlichen Pflichten als Soldatin bzw. Soldat zu erkennen und entsprechend zu handeln und

6. die Soldatinnen und Soldaten in die Lage versetzen, für die im Grundgesetz ausformulierten Grund- und Menschenrechte bewusst einzutreten.

Aus den Zielen leitet die Dienstvorschrift im Folgenden Inhalte ab und macht unter Beachtung des Grundgesetzes und des Auftrags Themenvorschläge, die in 7 Themenkreisen strukturiert sind:

1. Die freiheitliche demokratische Grundordnung.

2. Bundeswehr und Soldatinnen und Soldaten in Staat und Gesellschaft.

3. Vernetzte Sicherheitspolitik im nationalen und internationalen Rahmen.

4. Globalisierung – neue Risiken und sicherheitspolitische Herausforderungen.

5. Historische Entwicklungen und Ereignisse.

6. Politische Bildung im Hinblick auf einen aktuellen Einsatz.

7. Umgang mit Medien und ihren Inhalten.

Zugehörige Themenvorschläge sind beispielsweise:

1. Gleichheitsgrundsatz und Beachtung von Minderheiten – ein Widerspruch? (1.10).

2. Soldatin oder Soldat und gesellschaftlicher Wandel (2.8).

3. Die Rolle der Nichtregierungsorganisationen/non-governmental organisations (NRO/ NGO) in der Sicherheitspolitik (3.12).

4. Globale Umweltprobleme und ihre Folgen (4.5).

5. Reichseinigung und das deutsche Kaiserreich (5.3).

6. Die politische und gesellschaftliche Diskussion des Einsatzes in Deutschland und im Einsatzgebiet (6.5), Ethische Überlegungen und Zielkonflikte (6.6) sowie Kultur und kulturelle Codes der am Einsatz beteiligten verbündeten Streitkräfte (6.9).

7. Vergleich der aktuellen Top-Meldungen in Zeitung, Fernsehen und Internet (7.3).

Sowohl in den Zielen als auch in Inhalten und Themenvorschlägen kommt also ein Bildungsverständnis zum Ausdruck, das zum vorgeschlagenen integrativen Bildungsansatz kongruent ist. Dies bildet auch die von Klaus Naumann (2011: 12) in den Fokus gerückte Trias des zivil-militärischen Verhältnisses zwischen Staat, Gesellschaft und Militär ab. Die gesellschaftlichen Grundlagen der Inneren Führung sind also nicht nur erfasst, sie überstrahlen sogar das gesamte Feld. Dazu fordert die Vorschrift expressis verbis, dass „das Interesse der Untergebenen für Themen der politischen Bildung zu wecken [ist] und sie zur eigenständigen Reflexion ethischer und *gesellschaftlicher* [Herv. P.B.] Grundfragen anzuregen [sind]" (12/1, Vorbemerkung Nr. 11).

Neben organisatorischen Vorgaben (Kapitel 4) vervollständigen didaktische Hinweise und methodische Vorschläge die Charakterisierung. Mit dem Beutelsbacher Konsens als didaktische Klammer aus Überwältigungsverbot, Gebot der Kontroversität und der Berücksichtigung individueller Interessen wird der offene Charakter, die Kontingenz politischer und sozialer Entscheidungen im Lernprozess abgebildet. Die methodischen Vorgaben fordern ein forschendes, Problem lösendes, soziales, kommunikatives, kreatives, interaktives Lernen. Es bietet Abwechslung und fördert Interesse. Es spricht nicht nur die Sach-, sondern vor allem Urteils- und Handlungskompetenz der Auszubildenden an. Es stillt insofern das Bedürfnis nach aktivem, kreativem, Spaß machendem und Erfolgserlebnisse schaffendem Lernen. Damit wird sichergestellt, dass Politische Bildung immer als Erwachsenenbildung durchgeführt wird.

Dennoch deutet nicht nur die Ausleuchtung der geübten Praxis auf Defizite in der Durchführung hin, sondern auf den zweiten Blick stellen sich Fragen nach der Konsistenz der Vorgaben.

Praktisch ist es vollkommen unzureichend, Politische Bildung nach dem Schema früherer Wintervorträge als einem Relikt lang vergangener Zeiten durchzuführen. Dies erfüllt nicht einmal die methodischen Bedingungen. Es ist eine lose Folge von Vorträgen mit vielschichtigen Themen, die Lernenden sind nahezu ausschließlich in der Rolle des Zuhörers und der Bildungswert wird nicht immer [meistens nicht: P.B.] den an sie gerichteten Ansprüchen gerecht (Monte 1986: 114). Systematisch ist darüber hinaus zu ergänzen, dass die Reflexion zur Sicherung des Lernerfolges mangels didaktischen Gesamtarrangements weitgehend fehlt (Buchner 2005: 80).

Noch schwerer wiegen Zweifel konzeptioneller Natur. Wenn beispielsweise von einer Verpflichtung der Soldaten gesprochen wird, sich politisch zu informieren (10/1, Nr. 627), von politischen Zusammenhängen (10/1, Nr. 633) oder von Kenntnissen (sic!) über Politik im Gegensatz beispielsweise zur Kultur eines Einsatzgebietes drückt sich darin ein verengtes institutionalistisches Politikverständnis aus, das quasi die „politische Kaste" bezeichnet und sich allein auf die Institutionen wie Bundestag oder Regierung zu beschränken scheint. Dies weicht von den Zielen der Politischen Bildung ab und birgt die Gefahr, den Primat der Politik über der gewissensgeleiteten Individualität als conditio sine qua non Innerer Führung anzusiedeln. Das kann Innere Führung aushebeln. Es hat Auswirkungen auf das Legitimationsverständnis der Auslandseinsätze. Hier tritt der Sinnanspruch zurück zugunsten der institutionalistischen Legitimationsquelle. Wenn man den demokratisch legitimierten Willen (10/1, Nr. 310) zur Richtschnur erhebt, kann die Konnotation zwei verschiedene Bedeutungen haben. Entweder meint es in institutionalistischem Verständnis „in der Art einer Demokartie", d.h. im Rahmen von dort festgelegten Verfahren, das ist i.a. der parlamentarische Prozess. Oder es kann als „in einer Weise, die dem Volkswillen entspricht" gelesen werden. In erster Lesart ginge die Individualität verloren. Gegen die zweite spricht die ablehnende öffentliche Meinung gerade zum Afghanistan-Einsatz. Demokratisch läuft insofern Gefahr, nur als Beschwichtigung zu wirken. Das ist nicht nur mit Blick auf den zu beobachtenden Politikverdruss bedenklich, sondern schränkt auch die Individualität ein, indem aus der Legitimitätsformel Max Webers der Legitimitätsglaube herausbricht. "Dass die Spannung zwischen Verantwortung und Gehorsam nicht zugunsten des Gehorsams, sondern entsprechend dem Menschenbild des Grundgesetzes zugunsten der Verantwortung aufgelöst wird, ist das Kernanliegen von Innerer Führung." Und das sollte auch so bleiben.

Eine offene Frage stellt sich auch noch in der Perspektive Einsatzorientierung. Der Legitimationsanspruch der Inneren Führung (10/1, Nr. 401) wurde in der Politischen Bildung früher schlüssig ausdifferenziert und als politisch notwendig, militärisch sinnvoll und moralisch begründet (Seiffert 2005: 240) vorgegeben. Das lehnte sich eng an die Ziele der Innere Führung an. Heute steht dafür die gehorsamsintensivere Formulierung „politisch gewollt" (12/1, Nr. 303). Auch sie reduziert das Politische auf ein institutionelles Verständnis, das den Soldaten in seiner intellektuellen Positionierung in Richtung Gehorsam rückt.

Dies kommt auch in der scharfen Ab- und Ausgrenzung zum Ausdruck, die die Autorin an den Anfang ihrer Betrachtung gestellt hat und nach der die Soldaten politisch, historisch und ethisch gebildet sein sollen. Aus dieser Perspektive muss es angesichts der unübersichtlichen Weltlage schlüssig erscheinen, dass sich die Persönlichkeitsentwicklung durch Bildung kaum genau bestimmen lässt. Aus Sicht Innerer Führung muss genau das geleistet werden, um dem Anspruch der Individualität jedes Soldaten gerecht zu werden. Denn schon nach einer wenig elaborierten Definition drückt der Begriff Persönlichkeit genau das aus, was Menschen unterscheidet und im Verhalten beobachtet werden kann (Zimbardo 1995: 475).

In der eingangs gewählten Metaphorik von Finger und Hand bedeutet das, dass im Gegensatz zum Faustschlag traditionalistisch geprägter Soldatenbilder mit der Politischen Bildung ein Präzisionsgriff bereits angelegt ist. Damit können die Soldaten Pluralismus und Diversität händeln, unterschiedliche Interessen erkennen und daraus resultierende Konflikte bewältigen. Möglicherweise bedarf die Ausführung weiteren Trainings mit Daumen und Zeigefinger. Der Mittelfinger wäre dabei in die Rolle des stillen Beobachters gedrängt. Hier ist die Antwort zu finden, die letztlich das Gewissen verlangt, wenn die Soldaten als Individuen aufgefordert sind, die Verantwortung für ihr Handeln zu tragen.

Der ethische Finger moralischer Urteilsfähigkeit

Ohne Zweifel haben die Begriffe Ethik und Moral einschließlich ihrer Derivate mit der Einsatzorientierung eine neue Konjunktur erfahren. Kaum ein Soldat sagt, er hätte sich nicht damit auseinandergesetzt. An der Helmut-Schmidt-Universität ist die Teilnahme an Ethik-Kursen verpflichtender Bestandteil der allgemeinmilitärischen Ausbildung studierender Offiziere. Und eine Heeresdivision hat im Rahmen ihrer Vorbereitung auf den Auslandseinsatz eine Art Taschenkarte "Ethik" entwickelt. Dazu kommt ein "Koblenzer Entscheidungs-Check" als Vorbereitung der Portepees und Offiziere in der Zentralen Führerausbildung (Elßner 2011: 86). Das Ganze findet einen krönenden Abschluss in der neu auf den Markt gekommenen Dienstvorschrift über den Lebenskundlichen Unterricht, kurz LKU, ZDv 10/4. Mit Inkrafttreten wird die Teilnahme neuerdings für alle Soldaten verpflichtend.

Wenn die von der Autorin herangezogene Differenzierung zutrifft, dann stehen die ethischen Aspekte neben politischen wie auch historischen, Lebenskundlicher Unterricht als Ethikausbildung ist neben Politischer Bildung und historischer Ausbildung verortet. Manchmal entsteht sogar der Eindruck, dass alle Entscheidungen lediglich moralisch seien. Kaum sind Beschreibungen für Soldaten greifbar, welche Urteile nicht als moralische gelten müssten (enger gefasst bei Gillner 2002: 23). Und es bleibt vage, wie das Handwerk selbst – das Schema der ‚Beurteilung der Lage' (BdL) wäre ein illustrativer Vergleich - des moralischen Urteilens denn konkret durchzuführen ist. Insofern wirft der Mittelfinger Ethik zwar weiten Schatten auf jede Entscheidung nicht zuletzt aus der Erkenntnis heraus, dass Soldaten früherer deutscher Streitkräfte gegen moralische Prinzipien verstoßen haben. Aber am Präzisionsgriff der Hand ist er nur mittelbar beteiligt.

Ins rechte Licht gerückt, bleiben sogar ein paar didaktische Fragen, die nachdenklich machen können. Dabei geht es wahrscheinlich weniger um die geübte Praxis als um die organisatorischen Vorgaben. Schwingt doch im Gedächtnis älterer Soldaten das Erlebnis der konfessionellen Ausprägung immer noch mit. Die Fragen sollen in den Perspektiven Abgrenzung und Zusammenwirken der Ethik mit anderen Ausbildungen, in Bezug auf das Militärseelsorge-Monopol und die organisatorische Flexibilität hin gestellt werden.

Es fällt nämlich auf, dass Ethik und moralisches Urteilen auch als Themen Politischer Bildung erscheinen. Insofern entsteht der Eindruck eines offenen Charakters. Dazu kommt, dass ethisch und moralisch nicht nur häufig in einem Atemzug durch Bindestrich verbunden sind, sondern dass andere Kategorisierungen selten Platz daneben finden. Inwieweit hier eine diskursive Praxis greift, wäre noch herauszuarbeiten. Dabei entsteht das Gefühl eines ethischen Übergewichts. Obwohl eigentlich Individualität als Paradigma gesetzt und außerhalb der Konzeption selbst konstituiert ist, wird das moralische Urteil scheinbar der Inneren Führung einverleibt.

Mit der Aufhebung der Optionalität des LKU ist auch die Frage nach der geistigen Fundamentierung zu stellen. Dies scheint schlecht vereinbar mit einem Monopol der Militärseelsorge auf ethische Fragen und moralisches Urteilen, selbst wenn LKU kein Religionsunterricht ist. Disparat erscheinen die Regelungen zur Durchführung. Erst nennt die Basisvorschrift lediglich Militärgeistliche (10/1, Nr. 509), dann öffnet die einschlägige Vorschrift das Feld für andere Lehrkräfte (10/4, Nr. 104). Die Suche im Kameradenkreis zeigt aber, dass sie faktisch scheinbar nicht zu finden sind. Außerdem scheint die Vorschrift von einem Nebeneinander auszugehen statt von der auftragsgerechten Unterordnung wie in anderen Ausbildungsgebieten. Das macht die Mitsprache der expressis verbis genannten Kirchenämter deutlich. Und es stützen andere Aktivitäten wie ZEBIS oder das Buchprojekt Ethik im Einsatz der evangelischen Militärseelsorge. Insofern erscheint das Verhältnis des Dienstherrn zu den Durchführenden eher getragen von einer Art Freiheit der Seelsorge als der Verpflichtung, wenn die Vorschrift von Kooperation spricht statt von Aufträgen und deren Ausführung. Die Kirchenämter erscheinen eher als Partner, und die Ausgestaltung LKU wirkt verhandelbar. Insgesamt entsteht der Eindruck, dass der neue LKU in der Vorschrift auf eine eigenständige seelsorgerische Leistung hin angelegt ist.

Angesichts weltanschaulicher Vielfalt müsste man dann weiterfragen, ob dem nicht eher die Ausbildervielfalt gerecht würde. Zumindest wäre – Vorbild PolBil – den Disziplinarvorgesetzten bedingungslos die Möglichkeit einzuräumen, ihren LKU selbst in die Hand zu nehmen. Wenn man nicht sogar noch einen Schritt weiter geht und aufgrund des Frames aus den Werten unseres Staates (10/4, Nr. 102) und den Normen des Grundgesetzes (10/4, Nr. 103) fragt, warum gerade Seelsorger dafür besonders qualifiziert sind. Schließlich, so sollte man fragen, warum könnte es schwieriger sein, ethisch zu bilden als PolBil durchzuführen. Die Antwort charakterisiert die berufsethische Perspektive als Finger an der Hand, deren Teile im Handeln zusammenwirken sollen. Die Militärgeistlichen sind in dieser Hinsicht allenfalls ein Licht im ethischen Orchester.

Trotz der offenen Fragen besteht kein Zweifel, dass der Mittelfinger Ethik, der längste Finger der Hand, den weitesten Schatten wirft. Die deutsche Vergangenheit zwingt dazu, ein Soldatenbild zu pflegen, das vom Individuum und seiner persönlichen Verantwortung ausgeht. Das allerdings ist weniger Geschichte, sondern ethische Verpflichtung. Darauf müssen die Soldaten in ihrer Ausbildung mit Politischer Bildung vorbereitet werden.

Der kleine Finger historischer Bildung

Der Übergang vom soldatischen Daumenkino zum Schattenspiel mit der ganzen Hand erfordert häufig den Blick zurück in die Geschichte. Dazu fordert die Basisvorschrift:

„Um die Ziele der [P]olitischen Bildung erreichen zu können, ist häufig die Betrachtung geschichtlicher Hintergründe erforderlich. Diese sollen den Soldatinnen und Soldaten die Entwicklung unseres demokratisch verfassten Gemeinwesens veranschaulichen und den Wert und die Bedeutung des Grundgesetzes aus den Erfahrungen deutscher Geschichte verdeutlichen. Aus dem Verständnis der Grundsätze unserer Verfassung sowie durch eine werteorientierte Auseinandersetzung mit der Vergangenheit werden Maßstäbe gewonnen, um politische Geschehnisse und Zusammenhänge der Gegenwart zu beurteilen und ein angemessenes Traditionsverständnis [...] zu entwickeln" (10/1, Nr. 629).

Insofern vertieft Politische Bildung geschichtliche Kenntnisse (10/1, Nr. 627). Unabhängig davon, ob die Ausbildung historischer Sachverhalte und Entwicklungen das schafft, kann man wohl kaum von Bildungsaspekten oder -inhalten im engen Sinn sprechen. Historische Bildung ist also der Beitrag des kleinen Fingers für die Funktion der ganzen Hand. Man will es nicht missen, darf es aber auch nicht überschätzen.

Als Definitionsansätze eines Bildungsbegriffs findet man:

„Ein Zeichen der Bildung, das nahezu allen Bildungstheorien gemein ist, lässt sich umschreiben als das reflektierte Verhältnis zu sich, zu anderen und zur Welt. Der moderne dynamische und ganzheitliche Bildungsbegriff steht für den lebensbegleitenden Entwicklungsprozess des Menschen, bei dem er seine geistigen, kulturellen und lebenspraktischen Fähigkeiten und seine personalen und sozialen Kompetenzen erweitert.

Nach Daniel Goeudevert ist Bildung ein aktiver, komplexer und nie abgeschlossener Prozess, in dessen glücklichem Verlauf eine selbständige und selbsttätige, problemlösungsfähige und lebenstüchtige Persönlichkeit entstehen kann. Bildung könne daher nicht auf Wissen reduziert werden: Wissen sei nicht das Ziel der Bildung, aber sehr wohl ein Hilfsmittel. Darüber hinaus setze Bildung Urteilsvermögen, Reflexion und kritische Distanz gegenüber dem Informationsangebot voraus.

Skepsis und Kritik stellen [nach Tobias Prüwer] wesentliche Merkmale der Bildung dar: Differenzieren und Unterscheiden legen die Grundlage für selbständiges Ermessen und eine souveräne Urteilskraft, schärfen und relativieren das individuelle Weltbild.“[9]

Was alle Definitionen deutlich machen ist, dass es nicht um Kenntnisse geht, sondern um Fähigkeiten, aus eigenem Antrieb zu reflektieren unter Zuhilfenahme differenzierter Kategorisierungen und bei Einnahme unterschiedlicher Perspektiven. Wissen (kognitiver Lernbereich) ist nicht das Ziel, sondern Hilfsmittel. Es ist Instrument genauso wie die erforderlichen, fast handwerklich anmutenden Tätigkeiten des Differenzierens und Unterscheidens, aber auch der Abstraktion, die in den Definitionen nicht genannt ist. Dies ermöglicht in einem instrumentellen Sinn eine Ausbildung von Urteilsvermögen, Reflexion und kritischer Distanz. Damit sind Werkzeuge des Denkens beschrieben wie die BdL für taktische Probleme oder die Lösung mathematischer Gleichungen für technische Aufgaben. Und auf der Grundlage dieses Bildungsverständnisses der Politischen Bildung kann man den

---

[9] Wikipedia: Bildung.

Soldaten zeigen und erklären, auf welchen Wegen sie von ihren persönlichen Meinungen zu nachvollziehbaren Urteilen kommen.

Insofern wäre es drängend, den Bildungsbegriff in den Streitkräften konkret zu fassen, um nicht einem Phantom hinterher zu jagen. Oder man könnte allein Politische Bildung setzen und auf einen eigenständigen Bildungsbegriff verzichten. Das hilft, um sich nicht hinter einem schillernden Begriff zu verstecken, der sich bei Licht betrachtet als inhaltsleer wenigstens in Bezug auf das erweist, was er ausdrücken sollte, und zwar die Befähigung zu lebenslangem Lernen aus eigenem Antrieb. Ausbildung muss sich zum Ziel setzen, dies zu entwickeln. Politische Bildung leistet dies bereits und bildet in ihrem weiten Verständnis und in ihrer methodologischen Perspektive insofern die Klammer, die ethische Aspekte, moralisches Urteilen und historische Kenntnisse umfasst.

Und ein Mehrwert fällt damit in den Schoß. Gerade naturwissenschaftlich oder technisch orientierten Kameraden kommen sozialwissenschaftliche Fragestellungen und geisteswissenschaftliche Arbeitsweisen häufig spanisch vor. Sie erhalten mit den Denkwerkzeugen Anknüpfungsmöglichkeiten, die ihnen den Zugang erleichtern. Sie werden aus dem Staunen herausgeführt, das ihnen häufig bleibt, wenn sie Diskussionen geisteswissenschaftlicher Provenienz beobachten.

Insofern ist es einer nicht nachlassenden Anstrengung wert, Bildung in den Streitkräften aus einer Hand zu betreiben. Und das wäre die der Kompaniechefs und Kommandeure. Gerade angesichts der neuen Aufgaben der Bundeswehr als Einsatzarmee ist es mit dem Faustschlag nicht mehr getan. Gebraucht wird der filigrane Zugriff auf die grundlegenden Probleme unserer Zeit, also Politische Bildung, mehr eigentlich nicht.

Literatur

Buchner, Peter (2005): Seemannsgarn und Friedensphilosophie. Anforderungen an die Marineoffizierausbildung. In: Collmer, Sabine; Kümmel, Gerhard (Hg.): Ein Job wie jeder andere? Zum Selbst- und Berufsverständnis von Soldaten, 79-92.

Dörfler-Dierken, Angelika (2012): Bildung in der Bundeswehr: politisch, historisch, ethisch. In: Hartmann, Uwe; Rosen, Claus v.; Walther, Christian (Hg.): Jahrbuch innere Führung 2012, 102-117. [zitiert: ADD]

Elßner, Thomas R. (2011): Praxisorientierte Ethikausbildung in den deutschen Streitkräften. In: Beck, Hans-Christian; Singer, Christian (Hg.): Entscheiden, Führen, Verantworten. Soldatsein im 21. Jahrhundert. Berlin: Miles, 84-94.

Gillner, Matthias (2002): Praktische Vernunft und militärische Professionalität. WIFIS-aktuell 23. Bremen: Edition Temmen.

Geser, Hans (1983): Die Reduktion von Militärsoziologie auf Organisationstheorie. In: Wachtler, Günther (Hg.): Militär, Krieg, Gesellschaft. Texte zur Militärsoziologie. Frankfurt, New York: Campus, 139-165.

Keller, Reiner (2008): Michel Foucault. Klassiker der Wissenssoziologie, Bd. 7. Konstanz: UVK.

Monte, Peter (1986). Das "Studium generale navale" 1956-1973. Entstehung, Anspruch und Wirklichkeit. In: Dokumentation der Historisch Taktischen Tagung der Flotte 1986: 91-160.

Naumann, Klaus (2008): Scheitern an der ganzen Front. Das Versagen deutscher Politik torpediert die Auslandseinsätze der Bundeswehr. In: Internationale Politik, 56, 9, 82-89.

Naumann, Klaus (2011): Die Politik des Militärs der Gesellschaft. Staats- und gesellschaftspolitische Implikationen der Bundeswehrstrukturreform. In: Vorgänge 193, 49, 1, 4-13.

Seiffert, Anja (2005): Soldat der Zukunft. Wirkungen und Folgen von Auslandseinsätzen auf das soldatische Selbstverständnis. Berlin: Dr. Köster.

Zimbardo, Philip, G. (1995[6]): Psychologie. Springer: Berlin u.a.

V. Rezension

Jürgen Franke: Wie integriert ist die Bundeswehr? Eine Untersuchung zur Integrationssituation der Bundeswehr als Verteidigungs- und Einsatzarmee, mit einem Grußwort des Vorsitzenden des Deutschen BundeswehrVerbandes Oberst Ulrich Kirsch, Baden-Baden 2012: Nomos Verlagsgesellschaft, ISBN 978-3-8329-7159-5, 526 Seiten, Band 36 der Buchreihe „Forum Innere Führung".

Dierk Spreen

Das geflügelte Wort des ehemaligen Bundespräsidenten Horst Köhler, wonach die Bürgerinnen und Bürger ihren Soldaten mit „freundlichem Desinteresse" entgegenträten, wird nach wie vor als Ausdruck einer schleichenden Entfremdung zwischen der Gesellschaft und „ihren" Soldaten interpretiert. Zum öffentlichkeitswirksamen Aufreger wurde diese Problematik aber erst, als sich Bundesverteidigungsminister Thomas de Maizière darüber beklagte, dass deutsche Soldaten zu sehr nach Aufmerksamkeit „gieren" würden.

Soldatinnen und Soldaten beklagen sich schon seit längerem darüber, dass ihnen seitens der Gesellschaft zu wenig Anerkennung entgegen gebracht werde. Diese Klage kann in Anlehnung an Wilhelm Heitmeyer durchaus als Symptom einer Desintegrationstendenz gedeutet werden. Und in der Tat sprechen Beobachter in letzter Zeit vermehrt von der Gefahr einer Verselbständigung der Bundeswehr.

Vor diesem Hintergrund kommt eine neue Studie, die sich mit der Frage der „Integration" der Bundeswehr in die bundesdeutsche Gesellschaft befasst, gerade recht. Mit der Untersuchung „Wie integriert ist die Bundeswehr?" hat Jürgen Franke eine grundlegende und umfassende soziologische Studie zu dieser Problematik vorgelegt. Franke geht darin von der Beobachtung aus, dass die Integration der Armee in die Gesellschaft zwar von offizieller Seite immer wieder behauptet wird, aber weder geklärt wurde, was mit „Integration" in diesem Zusammenhang gemeint sein soll noch empirisch untersucht wurde, inwieweit eine solche „Integration" faktisch überhaupt vorliegt. Genau diesem Mangel hilft die Studie ab.

Frankes Ausgangsbeobachtung bestimmt im Wesentlichen bereits den Aufbau der Untersuchung. Nach einem kurzen Abriss, der für die Problematik und ihre Relevanz sensibilisiert, bemüht sich der Autor zunächst um eine soziologisch-theoretische Klärung des Integrationsbegriffs. Dies ist erstens notwendig, weil der Begriff in der Regel unklar gebraucht wird, er aber zum Zwecke tragfähiger Aussagen über die Integration der Bundeswehr möglichst exakt gefasst werden muss. Zweitens ist der Begriff vor allem aus Migrationsdebatten bekannt und bedarf auch daher einer weiteren Klärung, da sich die Fragestellung nun um das Zusammenspiel einer Organisations- oder auch Funktionssystemkultur und der nationalen Gesellschaft dreht und damit die Problematik nicht unwesentlich verschiebt. Um den Integrationsbegriff zu präzisieren greift Franke auf die von Peter Imbusch und Dieter Rucht vorgenommene Typologie zurück, wonach zwischen wertbezogenen Theoriemodellen, Vertragstheorien, systemtheoretischen Ansätzen und Konflikttheorien zu unterscheiden sei. Aus dieser heterogenen Theorielage zieht er den Schluss, dass die Untersuchung von Integrationsphänomenen eines mehrdimensionalen Untersuchungsansatzes bedarf. Im Folgenden unterscheidet Franke daher zwischen fünf Integrationsdimensionen (normativ-kulturelle Dimension, strukturelle Dimension, politische Dimension, gesellschaftsbezogene Dimension, individualbezogene Dimension), die jeweils durch einen spezifischen „Mix" aus insgesamt sechs Integrationsformen (normative Integration, politische Integration, soziale (akteursbezogene) Integration, gesellschaftliche Integration, kulturell-expressive Integration, systemische Integration, sozio-ökonomische Integration) zu beschreiben sind und dadurch auch empirisch belastbare Aussagen zur Integration erlauben.

Nach der theoretischen Klärung, die zudem als Beitrag zur Debatte über den Integrationsbegriff gelesen werden sollte, rekonstruiert der Autor tiefgehend die Integrationsproblematik „Bundeswehr". Dabei unterscheidet er zwei historische Phasen, die durch die Epochenwende „1989" getrennt sind. Er differenziert somit zwischen der „Armee für den Frieden" und der „Armee im Einsatz". Im ersten Fall hat man es mit dem auch heute wohl noch vorherrschenden Bild einer Verteidigungsarmee zu tun, die auf der allgemeinen Wehrpflicht für Männer beruhte und deren Raison d'être im Kern darin bestand, glaubhaft abzuschrecken und eben dadurch den bewaffneten Konflikt zu vermeiden. Im zweiten Fall handelt es sich um eine Armee, die zunehmend „professionalisiert" erscheint und die an globalen Krisenherden im Einsatz ist. Kennzeichen dieser Armee sind nicht nur eine multifunktionale Auftragslage („Schützen – Helfen – Vermitteln – Kämpfen"), sondern vor allem eine veränderter Erfahrungshintergrund. Soldatinnen und Soldaten der Bundewehr üben nicht lediglich das Schießen, sondern sie tun es auch; mithin befinden sie sich in zumindest kriegsähnlichen Situationen und gehen damit auch ein erhöhtes Risiko ein, verletzt oder sogar getötet zu werden. Damit bildet sich für die Bundeswehr und bzw. Soldatinnen und Soldaten eine spezifische Erfahrungswelt heraus, die sich von der der „umgebenden Zivilgesellschaft" unterscheidet. Das Differenzkriterium ist dabei die Präsenz bewaffneter Gewalt.

Ins Zentrum seiner Untersuchungen zu den einzelnen Integrationsdimensionen stellt Franke das Konzept der „Inneren Führung". Wesentlicher Bestandteil dieses Konzepts ist nicht zuletzt der „Staatsbürger in Uniform", womit ein für das bundesdeutsche Militärverständnis spezifisches zivil-militärisches Verhältnis benannt ist. Dieses Konzept fasst die Soldatenlaufbahn als *politischen Beruf* und beinhaltet Aussagen zur Integration des Militärs in die Gesellschaft, die von Franke systematisch und kritisch rekonstruiert, in ihrer politischen Bedeutung herausgestellt und im Hinblick auf ihre historisch bedingten Grenzen hinterfragt werden. Im Kern konzeptualisiert die Innere Führung den Soldaten nicht als Mitglied und Akteur einer gewaltaffinen und professionalisierten Sondergruppe und -kultur, sondern als demokratischen Bürger mit bewaffnetem Verteidigungsauftrag. Bei der Inneren Führung geht es nicht um ein sozialtechnisches Konzept für den Soldaten *der* Demokratie (wie z. B. den sog. „demokratischen Kämpfer"), sondern es handelt sich um nichts geringeres als den politischen Entwurf eines Konzepts für Demokraten *als* Soldaten, das sich jenseits naiver Milizmodelle bewegt.

Die Ergebnisse Frankes zur Integrationsproblematik erweisen sich im Einzelnen als ambivalent. Weder entsprechen sich die Entwicklungen zwischen den einzelnen Integrationsdimensionen immer vollständig, noch weisen die Tendenzen innerhalb der Dimensionen immer in die gleiche Richtung. Als Fazit hält Franke fest: „Das Verhältnis der bürgerlichen Gesellschaft zu ihrer Armee ist [...] seit Gründung der Bundeswehr ambivalent geblieben und von Widersprüchlichkeiten gekennzeichnet. [...] Mittlerweile sind insbesondere durch die Einsatzrealität die Unterschiede in den Lebenswirklichkeiten zwischen Militärwesen und ziviler Gesellschaft so evident, dass die klassische Vorstellung von gesellschaftlicher Integration der Armee als gewissermaßen ‚sozialer Mikrokosmos' der Gesellschaft nicht mehr glaubhaft vermittelt werden kann." (S. 485 f.) Vor dem Hintergrund dieser kritischen Feststellung plädiert Franke für ein anderes Integrationsverständnis. Integration könne nicht mehr als Kohärenz gefasst werden, sondern müsse konflikttheoretisch als gegenseitige „Anerkennung von Unterschieden zwischen Militärwesen und ziviler Gesellschaft" verstanden werden. Aus diesem Ergebnis ergibt sich Frankes Forderung nach einer zeitgemäßen Reformulierung der Inneren Führung. Damit votiert er gegen eine gänzliche Abschaffung, was ja auch eine mögliche Schlussfolgerung wäre: „Die demokratischen Prinzipien, welche auf [...] dem Wege [der Inneren Führung] bisher erfolgreich in die Bundeswehr eingeflossen sind, sind [...] viel zu wertvoll, als dass man sie [...] vorschnell einer pragmatischen ausschließlich an den Einsatzerfordernissen angepassten Inneren Führung opfern sollte." (S. 465)

Frankes Buch macht klar, warum die Innere Führung mit der Umstellung auf die „Einsatzarmee" seit den 1990er Jahren zunehmend unter Druck gerät und unter Soldatinnen und Soldaten an Beachtung verliert. Bis heute unterblieb eine zeitgemäße Synchronisierung des Konzepts mit der neuen Einsatzrealität und Auftragslage. Diese Entwicklung ist nicht ohne gesellschaftspolitische Brisanz, die freilich erst auf den zweiten Blick deutlich wird: Das Konzept der Inneren Führung kennt keine Ausnahmeregelung. Es beansprucht auch im Einsatz Geltung. Die Professionalisierungstendenz im gegenwärtigen Transformationsprozess und die korrespondierenden Diskurse laufen aber genau darauf hinaus, dass die Einsatzrealität als *Ausnahmefall* verstanden wird, der auch das zivil-militärische Verhältnis betrifft und verändert. Denn der Soldat wird zusehends in die Rolle eines Dienstleisters für „unangenehme Aufgaben" gedrängt, für den Sonderregelungen gelten und der durch eine besondere, existenzielle Erfahrungsrealität ausgezeichnet ist. Als interessierter Beobachter hat man darüber hinaus den Eindruck, dass die Soldatinnen und Soldaten aber genau aus einer solchen *Ausnahmerolle* ihre aktuellen Ansprüche auf gesellschaftliche Anerkennung ableiten – zum Beispiel in dem sie sich als „Veteranen" verstehen. Damit aber sitzen sie einem Missverständnis auf, denn auf eine „besondere" Anerkennung seitens „der Gesellschaft" können sie eigentlich nur im Rahmen einer Inneren Führung hoffen, die den Soldatenberuf als politischen Beruf fasst. Das heißt: Im Einsatz mutiert der Soldat nicht zum „Kämpfer", sondern er bleibt „Staatsbürger". Jenseits der Inneren Führung dagegen wäre der Soldatenberuf lediglich eine funktionsspezifische Leistungsrolle („Kämpfer"). Genau dahin scheint der Trend im zivil-militärischen Verhältnis aber zu gehen, wenn man die

Ergebnisse Frankes zu den einzelnen Integrationsdimensionen zu Grunde legt. Denn insgesamt zeichnet sich ab, dass die Integration des Militärs in die Gesellschaft im Zuge des Transformationsprozesses der Bundeswehr problematischer wird als sie zuvor ohnehin schon war. Während die Soldatinnen und Soldaten immer weniger mit dem Konzept der Inneren Führung anzufangen wissen und sich auf Fragen der „Professionalisierung", der „Kernkompetenz" und des „Krieges" konzentrieren, interessieren sich auch die Bürgerinnen und Bürger immer weniger für ihre Soldaten. Dem korrespondiert der Bedeutungsverlust der Inneren Führung, womit der politische und gesamtgesellschaftliche Bezug des Soldatenberufs entwertet wird. Übrig bleibt der Soldat als Inhaber einer professionalisierten Rolle. Damit dürfte er bei Lichte betrachtet nicht mehr gesellschaftliche Anerkennung erwarten als beispielsweise Sozialarbeiter, Lehrer oder Wissenschaftler. Spezifische Risiken einer freiwillig gewählten Karriere als Soldat wären im Kern eine Frage der Besoldung und anderer Regelungen des Dienstverhältnisses. Unterstützt wird der durchaus bemerkbare Trend zur politischen und gesellschaftlichen Desintegration und zur bloßen Funktionsrolle natürlich – wie es Franke auch betont – durch die Globalisierung der Sicherheitspolitik. Einsätze wie die in Afghanistan, am Horn von Afrika oder vor dem Libanon können dem Bürger immer weniger als nationalpolitisch legitimierbare Aufgaben vermittelt werden, so dass sich auch hier das gesellschaftspolitische Band zwischen Gesellschaft und Militär lockert. Kurz: Je weniger Soldatinnen und Soldaten sich mit dem Konzept der Inneren Führung identifizieren können, umso weniger dürfen sie letztlich auf öffentliche Anerkennung hoffen. Auch vor dem Hintergrund der Anerkennungsfrage wäre es daher angebracht, die Innere Führung einer Revision zu unterziehen, die die in ihr aufgehobenen demokratischen Prinzipien in die neue Weltlage fortschreibt, ohne einem falschen Dogmatismus zu verfallen.

Frankes Abhandlung zur Integration der Bundeswehr erlaubt einen sozialtheoretisch und empirisch fundierten Zugang zu der höchst aktuellen Diskussion um die zukünftige Stellung und Bedeutung des Militärs in der bundesdeutschen Gesellschaft. Es ist also das richtige Buch zur richtigen Zeit. Kritisch ist anzumerken, dass die Publikation den Lesefluss durch häufige Redundanzen erschwert. Umgekehrt kann man genau deshalb die Kapitel auch für sich lesen, was sicherlich der Hintergedanke bei der Herausgabe des Werkes gewesen sein wird.

Autoren

Abenheim, Donald, Prof. Dr., Professor für Sicherheitspolitik und Europäische Geschichte an der Naval Postgraduate School in Monterey/Cal., USA..

Biehl, Heiko, Dr., Leiter des Projekts Multinationalität / Internationale Streitkräfte am Zentrum für Militärgeschichte und Sozialwissenschaften der Bundeswehr in Potsdam und Lehrbeauftragter an der Universität Potsdam.

Bohnert, Marcel, Hauptmann, Dipl. Päd., Leiter einer Studentenfachbereichsgruppe der HSU/UniBwH, ehemals Kompaniechef Infanteriekompanie in der Task Force Kunduz III, Afghanistan.

Buchner, Peter, Fregattenkapitän, Dipl. Ing., Dozent Politische Bildung, Zentrum Innere Führung, Koblenz.

Dörfler-Dierken, Angelika, Dr., arbeitet am Zentrum für Militärgeschichte und Sozialwissenschaften der Bundeswehr in Potsdam im Forschungsbereich „Sicherheitspolitik und Streitkräfte" zu den Themenfeldern „Innere Führung" und „Friedensbewegungen in Ost und West in den 1980er Jahren".

Freudenberg, Dirk, Dr., Dozent im Fachbereich Strategische Führung und Leitung, Notfallvorsorge und -planung, Pädagogische Grundlagen und Qualitätsmanagement der Akademie für Krisenmanagement, Notfallplanung und Zivilschutz (AKNZ) im Bundesamt für Bevölkerungsschutz und Katastrophenhilfe (BBK).

Halladay, Carolyn, Dr. Dr., Dozentin für Geschichte an der Pennsylvania State University, the Behrend College, Erie, Pennsylvania, USA.

Hauck, Christian, M.A., Historiker, Oberleutnant, Einsatzführungsbereich 2 der Luftwaffe in Erndtebrück.

Hartmann, Uwe, Dr., Oberst, bis Mai 2013 Leiter des Studentenbereichs der HSU/UniBwH; seit Juni 2013 International Fellow am US Army War College in Carlisle/PA.

Hellmann, Kai-Uwe, Dr. habil., Privatdozent am Institut für Soziologie der TU Berlin, Fachvertretung der Professur für Soziologie an der HSU/UniBwH.

Hoppe, Joachim, Oberstleutnant, Diplompädagoge, ist Personalreferent im BMVg.

Naumann, Klaus, Dr., Historiker, Mitarbeiter im Hamburger Institut für Sozialforschung.

Reeb, Hans-Joachim, Dr., Lehrbeauftragter an der Helmut-Schmidt-Universität Hamburg.

Rosen, Claus von, Prof. Dr., Oberstleutnant a.D., Leiter des Baudissin Dokumentation Zentrum bei der Führungsakademie der Bundeswehr, Lehrbeauftragter für Wehr-Pädagogik am Estonian National Defence College in Tartu.

Siegel, Stefan, Dr. med., Oberstabsarzt, Psychiater und Psychotherapeut, arbeitet derzeit als wissenschaftlicher Mitarbeiter am Psychotraumazentrum des Bundeswehrkrankenhauses Berlin.

Tegtmeier, Michael, A., Dr., Oberst i. G., ist Referatsleiter im BMVg.

Thießen, Jörn, ist Direktor bei der Führungsakademie der Bundeswehr und Fachbereichsleiter Human- und Sozialwissenschaften. Er ist evangelischer Theologe, leitete das Ministerbüro und später das Sozialwissenschaftliche Institut der Bundeswehr. In der 16. Legislaturperiode war er Abgeordneter des Deutschen Bundestages und Mitglied im Verteidigungsausschuss.

Ulrich, Uwe, Dr. Dipl. Päd., war von Dezember 2008 bis März 2013 verantwortlich für den Aufbau und Betrieb der Zentralen Koordinierungsstelle Interkulturelle Kompetenz am Zentrum Innere Führung. Er ist derzeit als Dozent für Innere Führung an der Führungsakademie der Bundeswehr insbesondere mit der Thematik Diversity Management befasst.

Ungerer, Jörn, Dipl.-Psych., Regierungsdirektor, arbeitet derzeit als wissenschaftlicher Mitarbeiter am Psychotraumazentrum des Bundeswehrkrankenhauses Berlin.

Warburg, Jens, Dr., Publizist und Sozialwissenschaftler.

Personen- und Sach-
register

Carola Hartmann Miles-Verlag

Politik, Gesellschaft, Militär

Rüdiger Schönrade, *General Joachim von Stülpnagel und die Politik,* Berlin 2007.

Uwe Hartmann, *Innere Führung. Erfolge und Defizite der Führungsphilosophie für die Bundeswehr,* Berlin 2007.

Dietrich Ungerer, *Militärische Lagen. Analysen – Bedrohungen – Herausforderungen,* Berlin 2007.

Klaus M. Brust, *Söldner – Ausverkauf der Exekutive,* Berlin 2007.

Ingo Werners, *Fahren, Funken, Feuern. Hinweise für die Einsatzvorbereitung,* Berlin 2010.

Peter Heinze, *Bundeswehr „erobert" Deutschlands Osten,* Berlin 2010.

Reinhard Schneider, *Neuste Nachrichten aus unseren Kolonien. Pressemeldungen von den Aufständen in Deutsch-Ostafrika und Deutsch-Südwestafrika 1905-1906,* Berlin 2010.

Dieter E. Kilian, *Politik und Militär in Deutschland. Die Bundespräsidenten und Bundeskanzler und ihre Beziehung zu Soldatentum und Bundeswehr,* Berlin 2011.

Hans Joachim Reeb, *Sicherheitskultur als kommunikative und pädagogische Herausforderung – Der Umgang in Politik, Medien und Gesellschaft,* Berlin 2011.

Reiner Pommerin (ed.), *Clausewitz goes global. Carl von Clausewitz in the 21st Century,* Berlin 2011.

Hans-Christian Beck, Christian Singer (Hrsg.), *Entscheiden – Führen – Verantworten. Soldatsein im 21. Jahrhundert,* Berlin 2011.

Dieter E. Kilian, *Adenauers vergessener Retter – Major Fritz Schliebusch,* Berlin 2011.

Ingo Pfeiffer, *Gegner wider Willen. Konfrontation von Volksmarine und Bundesmarine auf See,* Berlin 2012.

Eberhard Birk, Heiner Möllers, Wolfgang Schmidt (Hrsg.), *Die Luftwaffe zwischen Politik und Technik. Schriften zur Geschichte der Deutschen Luftwaffe, Bd. 2,,* Berlin 2012.

Eberhard Birk, Winfried Heinemann, Sven Lange (Hrsg.), *Tradition für die Bundeswehr. Neue Aspekte einer alten Debatte,* Berlin 2012.

Holger Müller, *Clausewitz' Verständnis von Strategie im Spiegel der Spieltheorie,* Berlin 2012.

Dieter E. Kilian, *Kai-Uwe von Hassel und seine Familie. Zwischen Ostsee und Ostafrika. Militär-biographisches Mosaik,* Berlin 2013.

Angelika Dörfler-Dierken, *Führung in der Bundeswehr,* Berlin 2013.

Peter Heinze, *Berliner Militärgeschichten,* Berlin 2013.

Jahrbuch Innere Führung

Uwe Hartmann, Claus von Rosen, Christian Walther (Hrsg.), *Jahrbuch Innere Führung 2009. Die Rückkehr des Soldatischen,* Eschede 2009.

Helmut R. Hammerich, Uwe Hartmann, Claus von Rosen (Hrsg.), *Jahrbuch Innere Führung 2010. Die Grenzen des Militärischen,* Berlin 2010.

Uwe Hartmann, Claus von Rosen, Christian Walther (Hrsg.), *Jahrbuch Innere Führung 2011. Ethik als geistige Rüstung für Soldaten,* Berlin 2011.

Uwe Hartmann, Claus von Rosen, Christian Walther (Hrsg.), *Jahrbuch Innere Führung 2012. Der Soldatenberuf zwischen gesellschaftlicher Integration und suis generis-Ansprüchen,* Berlin 2012.

Einsatzerfahrungen

Kay Kuhlen, *Um des lieben Friedens willen. Als Peacekeeper im Kosovo,* Eschede 2009.

Sascha Brinkmann, Joachim Hoppe (Hrsg.), *Generation Einsatz, Fallschirmjäger berichten ihre Erfahrungen aus Afghanistan,* Berlin 2010.

Schwitalla, Artur, *Afghanistan, jetzt weiß ich erst… Gedanken aus meiner Zeit als Kommandeur des Provincial Reconstruction Team FEYZABAD,* Berlin 2010.

Erinnerungen

Blue Braun, *Erinnerungen an die Marine 1956-1996,* Berlin 2012.

Harald Volkmar Schlieder, *Kommando zurück!,* Berlin 2012.

Harald Volkmar Schlieder, *Opa Willy. 1891 Dresden – 1958 Miltenberg. Von einem, der aufsteigen wollte. Eine sächsisch-deutsche Lebensgeschichte in Frieden und Krieg,* Berlin 2012.

Harald Volkmar Schlieder, *Mein Vater – Musiker und Offizier. 1918 Dresden – 1998 Miltenberg,* Berlin 2013.

Reinhart Lunderstädt, *Aus dem Leben eines Hochschullehrers. Persönlicher Bericht,* Berlin 2012.

Monterey Studies

Uwe Hartmann, *Carl von Clausewitz and the Making of Modern Strategy,* Potsdam 2002.

Zeljko Cepanec, *Croatia and NATO. The Stony Road to Membership,* Potsdam 2002.

Ekkehard Stemmer, *Demography and European Armed Forces,* Berlin 2006.

Sven Lange, *Revolt against the West. A Comparison of the Current War on Terror with the Boxer Rebellion in 1900-01,* Berlin 2007.

Klaus M. Brust, *Culture and the Transformation of the Bundeswehr,* Berlin 2007.

Donald Abenheim, *Soldier and Politics Transformed,* Berlin 2007.

Michael Stolzke, *The Conflict Aftermath. A Chance for Democracy: Norm Diffusion in Post-Conflict Peace Building,* Berlin 2007.

Frank Reimers, *Security Culture in Times of War. How did the Balkan War affect the Security Cultures in Germany and the United States?,* Berlin 2007.

Michael G. Lux, *Innere Führung – A Superior Concept of Leadership?,* Berlin 2009.

Marc A. Walther, *HAMAS between Violence and Pragmatism,* Berlin 2010.

Frank Hagemann, *Strategy Making in the European Union,* Berlin 2010.

Ralf Hammerstein, *Deliberalization in Jordan: the Roles of Islamists and U.S.-EU Assistance in stalled Democratization,* Berlin 2011.

Ingo Wittmann, *Auftragstaktik,* Berlin 2012.

www.miles-verlag.jimdo.com

www.ingramcontent.com/pod-product-compliance
Lightning Source LLC
Chambersburg PA
CBHW080225270326
41926CB00020B/4148